dtv

Daß Literaturgeschichte nicht abstrakt und theoretisch sein muß, daß sie lebendig, erzählerisch und unterhaltend sein kann – nicht weniger will diese Geschichte der deutschen Literatur beweisen. Vom Mittelalter bis zur Gegenwart schildert sie die großen Strömungen der deutschsprachigen Dichtung, beschreibt daneben, in kürzerer Zusammenfassung, die ideengeschichtlichen, politischen und gesellschaftlichen Veränderungen, die sie begleitet und beeinflußt haben. Die Lektüre erfordert kein spezielles Vorwissen: Es ist das Ziel der Verfasser, so gradlinig und allgemeinverständlich wie nur möglich zu schreiben, zwar auf der Höhe der wissenschaftlichen Kenntnisse, doch ohne Kompliziertheit und akribische Weitschweifigkeit.
Die bedeutendsten Dichtungen jeder Epoche werden ausführlich nacherzählt und interpretiert, woran sich Hinweise auf die Umstände ihrer Entstehung knüpfen. Manches Geschichtliche, manches aus dem Leben und der Gedankenwelt der Autoren kommt dabei zur Sprache. Eingeflochten ist außerdem eine stattliche Anzahl von Zitaten, dazu gedacht, den besonderen Stil, die Tonlage und Atmosphäre der Werke eingehend zu belegen. Dergestalt entstehen Bilder der geistigen Bewegungen, in denen beides – Erklärungen und Original, Kommentar und Kommentiertes – zusammenwirkt, um den Leser auf anschauliche Weise durch die verschiedenen Epochen der deutschen Literatur zu führen.

Dr. Paul Riegel, geboren 1927, Studium der Anglistik, Germanistik und Geschichte, war Gymnasiallehrer, Seminarleiter, Dozent und Fachberater für Seminarausbildung. Mitarbeit an Lehrwerken, diverse Publikationen in Fachzeitschriften.
Dr. Wolfgang van Rinsum, geboren 1925, Studium der Germanistik, Geschichte und Anglistik, war Gymnasiallehrer für Deutsch, Geschichte und Englisch. Mehrere Buchveröffentlichungen.

Deutsche Literaturgeschichte
Band 10

Paul Riegel und Wolfgang van Rinsum

Drittes Reich und Exil 1933–1945

Deutscher Taschenbuch Verlag

Deutsche Literaturgeschichte

Band 1: Erika und Ernst von Borries: Mittelalter, Humanismus, Reformationszeit, Barock
Band 2: Erika und Ernst von Borries: Aufklärung und Empfindsamkeit, Sturm und Drang
Band 3: Erika und Ernst von Borries: Die Weimarer Klassik, Goethes Spätwerk
Band 4: Erika und Ernst von Borries: Zwischen Klassik und Romantik: Hölderlin, Kleist, Jean Paul
Band 5: Erika und Ernst von Borries: Romantik
Band 6: Annemarie und Wolfgang van Rinsum: Frührealismus
Band 7: Annemarie und Wolfgang van Rinsum: Realismus und Naturalismus
Band 8: Ingo Leiß und Hermann Stadler: Wege in die Moderne 1890–1918
Band 10: Paul Riegel und Wolfgang van Rinsum: Drittes Reich und Exil 1933–1945
Band 11: Heinz Forster und Paul Riegel: Nachkriegszeit 1945–1968
Band 12: Heinz Forster und Paul Riegel: Gegenwart 1968–1990

In Vorbereitung:

Band 9: Ingo Leiß und Hermann Stadler: Weimarer Republik 1918–1933

Originalausgabe
Februar 2000

Umschlagkonzept: Balk & Brumshagen
Umschlagbild: Ausschnitt des Gemäldes ›Selbstbildnis mit Judenpaß‹ (um 1943) von Felix Nussbaum (© VG Bild-Kunst, Bonn 1999)
Gesamtherstellung: C. H. Beck'sche Buchdruckerei, Nördlingen
Gedruckt auf säurefreiem, chlorfrei gebleichtem Papier
Printed in Germany · ISBN 3-423-03350-9

VORWORT

Die Diskussion über Deutschland 1933–1945 ist all die Jahre nicht zur Ruhe gekommen, ja sie hat, durch die Ermittlung neuer Sachverhalte und Zusammenhänge, an Intensität eher noch zugenommen. Betroffen sind in erster Linie die Mittäter und Beteiligten; trotz unbefangeneren Zugangs folgender Generationen zu den Geschehnissen hat es aber Nicht-Betroffene nicht gegeben. Für die Literaturwissenschaft ist diese nicht literarisch geprägte, sondern politisch bestimmte Epoche der zwölf Jahre nationalsozialistischer Herrschaft in Deutschland ein unbeliebter Forschungsgegenstand gewesen. Erst in den letzten Jahren beschäftigt sie sich eingehender auch mit den innerhalb Deutschlands zu dieser Zeit verfaßten Texten.

Der Literatur – wie der Kunst überhaupt – wollten die Nationalsozialisten keinen Frei- und Entwicklungsraum zugestehen. In einer Diktatur, einem Zwangsstaat, war die Verflechtung von Leit- und Kontrollmaßnahmen groß, kaum einem war es gestattet, öffentlich eigene Wege zu gehen.

Das Ziel der historischen Forschung hat sich in letzter Zeit von der Aufzeichnung, Deutung und Wertung auf die Haltung und das Bewußtsein der Deutschen in jener Zeit verlagert.

Helmut Arntzen und ein Forscherteam finden für die dreißiger Jahre besonders charakteristisch das Nebeneinander und den schnellen Wechsel von Normalität und Anomalie. Viele Deutsche erwarteten nach den Jahren der Weimarer Republik die Wiederkehr von Kontinuität und Berechenbarkeit, die Erlangung oder Fortsetzung einer mittelständischen Lebensweise mit vertrauten Sorgen und Freuden. Anomalien wurden hingenommen, wenn sie von kurzer Dauer waren und wenn man festliche Veranstaltungen geboten bekam, die nationale Traditionen und Erfolge feierten.

Die Nationalsozialisten kannten diese Mentalität und wußten sie für sich zu nutzen. Das Abnorme kehrte in den Untaten des Regimes wieder, vor denen die zahlreicher werdenden durchschnittlich Ergebenen und Pflichtbewußten gern die Augen verschlossen. Widerstand wurde kaum geleistet, da man damit die Normalität völlig eingebüßt hätte.

Das Geschehen jener Jahre sollten wir nie zur abgeschlossenen Geschichte erklären. Die Literatur der NS-Zeit ist Dokument geblieben, das auf seine Art die Zeit spiegelt und immer noch eines Studiums wert ist. Dafür Material und Zeugnisse aufzubereiten und bereitzustellen war die Hauptabsicht der Verfasser.

Die Darstellung innerhalb der nach Gattungen geordneten Kapitel ist so aufgebaut, daß das nationalsozialistische »Schrifttum« vorausgeht und dann die Werke der sogenannten »Daheimgebliebenen« folgen. Davon getrennt beschließen die Werke der Exilschriftsteller, die bedeutendsten Leistungen der damaligen deutschen Literatur, die jeweiligen Abschnitte.

Grund für diese Reihenfolge ist, daß die erwähnenswerte Literatur der Zeit sich notgedrungen als eine wie auch immer geartete Reaktion auf die gewalttätigen Eingriffe des Nationalsozialismus in das Kulturleben oder als unmittelbarer Widerspruch gegen das Regime darstellt. Als dessen Repräsentanten werden deshalb, und nicht etwa, weil sie als Literaturwerke bemerkenswert wären, die wichtigsten Presseorgane, ein historischer Roman, einige Gedichte und ein Drama des völkisch-nationalen »Schrifttums« vorangestellt, um das geistige Klima zu verdeutlichen, das in der Diktatur herrschte.

Diese eigentliche Naziliteratur ist konventionell und medioker; Innovationen abgeneigt, enthält sie meist beträchtliche Traditions- und Ideologieanteile. Das nachzuweisen erschien kaum anziehend. Eine gründlichere Beschäftigung mit ihr wurde als wenig ergiebig angesehen.

Die Haltung der weiterhin in Deutschland arbeitenden, nicht nationalsozialistischen Schriftsteller, der sogenannten »Daheimgebliebenen«, war keineswegs einheitlich. Es gab unterschiedliche Grade und Entwicklungsstufen der Parteinahme, der Anpassung, des Ausweichens, der Abkehr und des Widerstands. Kritik konnten einige nur verdeckt schreibend öffentlich machen, andere zogen sich gänzlich ins Unverfängliche zurück oder arrangierten sich.

Viele schon damals bekannte deutsche Schriftsteller gingen nach der Machtübernahme ins Exil. Dort schrieben sie – meist als einzelne – Bücher von beachtlicher Gesinnung und Qualität. Geschlossen trat eine deutsche Exilliteratur nie auf. Auch später fanden die Meister keine Schüler, eine neue Generation ging eigene Wege.

Die Verfasser haben den Nationalsozialismus als Heranwachsende miterlebt. Bei der Arbeit an diesem Buch waren sie erneut erstaunt und betroffen. Eine einwandfrei richtige Deutung, die neben den literarischen auch die politischen Aspekte berücksichtigt, kann es nicht geben; dazu spielen die in tausend Einzelstränge ausufernden individuellen Haltungen der Autoren eine zu komplizierte und selten klar durchschaubare Rolle. Ohnehin gilt auch hier, daß man die Werke selbst in die Hand nehmen muß, wenn man einen wirklichen Eindruck gewinnen möchte. Die Methode, längere Partien daraus in die Darstellung einzuflechten, ist vielleicht hilfreich, aber kein Ersatz. Erst die Lektüre der Werke selbst befähigt dazu, das in diesem Buch Gebotene selbständig zu verarbeiten und zurechtzurücken.

INHALT

I. Einführung

IV. Roman und Erzählung

V. Lyrik

VI. Dramatik

Anhang

1. Die nationalsozialistische Machtergreifung

Die Nationalsozialisten verhielten sich nach der Ernennung Hitlers zum Reichskanzler am 30. Januar 1933 so, als hätten sie schon die ganze Macht, obwohl die NSDAP nach den Novemberwahlen 1932 nicht die Mehrheit im Parlament hatte (37,4%), in eine Koalition eingebunden und neben dem Reichskanzler im Kabinett nur durch Frick und Göring vertreten war. Doch Frick war Innenminister, und Göring, Reichsminister ohne Geschäftsbereich, war zugleich kommissarischer Leiter des preußischen Innenministeriums. Sie beherrschten als oberste Dienstherren der Polizei die Straße, zumal sie SA-Männer und Leute des rechtsgerichteten Bundes der Frontsoldaten »Stahlhelm« als »Hilfspolizei« einstellten. So begann frühzeitig eine Jagd auf Kommunisten, Linksintellektuelle und Juden.

In der Nacht vom 27. auf den 28. Februar brannte der Reichstag. Ob sie ihn nun selbst angezündet hatten oder (was als wahrscheinlicher gilt) die Gelegenheit beim Schopf ergriffen: Die Nationalsozialisten nützten das »Fanal« propagandistisch und politisch aus, um sich endgültig in den Sattel zu heben. Goebbels notierte in seinem Tagebuch, der Brand sei ein »Geschenk des Himmels«. Die »Verordnung des Reichspräsidenten zum Schutz von Volk und Staat« vom 28. Februar 1933 zur Abwehr eines behaupteten kommunistischen Aufstandes führte unmittelbar oder mittelbar (durch weitere Erlasse und das »Ermächtigungsgesetz«) dazu, daß die Grundrechte außer Kraft gesetzt wurden: die Freiheit der Person, der Versammlung, des Zusammenschlusses, der Meinung; das Postgeheimnis, das Recht auf Eigentum. Diese Verordnungen, vermeintlich für den augenblicklichen Notfall geschaffen, wurden bis 1945 nicht aufgehoben und gaben der NSDAP die Macht in die Hand. Wie das geschehen konnte, obwohl die NSDAP nur eine Minderheit war und bei den Wahlen vom 5. März 1933 sogar Stimmen verlor, erklärt sich neben ihrer Befehlsgewalt über die Polizei vor allem aus zwei weiteren politischen Gegebenheiten. Erstens war die NSDAP umrahmt von Parteien und Gruppierungen, die zumindest im nationalistischen Teil ihrer Ziele mit ihr übereinstimmten: mit der »Deutschnationalen Volkspartei« (DNVP), dem »Stahlhelm«, dem »Alldeutschen Verband«. Zweitens war auch in den bürgerlichen Parteien und im Bürgertum selbst die Angst vor dem Kommunismus groß genug, um eine vorübergehende strikte Abwehrpolitik in Kauf zu nehmen. Daß sie keineswegs vorübergehend war, wurde vielen erst allmählich klar. Man muß sich bei allem, was sich in der Folge auch in der literarischen Szene ereignete, vor Augen halten, daß der Gedanke an das Vaterland, daß der Nationalismus sich seit dem neunzehnten Jahrhundert in das Bewußtsein der Mehrheit des deutschen Volkes eingegraben und die meisten zumindest vorläufig blind gemacht hatte für die verbrecherischen Absichten der nationalsozialistischen Bewegung. Hitlers ›Mein Kampf‹ (1926) hatte kaum einer gelesen; als sich das wahre Gesicht der NSDAP zeigte, war es zu spät: Da bedurfte es des Heldenmuts, um sich aufzulehnen.

In Österreich bestand eine starke nationale Rechte, die den Anschluß anstrebte. Das veranlaßte den Kanzler Engelbert Dollfuß, 1934 in einem Staatsstreich die demokratische durch eine berufsständische Verfassung zu ersetzen. Er regierte diktatorisch, gründete die »Vaterländische Front« als nationale Sammlung, verbot die KPÖ, die Nationalsozialistische Partei, kurz danach die SPÖ und die übrigen Parteien. Das Land kam jedoch nicht zur Ruhe. Blutige Straßenkämpfe zwischen Republikanern und Regierung veranlaßten Stefan Zweig bereits im Februar 1934 zu emigrieren. Er sah das kommende Unheil voraus. Dollfuß wurde im selben Jahr von den Nationalsozialisten bei einem Putschversuch ermordet (25. 7. 1934).

Nach dem Anschluß (13. 3.1938) setzte sofort die Verfolgung von Linksintellektuellen, Kommunisten und Juden ein.

2. Der Ungeist des Nationalsozialismus

2.1 Ideologie und Propaganda

Das nationalsozialistische Deutschland ging konsequent gegen die kulturelle Vielfalt vor. Das betraf auch und in besonderem Maße die Literatur. Offiziell zugelassen, gelobt und mit Preisen versehen wurde nur noch »Schrifttum«, das auf die Linie der NS-Ideologie eingeschworen war.

Wesentliche Elemente dieser totalitären Ideologie waren bereits im Parteiprogramm der NSDAP von 1920 verkündet worden, an dem Hitler mitgewirkt hatte; während und nach seiner Festungshaft in Landsberg faßte er dann in ›Mein Kampf‹ (Bd. 1: 1925, Bd. 2: 1926) die Grundgedanken zusammen. Angestachelt durch seine vor 1914 in den Armutsvierteln Wiens geprägten Vorurteile und Haßgefühle, griff Hitler die verschiedensten Ideen, Mythen und politischen Stimmungen auf und entwickelte daraus seine vom Rassengedanken ausgehende Ideologie.

Nationalismus

Nationalismus ist an sich ein neutraler Begriff für ein Zusammengehörigkeitsgefühl, das sich aus der politischen und kulturellen Gemeinsamkeit von Menschen ergibt, die in einem Staat mit verhältnismäßig homogener Bevölkerung leben. So wurde er im neunzehnten Jahrhundert international zu einer vorherrschenden Lebensvorstellung. Der Begriff erhielt eine negative Komponente dort, wo der Bedeutungsinhalt über den normalen Patriotismus hinausging, der Staaten zusammenhält. Das war besonders in Deutschland der Fall, wo sich – verglichen mit anderen europäischen Staaten – erst spät eine »Nation« herausbildete, die noch dazu den Charakter des Unvollständigen hatte.

Bereits vor dem Ersten Weltkrieg gab es ausgesprochen nationalistische Bestrebungen, an die der übersteigerte Nationalismus Hitlers und der NSDAP anknüpfte. Dafür steht in erster Linie der »Alldeutsche Verband« (gegr. 1891). Seine Mitglieder kamen aus dem Adel, dem Großbürgertum und der Bildungsschicht; in seinem Programm begegnen uns bereits die zentralen Themenbereiche der Belebung des deutschen Nationalbewußtseins, der Unterstützung des Deutschtums im Ausland sowie der imperialen Expansionspolitik, des Verlangens nach Lebensraum und des Antisemitismus.

Heute definiert man Nationalismus als eine »politische Haltung, aus der heraus in übersteigerter intoleranter Weise Größe und Macht des eigenen Staates als die höchsten Werte angesehen werden«. [Duden. Das Bedeutungswörterbuch. Mannheim ²1985]

Schuld daran ist in erster Linie der Nationalsozialismus, der ihn zum fanatischen Chauvinismus überhöhte.

Die Niederlage Deutschlands im Ersten Weltkrieg und insbesondere die in den Friedensverträgen durch Gebietsabtretungen und das Verbot des Anschlusses der Republik »Deutschösterreich« festgeschriebene Unmöglichkeit einer Einheit der Deutschen veranlaßten Hitler, wie er in ›Mein Kampf‹ schreibt, zu dem Entschluß, Politiker zu werden und der deutschen Nation zu neuer, ungekannter Größe und Macht zu verhelfen.

Punkt 1 des Programms der NSDAP von 1920 verlangt den »Zusammenschluß aller Deutschen auf Grund des Selbstbestimmungsrechts der Völker zu einem Großdeutschland«, Punkt 2 die politische »Gleichberechtigung des deutschen Volkes gegenüber den anderen Nationen, Aufhebung der Friedensverträge von Versailles und St. Germain«.

Rassismus

Der Franzose Joseph Arthur Comte de Gobineau (1816–1882) vertrat die Verschiedenheit der Rassen, die Überlegenheit der arischen (indoeuropäischen) Rasse über alle anderen und erklärte Kulturverfall zum Ergebnis der Vermischung einer hochwertigen mit einer minderwertigen Rasse. Daraus leitete er den Herrschaftsanspruch der Arier ab.

Charles Darwins (1809–1882) Evolutionslehre sprach in der Tierwelt vom Kampf ums Dasein und vom Überleben der Tüchtigsten. Analog dazu behauptete der Sozialdarwinismus, daß sich soziale Beziehungen und gesellschaftliche Entwicklungen nach ähnlichen Gesetzen verhielten.

Friedrich Nietzsche (1844–1900) schrieb vom neuen Menschen, dem »Übermenschen«, der alles Verlogene, Krankhafte, Lebensfeindliche abschüttele (zu Nietzsche vgl. auch S. 23 f.).

Eine besondere Rolle spielte Julius Langbehns kulturkritische Abhandlung ›Rembrandt als Erzieher. Von einem Deutschen‹ (anonym 1890; vgl. Bd. 8, S. 67 f.). Langbehn beklagt den Verlust der Ganzheit im Leben, den er auf die Industrialisierung und die Vermassung in den Großstädten zurückführt. Er geißelt das »Plebejertum« und den »rohen Geldkultus« der neuen Zeit und sieht als die wahrhaft destruktiven Kräfte dahinter den Materialismus und die Überschätzung des Verstandes. Ganzheit aber sah er besonders in der niederdeutschen Agrarstruktur erhalten und in der niederdeutschen Kunst, für die er Rembrandt zum Symbol erhob. Diese romantische Vorstellung vom gesunden Landvolk überhöhte Langbehn von Anfang an mit einem sozialdarwinistischen, rassistischen und antisemitischen Geschichtsentwurf, den er in späteren Auflagen noch verstärkte. So wurde die Abhandlung zu einer der Hauptquellen für die nationalsozialistische Ideologie.

1918, noch während des Krieges, wurde die völkisch gesinnte »Thule-Gesellschaft« gegründet, die sich später zum militanten Kampfbund entwickelte. Sie nannte sich nach dem im Altertum sagenhaften Land im hohen Norden, das später sprichwörtlich für das äußerste Land der Welt (»ultima Thule«) stand.

General Erich Ludendorff vertrat die Kolonisation der angeblich minderen slawischen Völker im Ersten Weltkrieg bis zuletzt.

1921 konstituierte sich die »Nordische Gesellschaft«, deren Hauptthese war, daß die »nordische Rasse« allen anderen menschlichen Gruppierungen und Stämmen kulturell und an Lebenskraft überlegen sei.

Aus diesem und anderem Baumaterial zimmerten sich die Nationalsozialisten ihre »Weltanschauung«, deren Kernsatz lautete, daß die Germanen als die höchstbegabten Arier vom Schicksal dazu bestimmt seien, über die minderwertigeren Rassen zu herrschen.

Antisemitismus

Innerhalb des rassistischen Denksystems der Nationalsozialisten wurden im Zuge des Antisemitismus die Juden zum »Negativtypus«, zur mächtigen Antirasse dämonisiert, die angeblich die Welt im Geheimen beherrschte (jüdische Weltverschwörung), die arische Rasse zu zersetzen suchte und deren Anspruch auf Vorherrschaft streitig machte.

Als die Nationalsozialisten an der Macht waren, begannen sie sofort, den in ihrem Parteiprogramm festgelegten Grundsatz zu verwirklichen, wonach Juden keine Volksgenossen waren und keine öffentlichen Ämter bekleiden durften: »Staatsbürger kann nur sein, wer Volksgenosse ist. Volksgenosse kann nur sein, wer deutschen Blutes ist, ohne Rücksichtnahme auf Konfession. Kein Jude kann daher Volksgenosse sein. [...] wir [fordern], daß jedes öffentliche Amt [...] nur durch Staatsbürger bekleidet werden darf.«

Den jüdischen Literaten galt der besondere Haß, da sie über das Medium Presse in der Weimarer Zeit eine beträchtliche Gegenmacht gebildet hatten. Sie wurden aus den Zeitungen verdrängt, ausgegrenzt, vertrieben. Bei der vorherrschenden Abneigung rief dieser Beginn der Judenverfolgung kaum einen entsetzten Aufschrei hervor. Daß die »deutsche« Kultur mit der Vertreibung der jüdischen Journalisten und der Dichter, Künstler und Musiker zu einem Gerippe zusammenschrumpfte, wurde kaum bewußt, und daß der nationalsozialistische Antisemitismus zum Massenmord entarten würde, war 1933 nicht vorherzusehen (obwohl schon 1926 in ›Mein Kampf‹ von der »Entfernung der Juden« die Rede war).

Antisemitismus durchzieht bereits das neunzehnte und das beginnende zwanzigste Jahrhundert. Bis zum Ersten Weltkrieg äußerte er sich vorwiegend in verbalen Angriffen oder in Hindernissen, die man Juden in den Weg legte, wenn sie Beamte oder Offiziere werden wollten. Ab 1918 wuchs das Ressentiment gefährlich an. Man machte die Juden für die Kriegsniederlage mitverantwortlich (Dolchstoßlegende, vgl. S. 29 f.), hielt sie im Bund mit den Marxisten für die Auslöser der Revolution, warf ihnen unermeßliche Kriegsgewinne vor. Judenhaß verbreitete sich über aggressive völkische Verbände bis in die unwahrscheinlichsten Bereiche. So entstand 1920 zum Beispiel die »Arbeitsgemeinschaft deutscher Naturforscher zur Erhaltung reiner Wissenschaft«. Sie strebte die »Judenreinheit der deutschen Wissenschaft« an und wandte sich gegen die »Bolschewistenphysik«, wie sie sie in Albert Einstein verkörpert sahen.

Führerkult

Die von den Nationalsozialisten viel beschworene Volksgemeinschaft als Voraussetzung für die Erringung einer neuen deutschen Größe ist der Ideologie zufolge nur durch Autorität und straffe Führung realisierbar. Auch das Führerprinzip erläutert Hitler in ›Mein Kampf‹ bereits als Grundlage seiner politischen Vorstellungen: »Die Bewegung vertritt [...] den Grundsatz der unbedingten Führerautorität [...]. Damit ist die Bewegung aber antiparlamentarisch, und selbst ihre Beteiligung an einer parlamentarischen Institution kann nur den Sinn einer Tätigkeit zu deren Zertrümmerung besitzen [...].« Bei der Neuorganisation der NSDAP nach Hitlers Festungshaft in Landsberg wurde das Führerprinzip in den Vordergrund gestellt, und die Gefolgschaft nahm willig an Hitlers Erhöhung zum alleinigen Führer teil. Das steigerte und verbreitete sich besonders nach den ersten außenpolitischen Erfolgen zum Kult des charismatischen Retters des Vaterlandes. Sogar bedeutende Denker wie Carl Schmitt und Martin Heidegger stimmten mit ein. Schmitt sah in Hitler den Mann, der als »Führer« das Recht schaffe, und Martin Heidegger äußerte am 3. November 1933 vor Studenten: »Nicht Lehrsätze und ›Ideen‹ seien die Regeln eures Seins; der Führer selbst und allein ist die heutige und künftige deutsche Wirklichkeit und ihr Gesetz.«

Hitler steigerte sich selbst bekanntlich immer stärker in diese Rolle hinein, trat auch als Kunstrichter auf. Wegen seiner Malversuche hielt er sich für kompetent in der bildenden Kunst und erhob seinen Geschmack zum gültigen Maßstab. Der vertriebene Alfred Kerr schleuste einen Kommentar dazu nach Deutschland ein:

> Was in der Kunst erlaubt ist,
> Und was ihr Sinn überhaupt ist,
> Bestimmt ein provinzialer
> Ansichtskartenmaler.

Nach einem zeitgenössischen Flüsterwitz konnten die Komponisten von Glück reden, daß Hitler nicht Geige gespielt hat. Ins Literaturleben mischte er sich nicht nach pseudo-ästhetischen, sondern nach politischen und persönlichen Gesichtspunkten ein, duldete den kritischen Ernst Jünger als Frontkameraden und Ordensritter, verfolgte Erich Kästner als Satiriker.

Für das Phänomen des Führerkults gibt es unterschiedlich ausgeprägte Vorläufer. Romantiker (Novalis, Adam Müller) entwickelten eine organische, universalistische Auffassung vom Staat, an dessen Spitze der Herrscher als die Inkarnation des Gesamtwillens steht. Den Kurfürsten in Heinrich von Kleists ›Prinz Friedrich von Homburg‹ kann man als eine solche Gestalt interpretieren. Der aufkommende Nationalismus im neunzehnten Jahrhundert griff mangels geeigneter zeitgenössischer Persönlichkeiten auf das staufische Kaiserreich zurück. Als sich das Zweite Kaiserreich konstituierte, erhob man Wilhelm I. zu Wilhelm dem Großen, doch daß er diesen Titel verdiente, glaubte schon damals kaum einer so recht, am wenigsten er selbst. Dann wurde der »Heldenkaiser« Wilhelm II. gefeiert, aber sein zwischen Ungeschick und Selbstüberschätzung schwankendes Verhalten ließ das heroische Bild verblassen; an seine Stelle trat der von ihm entlassene Kanzler Otto von Bismarck, der wirkliche Reichsgründer. An dessen überragender Bedeutung für die Reichseinheit bestand kein Zweifel; der Personenkult um ihn nahm nach seinem Tod gewaltige Ausmaße an (Bismarcktürme) und war dauerhaft. Erst jetzt kratzt man an seinem Denkmal.

Der Ruf nach dem starken Mann, der ein neues Zentralreich aus den Trümmern des Ersten Weltkriegs und der Friedensverträge schaffen sollte, brachte 1925 den Feldherrn Paul von Hindenburg in das Amt des Reichspräsidenten. Weite Kreise trauten den demokratischen Parteien keine schöpferische Kraft zu.

Oswald Spenglers Forderung nach dem »politischen Typus« der Elite (vgl. S. 24 f.), der den Untergang des Abendlandes aufhalten könne, konnte ebenfalls für den Führergedanken beansprucht werden.

Der angesehene Staatsrechtslehrer Carl Schmitt vertrat schon in seinen Schriften der 20er Jahre die Theorie, daß der Parlamentarismus in den Massendemokratien des industriellen Zeitalters fehl am Platze sei; er verlangte daher nach einem starken Staat, geführt von einem Präsidenten, der genügend Vollmachten hatte, um die widerstrebenden republikanischen Kräfte zu bündeln. Später unterstützte er ausdrücklich den Führergedanken (s. o.).

Lebensraum

Punkt 3 des Programms der NSDAP fordert Land und Boden zur Ernährung des deutschen Volkes und zur Ansiedlung seines Bevölkerungsüberschusses. Solche Gedanken entstanden schon vor 1914 im »Alldeutschen Verband«. Die Forderung weist bereits 1920 auf die außenpolitischen Ziele der Nationalsozialisten hin. Sie ist untrennbar verbunden mit der rassistischen Überlegenheitsvorstellung, die auch auf ihrer »beständigen Erneuerung [...] durch Zeugung und Fortpflanzung« beruht, da sich »im Bevölkerungsüberschuß die emporzüchtende Auslese zu entfalten vermag«. Die Nationalsozialisten nahmen für sich, für die arische Rasse, das Recht des Stärkeren in Anspruch, um sich den notwendigen Lebensraum mit Gewalt zu verschaffen.

In ›Mein Kampf‹ heißt es zu diesen außenpolitischen Vorstellungen: »Eine solche Bodenpolitik kann nicht etwa in Kamerun ihre Erfüllung finden, sondern heute fast ausschließlich nurmehr in Europa.« Und: »Wir stoppen den ewigen Germanenzug nach dem Süden und Westen Europas und weisen den Blick nach dem Land im Osten. [...] Seit Jahrhunderten zehrte Rußland von [dem] germanischen Kern seiner oberen leitenden Schichten. Er kann heute als fast restlos ausgerottet und ausgelöscht angesehen werden.« Dort also, im Gebiet der »unterwertigen« slawischen Völker, sei der geeignete Ausdehnungsbereich für die germanische Herrenrasse. »Wir marschieren aus der Enge / in den Osten, in den Raum. [...] Haben wir den Feind vertrieben, / erben wir sein Ackerland. / Und mit Blut steht dann geschrieben: / dies hier ist jetzt deutsches Land«, dichtete Kurt Eggers unverblümt. Noch bis 1945 spukte in der SS der Gedanke, die Ukraine zur kolonial geführten Kornkammer Deutschlands zu machen.

Eine besondere Rolle spielte das Schlagwort vom »Volk ohne Raum«. Es ist der Titel eines Romans von Hans Grimm von 1926 (vgl. Bd. 9); Hitler übernahm den Begriff im Zuge seiner Lebensraum-Theorien.

2.2 Mythen

Die Nationalsozialisten bauten ihre Propaganda nicht auf sachliche Analyse auf, sondern auf das Erwecken von Emotionen und Gemütskräften, auf das Ausnützen existenzieller Ängste und patriotischer Wunschvorstellungen. Ihre Ideologie hatte von Anfang an eine Tendenz zur Mythologisierung.

Mythen sind ursprünglich Göttergeschichten, mit denen sich die Menschen die Unfaßbaren vertraut machen wollten, indem sie ihnen Handlungen und Verhaltensweisen andichteten, die den ihren, wenn auch überhöht, ähnlich waren. Mit dem Schwinden des Götterglaubens gingen die Mythen nicht unter, weil sich die menschliche Phantasie mit dem Faktischen nicht zufriedengibt. Sie erzeugt neue Mythen, die Erscheinungen der realen Welt aus dieser herausheben und zu Symbolen machen. Sie haben dann nicht mehr ihre alltägliche Bedeutung, sondern sind angefüllt mit irrealen Gefühlen, Sehnsüchten und Wunschvorstellungen, mit dem Streben nach einer in der Realität nicht erreichbaren Sinneinheit. So sind sie über die realen Objekte hinausgewachsene »sekundäre Zeichensysteme«.

> Es ist das Sprechen in Bildern, Anschaulichkeiten, Vorstellungen, in Gestalten und Ereignissen, die übersinnliche Bedeutung haben. Dieses Übersinnliche aber ist allein in diesen Bildern selber gegenwärtig, nicht so, daß die Bilder interpretiert werden könnten durch Aufzeigen ihrer Bedeutung. Eine Übersetzung in bloße Gedanken läßt die eigentliche Bedeutung des Mythus verschwinden.
>
> *(Karl Jaspers und Rudolf Bultmann: Die Frage der Entmythologisierung. 1954)*

Das Vertrackte an säkularisierten Mythen ist, daß sie hinterrücks, am kritischen Verstand vorbei, in die Weltvorstellung der Individuen eindringen, daß sie nicht anders als die Göttersagen zu kaum hinterfragten Gebilden gerinnen. Deren Wirkung wird verstärkt, wenn das Gesetz der Massenpsychologie wirksam wird, wonach das von den meisten Akzeptierte als eine höhere Wahrheit hingenommen wird, die Lebenssicherheit verschafft. Nur der Kritische, aufklärerisch Denkende ist imstande, sie zu isolieren und sich ihrem Einfluß zu entziehen.

Bei ihrer Mythenbildung griffen die Nationalsozialisten vorhandene Ansätze auf, gaben ihnen pathetisches Gewicht und bauschten sie zum Religionsersatz auf. Das ist deutlich an der blinden Verehrung Hitlers oder an der »Ostlandfahrt« sichtbar. Die Tiefenwirkung ging weit über die der eigentlichen Ideologie hinaus. Einige Komplexe dieser Mythenbildung, die sich jenseits einer analysierbaren und kritisierbaren »Weltanschauung« in den Köpfen festsetzen konnten, sollen wegen ihres Einflusses auf die Literatur noch einmal herausgestellt werden; denn Mythos und Dichtung sind verwandt, in ihrem Ursprung geradezu identisch. Beide haben ihre Wurzeln nicht im analytischen Denken, sondern in der Phantasie und im gefühlshaltigen Weltverständnis. Es gibt unzählige Verbindungslinien und Übereinstimmungen zwischen beiden Bereichen; das erkennt man bei Karl Jaspers' Definition des Mythos. Es ist kein Wunder, daß Autoren mythenanfällig sind. So kommt es, daß »nationalsozialistische« Mythen nicht nur bei den Parteigängern auftauchen, sondern in verschiedenster Art und wechselnder Intensität auch bei Schriftstellern, die dem Nationalsozialismus fernstanden. Derartige Mythen sind Ausprägungen des Zeitgeists, die man überall und in jeder Epoche findet, ohne daß sich damit die betreffenden Autoren als Liebediener der jeweils herrschenden Ideologie verraten müßten.

Der Mythos von der nordischen Herrenrasse

> Die germanische Vorgeschichte rückte immer mehr in den Brennpunkt geschichtlicher Betrachtung, weil das erwachte Deutschland das größte Gewicht darauf legt, zu wissen, daß die Germanen vor Eintritt in die sogenannte geschichtliche Zeit ein Volk mit großer Kultur gewesen sind. Was die reiche Überlieferung von mehr als zwei Jahrtausenden vor Christi Geburt uns geschenkt hat, steht uns heute nicht fremd gegenüber, sondern aus ihr spricht Geist und Blut von unserem Blut. Denn das Erbgut der Vorfahren vor 4000 Jahren ist in uns lebendig, ein großer Teil des Bodens unseres jetzigen Reichsgebiets war schon vor Jahrtausenden unser, und Versailles hat uns Boden entrissen, der durch das Blut der Vorfahren in ehrwürdig langen Zeiträumen geheiligt wurde.
> Darum haben wir es nicht nötig, geistige Anleihen aus Athen und Rom zu holen. Ihre Werte in Ehren, sie haben ihren eigenen Ruhm. Das Höchste aber, das von Griechen und Römern geleistet wurde, stammt aus dem nordischen Erbgut, dessen Ursprung bei uns im Norden lag, von wo einst die Vorfahren der Griechen und Römer gen Süden gezogen waren. Wir sind neben den skandinavischen Völkern das einzig nordisch bestimmte Volk der Erde, das aus uraltem Blut und Boden in ununterbrochener Geschlechterfolge gewachsen ist.
>
> *(Vorwort von Georg Usadel zu Kurt Pastenaci: Volksgeschichte der Germanen. 1936; in der Ausgabe des Parteiverlags Franz Eher Nachflg., Berlin – München, o. J.)*

Daß dieser Text keine Parodie, sondern ein ernstgemeintes Produkt ist, scheint uns heute kaum vorstellbar. Er enthält in gedrängter Folge ein Bündel der Schlagworte, die der nationalsozialistischen Ideologie entsprechen, vom erwachten Deutschland über Blut und Boden, Erbgut, Blut der Vorfahren bis zum nordisch bestimmten Volk. So faßt er zusammen, was den Mythos von der nordischen Herrenrasse ausmacht. Ein Mythos ist es deswegen, weil all das Gerede von den Germanen als dem Kern der arischen Rasse keinen wissenschaftlichen Halt hat, konstruiert wurde, um der These der Überlegenheit der Deutschen auf der Welt eine Grundlage zu verschaffen. Auffällig ist die Einbeziehung der skandinavischen Völker. Eigentlich gehörten auch die Engländer dazu, also die Angelsachsen und die Normannen, Nachkommen der Wikinger. Für Hitler war es unverständlich, daß die Engländer nicht bereit waren, im Chor der nordischen Völker mitzusingen.

Die Deutschen stammen hauptsächlich von den Germanen ab. Die Forschung darüber hat eine lange Tradition, ebenso die Germanophilie, wie sie etwa Klopstock und die Romantiker pflegten. Das alles wurde jedoch in der nationalsozialistischen Ideologie noch überhöht zu einem überaus positiven Gebilde, in dem als urgermanischer Charakter die Einfachheit und Bodenverbundenheit, schlichtes, geradliniges Denken, das feste Tugend- und Ehrgefühl, die Treue, Tapferkeit und der Todesmut herausgestellt wurden. Mit diesem urgermanischen Charakter wird der hohe Rang der Germanen innerhalb der Rassenhierarchie begründet.

Darüber hinaus gab sich nationalsozialistische Ideologie überzeugt davon und überzeugte viele, daß das kriegerische nordische Bauernvolk, der »gesunde Barbar«, seine herausragenden Eigenschaften vererbt habe, daß diese nur durch die Zivilisation, durch weichliche Religionen und durch politische Systeme verdeckt worden seien, die auf den Vorteil von schlauen Schwächlingen ausgerichtet waren. Wenn man es wieder zum Leben erweckte, würde das nordische Herrenvolk erneut über allen Völkern stehen. In Wissenschaft und Schule spielten die germanische Götterwelt, die germanischen Heldensagen, die Edda und die isländischen Sagas eine herausragende Rolle.

Bei ihrem Herrenrasse-Mythos berief sich die nationalsozialistische Ideologie auf Friedrich Nietzsches Spätwerk. Tatsächlich ist in ›Zur Genealogie der Moral‹ (1887) von der »herrschend gewordenen blonden, nämlich arischen Eroberer-Rasse« und von der »blonden Bestie« die Rede; aber es geschieht beispielhaft im Rahmen seiner Auseinandersetzung mit dem Gegensatz zwischen dem Adel oder den »Vornehmen« und den Unterworfenen und deren »Sklavenmoral«. Es heißt da:

> Auf dem Grunde aller dieser vornehmen Rassen ist das Raubtier, die prachtvolle nach Beute und Sieg lüstern schweifende *blonde Bestie* nicht zu verkennen; es bedarf für diesen verborgenen Grund von Zeit zu Zeit der Entladung, das Tier muß wieder heraus, muß wieder in die Wildnis zurück – römischer, arabischer, germanischer, japanesischer Adel, homerische Helden, skandinavische Vikinger – in diesem Bedürfnis sind sie sich alle gleich. Die vornehmen Rassen sind es, welche den Begriff »Barbar« auf all den Spuren hinterlassen haben, wo sie gegangen sind; [...] ihre Gleichgültigkeit und Verachtung gegen Sicherheit, Leib, Leben, Behagen, ihre entsetzliche Heiterkeit und Tiefe der Lust in allem Zerstören, in allen Wollüsten des Siegs und der Grausamkeit – alles faßte sich für die, welche daran litten, in das Bild des »Barbaren«, des »bösen Feindes«, etwa des »Goten«, des »Vandalen« zusammen. Das tiefe, eisige Mißtrauen, das der Deutsche erregt, sobald er zur Macht kommt, auch jetzt wieder – ist immer noch ein Nachschlag jenes unauslöschlichen Entsetzens, mit dem jahrhundertelang Europa dem Wüten der blonden germanischen Bestie zugesehen hat (obwohl zwischen alten Germanen und uns Deutschen kaum eine Begriffs-, geschweige eine Blutsverwandtschaft besteht).

An diesem Text ist zwar deutlich zu erkennen, daß Nietzsche unter »Rasse« etwas anderes verstand als die Nationalsozialisten, aber wenn sie die Partien verschwiegen, in denen er andere »Herrenrassen« als die Germanen anführt, dann ließ sich der Philosoph leicht als Stammvater ihrer Ideologie in Anspruch nehmen. Arabischer oder japanischer Adel als »Rassen«, Deutsche und Germanen nur entfernt verwandt – das wurde beim Zitieren ebenso ausgelassen wie etwa Nietzsches Überzeugung, daß der Wert des Menschen nicht von der Rasse abhänge oder daß Rassenmischung die Kultur fördere. In ›Menschliches, Allzumenschliches‹ (I, 1878) heißt es:

> Sobald es sich nicht mehr um Konservierung von Nationen, sondern um die Erzeugung einer möglichst kräftigen europäischen Mischrasse handelt, ist der Jude als Ingredienz ebenso brauchbar und erwünscht, als irgend ein anderer nationaler Rest.

Nietzsche selbst dachte wegen seines Namens, er stamme von polnischen, also slawischen Vorvätern ab. Die polnische Kultur schätzte er überhaupt als höherwertig ein als die deutsche.

Der Mythos vom gesunden Barbaren

Zur Zeit der Jahrhundertwende verbreitete sich in der Literatur – auch unter dem Eindruck von Nietzsches Kultur- und Zivilisationskritik – die Vorstellung, daß sich die Kultur stetig verfeinere, zugleich aber die Lebenstüchtigkeit abnähme. Dem stand die Position gegenüber, nach der sich die Lebenskraft in der nordischen Rasse erhalte. Thomas Mann hat die Antinomie in seiner Erzählung ›Tonio Kröger‹ (1914) ahnungsvoll ironisch beleuchtet: Der Künstler Tonio Kröger beneidet die Unkomplizierten und Lebensvollen, die »Blonden und Blauäugigen, die den Geist nicht nötig haben«.

Mit seinem Werk ›Der Untergang des Abendlandes‹ (Bd. 1: 1918, Bd. 2: 1922) griff Oswald Spengler diese Gedanken auf und brachte sie in ein System, wonach sich Hochkulturen in immer vergleichbarer Weise entwickeln, und zwar analog zu Jahreszeiten oder Menschenleben. Dem Frühling einer bildhaften, primitiv-symbolischen Kunst in einer Stammeskultur mit Häuptlingen ohne politisches Gestaltungsbewußtsein folgt der Sommer mit erwachendem Kunstwillen, den Anfängen bürgerlicher Geisteskultur und der politischen Gliederungsmomente: Feudalordnung und Priesterherrschaft. Der Herbst bringt die geistigen Höhenflüge und die großen Meister der Kunst. Die Idee des Staates wird in die Realität umgesetzt, das Bürgertum und die Geldwirtschaft setzen sich durch. Der Winter oder das Greisenalter ist gekennzeichnet durch das Absterben der schöpferischen Kraft im Denken und Gestalten, durch den Verlust der Glaubenswerte und des Zusammengehörigkeitsgefühls. Aus Nationen werden ungebundene, politisch indifferente Massen. Dieser Spätzustand ist zusammengefaßt im Begriff der Zivilisation, unter der man eine entleerte, veräußerlichte, seelenlose Schrumpfform der Kultur verstehen soll. Dazu trägt entscheidend die Entwicklung der Technik bei, die ein Arbeiterheer entstehen läßt, das »nomadenhaft als formlose und formfeindliche Masse durch die steinernen Labyrinthe wogt«. Das Abendland sah Spengler in dieser letzten Phase des Verwelkens; es sei dem Untergang geweiht.

Der Pessimismus dieser Zyklentheorie wird nur »gemildert« durch den Gedanken, daß sich eine Elite über die amorphe Masse setzen könnte: »Ausbildung des Cäsarismus. Sieg der Gewaltpolitik über das Geld. Zunehmend primitiver Charakter der politischen Formen. Innerer Zerfall der Nationen in eine formlose Bevölkerung. Deren Zusammenfassung in ein Imperium von allmählich wieder primitiv-despotischem Charakter.« Eine Elite dieser Art sah Spengler in Heer und Verwaltung Preußens verwirklicht; diese Elite sei »vollkommene[r] Ausdruck einer starken Rasse. Der Offizier und der Beamte wurden in Vollendung gezüchtet, aber die Aufgabe, den entsprechenden politischen Typus zu züchten, wurde nicht erkannt.« Er könnte den Niedergang aufhalten.

An Gedanken dieser Art konnte die nationalsozialistische Ideologie anknüpfen. Sie brachte den Elitegedanken mit der Herrenrassenfiktion in Zusammenhang und propagierte, daß der nordische Mensch all die Zivilisationsdefekte wie das Christentum, die Psychoanalyse, die Sklavenmoral, die Dekadenz, den Pazifismus, den weichlichen Liberalismus abschütteln sollte, um verjüngt – oder besser noch – wiederhergestellt zur Machtausübung fähig zu sein. Wir begegnen hier all den Schlagworten, die die »Rufer« bei den Bücherverbrennungen im Munde führten.

Der Mythos vom Volk

Deutschland war in der ersten Hälfte des 19. Jahrhunderts in mehr als dreißig Länder, Kleinstaaten und Städte zersplittert, so daß das überall zu dieser Zeit virulente Nationalgefühl hier einen anderen Weg suchen mußte als die staatliche Einheit. Er wurde im Begriff »Volk« gefunden. Stammvater dieses Begriffs, sofern er ein Volk als ein Gemeinwesen mit spezifischen Eigenschaften umfaßt, war Johann Gottfried Herder (1744–1803). Allerdings lag es ihm fern, rassische Qualitätsunterschiede zu behaupten; er vertrat konsequent den Humanitätsgedanken. Das hinderte die nationalsozialistischen Ideologen nicht daran, ihn zu vereinnahmen. Sie konnten sich auf das in einem Jahrhundert gewachsene Nationalgefühl der Deutschen stützen, die unter

»Volk«, »Volkstum«, »volkhaft« und – zuletzt bevorzugt – »völkisch« Kennworte für ethnische Zusammengehörigkeit und angeborene Wesensverwandtschaft verstanden. Im Reich Bismarcks schien der Zusammenschluß erreicht, doch war es nur eine kleindeutsche Lösung.

Die in den Friedensverträgen von Versailles und Saint Germain festgelegten Gebietsabtretungen und das Verbot des Anschlusses von Deutschösterreich machten eine Einheit aller Deutschen unmöglich. So wurde der Volksgedanke als das Wunschziel, es möge sich in der Einheit aller Deutschen ein Sinn der Geschichte verwirklichen, zu einem zentralen Thema der nationalsozialistischen Mythenbildung. Dies, zusammengeworfen mit dem hemmungslosen Rassismus, lud die Begriffe zu gefühlhaltigen Schlagworten auf, die die Konnotationen der verschworenen, opferbereiten Gemeinschaft und der ethnischen Überlegenheit enthielten. Die »Volksgenossen und -genossinnen« wurden in den politischen Reden zur gängigen Formel, und die Kennworte geistern durch das gesamte Schrifttum, angefangen beim Zeitungsnamen ›Völkischer Beobachter‹ von 1920 und fortgeführt bis zu Werken wie Kurt Pastenacis: ›Volksgeschichte der Germanen‹ (1936), aus dessen Vorwort auf S. 22 zitiert ist, oder Hellmuth Langenbuchers ›Volkhafte Dichtung der Zeit‹ (1937). Langenbucher faßt die gesamte genehmigte oder geduldete Literatur der Zeit unter völkischen Stichworten zusammen:

> Volk und Dichter – Der deutsche Mensch – Volk an der Arbeit – Landschaft und Stammestum als völkischer Lebensgrund – Der geschichtliche Werdegang des deutschen Volkes – Der Selbstbehauptungskampf des deutschen Volkes – Schicksalswende – Die neue Lebensordnung des deutschen Volkes.

Der Ausdruck »gesundes Volksempfinden« fand Eingang in die Rechtsprechung und bekam dadurch erst recht eine gefährliche Dimension. Mit ihm konnte man auch in der Kunstkritik alles niederschmettern, was nicht »volkstümlich« war und über den Horizont des »Volkes«, also der breiten Masse, ging. Es entsprach dann nicht der Wesensart des deutschen Volkes, es war »entartet«. So verhinderte der Mythos vom Volk jedes Experiment, jede Avantgarde. Im Bereich der Literatur führte das wie in den anderen Künsten zu einer Einebnung des Geschmacks, zum Verzicht auf das Ausgefallene und Anspruchsvolle, besonders auch deshalb, weil sich für die linientreue Literaturkritik hinter dergleichen Werken leicht und oft der jüdische »Asphaltliterat« ausmachen ließ. Sogar »rassereine Arier« wie Gottfried Benn wurden, wenn sie sich nicht am völkischen Erwartungshorizont ausrichteten, als »Judenjungen« beschimpft, und der Bildhauer und Dichter Ernst Barlach beklagte sich schon 1929 darüber, daß man ihn »als jüdischen und von Juden ›gemachten‹ Bildhauer stigmatisierte«.

Der treffendste Widerspruch gegen die Begriffsblasen »Volk« und »volkstümlich« stammt von Bert Brecht, der mit seiner Fähigkeit, sprachliche Anklänge aufzuspüren und eine Sache auf den Punkt zu bringen, sagte: »Das Volk ist nicht tümlich« – dabei klingt »dümmlich« mit an. Eine seiner ›Fünf Schwierigkeiten beim Schreiben der Wahrheit‹ von 1934 »zur Verbreitung in Hitlerdeutschland« besteht darin, daß es Wörter gibt, die mit »fauler Mystik« angefüllt sind, und er fährt fort: »Wer in unserer Zeit statt Volk Bevölkerung und statt Boden Landbesitz sagt, unterstützt schon viele Lügen nicht.«

Der Mythos von Blut und Boden

Ein besonders stark propagierter Aspekt des Volkstums war die Verwachsenheit mit der »Scholle«, dem Grund und Boden. Man stellte sich die germanischen Vorfahren als eine Gesellschaft von gesunden, kriegerischen Bauern vor, die noch nicht von der Zivilisation und vom Christentum angekränkelt war. Dies übertrug beispielsweise der Gauleiter von Mecklenburg und Reichsstatthalter von Lübeck Friedrich Hildebrant auf die damalige Jetztzeit, als er das bildnerische Werk Ernst Barlachs mit den Worten ablehnte:

> Der deutsche Mensch kennt nicht den Bauern als einen faul auf die Erde gestreckten Menschen, sondern als den harten, selbstbewußten Mann, der gewillt ist, alle Schwierigkeiten zu überwinden, der mit brutaler Faust, mit dem Schwert in der Hand sich den Weg bahnt.
>
> *(Lübecker General-Anzeiger, 18. 2. 1934)*

Es ist die nationalsozialistische These, daß der eigentliche gesunde Kern des Volkes im Bauerntum lag, daß sich dort Blut und Boden in edler Symbiose zusammenfanden. Entsprechend wurde es gefördert, das »Sippen«bewußtsein gepflegt, der Erhalt der Scholle durch ein Reichserbhofgesetz geschützt. Das System propagierte die Vier-Kinder-Ehe, Familien mit mehr Kindern erhielten Vergünstigungen, für die Frauen gab es das Mutterkreuz. Im Rahmen der Lebensraum-Ideologie waren es die Bauern, die bei der Landnahme die biologische Eroberung des neugewonnenen Bodens vornehmen sollten. Das erinnert an die Wehrbauern früherer Zeiten und an die geschichtliche Besiedelung osteuropäischer Gebiete wie des Wendenlands, Siebenbürgens, des Banat, Gottschees. Tatsächlich spielte diese historische Landnahme eine große Rolle in Propaganda und Unterricht.

Der gesamte Blut-und-Boden-Komplex (frühzeitig zu »Blubo« abgekürzt) ist ein Mythos, der jenseits der Realität angesiedelt ist; denn die reinrassigen Germanen gab es nicht mehr, die Deutschen waren ein Mischvolk – und das Bauerntum als den gesunden Kern des Volkes herauszustellen war in der Zeit der Industrialisierung, ja schon Automatisierung der Arbeitswelt nichts als eine rückwärtsgewandte Agrarromantik. Beim »Reichsbauernführer« Waltet Darré drückt sich das in ›Das Bauerntum als Lebensquell der Nordischen Rasse‹ (München 1933) so aus:

> Bauer sein, heißt frei sein. Wer in seinem Betrieb nicht schalten und walten kann, wie es ihm beliebt und die Früchte seiner Tätigkeit nicht nach Gutdünken verwerten darf, ist kein Bauer, sondern Verwalter oder Pächter, Knecht oder Höriger. Dort, wo die Nordische Rasse ihre bezeichnende Einzelhofsiedlung begann, wurde der an sich wohl natürliche Herdentrieb des Menschen gesprengt und züchtete den auf sich selbst gestellten und auf sein eigenes Können vertrauenden Menschen entwicklungsgeschichtlich heran. Das Wort »unfreier Bauer« ist im Grunde ein Widerspruch in sich selbst und sollte aus der deutschen Sprache verschwinden.

Muster also ist der selbstverantwortliche Einzelbauer, der im Schweiße seines Angesichts, über die Scholle gebeugt, Spaten oder Hacke handhabt. Traktoren oder Kunstdünger, organisierte Produktionsweisen wie ein gemeinschaftlicher Maschinenpark oder Absprachen, wer welche Früchte anbauen sollte, kommen nicht in den Blick. Es ist eine für die Agrarverhältnisse des zwanzigsten Jahrhunderts höchst archaische Vorstellungswelt.

Der Mythos vom Frontsoldaten

Die Hochachtung vor dem Militär hatte im Kaiserreich groteske Ausmaße angenommen (vgl. Carl Zuckmayers Drama ›Der Hauptmann von Köpenick‹, 1930). Der Beginn des Ersten Weltkriegs fand einen Großteil der Nation in einem Rausch der Begeisterung, der sich aus zweierlei Gefühlen nährte: aus dem, das Vaterland gegen einen ungerechten Überfall verteidigen zu müssen, und dem der Unbesiegbarkeit. Darüber hinaus bestand eine große Bereitschaft, sich dem Abenteuer auszuliefern, so wie es Ernst Jünger in seinem Kriegstagebuch ›In Stahlgewittern‹ (1920) ausdrückt:

> Aufgewachsen in einem Zeitalter der Sicherheit, fühlten wir alle die Sehnsucht nach dem Ungewöhnlichen, nach der großen Gefahr. Da hatte uns der Krieg gepackt wie ein Rausch. In einem Regen von Blumen waren wir hinausgezogen, in einer trunkenen Stimmung von Rosen und Blut. Der Krieg mußte es uns ja bringen, das Große, Starke, Feierliche.

Auch mehr als vier Kriegsjahre änderten nicht viel an diesem Initialschwung der Begeisterung, da man Niederlagen der Übermacht der Feinde zuschreiben konnte und die meisten in der Gewißheit verharrten, Deutschland habe keine Schuld am Krieg. Selbst Menschen wie der Maler Max Liebermann (1847–1935), dessen Werke später als »entartet« galten und der über das Dritte Reich äußerte: »Ich kann lange nicht soviel essen, wie ich kotzen möchte«, vertrat in seinen Tagebüchern die Ansicht, daß Deutschland im Ersten Weltkrieg nur durch »die Gerissenheit der Feinde« besiegt worden war, und bewunderte den Heroismus, der »fünf Jahre allein gegen die Welt ausgehalten« habe. Ahnungsvolle Gegenstimmen wie die Kurt Tucholskys waren selten:

> Schmerzen werden vergessen. So hat die Nation die Scheußlichkeit des Krieges verwunden. Freundliche Lappalien wachsen über diese Regionen der Erinnerung [...] Aber der Schmerz, der Schmerz ist fast vergessen. Und da nur ein beschränkter Teil aller Erfahrungen vererbt wird (denn wie weise wären wir sonst!), so ist noch gar nicht gesagt, daß nicht die nächste Generation mit frischdämlicher Begeisterung, die Geschäfte der Börsen und der Ämter besorgend, die Knarre wieder auf den Buckel nimmt.
>
> *(Kurt Tucholsky: Das Felderlebnis. 1922)*

Die Pazifisten Tucholsky und Carl von Ossietzky, Herausgeber der ›Weltbühne‹, gehörten zu den meistgehaßten Schriftstellern nicht nur der Nazis; sie wurden über die gesamte Rechte hinaus vom Bürgertum und sogar von Teilen der Arbeiterschicht abgelehnt. Man muß sich vor Augen halten, daß es die Hochachtung vor dem Frontsoldaten des Ersten Weltkriegs schon gab, bevor die NSDAP überhaupt gegründet wurde. Diese machte sie sich nur lautstark zu eigen. So ist der »Geist von Langemarck« schon vorher fest in das Bewußtsein gegraben, und ebenso die »Dolchstoßlegende«.

Der »Geist von Langemarck« beruht auf einem Frontbericht der Obersten Heeresleitung vom 11. November 1914: »Westlich von Langemarck brachen junge Regimente [sic!] unter dem Gesang ›Deutschland, Deutschland über alles‹ gegen die erste Linie der feindlichen Stellungen vor und nahmen sie.« Die »jungen Regimente« waren vorwiegend Kriegsfreiwillige, darunter Abiturienten und Studenten, die, flüchtig ausgebildet und dürftig ausgerüstet, in einen mörderischen, zudem taktisch unsinnigen Angriff geschickt wurden. Ob sie wirklich das Deutschlandlied sangen, ist umstritten; ihr begeisterter Patriotismus und ihre Todesbereitschaft sind verbürgt. Für die nationalsozialistische Mythenbildung von »Ich bin nichts, mein Volk ist alles« und vom Heldentod für das Vaterland wurde der tausendfache Opfergang zum symbolkräftigsten Schlagwort; der Soldatenfriedhof bei Langemarck mit seinen 45 000 Gräbern wurde zum Wallfahrtsort.

Der Dolchstoßlegende zufolge hatte nicht die kämpfende Truppe den Krieg verloren, vielmehr hatten die Bolschewisten und die Juden die Moral in der Heimat zersetzt, hatten sozialistische und kommunistische Arbeitsverweigerer im Transport und in den Rüstungsbetrieben den Nachschub unterbunden. Die Legende entstand schon kurz nach dem Waffenstillstand. Angeblich hat ein englischer General (Frederick Maurice) als erster den Ausdruck gebraucht, die deutsche Armee sei »von hinten erdolcht worden«. Hindenburg übernahm diese Deutung spätestens am 18. November 1919 vor einem Untersuchungsausschuß, und durch General Ludendorff wurde die Dolchstoßlegende endgültig zum Glaubensbekenntnis.

Dies sind die beiden herausragenden Elemente der fortbestehenden militaristischen Stimmungslage. Sie fand ihren Ausdruck in Frontkämpfer-Bünden wie dem rechten »Stahlhelm« oder dem linken »Reichsbanner« und in zahlreichen Kriegsromanen und -erinnerungen, von denen Ernst Jüngers ›In Stahlgewittern‹ besonders durchschlagend war. Die Nationalsozialisten beanspruchten das Buch als das eines Gleichgesinnten für sich. Bei dieser Sachlage verwundert nicht, wie wütend sie auf Erich Maria Remarques Roman ›Im Westen nichts Neues‹ reagierten.

Der völkische Militärkult weicht in einer Hinsicht deutlich vom kaiserlichen ab: Er bezieht ausdrücklich den einfachen Frontsoldaten mit ein. Man tat alles, um das Bild der feldgrauen, alle Ränge umfassenden verschworenen Gemeinschaft aufleben zu lassen. Hitler war selbst im Ersten Weltkrieg einfacher Frontsoldat gewesen. Hindenburg verachtete den »böhmischen Gefreiten«, war aber doch empfänglich für das Hofieren des Militärstandes. Wie sehr man sich eines Sinnes wußte, zeigt das Verhalten des ehemaligen Weltkriegsoffiziers Reichskanzler Heinrich Brüning, der 1930 vor einem Treffen mit Hitler äußerte, er hoffe, daß er »an ihn als alten Frontsoldaten nicht vergeblich appelliere«. Das Zusammenhaltsgefühl, das sich in solchen Momenten ausdrückt und dessen Signalwort der »Kamerad« ist, schlägt sich in der Literatur in so verschiedenartigen Werken nieder wie in Hanns Johsts ›Schlageter‹ und Ernst Jüngers ›Auf den Marmorklippen‹. Es ist ein absurder Nebenaspekt dieser Frontkameradschaft, daß Hitler persönlich untersagte, Ernst Jünger, den Träger des Pour-le-mérite-Ordens, wegen seines systemkritischen Kurzromans zu behelligen.

Die Reichswehr- und späteren Wehrmachts-Offiziere verhielten sich allerdings reserviert gegenüber dem Nationalsozialismus. Zuerst war ihnen die paramilitärische SA als ein proletarischer Rabaukenklub ein Dorn im Auge, später erst recht die SS. Daher konnte sich z. B.

Gottfried Benn, der im Ersten Weltkrieg Sanitätsoffizier gewesen war, reaktivieren lassen, um im Schutz der Wehrmacht dem Zugriff der Faschisten zu entgehen, und über Ernst Jünger hielten befreundete Generäle ihre Hand.

2.3 Geistfeindlichkeit

Totalitäre Systeme gehen mit einer festgefügten Weltvorstellung einher, die ihnen jede denkerische Eigenheit, jede Extravaganz der Phantasie zuwider sein lassen; daher mißtrauen sie Künstlern und kommen mit der Literatur nicht zurecht.

Hitler behauptet bereits in ›Mein Kampf‹: »Die Masse [...] fühlt sich im Innern mehr befriedigt durch eine Lehre, die keine andere neben sich duldet, als durch die Genehmigung liberaler Freiheit«. Und später versichert er: »[...] bei uns ist in erster Linie das Glauben wichtig und nicht das Erkennen! Man muß an eine Sache glauben können. Der Glaube allein schafft den Staat. Was läßt den Menschen für religiöse Ideale in den Krieg gehen und sterben? Nicht das Erkennen, sondern der blinde Glaube.« Eine allein gültige Lehre baut notgedrungen auf blinden Glauben und Gehorsam; für selbständiges Denken und Kreativität, für Individualismus und Minderheiten ist kein Platz. So versucht man, die Denkenden der Ideologie entsprechend zurechtzustutzen; das öffentliche Bewußtsein wird unter staatliche Kuratel gestellt.

In seiner Rückbesinnung auf die »gesunden Ursprünge« des deutschen Volkes setzte der Nationalsozialismus auf körperliche Gesundheit, Willensstärke und Gemeinschaftsgefühl statt geistiger Entwicklung und Selbständigkeit. Das wirkte sich besonders stark auf die Jugenderziehung aus. Sie konnte auf die Wandervogel- und Jugendbewegung zurückgreifen und stand ganz im Zeichen der künstlichen Barbarisierung. Die Jugend sollte abgehärtet, zu sportlichen Hochleistungen geführt, Willenskraft und Entschlußfreude sollten gefördert werden. Hitler verlangte die Heranbildung eines unverdorbenen Geschlechts, »das bewußt zurückfindet zum primitiven Instinkt«. Sein stehender Leitspruch für die Hitlerjugend war, sie solle »flink wie die Windhunde, zäh wie Leder, hart wie Kruppstahl« werden, denn »Wir wissen, es wird nichts im Völkerleben geschenkt. Alles muß erkämpft und erobert werden. [...] Wir wollen, daß dieses Volk einst nicht verweichlicht wird, sondern daß es hart sei. [...] Ihr müßt lernen, hart zu sein, Entbehrungen auf euch zu nehmen, ohne jemals zusammenzubrechen.« Von Verstand oder gar Vernunft ist nicht die Rede, dafür viel vom Volkhaften, Mythischen und Irrationalen. Man prägte eine eigene Art von hochpathetischen Feiern und Gemeinschaftsveranstaltungen mit Morgenappell, Flaggenhissen, Weihesprüchen, szenischen Heldenmythen, unternahm Nachtmärsche, lehrte und sang Lieder von Kampf und Tod.

Auch die schulische Erziehung wurde schrittweise angepaßt. Man verkürzte die Bildungsfächer, unterwarf den Deutsch-, Geschichts- und Biologieunterricht völkischen Maßstäben, erweiterte den Sportunterricht, förderte die technischen Fächer auf Kosten der musischen, drängte das humanistische Gymnasium zurück. Fächerübergreifendes Erziehungsziel war es, Begeisterung für vaterländische Größe und Heroismus zu erzeugen und die Bereitschaft zu wecken, sein Leben für Führer, Volk und Vaterland zu opfern.

So stehen die Rückbesinnung auf die »gesunden Ursprünge« des deutschen Volkes und die Mythisierung der Volksgemeinschaft für die grundsätzliche Geist- und Kulturfeindlichkeit der NS-Ideologie. Alles Neuartige und Abweichende, jeglicher Versuch, Formen und Denkweisen aufzubrechen, könnte die angestrebte ideologisch gleichgeschaltete Volksgemeinschaft gefährden.

Jede Art verfeinerter Kultur sah man als krankhaft und schädlich an und wurde unter dem Schlagwort »Kulturbolschewismus« abgelehnt. Der Begriff »Kulturbolschewismus« kam nach dem Ersten Weltkrieg auf, um gegen den schmucklosen, funktionalen Stil des Bauhauses und die Aktivitäten des Werkbunds zu protestieren. Die Nationalsozialisten übernahmen den Ausdruck und füllten ihn mit einer immens ausgeweiteten Bedeutung. Sie übertrugen ihn auf die beiden internationalen Kräftefelder, die ihrer Vorstellung nach die Urkraft des Deutschtums und die Vorherrschaft der germanischen Rasse gefährdeten: die kommunistische Internationale und das »Weltjudentum«. Alles, was kulturell über die Stammesgrenzen hinausging oder von außerhalb andersartig auf die deutsche Kultur einwirkte, wurde verdächtigt, es zersetze das gesunde Volksempfinden, gefährde die gemeinschaftsbildenden Kräfte der Sippe und der Rasse, stünde der Wiedergeburt des »Nordischen« im Wege.

Daß dafür die Bezeichnung »-bolschewismus« unzutreffend war, weil sich kaum künstlerische Impulse des sowjetisch geprägten Kommunismus auf Deutschland ausmachen ließen (wenn man von den proletarischen Tendenzen etwa bei Brecht, Weill, Benjamin absieht), wurde propagandistisch ausgeglichen durch die Wirkung auf die konservative Rechte, die willig alles, was ihr künstlerisch/kulturell nicht paßte, unter den Begriff zu subsumieren bereit war. Die Völkischen hatten seit Langbehn schon die Moderne bekämpft. Paul Schulze-Naumburg bezeichnete z. B. die Expressionisten als Geisteskranke und Verkrüppelte. Daß das Schlagwort wirksam wurde, ist zum Teil darauf zurückzuführen, daß sich am Ende der zwanziger Jahre international eine Wende zur Neuen Sachlichkeit vollzog, die dem Verlangen der Nationalisten nach einem volkstümlichen, durchsichtig realistischen Kunstschaffen entgegenkam.

Der Ausdruck umfaßte schließlich alles, was der begrenzten, eingleisigen Kulturvorstellung des Nationalsozialismus widersprach – alles Experimentelle und Artistische, den Expressionismus, erst recht den friedfertigen Dadaismus. Darüber hinaus wurde Weltoffenheit als antinationalistisch gebrandmarkt. Die Zeitschrift ›Die Weltbühne‹ wurde schon wegen ihres Titels zum Haßobjekt, ihr pazifistischer Inhalt galt als das Produkt von Zivilisationsliteraten, die im Solde der jüdischen Weltverschwörung standen. Infolge dieser Propagandawalze sonderte sich der deutsche Kulturbetrieb vollständig von der Weltkultur ab; es war, als gäbe es nichts anderes als den Germanen- und Vaterlandskult.

Der Höhepunkt des Vorgehens gegen das andere, das Fremde war die Ausstellung über entartete Kunst in München 1937, die einen »unerbittlichen Säuberungskrieg gegen die letzten Elemente unserer Kulturzersetzung« einleitete (Hitler bei der Eröffnungsrede).

Im Bereich der Literatur war das herausragende Ereignis dieses Feldzugs die Bücherverbrennung vom 10. Mai 1933. Der Kampf gegen das Außergewöhnliche, das Experimentelle, das Intellektuelle aber fand in Tausenden von bösartigen Rezensionen und papierenen Hinrichtungen statt. Dieser Widerstand gegen die Moderne, der schon die letzten Jahre der Weimarer Republik publizistisch durchzogen hatte, entfaltete sich 1933 mit voller Wucht. Die Zeitschrift ›Literarische Welt‹ versuchte, dem Verbindenden in der Welt des Geistes jenseits politischer Positionen, dem Schriftsteller als dem Gewissen der Nation Geltung zu verschaffen. Die Antwort fiel eindeutig aus. Will Vesper verhöhnt »diese Burschen«,

> die mit der Jauche ihrer Literatur seit einem Jahrzehnt unser Volkstum vergifteten, mit ihrer Verhöhnung alles dessen, was einem Volke heilig sein muß, mit ihrer Zersetzung aller Bindungen und Gesetze, mit ihrer alles Lebenswerte pervertierenden Schnoddrigkeit, ihrer Lustmord- und Bordellatmosphäre, ihren homosexuellen Widerlichkeiten, mit ihrem bolschewistischen, nihilistischen Snobismus.
>
> *(Neue Literatur, Heft 4, 1933)*

Diese Gesinnungsdiktatur schränkte das literarische Leben auf eine ideologische Gerade ein, von der selbständigen Geistern zumindest in der Öffentlichkeit kein Abweichen erlaubt war. Dazu kam das beständige Verlangen der Machthaber danach, daß die Intellektuellen sich mit ihnen einverstanden erklärten.

All dies wurde potenziert durch den Rassismus, denn mit der Ausmerzung des nicht-arischen Anteils an der Literatur wurden nicht nur »entartete«, sondern alle jüdischen Schriftsteller ausgeschieden, auch solche, deren vaterländische Gesinnung unzweifelhaft war. Das geistige Leben verödete. Die meisten Werke der völkischen Autoren sind nicht nur wegen der Ideologie vergessen, sondern auch, weil sie von schlechter Qualität waren – ein Zeichen, daß Ideologien auch ihre eigenen Verfechter korrumpieren.

3. Die Literaturpolitik in Deutschland um und nach 1933

3.1 Die erste Phase der Ausgrenzung mißliebiger Autoren

Als die SA am 30. Januar 1933 durch das Brandenburger Tor marschierte, war vorgezeichnet, wie der Literaturbetrieb nach der Machtübernahme aussehen würde; denn das 25-Punkte-Programm der NSDAP vom 24. Februar 1920 hatte bereits den Satz enthalten: »Wir fordern den gesetzlichen Kampf gegen eine Kunst- und Literaturrichtung, die einen zersetzenden Einfluß auf unser Volksleben ausübt, und die Schließung von Veranstaltungen, die gegen vorstehende Forderung[en] verstoßen.«

Die Nazis gingen schon vor 1933 konsequent danach vor. Sie ließen zum Beispiel 1930, stellvertretend für die »verunglimpften« Helden an der Front, die Uraufführung des Films nach Erich Maria Remarques antimilitaristischem Roman ›Im Westen nichts Neues‹ platzen. Man versetzte die Zuschauer durch weiße Mäuse in Panik, und vor dem Kino demonstrierten SA-Kolonnen.

Thomas Mann, der sich schon bald nach dem Ersten Weltkrieg von seiner national-konservativen Haltung verabschiedet hatte (›Von deutscher Republik‹, 1922), hielt am 17. Oktober 1930 im Berliner Beethoven-Saal die ›Deutsche Ansprache. Ein Appell an die Vernunft‹. Darin warnte er vor dem faschistischen Fanatismus und der Macht des verdummenden Terrors. Die Rede wurde durch SA-Leute im Smoking unter Anführung des Literaten Arnolt Bronnen massiv gestört. Später erhielt Thomas Mann anonyme Briefe und Anrufe, man werde ihn »umlegen«, wenn er sich weiterhin gegen die »nationale Erhebung« wende.

Seiner Tochter Erika erging es nicht besser. Bei einer ihrer Lesungen inszenierte die SA 1931 eine regelrechte Saalschlacht.

Solche Vorfälle hatten die unmittelbare Folge, daß Veranstalter, Radiosender und Zeitschriften-Redakteure davor zurückschreckten, sich der Gewalt der Straße auszusetzen. Der Film ›Im Westen nichts Neues‹ wurde abgesetzt, Erika Mann erhielt keine Aufträge mehr. Wie es ihr, ihrem Vater, Remarque und Hunderten von anderen ergehen würde, wenn die NSDAP die Macht übernahm, war vorauszusehen. Jeder, der sich als Marxist, als Sozialist, als Pazifist, als Liberaler, als Weltbürger zu erkennen gegeben hatte oder als Jude bekannt war, mußte sich in seiner Existenz gefährdet fühlen.

Die Hetze gegen jüdische Autoren und Verleger (S. Fischer, Ullstein) hatte längst begonnen. Carl von Ossietzky zum Beispiel wurde wegen eines pazifistischen Artikels, den er als Herausgeber der ›Weltbühne‹ zu verantworten hatte, 1929 angezeigt (und zu eineinhalb Jahren Haft verurteilt), Carl Zuckmayer 1932 in einer Parteiversammlung der NSDAP angepöbelt, weil er Autor des Ullstein-Verlags war.

Im August 1932 bereits erschien im ›Völkischen Beobachter‹ eine Liste von mißliebigen, als dekadent und undeutsch bezeichneten Autoren, denen Schreibverbot angedroht wurde. Sie enthielt die Namen Lion Feuchtwanger, Hugo von Hofmannsthal, Walter Hasenclever, Klaus Mann, Carl Sternheim, Ernst Toller, Franz Werfel, Frank Wedekind, Friedrich Wolf, Stefan Zweig, Carl Zuckmayer, Bertolt Brecht, Leonhard Frank, Theodor Plivier, Carl Hauptmann, Fritz von Unruh. Goebbels hetzte, man solle dieses »schreibende Gesindel« an die Wand stellen.

Tatsächlich inszenierte die NSDAP schon kurz nach der Machtübernahme kraft ihrer Herrschaft über die Straße (SA als »Hilfspolizei«) eine Jagd auf linke Politiker, Intellektuelle und Künstler. In der Nacht des Reichstagsbrands (27. auf 28. Februar 1933) wurde Carl von Ossietzky verhaftet, der zusammen mit Kurt Tucholsky (der schon 1929 nach Schweden emigriert war) die ›Weltbühne‹ herausgegeben hatte. Diese Zeitschrift war wegen ihrer linken und pazifistischen Tendenz ein besonderes Haßobjekt der rechten Gruppierungen gewesen. Die Verfolgung der Schriftsteller setzte sich mit der spektakulären Bücherverbrennung vom 10. Mai 1933 fort.

3.2 Die Bücherverbrennung (»Aktion wider den undeutschen Geist«)

> Im Jahre 1933 wurden meine Bücher in Berlin, auf dem großen Platz neben der Staatsoper, von einem gewissen Herrn Goebbels mit düster-feierlichem Pomp verbrannt. Vierundzwanzig deutsche Schriftsteller, die symbolisch für immer ausgetilgt werden sollten, rief er triumphierend beim Namen. Ich war der einzige der Vierundzwanzig, der persönlich erschienen war, um dieser theatralischen Frechheit beizuwohnen.

> Ich stand vor der Universität, eingekeilt zwischen Studenten in SA-Uniform, den Blüten der Nation, sah unsere Bücher in die zuckenden Flammen fliegen und hörte die schmalzigen Tiraden des kleinen abgefeimten Lügners. Begräbniswetter hing über der Stadt. [...] Und die Gesichter der braunen Studentengarde blickten, den Sturmriemen unterm Kinn, unverändert geradeaus, hinüber zu dem Flammenstoß und zu dem psalmodierenden, gestikulierenden Teufelchen.
>
> *(Erich Kästner: Bei Durchsicht meiner Bücher. 1946)*

Was Erich Kästner aus der Erinnerung aufzeichnet, nahm seinen Anfang schon vor der Machtübernahme mit der im August 1932 im ›Völkischen Beobachter‹ erschienenen Liste unerwünschter Schriftsteller.

Noch im März ordnete das am 13. 3. 1933 errichtete Reichsministerium für Volksaufklärung und Propaganda unter Joseph Goebbels an, daß die »Verbrennung der marxistischen und jüdischen Bücher einzuleiten« sei. Es entstand eine »Schwarze Liste«, auf Grund derer die Bibliotheken »gereinigt« werden sollten. Die Schwarze Liste deckte sich zum Teil mit der im ›Völkischen Beobachter‹ von 1932 und wurde aus anderen Aufstellungen ergänzt, vor allem aus denen des von Alfred Rosenberg geführten »Kampfbundes für Deutsche Kultur«. Die eigentliche »Aktion wider den undeutschen Geist« lag dann in den Händen der »Deutschen Studentenschaft«, die nach eigenen Worten eine »überparteiliche Organisation unter rein nationalsozialistischer Führung« war. Die Aktion begann mit einem vierwöchigen Propagandafeldzug, wurde fortgesetzt mit dem Einsammeln der betroffenen Bücher ab dem 26. April, wobei sich die Studentenschaft nur vereinzelt Gedanken über die Rechtmäßigkeit ihres Vorgehens oder über eine Kompensation für die beschlagnahmten Bücher machte. Die Durchsetzungskraft der Nationalsozialisten war im April 1933 schon so groß, daß z. B. in Würzburg von den fünf örtlichen Presseorganen nur das katholisch fundierte ›Fränkische Volksblatt‹ die Veröffentlichung von Artikeln ablehnte, die im Rahmen des Propagandafeldzugs von der Studentenschaft vorbereitet worden waren. Der Herausgeber begründete das listig mit Platzmangel und dem Bedenken, daß man die »außenpolitischen und innenpolitischen Ziele [der nationalen Regierung] schädigen könnte«. Von anderen Hochschulorten wurde »restlose Gleichschaltung« gemeldet. Kein Wunder, nachdem das Einsammeln in den meisten Städten unter Polizeibegleitung erfolgte.

Die öffentliche Verbrennung der beschlagnahmten Bücher fand ebenfalls unter dem Motto »Wider den undeutschen Geist« am 10. Mai 1933 an nahezu allen Hochschulorten mit gleichgeschaltetem Zeremoniell statt. Zunächst wurden von nationalsozialistischen Studentenführern und von Professoren, darunter einige Germanisten,

Reden gehalten. Danach geschah, was das ›Neuköllner Tageblatt‹ am 12. 5. wie folgt schildert:

> Während der Verbrennung der Bücher spielten SA- und SS-Kapellen vaterländische Weisen und Marschlieder, bis neun Vertreter der Studentenschaft, denen die Werke nach einzelnen Gebieten zugeteilt waren, mit markanten Worten die Bücher des undeutschen Geistes dem Feuer übergaben.
>
> 1. Rufer: Gegen Klassenkampf und Materialismus, für Volksgemeinschaft und idealistische Lebenshaltung! Ich übergebe der Flamme die Schriften von Marx und Kautsky.
> 2. Rufer: Gegen Dekadenz und moralischen Verfall! Für Zucht und Sitte in Familie und Staat! Ich übergebe der Flamme die Schriften von Heinrich Mann, Ernst Glaeser und Erich Kästner.

Und so fort: Gegen Gesinnungslumperei und politischen Verrat (3. Rufer); gegen seelenzerfasernde Überschätzung des Trieblebens (4. Rufer; Sigmund Freud ist gemeint); gegen Verfälschung unserer Geschichte und Herabwürdigung ihrer großen Gestalten (5. Rufer), gegen volksfremden Journalismus demokratisch-jüdischer Prägung (6. Rufer). Dann folgen:

> 7. Rufer: Gegen literarischen Verrat am Soldaten des Weltkrieges, für Erziehung des Volkes im Geiste der Wahrhaftigkeit! Ich übergebe der Flamme die Schriften von Erich Maria Remarque.
> 8. Rufer: Gegen dünkelhafte Verhunzung der deutschen Sprache, für Pflege des kostbarsten Gutes unseres Volkes! Ich übergebe der Flamme die Schriften von Alfred Kerr.
> 9. Rufer: Gegen Frechheit und Anmaßung, für Achtung und Ehrfurcht vor dem unsterblichen deutschen Volksgeist! Verschlinge, Flamme, auch die Schriften der Tucholsky und Ossietzky!

Wenn man sich fragt, wie es möglich war, daß die Studenten darin übereinstimmten, einen erheblichen Teil der deutschen Geistesgrößen symbolisch zu vernichten, so kann man – neben archetypischen Verhaltensmustern im Generationenkonflikt – auf die Grundstruktur des Bildungswesens verweisen: Auf den Universitäten herrschten die Söhne des konservativen Bürgertums vor, das überwiegend antisemitisch eingestellt war, dem jede Art von Sozialismus ein Greuel war und das in der Vaterlandseuphorie der Kaiserzeit verharrte. Auch hier zeigt sich die verheerende Wirkung von Versailles auf das deutsche Selbstwertgefühl. Indem die Propagandisten Marx und Kautsky zuerst ins Feuer warfen, nützten sie – demagogisch wirksam – den virulenten Antikommunismus aus, um alle anderen Anwürfe mitzuziehen.

Nach dem 10. Mai wurde die »Reinigung« der Bibliotheken mit neu erstellten Listen fortgesetzt.

Von den nicht betroffenen Autoren hat sich einer, Oskar Maria Graf, ganz vehement dagegen gewehrt, daß seine Bücher nicht mit ins Feuer geworfen wurden. Schon zwei Tage nach den Bücher-Scheiterhaufen ließ er am 12. Mai 1933 in der Wiener ›Arbeiterzeitung‹ einen Brief abdrucken:

> Verbrennt mich!
> [...] Laut »Berliner Börsencourier« stehe ich auf der weißen Autorenliste des neuen Deutschland und alle meine Bücher mit Ausnahme meines Hauptwerkes ›Wir sind Gefangene‹ werden empfohlen. Ich bin also dazu berufen, einer der Exponenten des »neuen« deutschen Geistes zu sein. Vergebens frage ich mich, wie ich diese Schmach verdient habe.
> [...] Nach meinem ganzen Leben und nach meinem ganzen Schreiben habe ich das Recht, zu verlangen, daß meine Bücher der reinen Flamme des Scheiterhaufens überantwortet werden und nicht in die blutigen Hände und die verdorbenen Hirne der neuen Machthaber gelangen!
> Verbrennt die Werke des deutschen Geistes! Er selber wird unauslöschlich sein, wie eure Schmach!
> (Alle anständigen Zeitungen werden um Abdruck dieses Protestes ersucht.) Oskar Maria Graf

3.3 Die Gleichschaltung der Schriftstellerorganisationen

Die Literaturpolitik stand ab 1933 unter dem Schlagwort der Gleichschaltung. Schrittweise, wenn auch nicht geradlinig konsequent, wurde die Literatur – jetzt »Schrifttum« – auf den Nationalsozialismus eingeschworen.

Die Sektion für Dichtkunst der Preußischen Akademie

Das bekannteste Beispiel für das Verfahren, die Schriftsteller gleichzuschalten, sind die Vorgänge in der »Sektion für Dichtkunst« in der Preußischen Akademie der Künste. Sie war 1926 ins Leben gerufen worden. Schon in der Gründungsphase standen sich linksliberale und völkisch-nationale Fraktionen schroff gegenüber, dort angeführt von Alfred Döblin, hier von Erwin Guido Kolbenheyer, der schon 1927 die »vom Volk als spezifisch deutsch empfundene Kunst« gegen die »volksfremde« Großstadtliteratur ausgespielt hatte. Trotzdem wurde 1931 der linke Heinrich Mann zum Präsidenten der Sektion gewählt. Er berief Gottfried Benn 1932 in das Gremium.

Nach der Machtübernahme bestand ein scheinbar ungleiches Kräfteverhältnis, da die Linken in der Mehrzahl waren – sie waren es jedoch nur gegenüber den extrem Rechten, nicht gegenüber der Gesamtheit der Mitglieder. Zudem waren KPD und SPD seit Jahren zerstritten. Die gemäßigten oder indifferenten Individualisten der Sektion wollten nach dem Reichstagsbrand von nichts wissen, was den Anschein von kommunistischer Färbung hatte, denn als Patrioten empfanden sie sich alle. Sie folgten willig oder auch unfreiwillig der aggressiven Polemik der Völkischen. Auf deren Seite tat sich Gottfried Benn besonders hervor.

Heinrich Mann und Käthe Kollwitz wurden schon am 15. Februar zum Austritt gezwungen; bis Anfang Mai mußten weitere »Kulturbolschewisten«, Leonhard Frank, Georg Kaiser, Bernhard Kellermann, Alfred Mombert, René Schickele, Jakob Wassermann, Franz Werfel u. a., gehen. Den verdrängten Heinrich Mann ersetzte im Februar Gottfried Benn als Vorsitzender der Sektion, dann im Juni der nationalistische Dichter Hans Friedrich Blunck. Der neue Präsident der Preußischen Akademie der Künste wurde Hanns Johst. Damit war sie gleichgeschaltet. Sie spielte in der Folgezeit keine Rolle mehr. Das Sagen hatte die Reichsschrifttumskammer.

Der PEN-Club

Im deutschen Zentrum des 1921 gegründeten internationalen Schriftstellerverbandes, des PEN-Club (Abkürzung für Poets, Essayists, Novelists; engl. pen = Schreibfeder), trat der Vorstand – wohl unter dem Druck der Rechten – zurück, es wurden Nationalsozialisten als Mitglieder dazugewählt, und der daraufhin neugewählte Vorstand bestand überwiegend aus deren Parteifreunden. Die geflohenen deutschen Schriftsteller schlossen sich zu einem eigenen Zentrum zusammen. Als der internationale PEN dieses Zentrum im November 1933 anerkannte, trat der innerdeutsche Club aus und gründete eine »Union Nationaler Schriftsteller«. Es war die Absicht der Initiatoren, solche Unionen auch im Ausland entstehen zu lassen. Das war ebensowenig erfolgreich wie später (1941) die Gründung der »Europäischen Schriftstellervereinigung« (vgl. S. 170).

Der Reichsverband Deutscher Schriftsteller (RDS)

Die übrigen Verbände der Weimarer Zeit, die die Interessen von Schriftstellern vertraten, wurden im Juni 1933 zum »Reichsverband Deutscher Schriftsteller« (RDS) zusammengefaßt. Jeder »deutschblütige« Autor wurde aufgenommen, der »politisch einwandfrei im Sinne des neuen Staates war«. Der RDS wurde Ende 1933 Teil der Reichsschrifttumskammer (RSK). Er hatte durch seine Aufnahmepolitik beträchtlichen Einfluß auf die wirtschaftliche Lebenslage von Schriftstellern, denn wer nicht Mitglied war, konnte nur eingeschränkt oder gar nicht publizieren. Der Präsident der Kammer, Hans Friedrich Blunck, drückte das so aus: »Die Ablehnung bedeutet Zwang zur Auswanderung oder aber wirtschaftliche und moralische Verfemung, in den meisten Fällen die Vernichtung der bürgerlichen Existenz« (6. 12. 1933 an Hans Grimm). Blunck suchte aus diesen Gründen auch bisherige »Nihilisten« und »Destruktive« an den RDS zu binden, aber nur, wenn sie bereit waren, »ein Bekenntnis zum neuen Staat abzulegen«.

Die Reichsschrifttumskammer (RSK)

Joseph Goebbels, Herr des im März neugebildeten Reichsministeriums für Volksaufklärung und Propaganda, baute sein Ressort zu einem gigantischen Lenkungs- und Kontrollapparat aus. Wichtiger Bestandteil davon war die Reichskulturkammer, in der die Berufsverbände der »Kulturschaffenden«, der Presse, des Rundfunks, des Schrifttums, des Theaters, des Films, der Musik und der bildenden Kunst zusammengefaßt waren. Hier gewinnt das Schlagwort »Schrifttum«, das das Fremdwort Literatur ersetzt, seine völkisch-drohende Bedeutung, die noch heute verhindert, daß man es unbefangen gebraucht. Die Reichsschrifttumskammer sorgte dafür, daß nach den Kommunisten auch schrittweise die Juden, die Pazifisten, die Sozialdemokraten als »ungeeignet« ausgeschlossen wurden. Im März 1937 war die »Entjudung« zu 96% durchgeführt; die RSK hatte nur noch 23 rassisch belastete Mitglieder. Für sie kam das Ende 1940.

Darüber hinaus hatte die Reichsschrifttumskammer die Aufgabe, »das deutsche Kulturleben von allem schädlichen und unerwünschten Schrifttum rein zu halten«. Mittel dazu waren – mit entsprechenden Zensurmaßnahmen – die Verbote, »Schriften, die das nationalsozialistische Kulturwollen gefährden«, zu verkaufen, in Bibliotheken zugänglich zu machen, schließlich sogar zu schreiben. Die Wirkung wurde nur dadurch begrenzt, daß es konkurrierende Institutionen wie das Amt Rosenberg und den Reichspressechef gab. Einige Werke von Abweichlern schlüpften wegen deren Kompetenzstreitigkeiten durch die Zensur.

4. Die Literatur in Deutschland von 1933–1945

4.1 »Nationalsozialistische« Literatur

Was sich der Nationalsozialismus unter einem ihm gemäßen »Schrifttum« vorstellte, ist an den Auslobungen neuer Literaturpreise zu erkennen. Während alteingeführte Auszeichnungen wie der Kleist-, der Fontane- und der Schillerpreis ganz eingestellt, der Lessing- und der Goethepreis in Dotierung oder Verleihungszeitraum zurückgestuft wurden, entstand eine Fülle von Preisen, deren Ausschreibungen den Geist der NS-Ideologie in Reinform widerspiegeln. Der Reichspressechef forderte dazu auf, »den deutschen Volksroman« zu schreiben, die Reichsschrifttumskammer und der Reichsbund der Kinderreichen regte Werke an, die »Kinderreichtum, Geschwisterfreude und die erbgesunde Vollfamilie« feiern sollten. Die 1936 neugegründete »Johann Wolfgang Goethe-Stiftung« verlieh allein zehn Preise für »volksdeutsche Kultur« im Ausland, darunter den Herder-Preis für Ostpreußen, Danzig, das Baltikum und Rußland, den Kopernikus-Preis für Polen und so weiter, über den Balkan, Italien, das Elsaß bis zu den skandinavischen Ländern rings um das Deutsche Reich herum.

Die ausgeprägte Förderung der ideologiekonformen Literatur brachte eine wahre Flut von Produktionen hervor, die den nationalsozialistischen Mythen Leben verleihen sollten und Goebbels Propagandafeldzüge unterstützten, aber es kam kaum Nennenswertes auf den Markt. Selbst Könner unter den Nazidichtern wie Erwin Guido Kolbenheyer oder Hanns Johst unterwarfen sich dem ideologischen Kommando zu willig, als daß sie nach 1933 das Niveau ihrer früheren Werke hätten halten können.

Die zentralen Felder der Epik waren der vaterländische historische Roman, der Gegenwartsroman als Darstellung der Kampfzeit und die Verherrlichung des gesunden Bauerntums. In der Dramatik war so wenig geboten, daß Alfred Rosenberg von einem »Armutszeugnis« sprach. Nur das Thingspiel hatte eine kurze Blüte (vgl. S. 257f.). In der Lyrik nahmen die Marschlieder und die blumigen bis heroisierenden Gedichte auf die vermeintliche Lichtgestalt Adolf Hitler überhand.

Der historische Roman feierte die Momente der Geschichte, in denen sich die angeblichen Eigenschaften der nordischen Rasse zu manifestieren schienen: die Schlacht im Teutoburger Wald, die Völkerwanderung, die Gotenherrschaft in Italien mit dem heroischen Ende der letzten Goten, die sich einschifften, um in einem mythischen

Nirgendwo zu verschwinden. Im Zusammenhang mit den Lebensraum-Theorien schrieb die linientreue Literatur die »Ostlandfahrt« auf ihre Fahnen. Sie befaßte sich mit der Landnahme des Mittelalters, bevorzugt mit den Taten des Deutschen Ordens in Preußen und im Baltikum (Hans Friedrich Blunck: ›Wolter von Plettenberg‹). Hans Egon Holthusen (1913–1997), der sich vor Kriegsende gegen den Nationalsozialismus auflehnte, schrieb 1939 noch ganz im Banne der Ostland-Ideologie:

> Der Atem der Geschichte blies, und es war ergreifend, in den durch und durch zeitgenössischen Anstalten einer motorisierten Armee die überzeitliche Bedeutung ihrer Bewegung zu entdecken. Der Sinn unseres Marsches war ein Jahrtausend alt. »Nach Ostland wollen wir reiten« hatten die niederdeutschen Ordensritter und Siedler des ottonischen und staufischen Mittelalters gesungen, und heute war es dasselbe Lied, das uns geleitete ...
>
> *(Aufzeichnungen aus dem polnischen Krieg. 1940)*

Der nationalsozialistische Gegenwartsroman ist nicht der Rede wert. Er ist nicht nur wegen seiner mehr oder weniger aufdringlichen Ideologie, sondern auch wegen seiner allenfalls mittelmäßigen Qualität vergessen. Der Vollständigkeit halber seien einige Sparten und Werke erwähnt. Die stärkste Durchschlagskraft hatten Weltkriegsromane, die das Thema »Im Felde unbesiegt« variierten, davon besonders wirksam das bereits 1931 erschienene Werk ›Der Glaube an Deutschland‹ des treuen Hitler-Gefolgsmanns Hans Zöberlein.

Während man diese Sparte den historischen Romanen zuordnen könnte, greifen SA-Erzählungen mitten in die damalige Gegenwart. Auch hier ist das charakteristischste Werk schon 1932 herausgekommen: Hanns Heinz Ewers' ›Horst Wessel. Ein deutsches Schicksal‹. Die literarische Verherrlichung der SA nahm ein jähes Ende, als diese paramilitärische Organisation durch die Röhmputsch-Morde 1934 zerschlagen wurde. Die Texte enthielten zu viele Passagen, die auf eine »zweite«, eine soziale Revolution, auf die Bildung einer Volksarmee und den »Wehrstaat«, auf eine Beherrschung des öffentlichen Lebens durch die SA ausgerichtet waren. Das widersprach Hitlers Streben, sich mit der Reichswehr und der Industrie zu arrangieren. Die SA-Romane wurden nicht wieder aufgelegt. Will Vesper, der sich zum nazistischen Oberhirten über die Dichtung aufgeschwungen hatte, unterband den Neudruck des Horst-Wessel-Romans von Ewers. Neben Horst Wessel wurden Anfang der 30er Jahre auch die anderen von den Nationalsozialisten zu Märtyrern erhobenen Figuren literarisch gefeiert. Dies waren vor allem Albert Leo Schlageter (vgl. S. 258 f.) und der fünfzehnjährige Hitlerjunge Herbert Norkus, der Anfang 1932 in einem Straßenkampf mit Kommunisten starb und zum Helden des Romans ›Hitlerjunge Quex‹ von Karl Alois Schenzinger wurde. So wie in der Heiligenlegende anekdotisch das gottgefällige Leben vorgeführt wird, das im Märtyrertod gipfelt, so wird hier die Heldenhaftigkeit und Vaterlandsliebe als schon lange vor dem Ende bestehender Grundzug beschrieben (was bei einem fünfzehnjährigen Hitlerjungen etwas kompliziert war); dann folgt der Tod im Kampf gegen einen übermächtigen Gegner, der möglichst feige und heimtükkisch erscheinen muß. Der SA-Sturmführer Horst Wessel z. B. wurde von einem Zuhälter – wohl aus Eifersucht – getötet. In der Legende schleichen »Verbrecher, geführt von einer kommunistischen Jüdin«, herbei und erschießen den Ahnungslosen.

Der Blut-und-Boden-Roman hatte Konjunktur. Doch es ist auffällig, daß die Autoren lieber in die Vergangenheit griffen als aktuelle Probleme direkt anzusprechen. Die bekannteste Autorin, Josefa Berens-Totenohl, verlegt das Geschehen in ›Der Femhof‹ (1934) und ›Frau Magdlene‹ (1935) in das 14. Jahrhundert, aber die Gestalten handeln wie die von den Nationalsozialisten propagierten Bewahrer der Sippe und des Erbhofs. Die Pflege des Mutterbildes, der vorbildlichen Hausfrau, Gebärerin und Erzieherin, findet hier Ausdruck wie in anderen Werken der Heimatdichtung.

Der eigentliche Zeitroman, der sich mit der Technisierung, der Arbeitswelt, der Sozialproblematik und der Großstadt hätte befassen müssen, fehlt fast ganz, da er sich mit den propagandistisch vorgegebenen Glückserwartungen der »Arbeitsfront« und der »Kraft durch Freude« hätte auseinandersetzen müssen. Das reizt nicht gerade zu schöpferischem Impuls und länger anhaltendem Gestaltungswillen.

Literarische Konsequenzen des Führerkults sind die blumigen bis heroisierenden Gedichte auf die vermeintliche Lichtgestalt, verehrende Traktate (wie Ina Seidels ›Zum Geburtstag des Führers‹ von 1939) und die oben bereits erwähnte Feier der Heldengestalten der deutschen Geschichte in der Epik.

Ein großer Teil der im Dritten Reich verbreiteten Literatur war jedoch lange vor 1933 verfaßt worden und wurde von den Nationalsozialisten vereinnahmt.

4.2 Literaturvereinnahmung durch die Nationalsozialisten

Das nationalsozialistische »Schrifttum« hat wenig Originelles aufzuweisen. Es berief sich auf die unterschiedlichsten Werke, schlachtete sie aus und wertete sie um. Ein herausragendes Beispiel ist die Aneignung Johann Gottfried Herders, der im Sinne des völkischen Mythos ohne Rücksicht auf seinen humanitären und weltbürgerlichen Grundton zum »Vater der deutschen Volkwerdung« hochgelobt wurde. Goethes Kosmopolitismus verschwand hinter dem Schöpfer des Faust, der als der stets strebend bemuhte, erkenntnisgierige und – in ›Faust‹ II – Neuland erobernde nordische Tatmensch zum Idol erhoben wurde. Das »Faustische« galt als Synonym für das Nordisch-Germanische. Verglichen damit hielt man von der Idee der Menschlichkeit wenig, wie sie Iphigenie verkörperte. Friedrich Schiller galt schon längst als der deutscheste aller deutschen Dichter, als der Vorkämpfer der deutschen Einheit. Da sah man großzügig über Momente wie den Ruf des Marquis Posa »Geben Sie Gedankenfreiheit!« hinweg. Die Aufführung des Freiheitsdramas ›Wilhelm Tell‹ wurde in der Kriegszeit unterbunden.

Aus der Unzahl der Werke, in denen nationalsozialistische Literaturtheoretiker ihre Ideen vorgeprägt fühlten, seien noch einige aufgezählt: Friedrich Hölderlin, in der Jugendbewegung neu entdeckt, wird zum Sänger des Deutschtums; Conrad Ferdinand Meyers Versepos ›Huttens letzte Tage‹ zum Sehnsuchtsbild eines einigen Vaterlands; Jürg Jenatsch aus Meyers gleichnamigem Roman erscheint als der nordische Tatmensch; Heinrich von Kleists franzosenfressende Haltung (›Die Hermannsschlacht‹) wird gewürdigt trotz der staatsbürgerlichen Rechthaberei eines Michael Kohlhaas oder der »Feigheit« des Prinzen Friedrich von Homburg.

Ein eigenes Kapitel ist Heinrich Heine. Als die Reichsregierung 1926 sein Grab auf dem Montmartre überarbeiten lassen wollte, befand das antisemitische Hetzblatt ›Der Stürmer‹, man dürfe doch nicht Geld bereitstellen für das Grab der »Judensau auf dem Montmartre«. Nach 1933 wurde Heine als Jude und Franzosenfreund rigoros aus den Bücherregalen verbannt. Seine ›Loreley‹ jedoch war den Deutschen durch die Vertonungen so vertraut, daß man sich mit Vermerken wie »unbekannter Verfasser« oder gleich »Volkslied« um die Nennung des verhaßten Namens drückte.

Besonders heftig wurde Stefan George umworben, dessen elitärer Kreis in seiner Struktur, mit einem Führer an der Spitze und Paladinen, die sich um ihn scharten, ein Abbild der hierarchischen Vorstellungen der Völkischen war. Am 12. Juli 1933 wurde George 65 Jahre alt. Das war Anlaß für Goebbels, sich, wie schon mehrmals zuvor, darum zu bemühen, den Dichter für das Dritte Reich in Anspruch zu nehmen. Goebbels ließ eine pompöse Feier zu Georges Geburtstag vorbereiten und stiftete den Stefan-George-Preis als höchste deutsche literarische Auszeichnung. Doch der Dichter entzog sich allen Bemühungen um seine Person (vgl. S. 57f.).

Heimatroman

Die Blut-und-Boden-Ideologie konnte auf ein Arsenal von Geschichten zurückgreifen, die im Zuge der Heimatkunst-Bewegung entstanden waren (vgl. Bd. 8, S. 67ff.). Sie ließen sich vielfach nahtlos in das Repertoire übernehmen, da ihre Protagonisten fast durchweg den Typus des schollengebundenen, vaterlandsfrohen Bauern verkörpern. Das gilt etwa für die Romane Gustav Frenssens (›Hilligenlei‹, 1905) oder Hermann Stehrs (›Der Heiligenhof‹, 1918). Besonders starke nationalistische und antisemitische Töne haben die Werke von Hermann Löns. Von unvergleichlichem Einfluß war der Roman ›Segen der Erde‹ (1917) des Norwegers Knut Hamsun, die Saga von dem einfachen Menschen Isak, dem »Wiedererstandenen aus der Vorzeit«, der kraftvoll und beständig das Ödland kultiviert und so zur Symbolgestalt des gesunden, erdnahen Bauerntums wurde. Der »nordische« Dichter wurde von den Nazis als Gleichgesinnter umworben und machte sich zu ihrem Parteigänger. Hamsun fand Nachahmer wie Karl Heinrich Waggerl (›Brot‹, 1930). Frenssen und Stehr begegnen uns wieder bei Josefa Berens-Totenohl (›Der Femhof‹, 1934; ›Frau Magdlene‹, 1935). Gemeinsam ist den Werken die Verachtung des zivilisationsgeschädigten, verweichlichten Städters, und mit ihm der Dekadenz, der Asphaltliteratur, des Weltbürgertums. Dabei ist auffällig, wie stark diese Werke des zwanzigsten Jahrhunderts auf Strukturen beharren, die im Realismus vorgeprägt waren. Daß die Nazis sogar Oskar Maria Grafs Schilderungen oberbayrischen Bauernlebens vereinnahmen wollten, führte zu dessen geharnischtem Protest (vgl. S. 38).

Arbeiterdichtung

Arbeiterdichtung, vor allem Lyrik und Laienspiel, kam im Gefolge des Naturalismus auf und erlebte in der Weimarer Republik eine Blüte. SPD und KPD stützten und förderten sie. Für die Nationalsozialisten, die das Proletariat für sich gewinnen und die Begriffe Proletariat und Klassenkampf durch den der großen Volksgemeinschaft aller Aufbauwilligen ersetzen wollten, war es ein Problem, die Arbeiterdichter in ihre Propagandamaschinerie einzubeziehen. Sie lösten es durch eine großzügige Übernahme und wandelten die Texte so ab, daß sie ihrer Ideologie entsprachen. Eine Reihe von Arbeiterdichtern ließ sich vom Veränderungswillen und dem Erneuerungsgedanken verleiten, auf die nationalistische Linie einzuschwenken. Im Zuge dieser Übernahme wurden sozialistische Lieder, oft ohne die Autoren zu fragen, einfach in Wortwahl und Aussage der nationalsozialistischen Sprachregelung unterworfen (sogenannte Kontrafakturen, d. h. Anpassung gegebener Texte an eine neue Ideologie). Das bekannteste Beispiel dafür ist die russische Arbeiterhymne ›Brüder, zur Sonne, zur Freiheit‹ von L. P. Radin aus dem Jahre 1897, das nach dem Ersten Weltkrieg in Deutschland als ›Russischer Rotgardistenmarsch‹ gesungen wurde. Nach kleineren Umdichtungen erstand es neu mit dem alle Werktätigen umfassenden Text:

Brüder in Zechen und Gruben, Brüder ihr hinter dem Pflug,
aus den Fabriken und Stuben, folgt unsres Banners Zug.

Hitler ist unser Führer, ihn lohnt nicht goldner Sold,
der von den jüdischen Thronen vor seine Füße rollt.

Hitler sind treu wir ergeben, treu bis in den Tod.
Hitler wird uns einst führen aus unsrer tiefen Not.

Weitere Umdichtungen machten daraus ein SA-Marschlied (»Brüder, formiert die Kolonnen«).

Das Gedicht ›Du hältst in deinen harten Händen‹ (1925) von Heinrich Lersch beginnt: »Was schafft dir deinen Schmerz, Prolet?« und endet: »Wenn einst die Welt dich und dein Tun versteht, / bist du erlöst. Es kommt dein Tag, Prolet!« Zu dieser Zeit stand Lersch der SPD nahe. Er gehörte zu denen, die in der NSDAP eine Zukunftshoffnung sahen und sich ihr zuwandten; entsprechend entfernte er in der Kontrafaktur von 1934 das anstößige Wort »Prolet« und formulierte unter dem neuen Titel ›Es kommt dein Tag‹ so: »Werkmann, was verschafft dir deine Schmerzen?« und endet mit: »Wenn einst dein Tun als Vorbild durch die Lande geht, / Bist du erlöst: Du bist nicht mehr Prolet!«

Ein Lied der Handwerksburschen:

Als die goldne Abendsonne
Sandte ihren letzten Schein,
Zogen einst zwei wilde Burschen
In ein kleines Dorf hinein.

endete bei den Kommunisten mit »Zogen viele Rotgardisten ...«, bei den Nazis mit »Zog ein Regiment von Hitler / In ein kleines Städtchen ein.«

Um 1900 schlossen sich Gymnasiasten und Studenten zu Gruppierungen zusammen, die als Gegenentwurf zur Erwachsenenwelt ein einfaches, natürliches Leben anstrebten. Sie unternahmen Wanderungen, zelteten, saßen am Lagerfeuer und gestalteten Lieder-, Volkstanz- und Laienspielabende. Es war der Beginn der sogenannten Jugendbewegung. Viele Jugendbünde übernahmen den Namen »Wandervogel«, den sich Schüler des Gymnasiums Berlin-Steglitz gegeben hatten. Kennzeichen waren unter anderem die Führerauslese, geordnete Befehlsstrukturen und die Neigung, sich einfach und strapazierfähig zu uniformieren. Es gab keine einheitliche Jugendbewegung; Kirchen und Parteien hatten – vor allem nach dem Ersten Weltkrieg – ihre eigenen Jugendgruppen. Es entstanden Verbände wie die Arbeiterjugend, der evangelische »Bibelkreis«, die national gesinnte »Bündische Jugend«. 1908 erschien mit dem ›Zupfgeigenhansl‹ eine Volksliedersammlung, die zum Leib- und Magenbuch der Wandervögel wurde. 1934 folgte, von Gustav Schulten herausgegeben (und noch in der 5. Auflage von 1937 ohne ein einziges pronazistisches Wort), ›Der Kilometerstein. Klotzmärsche, Lieder für die Landstraße. Musik zum Tageslauf und allerlei Unsinn‹, ein vielfach aus der Wandervogelbewegung hervorgegangenes Sammelsurium von Räuber-, Dialekt- und Nonsens-Liedern, Scherzversen, Tischsprüchen und rein rhythmischen Wortkaskaden. Zu diesem Zeitpunkt war die zwangsweise Auflösung der einzelnen Jugendgruppen und die Übernahme in die Hitlerjugend bereits in vollem Gange. Die Hitlerjugend übernahm fast pauschal das Repertoire des »Wandervogels«, eignete sich alle die Reizmittel an, die einen Zwölf- oder Sechzehnjährigen verlocken konnten: das Wandern, die Lagerfeuerromantik, das Wir-Gefühl, das aus gemeinschaftlichem Singen ebenso erwächst wie aus der einheitlichen Uniformierung.

Literarisch interessant ist die Art, wie man sich das »Liedgut« des »Wandervogels« aneignete. Die Lieder geben die freudige Bewegung des früh aufgestandenen Wanderers wieder: »Im Frühtau zu Berge wir ziehn …«, »Wer recht in Freuden wandern will, der geht der Sonn entgegen …«. Es werden sogar Lieder der sozialistischen Jugend adaptiert wie das »Wann wir schreiten Seit an Seit …« von 1915. Die gleiche Tonlage, doch mit dem Schwenk zum Führer-und-Gefolgschafts-Thema, enthalten dann nazistische Nachahmungen wie das Lied Herybert Menzels: »Die Welt gehört den Führenden, sie gehn der Sonne Lauf, / Und wir sind die Marschierenden, und keiner hält uns auf.« Die aufgehende Sonne als Symbol für das erwachende Deutschland ist allgegenwärtig, und aus dem fröhlichen Wandern wird schnell der Marschtritt.

»Innere Emigration«

Der Begriff »Innere Emigration« kam 1933 auf; Frank Thieß benutzte ihn nach späteren eigenen Angaben (1945) in einem Protestbrief, weil seine Werke auf die Feuer der nationalsozialistischen Studenten geworfen worden waren. Dadurch zwänge man Autoren in die innere Emigration. Der erste belegbare Gebrauch des Begriffs findet sich in einem Tagebucheintrag Thomas Manns vom 7. 11. 1933. Er schreibt über die ›Weltbühne‹: »Las nach dem Abendessen die neue Nummer dieser Zeitschrift. Gutes über den deutschen Wahlschwindel und die innere Emigration, zu der ich im Grunde gehöre.« Diese Worte lassen vermuten, daß der Begriff bereits in Gebrauch war, sie zeigen im übrigen, daß Thomas Mann zu diesem Zeitpunkt noch hoffte, aus der Schweiz nach Deutschland zurückkehren zu können. Sein Bruder Heinrich äußerte im Sommer 1934, daß sich einzelne Autoren, die in Deutschland geblieben waren, den Emigranten zurechnen ließen. Zum Gegenstand der literarischen Diskussion wurde er in den fünfziger Jahren und noch einmal bei den Achtundsechzigern. Das Phänomen beginnt nicht schlagartig mit 1933, weil bereits die späte Weimarer Republik zunehmend intolerant geworden war.

> Was Hitler an Kunst und Gedanken ausgerottet hat, führte längst zuvor die abgespaltene und apokryphe Existenz, deren letzte Schlupfwinkel der Faschismus ausfegte. Wer nicht mittat, mußte schon Jahre vorm Ausbruch des Dritten Reiches in die Innere Emigration.
>
> *(Theodor W. Adorno: Minima Moralia. 1951)*

Gegenüber der geballten, unerbittlichen Staatsmacht war seit 1933 ein offener Widerstand aussichtslos. In Ernst Jüngers ›Auf den Marmorklippen‹ (1939) heißt es dazu: »Wir entschlossen uns, durch reine Geistesmacht zu widerstehen. [...] Während die Untaten wuchern, versenken wir uns in das Mysterium der Blumen. – Wir erkannten im Wort die Zauberklänge, vor deren Strahle die Tyrannenmacht erblaßte.« Das schreibt der »Erzähler« des Romans im Bewußtsein der Wirkungslosigkeit auch solcher Opposition im historischen Augenblick.

Dieser parabelhafte Vorgang läßt sich auf die Schriftsteller übertragen, die in Deutschland geblieben waren, obwohl sie den Nationalsozialismus ablehnten, oder die sich später abwandten. Wenn man Emigration nach der wörtlichen Bedeutung versteht, nämlich als ein Verlassen des Heimatlandes, um der Verfolgung wegen der Religion, der politischen Überzeugung oder der Rasse zu entgehen, so meint der Begriff »Innere Emigration« das Sich-Entfernen aus der politischen und geistigen Welt des herrschenden Nationalsozialismus, nicht aber einen Widerstand. Franz Schonauer schreibt dazu in ›Deutsche Literatur im Dritten Reich‹ (1961):

> Die Literatur der sogenannten inneren Emigration war Flucht. Flucht in die Idylle oder in die sogenannten einfachen und zeitlos menschlichen Verhältnisse, Flucht in den Traditionalismus, in die forcierte Betonung des alten Wahren und Unvergänglichen, Flucht in das Bewährte und damit Problemlose. Flucht nicht zuletzt vor der Trivialität und der Barbarei in das Schöne, Edle und Ewige. So stellt Wiechert seine berühmt gewordene Rede ›Der Dichter und die Jugend‹ unter das Raabe-Wort: »Das Ewige ist stille, laut die Vergänglichkeit. Schweigend geht Gottes Wille über den Erdenstreit ...«. Eine mutige und dennoch rührend hilflose Geste, weil sie die zeitlose und dauernde Verbindlichkeit des Dichterwortes voraussetzt [...].

Wer die absolute Forderung stellt (in der Regel aus einer gefahrlosen, gesicherten demokratischen oder aus einer andersartigen ideologischen Position heraus), daß der Schriftsteller sich mutig hätte gegen das herrschende Regime auflehnen müssen, der wird ein solches Sich-Entfernen abwertend als »Eskapismus« bezeichnen (d.i. die Flucht vor der Wirklichkeit in eine imaginäre Scheinwelt). So schreibt zum Beispiel Christoph Meckel (geb. 1935) in der Abrechnung mit seinem Vater Eberhard:

> Während Brecht, Döblin und Heinrich Mann emigrierten, Loerke und Barlach in Deutschland zu Tode erstickten, während Dix und Schlemmer in süddeutschen Dörfern untertauchten, Musiker, Wissenschaftler und Regisseure verschwanden, Kollegen diffamiert, verfolgt, verboten, Bücher verbrannt und Bilder beschlagnahmt wurden, schrieb er ruhige Verse in traditioneller Manier und baute ein Haus, in dem er alt werden wollte. Der Exodus der Juden, Kommunisten und Intellektuellen, das plötzliche oder allmähliche Verschwinden der gesamten Avantgarde schien von ihm kaum zur Kenntnis genommen zu werden. Während die SA marschierte, der Reichstag brannte, er selber Zeuge von Deportationen war (ein Kommando verhörte auch ihn und durchsuchte die Bücher), schrieb er weiter Erzählungen und Gedichte, in denen sich die Zeit nicht bemerkbar machte. Er stand mit dieser Haltung nicht allein. Allerlei Literaten seiner Generation (eine ganze Phalanx der jüngsten Intelligenz) lebten erstaunlich zeitfremd weiter. Man kapselte sich in Naturgedichten ab, verkroch sich in die Jahreszeiten, im Ewigen, Immergültigen, Überzeitlichen, in das Naturschöne und in das Kunstschöne, in die Vorstellung von Trost und in den Glauben an die Hinfälligkeit zeitbedingter Miseren. [...] Mein Vater lebte unbehelligt im Dritten Reich, lebte blind in die kürzer werdende Zukunft, betonte Widerwillen, Verachtung, Stolz und vertraute machtlos auf die Macht des Geistes.
>
> *(Christoph Meckel: Suchbild. Über meinen Vater. 1980)*

Eine derartig pauschale Vaterschelte hilft nicht weiter. In Wirklichkeit bestehen ebenso viele Haltungen der inneren Emigration, wie es Schriftsteller gibt, die, obwohl sie den Nationalsozialismus durchschauten, nicht ins Ausland flohen, weil ihnen dazu die wirtschaftliche Basis fehlte, weil sie an ihrer Heimat hingen oder sich ihrer Familie verantwortlich fühlten oder stärkere Angst vor dem Ungewissen hatten als vor den Nazis. Dazu kommen die, denen in den »tausend Jahren« zu spät die Augen aufgingen.

Auch Eskapismus half nicht immer gegen den Gleichschaltungsdruck. Der gescholtene Eberhard Meckel erlebte eine Hausdurchsuchung, die Werke Gertrud von le Forts waren unerwünscht und kamen in den Literaturgeschichten nach 1938 nicht mehr vor; wie es Ernst Wiechert erging, steht auf Seite 63 f. Eskapismus kann man vielen Autoren in vielerlei Ausprägung vorwerfen. Wo sich der einzelne gegen das Regime stemmte, konnte es nur in einer verschleierten Form geschehen.

Über verdeckte Schreibweisen

Offene Regimekritik, auch in der Literatur, war während des Dritten Reichs gefährlich. Die in Deutschland gebliebenen Autoren, die weiterhin veröffentlichen wollten, aber dennoch »geistigen Widerstand« zu leisten versuchten, konnten dies nur in verschleierter Form tun, in Schriften, deren eigentliche Aussage der Überwachung und Zensur entging. Vor allem die Fabel und die Parabel ermöglichen es, das eigentlich Gemeinte zu verstecken. Die beiden Begriffe tauchen in diesem Buch aus naheliegenden Gründen häufig auf (zur Fabel vgl. S. 54 f., Dolf Sternberger).

Es entstanden Werke nach dem äsopischen Prinzip: Der sagenhafte phrygische Sklave Äsop aus Sardes soll Wahrheiten, die er seinem Herrn nicht offen sagen konnte, in Fabeln vor allem aus dem Tierreich gekleidet haben. Äsop ist sozusagen der erste der Hofnarren und teilt mit diesen das Schicksal, daß er entweder nicht oder allzu ernst genommen wird. Äsop jedenfalls, so heißt es, habe seinen Herrn (oder die Priesterschaft) so sehr erzürnt, daß man ihn von einem Felsen in den Tod stürzte.

Der Begriff Parabel ist weiter gespannt. Laut Definition ist die Parabel eine »lehrhafte Erzählung, die e. allg. sittliche Wahrheit oder Erkenntnis durch e. analogen Vergleich, also Analogieschluß, aus e. anderen Vorstellungsbereich erhellt [...]« (Gero von Wilpert: ›Sachwörterbuch der Literatur‹, 7 1989). Jemand erzählt eine glaubwürdige Geschichte, die sich irgendwann und irgendwo abgespielt haben soll, mit der Absicht, kritisch auf Umstände aufmerksam zu machen, die sich im Jetzt und Hier zeigen. Wer solche Parabeln kritisch gegen ein totalitäres System gerichtet schreibt, riskiert sein Leben wie Äsop; folglich wird er seine Geschichte so stark verkleiden, daß die Machthaber den Hintersinn nicht erkennen. Das wiederum kann dazu führen, daß manche Parabeln gar nicht als Kritik erkannt werden, auch nicht von den Lesern. So wurde Bergengruens ›Der Großtyrann und das Gericht‹ vom ›Völkischen Beobachter‹ als »Führerroman der Renaissancezeit« begrüßt. Jüngers Roman ›Auf den Marmorklippen‹ dagegen war so offensichtlich gegen das NS-Regime gerichtet, daß der Autor wie Äsop Kopf und Kragen riskierte.

Andere Begriffe, die man in diesem Zusammenhang verwendet, sind »Camouflage«, »Vexierspiel«, »Maske«, »Verschleierung« und »Verhüllung«. Beliebt ist »Verfremdung«, das eigentlich (in Bertolt Brechts Dramaturgie) bedeutet, daß sich der Schauspieler nicht mit seiner Rolle, der Zuschauer nicht mit der Fabel des Stückes identifizieren, ihnen also nüchtern und kritisch gegenüberstehen solle. Der Begriff wird inzwischen weitläufiger für literarische Methoden benutzt, bei denen das Gesagte nicht die gewohnte, sondern eine überraschende andere Bedeutung hat, so daß der Leser/Zuschauer den Hintersinn des scheinbar Offensichtlichen erkennt.

Bertolt Brecht
Fünf Schwierigkeiten beim Schreiben der Wahrheit

Bertolt Brecht hat 1934 im dänischen Exil die Schrift ›Fünf Schwierigkeiten beim Schreiben der Wahrheit‹ verfaßt, die in Deutschland als Tarnschrift kursierte. Darin gibt er den im Dritten Reich lebenden und schreibenden Autoren eine Art Anleitung für »uneigentliches Sprechen«. Die Anforderungen an den Schriftsteller beschreibt er folgendermaßen:

> Er muß den *Mut haben*, die Wahrheit zu schreiben, obwohl sie allenthalben unterdrückt wird; die *Klugheit*, sie zu erkennen, obwohl sie allenthalben verhüllt wird; die *Kunst*, sie handhabbar zu machen als eine Waffe; das *Urteil*, jene auszuwählen, in deren Händen sie wirksam wird; die *List*, sie unter diesen zu verbreiten.

Davon gilt die fünfte, die *List*, den Techniken des Schreibens. Eine Reihe der Beispiele Brechts wird im folgenden zitiert und kurz charakterisiert. Der Anfang des ersten Beispiels ist zum geflügelten Wort geworden.

> Wer in unserer Zeit *statt Volk Bevölkerung* und *statt Boden Landbesitz* sagt, unterstützt schon viele Lügen nicht. Er nimmt den Wörtern ihre

faule Mystik. [...] Für das Wort *Disziplin* sollte man, wo Unterdrückung herrscht, das Wort *Gehorsam* wählen, weil Disziplin auch ohne Herrscher möglich ist und dadurch etwas Edleres an sich hat als Gehorsam. Und besser als das Wort *Ehre* ist das Wort *Menschenwürde.* Dabei verschwindet der einzelne nicht so leicht aus dem Gesichtsfeld.

[...]

Der Engländer *Thomas More* beschrieb in einer Utopie ein Land, in dem gerechte Zustände herrschten – es war ein sehr anderes Land als das Land, in dem er lebte, aber es glich ihm sehr, bis auf die Zustände!

[...]

Voltaire bekämpfte den Wunderglauben der Kirche, indem er ein galantes Gedicht über die Jungfrau von Orleans schrieb. Er beschrieb die Wunder, die zweifellos geschehen sein mußten, damit Johanna in einer Armee und an einem Hof und unter Mönchen eine Jungfrau blieb.

[...]

[Über die Eleganz des Stils, die Voltaire und Lukrez die Möglichkeit gaben, unliebsame Wahrheiten zu sagen. W. v. R] Tatsächlich kann ein hohes literarisches Niveau einer Aussage als Schutz dienen. Oft allerdings erweckt es auch Verdacht. Dann kann es sich darum handeln, daß man absichtlich herabschraubt. Das geschieht zum Beispiel, wenn man in der verachteten Form des Kriminalromans an unauffälligen Stellen Schilderungen übler Zustände einschmuggelt.

[...]

Bei Shakespeare finden wir [...] ein Muster listig verbreiteter Wahrheit in der Rede des Antonius an der Leiche des Cäsar. Unaufhörlich betont er, daß Cäsars Mörder Brutus ein ehrenwerter Mann sei, aber er schildert auch seine Tat, und die Schilderung dieser Tat ist eindrucksvoller als die ihres Urhebers, der Redner läßt sich so durch die Tatsachen selber besiegen; er verleiht ihnen eine größere Beredsamkeit als »sich selbst«.

[...]

Jonathan Swift schlug in einer Broschüre vor, man sollte, damit das Land zu Wohlstand gelange, die Kinder der Armen einpökeln und als Fleisch verkaufen. [...] Swift stellt sich dumm. Er verteidigt eine bestimmte, ihm verhaßte Denkungsart mit vielem Feuer und vieler Gründlichkeit in einer Frage, wo ihre ganze Gemeinheit jedermann erkennbar zutage trat.

Diese Vorschläge betreffen dreierlei Bereiche: den Stil, parabelhafte Formen und ironische Verfahren. Brecht nennt Synonyma, Wörter gleicher Bedeutung, von denen eines emotional oder propagandistisch aufgeladen, das andere dagegen eine nüchterne Sachbezeichnung ist. Das ist Brechts eigener Beitrag zu dem Problem, während das übrige aus dem Erfahrungsschatz der Rhetorik und der Poetik stammt. Für den Stil gilt allgemein, daß sich das eigentlich Gemeinte durch Wahl der Worte und der Ausdrucksweise, durch absichtliches Senken oder Überhöhen der Sprachebene, auch durch die Wahl einer Fachsprache verschleiern läßt.

Wenn man, wie Thomas More, Vorgänge oder Verhältnisse darstellt, die sein könnten, aber nicht sind, so kommt das einer Parabel nahe. Brecht hat diesen Bereich in ›Fünf Schwierigkeiten ...‹ nur gestreift, ohne den Begriff zu verwenden; in seinem Werk sind jedoch parabelhafte Elemente unübersehbar.

Am differenziertesten behandelt Brecht die Ironie. Sie ist auch das Grundmittel subversiven Schreibens. Ironie wendet man an, wenn man das Gegenteil von dem sagt, was man meint. Man lobt etwas, was man tadeln will, indem man genau das Schlechte als gut hervorhebt oder, wie Antonius in ›Julius Cäsar‹, den Urheber einer Missetat als ehrenwert bezeichnet; man schreibt eine ernsthafte Abhandlung über ein haarsträubendes Thema, wie Swift, oder gibt vor, ein blindgläubiger Anhänger einer Ideologie zu sein, und führt diese durch Übertreibung ad absurdum, wie Voltaire. Brecht führt dazu einen ägyptischen Autor an, der einen Volksaufstand vor 4000 Jahren im Tonfall der betroffenen Herrenschicht so schildert, daß erkennbar ist: Der Aufstand hat der Herrenschicht geschadet und dem Volk Positives gebracht.

Ein weites Feld für getarntes Schreiben bildet die Eloge, der Lobpreis einer bedeutenden Person (vgl. die entsprechenden Partien der von Brecht beschriebenen Antonius-Rede in Shakespeares ›Julius Cäsar‹). Die Literaturzeitschrift ›Neue Rundschau‹ versäumte es zum Beispiel, im April 1939 den fünfzigsten Geburtstag Adolf Hitlers zu feiern. Daraufhin wurde ihr Publikationsverbot angedroht. Folglich veröffentlichte die Zeitschrift im Mai eine Ode, verfaßt von dem Dramatiker Hans Rehberg. Der Beginn lautet:

> Dies' nenn ich ein Geschenk der Götter
> Wenn sich ein ganzes Volk verbündet,
> Ein Halbjahrhundert festlich zu begehen.
> Was sich aus Glück und Leid zur Größe ründet,
> Das sah'n wir staunend vor uns selbst entstehen
> Und grüßen's heut erschüttert als den Retter.

Das ist sprachlich so schlecht (die gehäuften Apostrophe »Dies'«, »sah'n«, »grüßen's« in einem feierlichen Poem; die unbeholfene Zeile fünf u. s. w.) und durch Verwenden der antiken Schablone der Götter-Anrufung so unglaubwürdig, daß die anspruchsvollen Leser der ›Neuen Rundschau‹ nicht im Zweifel sein konnten, eine widerwillig erfüllte Pflichtübung vor sich zu haben. Damit kippt das Lob um zu einem verdeckten Widerspruch, ohne daß ein Zensor mit dem Finger auf ein subversives Element des Textes hätte deuten können.

Dieser Vorgang ist in seiner ersten Phase, also in der Unterlassung der Eloge, zugleich ein schlagendes Beispiel für eine extreme »verdeckte Schreibweise«, nämlich das absolute Verschweigen eines unerwünschten Tatbestands. Wie man sieht, ist den Zensoren die Subversion in diesem Fall nicht entgangen.

Dolf Sternberger
Figuren der Fabel

Der Redakteur der ›Frankfurter Zeitung‹, Publizist und Politologe Dolf Sternberger (1907–1989) hatte 1941 einen Essay mit dem harmlosen Titel ›Figuren der Fabel‹ veröffentlicht, in dem er die von ihm selbst formulierte Methode der »verdeckten Schreibweise« listig anwandte. Sternberger beschäftigt sich hauptsächlich mit der Fabel vom Wolf und dem Lamm.

> Der Wolf und das Lamm. Der Wolf und das Lamm tranken aus demselben Bach, der Wolf oben, das Lamm weiter unten. Der Wolf fuhr aber das Lamm an, warum es ihm das Wasser trübe. Das Lamm gab zur Antwort: Wie kann ich dir denn das Wasser trüben, da du doch oben trinkst! Allenfalls könntest du mir das Wasser trüben. Was, du fluchst mir auch noch? sagte der Wolf, worauf das Lamm ihm versicherte, daß es ihm durchaus nicht fluche. So, gab der Wolf zurück, du hast es im vorigen Jahre ja auch getan. Aber da war ich ja noch gar nicht geboren, sagte das Lamm wahrheitsgemäß. Dann war's dein Bruder. – Ich habe gar keinen Bruder. – Dann war's irgendein anderer von deiner Verwandtschaft, ihr alle und eure Hunde und eure Schäfer plagt mich ja zu jeder Zeit, und ich muß euch bestrafen. Sprach's, zerriß das Lamm und fraß es auf.

Sternberger bespricht die Aussage der Fabel und die moralischen Lehrsätze, die der Fabel von Äsop über Heinrich Steinhöwel, Luther und Lessing angefügt wurden. Dabei greift er ein Element besonders heraus, nämlich daß der Wolf »Recht geltend macht, [...] um seine böse Absicht zu legitimieren«. Damit sind wir im Verlauf der harmlosen Fabelinterpretation mitten in einer politischen Auseinandersetzung.

> Nicht daß er schließlich unverhohlen sündigt, weil er es um jeden Preis tun will, nicht dies kennzeichnet das Wesen oder Unwesen des Wolfes, sondern daß er Vernunft und Wahrheit mit Füßen tritt, Anklagen und Rechtsgründe ad hoc produziert, wie sie ihm gerade zupaß kommen, und daß kein Beweis, wie offenkundig er auch sei, dagegen etwas ausrichtet [Die Fabel lehrt, fährt Sternberger fort, daß Gewalt vor Recht geht. W. v. R.]. Aber in der Erzählung selber liegt doch noch ein anderes Moment: Die Gewalt tritt ja dort gerade nicht in ihrer zwar schauderhaften, aber immerhin offenkundigen Nacktheit hervor, sondern – sie ist ja gekleidet in den Mantel des Rechts, sie erhebt ja gerade den Anspruch, nicht die Gewalt, sondern das Recht zu sein. Als ob sie wüßte, daß sie

allein und ohne solchen Schein nicht bestehen könne; in all seiner Verderbtheit macht dieser Fabelwolf noch eine Reverenz vor dem Recht, indem er es mißbraucht. Das ist es aber, was den Wolf in der Praxis – »solche Wölfe findet man in allen Stätten« [Steinhöwel] – erst so recht abscheulich macht und so gefährlich obendrein, denn es wird immer Esel genug geben (wenn sie auch in dieser Fabel nicht vorkommen), die auf seine Rechtsgründe hereinfallen oder sie doch immerhin der Erwägung für wert halten.

Das ist eine klare Analyse nationalsozialistischen Herrschaftsverhaltens (man denke nur an die Nürnberger Gesetze und die Sippenhaft), aber sie ist so verpackt, daß man den Verfasser nicht zur Rechenschaft ziehen kann. Sternbergers geistreiche Variante verdeckten Schreibens besteht darin, eine Fabel auszulegen, statt eine zu erzählen. Dabei verläßt er an keiner Stelle das vorgegebene sprachliche Niveau einer Erörterung.

Sternberger nimmt auf der Ebene einer wissenschaftlichen Abhandlung die äsopische Funktion der Fabel auf, eine unbequeme Wahrheit durch Übertragung auf einen anderen Gegenstand verkleidet auszudrücken – mit dem Risiko der Strafe. Denn der verletzliche Panzer des Fabelerzählers (oder des Hofnarren oder, wie in diesem Fall, des Fabelauslegers), schützt ihn eigentlich davor, für seine Wahrheiten zur Rechenschaft gezogen zu werden. Der Herr würde ja die Wahrheit dessen bestätigen, was der Fabelerzähler gesagt hat, sobald er begründet, warum er ihn bestraft. Allerdings sagt die Fabel vom Wolf und dem Lamm auch aus, daß der Wolf um Gründe, das Lamm zu fressen, nicht verlegen ist. Auf die Realität übertragen bedeutet das, daß der Gewaltherrscher Wege findet, den die Wahrheit Sagenden zu züchtigen, ohne auf diese Wahrheit eingehen zu müssen. Er kann beliebige andere Anklagepunkte konstruieren; dazu braucht er nur ein rachsüchtiges Gedächtnis. (Bei der Diskussion von Rudolf Pechels Sibirienaufsatz im Reichspropagandaministerium hieß es, man könne den Autor bei dieser »genialen Photomontage« nicht juristisch fassen, aber man werde diesen »Heimtücker« sicher bei der nächsten Gelegenheit erledigen können. Vgl. S. 74 f.)

Beispiele für die Haltung einzelner Autoren: Parteinahme, Anpassung, Ausweichen, Abkehr und Widerstand

Gottfried Benn

Gottfried Benns Weltbild war mit dem nationalsozialistischen im Spenglerschen Verständnis der Geschichte und in den Gedanken von Barbarentum, Auslese und Züchtung durchaus verwandt; er war wiederholt von kommunistischer Seite als unsozialer Ästhet »öffentlich angerempelt« worden und teilte nach der Stagnation der Jahre zuvor die Aufbruchsstimmung (»Deutschland, erwache!«) mit vielen arglosen Zeitgenossen. Das alles machte ihn anfangs zu einem Sympathisanten des Nationalsozialismus und kann sein unverzeihliches Verhalten 1933 erklären, wie es vor allem in der »Sektion für Dichtkunst« und der Kontroverse mit den Emigranten, v. a. Klaus Mann, zutage trat (vgl. S. 68 und S. 97). Antisemitismus kam bei Benn allerdings mit keinem Wort vor.

Die Verblendung dauerte über ein Jahr, bis zu den Röhmputsch-Morden. Am 27. August 1934 schrieb Benn an Ina Seidel: »Ich lebe mit zusammengekniffenen Lippen, innerlich und äußerlich. Ich kann nicht mehr mit. Gewisse Dinge haben mir den letzten Stoß gegeben. Schauerliche Tragödie! [...] Wie groß fing das an, wie dreckig sieht es heute aus. Aber es ist noch lange nicht zu Ende.« In einem anderen Brief steht: »Auswege gibt es ja nicht mehr, wir sitzen alle in der Falle drin [...]« (an Frank Maraun). Am 1. 1. 1935 ging er als Oberstabsarzt zum Militär, was er als »eine aristokratische Form der Emigration« bezeichnete.

Bemerkenswert ist, daß man den Benn-Gedichten jener Zeit kaum etwas davon anmerkt, daß sich ihr Autor mit den Nationalsozialisten eingelassen und ihren Aktionen 1933 Beifall gespendet hatte. Nach seinem bösen Erwachen, wahrscheinlich 1935, entstand eines der wesentlichen Gedichte Gottfried Benns:

Einsamer nie –

Einsamer nie als im August:
Erfüllungsstunde –, im Gelände
die roten und die goldenen Brände,
doch wo ist deiner Gärten Lust?

Die Seen hell, die Himmel weich,
die Äcker rein und glänzen leise,
doch wo sind Sieg und Siegsbeweise
aus dem von dir vertretenen Reich?

Wo alles sich durch Glück beweist
und tauscht den Blick und tauscht die Ringe
im Weingeruch, im Rausch der Dinge –:
dienst du dem Gegenglück, dem Geist.

1936 stand anläßlich des Erscheinens der ›Ausgewählten Gedichte‹ (1935) ein verbissener Angriff im SS-Organ ›Das Schwarze Korps‹ (und tags darauf im ›Völkischen Beobachter‹) mit Schimpfereien wie

»widernatürliches Schwein«, »Judenjunge«, »dreckige Schmierereien«, »scher dich doch dahin, wo deine Genossen Kerr, Tucholsky, Kästner sitzen«. Ein solcher Angriff konnte tödlich sein, zumindest aber existenzgefährdend. Später wurde Benn wegen seiner Freundschaft mit Else Lasker-Schüler der Rassenschande beschuldigt. Seine Vorgesetzten, die er aus der Zeit als Militärarzt im Ersten Weltkrieg kannte, hielten die Hand über ihn, doch sie konnten nicht verhindern, daß er aus der Reichsschrifttumskammer ausgeschlossen wurde und »jede weitere Berufsausübung« untersagt, also ein Schreib- und Veröffentlichungsverbot erlassen wurde. Trotzdem schrieb er immerhin noch:

Expressionist

Eine Münze wird man dir nicht prägen,
wie es Griechenland für Sappho tat,
daß man dir nicht einschlägt deinen Brägen,
ist in Deutschland schon Kultur-verrat.

1943 versandte er als Privatdruck eine Sammlung von 22 Gedichten an Freunde, in denen er kein Blatt vor den Mund nahm: »Den Darm mit Rotz genährt, das Hirn mit Lügen – / erwählte Völker Narren eines Clowns ...«; die Machthaber sind ihm Klumpfüße und Stinktiere. Nicht auszudenken, was geschehen wäre, wenn das in die falschen Hände geraten wäre.

Stefan George

Stefan George hat sicherlich durch sein Gehabe und durch seine Gefolgschaft einem Topos des Nationalsozialismus entsprochen; doch sein Kreis fand sich nach ganz anderen, gewiß nicht rassistischen Gesichtspunkten zusammen. Unter den bedeutendsten seiner »Jünger« waren Juden: Friedrich Gundolf, Karl Wolfskehl; die anderen waren eine breite Fächerung von feinsinnigen Ästheten wie Max Kommerell bis zu entschlossenen Nationalisten wie Ernst Bertram. Schon kurz nach der Machtübernahme hatte George telegraphisch in einer irritierten Diktion den Widerspruch zwischen seinen Elitegedanken und dem, was im Nationalsozialismus daraus wurde, formuliert: »[...] die ahnherrschaft der neuen nationalen bewegung leugne ich durchaus nicht ab und schiebe auch meine geistige Mitwirkung nicht beiseite« (Jörg Drews in der SZ vom 4./5. 4. 1998). Da ist in der Wortwahl bereits spürbar, was wenige Monate später zur Abwehr wurde, als Goebbels die große Feier zu Georges 65. Geburtstag inszenierte (vgl. S. 44). Der Dichter wollte davon nichts wissen. Sein feinsinniges, hochgeistiges Meistertum war aus einer anderen Welt. Er siedelte vier Tage vor dem 12. Juli 1933 endgültig in die Schweiz um, nach Minusio bei Locarno. Es dauerte nicht lange, bis George als einer der vaterlandslosen Emigranten galt. Als er am 14. 12. 1933 starb, verbot Hanns Johst, der Präsident der Reichskulturkammer, die Rede, die Gottfried Benn zu seinem Gedächtnis halten wollte.

Ernst Jünger

Ernst Jünger hatte seine Kriegsbücher, mit einer Widmung versehen, an Hitler geschickt, und er vertrat wie dessen Partei einen nationalen Standpunkt in der Frage des Friedensvertrages und der Kriegsschuld. Doch wenn die Nationalsozialisten sein ›In Stahlgewittern‹ aufmerksam gelesen hätten, wäre ihnen aufgefallen, daß sie es nicht mit einem Gleichgesinnten zu tun hatten: Sie hätten die fast snobistische Haltung des Autors erkannt, der mit den Offiziersrängen eine andere Lebenssphäre teilte als mit seinen Untergebenen. Bei diesen begnügte er sich meistens mit der Aufzählung der Verluste oder einem kurzen Bedauern, wenn wieder ein Tüchtiger ausgefallen war; als Kameraden treten sie nicht eigentlich in Erscheinung.

Diese Haltung zeigte Jünger auch nach der Machtübernahme. Er sah in den Anführern der Nazi-Partei keine Gleichgesinnten und Gleichwertigen. Das skrupellose Verhalten der SA, die polternde Propaganda und der Antisemitismus waren ihm, dem Ästheten, dem elitär und adelig Denkenden, zuwider; er nannte die Bewegung einen »fürchterlichen Pöbelaufstand«. Der »Sektion für Dichtkunst« blieb er fern und erst recht der Reichsschrifttumskammer. Aufforderungen zur Mitarbeit in den gleichgeschalteten Medien lehnte er kühl ab, mit Sätzen wie »Ihrer Einladung [...] kann ich nicht Folge leisten, da ich auf absehbare Zeit vom Mittel des Rundfunks keinen Gebrauch zu machen gedenke« (an den Reichssender Leipzig am 9. 7. 1934), und er verwahrte sich gegen die Veröffentlichung seiner Texte im ›Völkischen Beobachter‹. Sein Standpunkt ist in dem trockenen Satz aus den ›Marmorklippen‹ wiederzufinden, »daß ein Irrtum erst dann zum Fehler würde, wenn man in ihm beharrt«.

Sein Ruf als Dichter des Kriegserlebnisses und Vertreter der nationalen Wiederbelebung bewahrte ihn vor Verfolgung, er galt aber als unzuverlässig. Als er bei Kriegsbeginn einberufen wurde, empfand er dies als einen angemessenen Ausweg aus einer Situation, in der sein distanzierter Beobachterstandpunkt kaum noch einzuhalten war. Seit 1941 im Stab des Militärbefehlshabers von Paris, gehörte er zu den wenigen, die sich die Hochschätzung der Franzosen nach Kriegsende bewahren konnten. 1944 wurde er als Sympathisant des Widerstands wegen Wehrunwürdigkeit entlassen; ein Verfahren vor dem Volksgerichtshof wegen defaitistischer Äußerungen wurde im November 1944 auf Weisung Hitlers eingestellt; Anfang 1945 erhielt er Publikationsverbot (da wurde aber ohnehin nichts mehr gedruckt).

Gerhart Hauptmann

Seine Haltung in der NS-Zeit ist schillernd. Nach der ersten Phase der Vertreibung der unerwünschten Schriftsteller und der Bücherverbrennung erschien in der Wiener ›Arbeiterzeitung‹ vom 4. Juni 1933 ein anonymer offener Brief an ihn unter der Überschrift »Können Sie schweigen?«:

> [...] In diesen letzten Monaten hat ganz Deutschland, nicht die schnell gebildete agitatorische Kruste über dem Volk, sondern das tiefere, das wirkliche, das leidende Deutschland, Sie, verehrter Gerhart Hauptmann, vernehmlich schweigen gehört. [...] Ihr Schweigen in dieser Zeit ist eine der bittersten Enttäuschungen, die wir in diesem von Feigheit und Eigennutz beherrschten Zeitalter erfahren haben. [...] Aus der preußischen Dichterakademie wurde Thomas Mann hinausgeworfen, Leonhard Frank, Alfred Döblin, Jakob Wassermann. Sie blieben. Blieben neben Hanns Johst und anderen Johsten. Man verbrannte die Bücher Ihrer Freunde, man schloß in der ganzen Welt geachtete Autoren vom deutschen Buchhandel aus, Sie schwiegen. [...] Was jetzt in Deutschland geschieht, das ist die Zerstörung der deutschen Literatur für ein Menschenalter [...]. Doch wir lesen die tröstliche Nachricht, Sie hätten am Strande von Rapallo ein neues Drama vollendet, ein Märchenstück, das in eine unreale Welt entführt. Wir möchten Sie gern zu Ihrer ungestörten Produktivität beglückwünschen. Leider liegt uns das Drama des deutschen Volkes schwerer im Sinn als jede neue Komödie.

Eine Reaktion Gerhart Hauptmanns auf diesen offenen Brief ist nicht bekannt; ähnlich lautende Vorwürfe lösten verärgerte, manchmal böse Antworten aus, wobei er zum Beispiel den berühmten Theaterkritiker Alfred Kerr als »Ghettojuden« bezeichnete. Dieser hatte 1934 in einem flammenden Artikel über ›Gerhart Hauptmanns Schande‹ seine Freundschaft mit dem Dichter aufgekündigt, den er von Anfang an mit Besprechungen seiner Dramen begleitet hatte.

> I.
> Der diese Zeilen schreibt, war Hauptmanns Freund – ein Leben hindurch. [...] Wir sind den ganzen Weg des Daseins zusammengegangen bis heut. Nein: bis gestern. [...]
> II.
> Es gibt seit gestern keine Gemeinschaft zwischen mir und ihm, nicht im Leben und nicht im Tod. Ich kenne diesen Feigling nicht. Dornen sollen

wachsen, wo er noch hinwankt. Und das Bewußtsein der Schande soll ihn würgen in jedem Augenblick.
Hauptmann, Gerhart, ist ehrlos geworden.
[...]
IV.
Hauptmann schmeichelt dem Raubgesindel. Dieser Mensch, der sein Leben lang einen Dichter des Altruismus dargestellt hat, dienert vor dessen Todfeinden. [...] Doch er duckt nicht nur: er wedelt. Etwas Unmenschliches vollzog sich vor seinen Augen. Seine nächsten Freunde waren Opfer. Er schwieg. [...]
VII.
[...] Hauptmann ging zu den Gegnern. Ehrlos, ehrlos, ehrlos. [...]

Allzuoft billigte der Dichter öffentlich Maßnahmen des Regimes; er drückte sogar Bewunderung für Hitler aus. Dann wieder schrieb er 1935 in der ›Neuen Rundschau‹ in einem Nachruf auf den großen jüdischen Verleger Samuel Fischer, dieser sei der »entschiedenste Förderer« »einer unauslöschlich nordisch betonten großen Literatur gewesen«, nennt Ibsen, Björnson, Hamsun; der S. Fischer Verlag sei »für viele echte Werke deutschen Geistes, von Thomas Mann bis Hermann Stehr, die Heimstätte« gewesen. Der Nachruf hatte trotz seiner Verbeugung vor der Ideologie (»unauslöschlich nordisch«) einen bösartigen Angriff des Nazidichters Will Vesper zur Folge, der all die inzwischen verbrannten und verbannten jüdischen Autoren des Verlags aufzählte und Hauptmann Unehrlichkeit vorwarf, weil er sie in seinem Nachruf verschwiegen habe. Die satirische NS-Wochenzeitschrift ›Die Brennessel‹ legte noch nach:

[...] wer, wie Sie, ein sogenanntes deutsches Dichterleben lang der meinungsmachenden jüdischen Literaturklique um Sami Fischer als gehorsamer Schleppenträger gedient hat, der soll jetzt, da alles, wofür er sich vertragsmäßig und freundwillig begeistert hat, zusammengebrochen ist, auf den Tantiemen seiner verpfuschten Dichtung ausruhen. Wer einst der Weimarer Republik gefeiertster Poet gewesen ist, dem steht es wohl an, die verstimmte Leier hinterm Ofen zu bergen und sich in bescheidener Zurückgezogenheit die Wohltat des Vergessenwerdens zu erwerben.
Sie begreifen, es ist eine Frage des Taktes, ob ein Gerhart Hauptmann die Hand zum Hitler-Gruß erheben kann. Es scheint nicht ratsam zu sein; denn man kann nicht vierzig Jahre seines Lebens verneinen, ohne Schaden an seiner Seele zu nehmen. Deshalb ist mein Rat: Schalten Sie sich nicht gleich, sondern – aus, Herr Hauptmann!

Trotz solcher Anwürfe verhielten sich die offiziellen braunen Kulturfunktionäre im allgemeinen zurückhaltend oder auch anerkennend gegenüber dem berühmten Dichter, und er ließ sich Ehrungen mit Würde gefallen. Hinter den Kulissen gab es jedoch Briefwechsel höchster Stellen (Rosenberg, Goebbels, Reichspropagandaamt) über die Frage seiner Zuverlässigkeit und über die Art, wie man mit ihm umgehen sollte. Ihr Mißtrauen war berechtigt; 1937 verfaßte Hauptmann in Rapallo den Einakter ›Finsternisse‹, ein gewagtes Requiem auf seinen jüdischen Freund und Förderer Max Pinkus (zu dessen Beerdigung er 1934 als einziger »Arier« gegangen war) und gleichzeitig auf das verfolgte assimilierte Judentum. Das Werk ist in mehreren Abschriften erhalten. Einer der Protagonisten, Bildhauer Kroner, faßt das jüdische Schicksal zusammen: »So schwimmen wir hin, verfolgt, gemartert, getötet, ahasverisch und ruhelos, aber unsterblich durch die Ewigkeit.«

Seine wahren Gefühle äußerte Hauptmann in Rapallo 1938 gegenüber dem ungarischen Schriftsteller Ferenc Körmendi, der sie in folgendem Wortlaut aus der Erinnerung wiedergibt (›Die Welt‹ vom 10. 11. 1962):

> »Dieser elende österreichische Anstreichergehilfe hat Deutschland ruiniert – aber morgen ist die Welt an der Reihe! Dieser Dreckhund hat den Deutschen alles genommen, was wir an Werten hatten – er hat uns zum Dienervolk erniedrigt! Aber das genügt ihm noch nicht. Dieser Hundedreck wird die ganze Welt mit Krieg überziehen, dieser elende braune Komödiant, dieser Nazihenker stürzt uns in einen Weltbrand, in den Untergang!«
> Auf die Frage, warum er nicht emigriere, »fuhr [er] mit gellender Stimme fort«: »Weil ich feige bin, verstehen Sie? Ich bin feige, verstehen Sie? Ich bin feige.« –

Die Tragik Hauptmanns liegt darin, daß er sich so sehr an seine schlesische Heimat gebunden fühlte, daß ihn der Gedanke an eine Emigration schmerzte. Es ist wahrscheinlich, daß ein beträchtlicher Teil seiner positiven oder duldenden Verhaltensweisen gegenüber dem Nationalsozialismus aus dem Zwiespalt hervorging, den er empfand zwischen dem Wunsch zu bleiben und den Selbstvorwürfen wie auch den Vorhaltungen anderer wegen dieses Bleibens. Das würde auch so unqualifizierte Reaktionen erklären wie die gegenüber Alfred Kerr. Im dichterischen Werk hielt er sich frei von NS-Ideologie.

Ina Seidel

In Ina Seidel verband sich tiefes religiöses Empfinden mit ebenso starker vaterländischer Gesinnung, die sie blind machte gegenüber dem Nationalsozialismus, erst recht und allzu lange gegenüber der Person Hitler. Diesem widmete sie noch 1939 zu seinem Geburtstag einen bekennenden Text. Ihre Korrespondenz mit Gottfried Benn 1934 zeigt, daß sie trotzdem, wie dieser, der Partei nach anfänglicher Übereinstimmung reserviert gegenüberstand. Im Grunde war sie unpolitisch. Ihre literarischen Projekte zeigen keine Affinität zum Nazismus, wenn auch eine gewisse Autoritätsgläubigkeit.

Josef Weinheber

Der wohl bedeutendste österreichische Lyriker seit Rilke und Hofmannsthal, der sich autodidaktisch an der antiken, klassischen und der Hölderlinschen strengen Form schulte (›Adel und Untergang‹, 1934; ›Kammermusik‹, 1939), begrüßte aus deutschnationaler Gesinnung den Anschluß, ohne das Verderbliche der nationalsozialistischen Ideologie zu durchschauen. Von den neuen Machthabern wurde er geschätzt und gefördert. In den Kriegsjahren kam er zur Besinnung, distanzierte sich aber nicht öffentlich. Als sich die sowjetischen Truppen seinem Heimatort in Niederösterreich näherten, nahm er Schlaftabletten.

Erich Kästner

Erich Kästner hatte sich mit satirischen Gedichten und dem Roman ›Fabian‹ (1931) bei den Nazis so unbeliebt gemacht, daß er als einer der ersten auf den Schwarzen Listen auftauchte. Er war selbst Zeuge, wie seine Werke wegen ihrer »nihilistischen« und »destruktiven« Tendenz am 10. Mai 1933 in Berlin auf dem Opernplatz ins Feuer geworfen wurden (vgl. S. 35 ff.). Alle seine Werke aus der Zeit vor 1933 verschwanden aus den Buchhandlungen und Bibliotheken. Seine Existenz stand auf dem Spiel; da er nicht emigrieren wollte, war er darauf angewiesen, weiter zu publizieren. Dazu mußte er dem RDS (Reichsverband Deutscher Schriftsteller) beitreten. Dank einem Vorschlag Hans Grimms gehörte er zu den Autoren, die ein Jahr »probeweise« weiterschreiben durften, und zwar unter dem Pseudonym Berthold Bürger. Er wurde dann doch nicht in den RDS aufgenommen, konnte aber, was er nunmehr schrieb, wenigstens im Ausland veröffentlichen. Kästner wich auf unverfängliche Themen aus, auf Unterhaltungsromane (›Drei Männer im Schnee‹, 1934), Kindergeschichten und unverfängliche Poesie (›Lyrische Hausapotheke‹, 1935). Ferner schrieb er an Komödien mit, die unter Pseudonymen erfolgreich herauskamen und auch verfilmt wurden. 1942 erhielt er eine »Sondergenehmigung«, um das Drehbuch für den Farbfilm ›Münchhausen‹ zu verfassen, doch dann verbot Hitler persönlich, ihn weiter zu beschäftigen.

Hans Fallada

Durch ›Kleiner Mann – was nun?‹ (1932) war Fallada berühmt geworden. Die Tendenz des sozialpessimistischen Romans entsprach zwar überhaupt nicht den nationalsozialistischen Vorstellungen, so daß er in die Mühle der SA-Aktionen von 1933 geriet, doch sein Bekanntheitsgrad schützte ihn vor stärkerer Verfolgung. Nach kurzer Haft kam er frei, sein Roman wurde nicht verboten, aber der Verlag (Rowohlt) mußte die von dem verfemten George Grosz gestaltete Umschlagzeichnung durch ein neutrales Bild ersetzen. In der Folgezeit kam es zu einem zeittypischen beschämenden Widerspiel zwischen dem Autor, der weiter erfolgreich sein wollte und deshalb seine Taktik nach dem Erwartungshorizont seiner potentiellen Gegner unter den Nazis einrichtete, und einem undurchsichtigen Zensurverhalten. 1933 verfaßte Fallada den Gefängnisroman ›Wer einmal aus dem Blechnapf frißt‹; dazu schrieb er an seine Schwester: »Wir haben auf Vorschlag einiger Redakteure noch einige Stellen gemildert, ich habe auch eine kleine Vorrede geschrieben, in der ein Knix gemacht wird, trotzdem ist es immerhin nicht ausgeschlossen, daß das Buch verboten wird.« Solche »Knixe« machte er auch später noch oder er wich auf unverfängliche Themen aus, auf Märchen, auf Unterhaltungsromane. Er hielt sich an die Vorgaben der Reichsschrifttumskammer. »Ich erinnere mich zum Beispiel daran, daß es von einem gewissen Zeitpunkt ab uns Romanschreibern verboten war, von Geistlichen, von Pfarrern zu sprechen, weder im guten noch im bösen Sinne, denn die Existenz von Geistlichen sollte im Dritten Reich einfach vergessen werden.« In dem dann doch wieder sozialkritischen Roman ›Der eiserne Gustav‹ (1938) zog er sich dadurch aus der Affäre, daß er den einen lebenstüchtigen Sohn des »eisernen Gustavs« in die SA eintreten ließ. Falladas Leben in der NS-Zeit gleicht einem Alptraum, in dem ein schwacher, alkoholsüchtiger Mensch in einer kafkaesken, feindlichen Behördenwelt zu überleben versucht.

Ernst Wiechert

Ernst Wiechert, Weltkriegsoffizier, hatte gegen Weimar gerichtete und völkische Vorstellungen; er feierte in seinem Erzählwerk erdnahe, schollenversessene Menschen seiner ostpreußischen Heimat. Daher suchten ihn die Nationalsozialisten als Aushängeschild zu gebrauchen. Doch Wiechert wandte sich schon 1935 gegen die von Goebbels gelenkte Kulturpolitik (Vortrag im Münchener Audimax über ›Der Dichter und die Zeit‹ am 16. 4. 1935). Die Legende ›Der weiße Büffel oder Von der großen Gerechtigkeit‹, geschrieben 1937, konnte nicht veröffentlicht werden, weil sie den Widerstand eines Bauernsohns gegen einen Despoten schildert. Da veranstaltete der Verfasser öffentliche Lesungen.

Im Juli 1937 wurde der ehemalige U-Boot-Kommandant, dann Pastor und Pazifist Martin Niemöller verhaftet. Darauf teilte Ernst Wiechert der NSV (NS-Volksfürsorge) mit, er werde seine Spenden für die Dauer von Niemöllers KZ-Haft an dessen Frau und Kinder überweisen. Auf Grund weiteren ostentativ oppositionellen Verhaltens – er votierte z.B. bei der Volksabstimmung über den Anschluß Österreichs mit »nein« – wurde er am 6. 5. 1938 »wegen betont staatsfeindlicher Gesinnung und Erregung öffentlicher Unruhe gegen Partei und Staat« verhaftet, verbrachte zwei Monate im Gefängnis, mehr als zwei weitere Monate im KZ Buchenwald. All das geschah mit Wissen und unter der Regie des Reichspropagandaministers, der in seinem Tagebuch vermerkte: »So ein Stück Dreck will sich gegen den Staat erheben«. Goebbels befahl den KZ-Häftling zu sich: »Ich lasse mir den Schriftsteller Wiechert aus dem K. Z. vorführen und halte ihm eine Philippika [...]. Der Delinquent ist am Schluß ganz klein und erklärt, seine Haft habe ihn zum Nachdenken und zur Erkenntnis gebracht. Das ist sehr gut so. Hinter einem neuen Vergehen steht nur die physische Vernichtung. Das wissen wir nun beide.«

Die Art, wie Goebbels Wiechert behandelte, war nicht nur auf ihn persönlich ausgerichtet; der Reichspropagandaminister benutzte sie als Druckmittel bei anderen widersetzlichen Autoren, sogar gegen Hans Grimm, den anerkannt völkischen Musterautor von ›Volk ohne Raum‹. Grimm hatte sich eine eigene Meinung bewahrt und in jährlichen »Dichtertagen«, die nach seinem Sitz auf Lippoldsberg an der Weser genannt waren, nicht nur poetische, sondern auch politische Gespräche geführt. Bei Goebbels vorgeladen, spielte dieser auf Wiechert an: »Herr Dr. Grimm, ich schicke Leute vier Monate ins Konzentrationslager. Wenn ich sie ein zweites Mal hineinschicke, kommen sie nicht mehr hinaus« (Hans Grimm: Gedächtnisprotokoll zum 2. 12. 1938, aufgezeichnet in der Nacht zum 3. 12. 1938). Beide Autoren hielten sich seitdem zurück und wurden nicht mehr belästigt.

Jan Petersen

Hans Schwalm, der schon vor 1933 scharf gegen den Nationalsozialismus polemisiert hatte, leitete nach der Machtübernahme unter dem Pseudonym Jan Petersen die Berliner Ortsgruppe des BPRS, des »Bundes proletarisch-revolutionärer Schriftsteller«. Er gab mit seinen Genossen die illegale Zeitschrift ›Stich und Hieb‹ heraus (von der keine Originalexemplare erhalten sind), versorgte die ›Neuen Deutschen Blätter‹ in Prag, zu deren Herausgebern er unter dem Zeichen *** (Berlin) gehörte, in deren Sparte ›Die Stimme aus Deutschland‹ mit Kurzprosa. Petersen schrieb mit dem Roman ›Unsere Straße. Eine Chronik‹ »das einzige größere unter dem Faschismus geschriebene Buch, in dem dieser nahezu unverdeckt dargestellt wird« (Erwin Rotermund). Der Roman dokumentiert am Beispiel einer Straße in Berlin-Charlottenburg den psychischen und physischen Druck der Nationalsozialisten ebenso wie die Untergrundarbeit des BPRS, das Strukturieren einer propagandistischen Gegenwehr, das Verteilen von Flugblättern, Anbringen von subversiven Klebzetteln, die riskante Überzeugungsarbeit bei einzelnen und in den Betrieben, die ständige Gefahr, entdeckt zu werden; ein Kampf an der »Schafottfront«, wie es Günther Weisenborn formulierte. Das Manuskript des Romans wurde 1934 in die Tschechoslowakei geschmuggelt, die verfänglichsten Teile eingebacken in zwei Kuchen, und 1936 in Bern und Moskau gedruckt. Zu diesem Zeitpunkt war Petersen schon emigriert. Er hatte, nur notdürftig mit einer dunklen Brille getarnt, als Vertreter und Sprecher des unterirdischen Deutschland am Schriftstellerkongreß »Zur Verteidigung der Kultur« 1935 in Paris teilgenommen und wäre bei seiner Rückkehr nach Deutschland ein leichtes Opfer des Gegners geworden. Im selben Jahr hob die Gestapo den Berliner BPRS aus.

Werner Krauss

Der Romanist Werner Krauss war Kommunist und engagierte sich bei der Berliner Widerstandsgruppe Schulze-Boysen/Harnack, die bei der Gestapo unter dem Fahndungstitel »Rote Kapelle« geführt wurde. Von 1942 bis 1945 war er als Mitglied dieser Gruppe in Haft. Im Zuchthaus Plötzensee und in den Gefängnissen Berlin-Buch und Fort Zinna/Torgau schrieb er 1943/44 den Roman ›PLN. Die Passionen der halykonischen Seele‹, in dem die Einführung einer Postleitnummer im Großhalykonischen Staat, also ein eigentlich unpolitisches Thema, zur Grundlage für die Charakteristik eines gelenkten Staatswesens gemacht wird. Ein Beispiel für die Art der Satire ist (am Romanbeginn) die Reaktion der Presse auf die Einführung der PLN:

> Die Zeitungen übernahmen sich in der Rühmung der vorgeschriebenen Neuordnung [...] So las man damals unter dem Strich der »Großhalykonischen Allgemeinen Zeitung«:
> »Das freundliche Verhältnis zwischen Post und Publikum kommt auch der Postleitzahl zugute, gegen deren Einführung sich nirgends ein Wider-

stand regte. Nicht immer wurde eine behördliche Maßregel mit solchem Verständnis aufgenommen. [...]«

Drei Seiten später wird dann das Gesetz zur Einführung der PLN zitiert mit den Passagen:

> Abs. VI: Durch fahrlässige Mißachtung dieser Vorschrift [die PLN anzugeben] gilt der Anspruch auf Beförderung als verwirkt. Etwaigen Klagen auf Schadenersatz wird nicht stattgegeben. Die nicht oder unzulänglich bezifferten Postgüter verfallen der Beschlagnahme durch den Staat.
> Art. XXIII: In besonders schwerwiegenden Fällen von böswilliger Unterlassung ist strafrechtliche Verfolgung zu gewärtigen [...]. Als Strafmaß sind mindestens 3 Jahre 2 Monate 23 Tage Gefängnis vorgesehen, außerdem kann die zeitweilige oder lebenslängliche Überweisung an ein Schulungslager angeordnet werden. [...]

Das Gesetz entlarvt den Zeitungskommentar als ein beschönigendes, den Machthabern höriges Machwerk. Schon der Name, den sich der Staat gibt, ist eine zynische Umkehr der realen Verhältnisse; denn halykonisch ist eine Ableitung von den »halkyonischen Tagen« der antiken Mythologie, einer sprichwörtlichen Schönwetterlage. Die Vordergrundhandlung befaßt sich mit dem gutmütigen, aber systemtreuen Postminister Aloys Ritter von Schnipfmeier, dem Erfinder der PLN. Er fällt den Intrigen der Widerstandsorganisation »Bund für unentwegte Lebensfreude« zum Opfer, der sich ihn als das schwächste Glied der Machtstruktur aussucht, um durch Einschleusen von Spottgedichten und subversiven Briefen das herrschende System bloßzustellen. Schnipfmeier landet in den Kerkern, die er für Unfolgsame vorgesehen hatte. Der Anführer des Bundes, der Fliegerhauptmann Arthur, hat Ähnlichkeit mit Harro Schulze-Boysen, und in den Diskussionen im Bund wie auch in den Tätigkeiten der Verschworenen schimmern trotz aller absurden Verfremdungen der Charakter und die beschränkten Wirkungsmöglichkeiten eines Widerstands im Dritten Reich durch. In den letzten Kapiteln nimmt Krauss Schnipfmeier als Medium, um seine eigenen Erfahrungen und psychischen Reaktionen in Gefangenschaft wiederzugeben. Das sind beeindrukkende Partien des Romans.

49 Mitglieder der Widerstandsgruppe Schulze-Boysen/Harnack wurden hingerichtet. Krauss überlebte, lehrte in Marburg, ab 1947 in Leipzig, ab 1958 in Berlin (Ost). Der Roman konnte naturgemäß erst 1946 veröffentlicht werden.

5. Deutsche Schriftsteller im Exil

Nach der Ernennung Hitlers zum Reichskanzler am 30. 1. 1933 waren unter der ersten Welle von Emigranten aus Deutschland zahlreiche Schriftsteller. Die Nationalsozialisten hatten bereits in den Jahren zuvor deutlich gemacht, wie sie gegen kritische Intellektuelle, Künstler und Schriftsteller vorgehen würden (vgl. S. 34 f.).

Diese erste Welle der Emigration bewegte sich zunächst vor allem in die Nachbarländer Deutschlands, besonders innerhalb des deutschen Sprachgebiets. Bevorzugte Ziele waren die deutschsprachig geprägte Tschechoslowakei (v. a. Prag), Österreich, die Schweiz und Frankreich; Schweden, Holland, Belgien, Dänemark, Norwegen und die Sowjetunion nahmen ebenfalls Flüchtlinge auf. Der vielgelesene, wohlhabende und eifrige Lion Feuchtwanger machte den französischen Badeort Sanary-sur-Mer zum vorübergehenden Asyl und Domizil für einige der international bekannten deutschen Autoren. In seiner Villa waren zu Besuch: Heinrich und Thomas Mann mit Familien, Ernst Bloch, Arnold und Stefan Zweig, Bertolt Brecht und Franz Werfel. Sie machten das Fischerdorf, wie der Essayist Ludwig Marcuse ironisch schrieb, zur »Hauptstadt der deutschen Literatur«.

Schon die hier genannten Namen machen deutlich, daß Autoren der verschiedensten literarischen Strömungen emigriert sind und es sich bei der »deutschen Exilliteratur« nicht um eine einheitliche literarische Richtung handelt.

So haben die unterschiedlichen Werke der im Exil schreibenden und veröffentlichenden deutschen Schriftsteller auch nicht alle eine antifaschistische Dimension. Viele Autoren wurden zwar durch die Ereignisse politisiert, vor allem waren es aber diejenigen, die schon vor der Emigration ihre entsprechende politische Grundüberzeugung künstlerisch umzusetzen versuchten, die auch im Exil antifaschistisch arbeiteten. Thomas Manns Tochter Erika, Autorin und Kabarettkünstlerin, verlegte z. B. ihr antinazistisches Kabarett ›Die Pfeffermühle‹, mit dem sie Gastspiele gab, 1933 nach Zürich. Die deutsche Regierung hielt das Kabarett immerhin für so gefährlich, daß sie – vergebliche – diplomatische Schritte unternahm, seine Aktivitäten zu unterbinden.

Wer mitten in einem größeren Arbeitsvorhaben steckte, wurde durch die Ereignisse abrupt herausgerissen, so etwa Thomas Mann, der seine Joseph-Tetralogie schon in den Jahren der Weimarer Republik begonnen hatte. Auch Heinrich Mann hatte seinen historischen Roman über den französischen König Heinrich IV. bereits 1925 geplant und vor seiner Emigration angefangen. Im Exil galt es, die unterbrochene Arbeit wiederaufzunehmen. Besonders die Älteren wollten weiterschreiben, ihr Renommee erhalten.

Die weniger oder nicht bekannten Schriftsteller hatten es schwerer. Sie mußten ums Überleben kämpfen und unter erheblichen Mühen versuchen, sich im Exil eine neue Existenz aufzubauen, oder waren auf die Unterstützung anderer angewiesen.

Es erstaunte wenige, daß auch Klaus Mann, der älteste Sohn Thomas Manns, am 13. 3. 1933 Deutschland als Emigrant verließ: Er war nicht nur beim Vater und den Mann-Geschwistern als leidenschaftlicher Gegner der Nationalsozialisten und bei einer gewissen Neigung zum Extravaganten als Verfechter individueller Freiheit bekannt. Am 9. 5. 1933 schrieb Klaus Mann dem in Deutschland gebliebenen Gottfried Benn einen privaten Brief. Er betont in seinem Schreiben, daß ihn der Lyriker Gottfried Benn ganz persönlich angehe und daß er sich zu seinen Bewunderern rechne, er sei aber äußerst betroffen über Benns Verhalten in der »Sektion für Dichtkunst« und sein offenes Eintreten für die neue nationalsozialistische Regierung. Heinrich Mann hatte Benn bei seiner Berufung in die »Sektion« protegiert; nach dem erzwungenen Ausscheiden seines Förderers hatte Benn dort die Führungsrolle übernommen und war vorübergehend Vorsitzender geworden (vgl. S. 56).

Benn antwortete brüsk und ungnädig in einem Tonfall, der die neue völkisch-nationale Diktion übernahm. Es wird deutlich, daß er die deutschen Schriftsteller im Exil herablassend-überhebliche Verachtung und Kritik spüren lassen wollte.

> Verstehen Sie doch endlich dort an Ihrem lateinischen Meer, daß es sich bei den Vorgängen in Deutschland gar nicht um politische Kniffe handelt, die man in der bekannten dialektischen Manier verdrehen und zerreden könnte, sondern es handelt sich um das Hervortreten eines neuen biologischen Typs, die Geschichte mutiert und ein Volk will sich züchten. Allerdings ist die Auffassung vom Wesen des Menschen, die dieser Züchtungsidee zugrunde liegt, dahingehend, daß er zwar vernünftig sei, aber vor allem ist er mythisch und tief. [...] Wollen Sie, Amateure der Zivilisation und Troubadoure des westlichen Fortschritts, endlich doch verstehen, es handelt sich hier gar nicht um Regierungsformen, sondern um eine neue Vision von der Geburt des Menschen, vielleicht um eine alte, vielleicht um die letzte großartige Konzeption der weißen Rasse, [...]
>
> *(Gottfried Benn: Epik und Prosa, Briefe und Dokumente. Wiesbaden 1962)*

Klaus Mann machte gleich am Anfang seiner eigenen Emigration die Erfahrung, wie schwer es war, die deutschen Intellektuellen und Schriftsteller im Exil zu solidarischem Handeln gegen den Nationalsozialismus zu bewegen. Sein Vater Thomas Mann z. B., den er 1933 veranlaßt hatte, von einer Vortragsreise nicht nach Deutschland zurückzukehren, bekannte sich überhaupt erst 1936 zum Exil. Klaus gründete im September 1933 in Holland die Exilzeitschrift ›Die Sammlung‹ (vgl. S. 76f.) als öffentliche literarische Plattform. Mit dem gleichen Ziel, den Austausch und die Einigung auf eine gemeinsame Haltung zu ermöglichen, wurden auch andere Zeitschriften in den verschiedenen literarischen Zentren der Exilliteratur gegründet (vgl. Pkt. II.3). In ihnen wurden die vorrangigen Debatten um das Selbstverständnis und die Aufgaben der Exilschriftsteller ausgetragen. Klaus Manns in ›Das Wort‹ abermals formulierte Kritik an Gottfried Benn war der Auslöser für die in dieser Zeitschrift ausgefochtene literaturkritische »Expressionismus-Debatte« (vgl. S. 79f.). Ein Großteil der deutschen Exilautoren publizierte im Querido Verlag in Amsterdam. Dazu gehörten Jakob Wassermann, Heinrich Mann, Ernst Toller, Lion Feuchtwanger, Anna Seghers, Vicky Baum, Erich Maria Remarque, Alfred Döblin, Arnold Zweig, Leonhard Frank, Joseph Roth und andere. Über den »Chef der Firma«, Emanuel Querido, schrieb Klaus Mann in seiner Autobiographie ›Der Wendepunkt‹:

> [...] Emanuel Querido – Niederländer von portugiesisch-jüdischer Abstammung –, war ein weißhaariger Mann von kleiner Statur und großem Temperament, humorig-patriarchalisch, mit blitzblauen Kapitänsaugen in einem verwitterten, lustig-klugen Gesicht. Der alte Sozialdemokrat haßte den Faschismus in jeder Form, besonders aber in der deutschen; gerade deshalb war ihm die Betreuung der antifaschistischen deutschen Literatur eine Herzenssache. *(9. Kapitel)*

Querido wurde nach der Besetzung Hollands durch deutsche Truppen verhaftet und kam in einem deutschen Konzentrationslager um. Neben diesem und anderen einheimischen Verlagen der Exilländer, die deutsche Titel veröffentlichten, gab es auch eine Reihe von deutschen Exilverlagen.

Wieland Herzfelde z.B. betreute und verlegte Autoren seines Malik-Verlags wie Oskar Maria Graf, Johannes R. Becher, Willi Bredel und Franz Carl Weiskopf im Prager Exil weiter.

Auch der jüdische Erbe des S. Fischer Verlags, Gottfried Bermann Fischer, ging mit einem Teil seines Verlags, den in Deutschland unerwünschten Titeln, 1935 zunächst nach Österreich, dann nach Schweden und New York ins Exil, um ihn 1948 nach Amsterdam zu verlegen. Den anderen Verlagsteil ließ er von Peter Suhrkamp in Deutschland leiten.

Je länger die Hitler-Herrschaft in Deutschland anhielt und je länger die Emigration dauerte, desto schwieriger wurden für viele Emigranten die Verhältnisse. Klaus Mann kannte ihre Nöte sehr gut; in ›Der Wendepunkt‹ lesen wir:

> Die Emigration war nicht gut. [...] Ganz abgesehen von den Tausenden, die in der Fremde hungerten, oft verhungerten, sogar bei den materiell relativ Gesicherten blieben die lebenstechnischen Probleme von quälender Kompliziertheit, wozu der psychologische Druck, die seelische Spannung, kam. Da war die Angst, die hilflose, verzweifelte Angst vor einem Verhängnis, das man immer unabwendbarer, immer unentrinnbarer werden sah; und da war der Ekel.
>
> *(9. Kapitel)*

Neben den Autobiographien von Exilschriftstellern schildern auch viele fiktive Texte der Exilliteratur realistisch die quälende Situation der Emigranten, wie Klaus Manns ›Der Vulkan‹. Lion Feuchtwanger beschreibt in seinem Roman ›Exil‹, dem dritten Teil der ›Wartesaal‹-Trilogie, anschaulich die Lebensumstände und alltäglichen Leiden der deutschen Emigranten in Paris.

Mit der schrittweisen Annektierung der Erstexilländer durch die Deutschen waren die Emigranten gezwungen, weiter zu fliehen. Der Anschluß Österreichs im März 1938 und die Besetzung der Tschechoslowakei im März 1939 setzten diese zweite Welle der Emigration in Gang, in deren Folge die Exilanten immer weiter an den Rand Europas und schließlich nach Übersee gedrängt wurden. 1939, nach Beginn des Zweiten Weltkriegs, verschlechterten sich die Lebensbedingungen für viele Emigranten auch in den anderen europäischen Ländern. Als Reaktion auf den Kriegsausbruch änderte sich die Haltung der Gastgeber von gestern, an die Stelle von Aufgeschlossenheit und Freundschaft traten häufig Mißtrauen und Schikanen. Die Emigranten mußten sich immer wieder bei der Polizei melden, die Ausweisung aus dem Zufluchtsland drohte, in Frankreich sogar das Internierungslager. In Les Milles wurde z. B. in einer aufgelassenen Ziegelei eines der berüchtigten Internierungslager eingerichtet, in dem zahlreiche Intellektuelle und Künstler untergebracht wurden. So auch Lion Feuchtwanger, für den sich »la douce France« in das ›Unholde Frankreich‹ (erschienen 1942) verwandelte.

Im Frühjahr 1940 wurden Dänemark und Norwegen besetzt, Holland und Belgien kapitulierten im Mai.

Mit der Besetzung der nördlichen Hälfte Frankreichs im Juni 1940 waren die deutschen Emigranten in direkter Nähe zum Deutschen Reich nur noch in der Schweiz und in Schweden nicht unmittelbar bedroht; sicher fühlten sie sich auch dort nicht.

Ab 1940 setzten viele – inzwischen nicht mehr nur Deutsche –, die dem Zugriff der Nationalsozialisten entkommen wollten und konnten, ihre Flucht nach England, vor allem aber über Spanien und Portugal nach Übersee fort: die meisten in die USA, aber auch z. B. nach Mexiko und Südamerika.

Zu der ohnehin schwierigen finanziellen und seelischen Situation der Exilanten kam nun der Kampf um Ausreise-, Transit- und Einreisevisa, und auch die begehrten Schiffsplätze nach Übersee waren nur unter Mühen zu ergattern. Diese zermürbende Phase der Flucht beschreibt Anna Seghers' Roman ›Transit‹.

Viele deutsche Exilschriftsteller fanden dennoch in Amerika Zuflucht und trafen dort auf fremde Lebensverhältnisse, denen sie sich in einem häufig harten Alltag anpassen mußten. In Übersee war man aufgeschlossen, wußte aber nicht viel von dem, was Europa beschäftigt hatte. Vor allem die andere sprachliche Umgebung und das fehlende Publikum machte vielen der Autoren zu schaffen. Einige schrieben ihre Werke zunächst in einer Fremdsprache und übersetzten sie dann später ins Deutsche. Andere verweigerten sich, wie Oskar Maria Graf, oder verzweifelten am Verlust des europäischen Kulturzusammenhangs, wie Stefan Zweig, der 1942 in Brasilien Selbstmord beging.

Trotzdem wollten und konnten nur wenige Emigranten nach Ende des Krieges sofort in die Heimat zurückkehren, zu groß waren Zerstörungen und materielle Not.

Die eher sozialistisch Eingestellten gingen nach 1945 lieber in die sowjetische Besatzungszone, in das Gebiet der späteren DDR. Noch 1945 begann der Streit zwischen Exilanten und »Daheimgebliebenen« um die Haltung deutscher Schriftsteller zur Zeit des nationalsozialistischen Regimes. Im Herbst 1947 trafen sich Autoren der verschiedenen Lager auf Einladung des »Kulturbundes zur demokratischen Erneuerung Deutschlands« im noch ungeteilten Berlin zum »Ersten deutschen Schriftstellerkongreß«. Man schüttelte sich die Hände und begann Verständigungsgespräche; voran kam man nicht.

1. Nationalsozialistische Zeitungen und Zeitschriften

Das Parteiorgan der Nationalsozialisten war die Tageszeitung ›Völkischer Beobachter‹. Sie wird hier vorgestellt, weil sie einen durchschlagenden Einfluß auch auf das literarische Leben hatte. Die NSDAP kaufte die nahezu bankrotte gleichnamige Zeitschrift der Thule-Gesellschaft, einer militanten germanophilen (»völkischen«) Vereinigung, im Dezember 1920, übernahm den Herausgeber und Chefredakteur Dietrich Eckart, der 1923 starb (über Dietrich Eckart vgl. S. 75), und versah die Zeitschrift 1921 mit dem Untertitel ›Kampfblatt der nationalsozialistischen Bewegung Großdeutschlands‹. Der ›Völkische Beobachter‹ erschien erst zweimal wöchentlich, ab 1923 als Tageszeitung. Verlegt wurde das Blatt im Eher-Verlag, dem Zentralverlag der Partei. Das Blatt entwickelte sich nach der Machtergreifung zum offiziellen Presseorgan der Regierung, der Verlag wurde zum allbeherrschenden Konzern ausgebaut, der 1937 50%, 1943 80% des Marktes kontrollierte. Schon im Frühjahr 1933 wurden die Blätter der KPD, SPD und der Gewerkschaften enteignet. Andere Zeitungen wurden entweder aufgekauft oder zunehmend einer ideologischen Kontrolle unterworfen. Nur einzelne Zeitungen in Privatbesitz wie die ›Frankfurter Zeitung‹ konnten sich halten und eine begrenzt eigene Meinung vertreten. Seit Kriegsbeginn wurde der Druck stärker; es bestand immer die Gefahr des Publikationsverbotes.

Der ›Völkische Beobachter‹ zwang der Mehrheit dank seiner Auflagenhöhe, seiner Monopolstellung und der dahinterstehenden Staatsmacht seine Meinung auf und mischte sich gefährlich in die Kulturdiskussion ein: »Nationalsozialistische Kulturkritik wächst aus dem Instinkt. Instinkt ist die Stimme des Blutes. Es bedarf für ihn keiner verstandesmäßigen Regeln und Gesetze.« Solche Lehrsätze sollten einstimmen auf die kritiklose Rezeption der volkhaften Dichtung und auf die Ablehnung der »jüdisch verseuchten« Asphaltliteratur. 1936 (28. Nov.) verordnete das Reichsministerium für Volksaufklärung und Propaganda, daß Kunstkritik zu unterbleiben und an ihre Stelle eine nationalsozialistische Kunstbetrachtung zu treten habe. Damit wurde offiziell, was der ›Völkische Beobachter‹ längst praktiziert hatte. Was hier noch harmlos als Verordnung erscheinen mag, war für Autoren, die sich der herrschenden Ideologie nicht unterwarfen, existenzgefährdend, da ihre Werke entweder verschwiegen oder als dem gesunden Volksempfinden widersprechend heruntergemacht wurden.

Neben dem ›Völkischen Beobachter‹ ist wegen seiner starken Wirkung erwähnenswert das üble antisemitische Hetzblatt ›Der Stürmer‹, wöchentlich herausgegeben von Julius Streicher, das sich bevorzugt in der Darstellung von »Rassenschande« jüdischer Liebhaber an blonden Frauen erging und durch die Ausstellung in Schaukästen an den Straßenecken einen Beitrag zur Sexualaufklärung der Heranwachsenden lieferte. ›Der Stürmer‹ bereitete damit nicht zuletzt bei ebendieser Jugend den Nährboden für den Judenhaß, der sich so schrecklich auswirkte.

Die SS-Zeitschrift ›Das Schwarze Korps‹ wurde mit dem Gewicht ihrer gehässigen Stimme für manche Autoren gefährlich, die nicht das »artgemäße Deutschtum« vertraten. So griff ›Das Schwarze Korps‹ 1936 Gottfried Benn an, als dessen Verlag zu seinem fünfzigsten Geburtstag ›Ausgewählte Gedichte‹ herausgab:

> Bei manchen Leuten ist das Dichten eine Art geistiger Verdauungsprozeß, bei dem zwangsläufig übelriechende Blasen aufsteigen [...]. Die Zeiten jener Gedichte eines Tucholsky, Kerr, Kästner und wie sie alle heißen mögen, sind dahin, nur einige vereinzelte, [...] bereits reichlich verwitterte Säulen zeugen vom Untergang jenes Zeitalters. Eine dieser Säulen macht sich jetzt wieder bemerkbar, es ist Gottfried Benn. [...]
> ›Mann und Frau gehen durch die Krebsbaracke‹ nennt sich die nachstehend auszugsweise wiedergegebene drastische Schweinerei. [...]
> Aber Herr Benn wühlt seinen Stift nicht nur in stinkende Wunden, er macht auch in Erotik, und wie er das macht, das befähigt ihn glatt zum Nachfolger jener, die man wegen ihrer widernatürlichen Schweinereien aus dem Hause jagte. [...]

Eine Ausnahme in der Presselandschaft bildete die Zeitschrift ›Das Reich‹, die 1940 zu erscheinen begann und sich – wohl unter dem Deckmantel des systemkonformen Titels und der Leitartikel, von denen eine ganze Reihe von Goebbels stammte – eine gewisse Meinungsfreiheit leistete.

2. Unabhängige Zeitungen und Zeitschriften in Deutschland

»Unabhängig« sind in diesem Zusammenhang Publikationsorgane, die nicht vom parteieigenen Eher-Verlag gesteuert wurden und versuchten, eine eigene Position zu wahren. Das ging nur begrenzt und verlangte Schreibweisen, deren eigentliche Aussage der staatlichen Kontrolle entging (vgl. S. 50–55).

Dabei hoffte man, daß zwar der Leser das Gemeinte erkannte, nicht aber der Zensor. Man muß sich dabei vor Augen halten, welche Risiken die Autoren eingingen. Es gab zwar sicher das heimliche Vergnügen daran, den Spielraum auszunützen, der einem zur Verfügung stand, das gerade noch Mögliche abzutasten; doch es war ein Spiel mit dem Feuer. Das Risiko war unvergleichlich größer als etwa in der Zeit des Jungen Deutschland, weil die Staatsmacht einfach gefährlicher und humorloser war als die Zensoren der damaligen Zeit.

Die ›Neue Rundschau‹

Als Literaturzeitschrift des jüdischen S. Fischer Verlags war die ›Neue Rundschau‹ von Anfang an besonders gefährdet. Sie überlebte, weil sich die Behörden bis zu den Olympischen Spielen von 1936 in Berlin bei international anerkannten Verlagen zurückhielten und weil ein Nichtjude, Peter Suhrkamp, zuerst die Redaktion der ›Neuen Rundschau‹, dann die Verlagsleitung übernahm und schließlich (1942) den Verlag auf seinen Namen umtaufte. Peter Suhrkamp bewegte sich jedoch beständig auf dem schmalen Grat zwischen Verbot und Fortbestand, wie am Beispiel der Hitler-Eloge zu erkennen ist (vgl. S. 53 f.). Ein ähnlicher Vorfall ereignete sich 1942, als Gerhard Nebel in einem Beitrag ›Auf dem Fliegerhorst‹ deutsche Kampfflugzeuge mit »Insekten«, »afrikanischen Heuschrecken«, »Wespen« und »Kerbtieren« verglich. Das traf den Nerv der Luftwaffe. Ein Publikationsverbot konnte Suhrkamp nur mit Mühe abwenden.

Die ›Deutsche Rundschau‹

Die Vierteljahresschrift ›Deutsche Rundschau‹ hielt nach anfänglich positiver Erwartung deutlich Abstand vom Nationalsozialismus. Der Herausgeber, Rudolf Pechel, und seine Mitarbeiter verfaßten Artikel mit offener Kritik, und als das nicht mehr möglich war, entstanden unterschwellig oppositionelle Texte. Pechel besprach im September 1937 unter dem Titel ›Sibirien, das heißt Konzentrationslager, frieren, hungern, sterben oder besser: langsam verrecken‹ ein Werk des russischen Exilautors Iwan Solonewitsch: ›Die Verlorenen‹. Der Witz der Besprechung war, daß man bei der Schilderung der Sowjetherrschaft, der staatlichen Geheimpolizei GPU, des Spitzelsystems und der Zwangsarbeitslager zwischen den Zeilen lesen konnte, in Deutschland sei es nicht anders. Das erreichte Pechel durch kaum versteckte Andeutungen. Schon in der Überschrift taucht das Signalwort »Konzentrationslager« auf. Einleitend heißt es: »Bei ähnlich gearteten Vorgängen wiederholen sich in der Geschichte auch die politischen Begleitumstände in merkwürdiger Übereinstimmung von Peisistratos über Napoleon zu Stalin. Nur die Methoden verfeinern und verschärfen sich mit dem Fortschritt der Technik.« Später: »Ein bis ins letzte durchgebildetes Spitzelsystem führt zur Verlumpung des ganzen Volkes [...] Gesinnungsschnüffelei und Gebärdenspäherei begleiten jeden einzelnen."

Pechel benutzt scheinbar versehentlich den falschen Jargon, so wenn er vom »kleinen Parteigenossen« redet statt vom »Genossen«, wenn er die Begriffe Volk, Volksgenosse, Volksseele strapaziert in einer Zeit, in der Hitlerdeutschland sie ständig volltönig im Munde führte, während der Kommunismus auf die Internationale setzte. Fast schon überdeutlich ist es, wenn Pechel davon schreibt, daß in den Konzentrationslagern »jeder ideologische Zierat [...] wie jede Rücksicht auf das Ausland« wegfällt: »Hier ist nicht mehr die Rede von ›Heroismus‹, ›Begeisterung‹, ›Mystik‹, ›Volksseele‹ und wie die gängigen Schlagworte alle heißen.« Das sind nun wirklich keine gängigen Schlagworte des Kommunismus, vielmehr gehören sie an vorderster Stelle ins Repertoire der völkischen Propaganda.

Pechel berichtet in ›Deutscher Widerstand‹ (1947), der Artikel sei in der Reichskanzlei »unter Einsetzung von Deutschland statt Sowjetunion und Gestapo statt GPU« vorgelesen worden und die Gestapo habe seine Verhaftung betrieben; zu der sei es aber erst 1942 aus einem ähnlichen Anlaß gekommen. (Dieser und der folgende Abschnitt stützen sich auf Erwin Rotermund: ›Artistik und Engagement‹. Würzburg 1994. W. v. R.)

Die ›Frankfurter Zeitung‹

Im März 1943 kam vom Reichspressechef die Aufforderung, den 75. Geburtstag von Dietrich Eckart in besonderer Weise zu würdigen. »Die Presse wird sicher das Bedürfnis haben, den Stammvater des Nationalsozialismus zu feiern.« Dietrich Eckart († 26. 12. 1923) war Herausgeber des ›Völkischen Beobachters‹ gewesen, hatte Dramen verfaßt und in seinem ›Sturmlied‹ das Schlagwort »Deutschland, erwache!« geprägt. Er wurde als »der erste nationalsozialistische Dichter«, als Künder und als Märtyrer groß herausgestellt. Hitler sprach von ihm als seinem »väterlichen Freund«, eine SS-Einheit wurde nach ihm benannt, ebenfalls eine Thingstätte, eine Bücherei, zwei Literaturpreise usw.

Herbert Küsel von der ›Frankfurter Zeitung‹ kam der Aufforderung des Reichspressechefs notgedrungen nach in einem Lebensabriß Eckarts, dessen subversiver Hintersinn das reine Vergnügen bereiten würde, sähe man nicht das gefährliche Risiko dahinter. Küsel wurde verhaftet. Ihm drohte ein Berufsgerichtsverfahren und er wurde strafweise zur Wehrmacht eingezogen. Hitler, getroffen durch die Herabsetzung seines »väterlichen Freundes«, ordnete persönlich das Verbot der ›Frankfurter Zeitung‹ an.

Küsels Methode, Dietrich Eckart zu präsentieren, bestand aus folgenden Elementen: Er führte Eckart in der Zeit, bis er zu den Nazis stieß, vor als einen Verschwender, Tunichtgut und Morphinisten; über seine poetischen Werke äußerte er, daß sie nichts taugten, aber Eckart ein großer nationaler Dichter sei; er lobte übertrieben, etwa in dem für hyperbolische Ironie geradezu beispielhaften Satz, der einer Gestalt in Eckarts Dramen galt: »[...] da gibt er ihm mit starker Kraft einen wahrhaft prächtigen Namen: Lukas Pranke.« So behandelt er ausgerechnet eine Figur, die nicht einmal für die linientreue Literaturgeschichtsschreibung in der Art von Hellmuth Langenbuchers dickleibigem Werk ›Volkhafte Dichtung der Zeit‹ erwähnenswert schien.

3. Sprachorgane des Exils

Die ›Arbeiterzeitung‹

Die Wiener ›Arbeiterzeitung‹, ein Organ der Sozialdemokratischen Partei Österreichs, war 1933 eines der ersten Sprachrohre der literarischen Opposition. Darin veröffentlichte Oskar Maria Graf seinen berühmten Brief ›Verbrennt mich!‹ (vgl. S. 38), darin erschien auch der offene Brief an Gerhart Hauptmann, in dem der Dichter aufgefordert wurde, sich deutlich gegen die Verfolgung von Schriftstellern durch den Nationalsozialismus auszusprechen (vgl. S. 59). Der Chefredakteur Oskar Pollak war mit Graf befreundet; er setzte nach Verbot der SPÖ durch die Regierung Dollfuß im Jahre 1934 seine Arbeit illegal fort, doch das Jahr 1938 brachte mit dem Anschluß Österreichs an das Deutsche Reich das Ende des Blattes bis 1945.

›Die Sammlung‹

Unter den liberalen Autoren der Emigration war Klaus Mann (vgl. S. 95 ff.) der aktivste Gegner des Nationalsozialismus. Er gründete »unter dem Patronat von André Gide, Aldous Huxley und Heinrich Mann« die literarische Monatsschrift ›Die Sammlung‹, die von September 1933 bis August 1935 im Querido Verlag, Amsterdam, erschien. Der Titel umschreibt anschaulich das unmittelbare Ziel fast aller Exilzeitschriften, nämlich das Streben, sich gegenüber dem Nationalsozialismus über alle ideologischen und künstlerischen Differenzen hinweg auf eine einheitliche Haltung zu verständigen. So drückt es das programmatische Vorwort von Heft 1 aus:

> Diese Zeitschrift wird der Literatur dienen; das heißt: jener hohen Angelegenheit, die nicht nur ein Volk betrifft, sondern alle Völker der Erde. Einige Völker aber sind so weit in der Verirrung gekommen, daß sie ihr Bestes schmähen, sich seiner schämen und es im eignen Lande nicht mehr dulden wollen. In solchen Ländern wird die Literatur vergewaltigt; um sich der Vergewaltigung zu entziehen, flieht sie ein solches Land. In dieser Lage ist nun die wahre, die gültige deutsche Literatur: jene nämlich, die nicht schweigen kann zur Entwürdigung ihres Volkes und zu der Schmach, die ihr selber geschieht. Der Widergeist selber zwingt sie zum Kampf. [...] Sammeln wollen wir, was den Willen zur menschenwürdigen Zukunft hat, statt den Willen zur Katastrophe; den Willen zum Geist, statt den Willen zur Barbarei und zu einem unwahren, verkrampften und heimtückischen »Mittelalter« [...]

Klaus Mann betont, daß die Zeitschrift keine »politische« sei, keine Chronik und Analyse von Tagesereignissen biete; er strebte ein hohes literarisches Niveau an und breitgefächerte Internationalität. Sie sollte »das Beste sammeln, was heute außerhalb Deutschlands wirksam ist« (Brief an Alfred Neumann vom 6. 4. 1934), Sprachrohr sein für literarische Debatten, wie man sie in Deutschland gekannt und ausgefochten hatte, und das offene kritische Wort wieder möglich machen. Daß die Zeitschrift trotz der primär literarischen Zielsetzung politische Schlagkraft hatte, zeigt ein Brief von Hanns Johst, dem Präsidenten der Reichsschrifttumskammer, an Heinrich Himmler, in dem es heißt, die Sammlung sei »das derzeit unflätigste Emigrantenblatt« (10. 10. 1933).

Als Chefredakteur kümmerte sich Klaus Mann selbst intensiv um die Arbeit und nutzte seine weitverzweigten Briefkontakte, um Mitarbeiter von Rang und Namen zu gewinnen. Trotzdem bezeichnete er in einem Brief an den Vater vom September 1934 ›Die Sammlung‹ als »Sorgenkind« und wußte, daß es um die anderen literarischen Zeitschriften nicht besser bestellt war. Tatsächlich war der Absatz der Auflage (3000 Exemplare) nicht kostendeckend; die Redakteure arbeiteten ohne Bezahlung.

›Neue Deutsche Blätter‹

In Prag, dem ersten Anlaufpunkt vor allem für linke Emigranten, erschienen von September 1933 bis August 1935 die ›Neuen Deutschen Blätter. Monatsschrift für Literatur und Politik‹, die erste bedeutende, von der kommunistischen Internationale gestützte literarische Exilzeitschrift. Herausgeber waren Oskar Maria Graf, Anna Seghers, Wieland Herzfelde und unter dem Sigel *** (Berlin) der im Berliner Untergrund arbeitende Jan Petersen. Das erste Heft bringt auf Seite 1 den programmatischen Aufsatz ›Rückblick und Ausblick‹:

> Wer schreibt, handelt. Die *Neuen Deutschen Blätter* wollen ihre Mitarbeiter zu gemeinsamen Handlungen zusammenfassen und die Leser im gleichen Sinn aktivieren. Sie wollen mit den Mitteln des dichterischen und kritischen Wortes den Faschismus bekämpfen.
> In Deutschland wüten die Nationalsozialisten. Wir befinden uns im Kriegszustand. Es gibt keine Neutralität. Für niemand. Am wenigsten für den Schriftsteller. [...]
> [Wir wollen] vor der Weltöffentlichkeit beweisen, daß nicht zufällig fast alle des literarischen Deutschland entschiedene Gegner des »Dritten Reiches« sind und daß die Hakenkreuz-Literatur (auch »reine« Lyrik, auch die unpolemischste Prosa) nicht zufällig ein ebenso erbärmliches Surrogat ist wie der Wortschwall der »Führer«. Schrifttum von Rang kann heute nur antifaschistisch sein. [...]
> Wir [...] sehen im Faschismus keine zufällige Form, sondern das organische Produkt des todkranken Kapitalismus. Ist da nicht jeder Versuch, liberalistisch-demokratische Verhältnisse wiederherzustellen, ein Verzicht darauf, das Übel mit der Wurzel auszurotten? Ist nicht jeder Kampf, der nur der Form gilt, im Grunde ein Scheinkampf? Gibt es eine andere reale Kraft, die den endgültigen Sieg über Not und Tyrannei zu erringen vermag, als das Proletariat? [...]
> Das ist unsere Meinung. Aber nichts liegt uns ferner, als unsere Mitarbeiter »gleichschalten« zu wollen. [...] Wir werden alle – auch wenn ihre sonstigen Überzeugungen nicht die unseren sind – zu Wort kommen lassen, wenn sie nur gewillt sind, mit uns zu kämpfen.

Die Herausgeber bringen die marxistische Grundtendenz zum Ausdruck, bemühen sich aber auch erfolgreich um liberale Beiträger. Als zwei Jahre später die Planungen für die Zeitschrift ›Das Wort‹ begannen, an denen Herzfelde führend beteiligt war, wurden die ›Neuen Deutschen Blätter‹ eingestellt. Man erwartete von der neuen Zeitschrift eine größere Breitenwirkung.

›Das Wort‹

Von den beiden in Moskau erscheinenden literarischen Zeitschriften der Emigranten hatte weniger ›Internationale Literatur‹ (1931 bis 1945) als ›Das Wort. Literarische Monatsschrift‹ (Juli 1936 bis März 1939) eine erhebliche Ausstrahlung. Im ›Wort‹ schrieben die kommunistischen deutschen Autoren, die nach 1945 in der DDR tätig waren und zum Teil führende Positionen einnahmen, u. a. Johannes R. Becher, Alfred Kurella, Ludwig Renn, Anna Seghers. Auch Ernst Bloch, Arnold Zweig und Oskar Maria Graf beteiligten sich.

Die Zeitschrift suchte die Volksfrontidee literarisch umzusetzen: das Bestreben, die linken antifaschistischen Kräfte zu bündeln, vor allem die Sozialdemokratie und die Kommunistische Partei zum gemeinsamen Kampf gegen den Nationalsozialismus zusammenzuschließen. Daher war sie bestrebt, nichtkommunistische Autoren einzubeziehen. Es kamen auch Linksliberale und Bürgerliche zu Wort, wenn sie sich gegen den Nationalsozialismus wehrten, wie Stefan Zweig, die Brüder Mann, Klaus Mann und Alfred Döblin. Die Gründungsherausgeber waren der parteilose Marxist Bertolt Brecht, das KPD-Mitglied Willi Bredel und der linksliberale Lion Feuchtwanger – alle höchstens vorübergehend in Moskau.

Im ›Wort‹ vor allem wurde die bedeutendste literarische Debatte ausgetragen, die in der Zeit von 1933 bis 1945 stattfand. Es war die sogenannte »Expressionismus-Debatte« oder auch »Expressionismus-Realismus-Debatte«, in der es um den 1934 von Maxim Gorki proklamierten »sozialistischen Realismus« als der aus kommunistischer Sicht richtigen Schreibweise ging, während Avantgardismus, moderne Experimente, expressionistische Schreibweisen von den Linientreuen als spätbürgerlich und dekadent zurückgewiesen wurden. Am Anfang (1937) standen Aufsätze von Klaus Mann und Alfred Kurella (unter dem Pseudonym Bernhard Ziegler) über Gottfried Benn. Kurella vertrat die These, daß der Expressionismus, wie das Beispiel zeige, zum Faschismus führe, während Klaus Mann einen Zusammenhang zwischen Expressionismus und Faschismus verneinte. Der tonangebende, deutsch schreibende ungarische Literaturwissenschaftler Georg Lukács, der den »sozialistischen Realismus« zuvor schon theoretisch untermauert hatte, indem er ihn positiv gegen den Expressionismus absetzte, griff mit dem Aufsatz ›Es geht um den Realismus‹ (1938) in die Debatte ein.

Im Sich-Verlieren in Oberflächenerscheinungen, in der Abbildung von Äußerlichem, der Form, der kunstfertigen Überhöhung des Sinns im Experiment und in Arabesken sah Lukács die gesellschaftliche Wirklichkeit nicht widergespiegelt. Er forderte die Rückbesinnung auf die Realisten, auf Gottfried Keller, Honoré de Balzac, Leo Tolstoi, weil sie die Wirklichkeit ihrem wahren Wesen nach erfaßt hätten. Bertolt Brecht stand auf der Seite der Experimentierfreudigen und »Formalisten«, ebenso wie Klaus Mann und Ernst Bloch. Etwa zwanzig bekannte Schriftsteller nahmen an der Debatte teil. Brechts Beiträge erschienen jedoch nicht im ›Wort‹; sie wurden erst 1955 und 1966/67 gedruckt. Die Expressionismus-Realismus-Debatte hatte bedeutenden Einfluß auf die Auseinandersetzungen um den »Elfenbeinturm« und das »Engagement« der Schriftsteller bei den Achtundsechzigern.

Die Zeitschrift ›Das Wort‹ wurde ein Opfer der stalinistischen Säuberung. Einige der deutschen Mitarbeiter verschwanden, und der russische Chefredakteur verlor seinen Posten und sein Leben. Mit dem Hitler-Stalin-Pakt vom 23. 8. 1939 verpuffte die Volksfrontidee.

1. Tagebücher von »Daheimgebliebenen«

Tagebücher können sehr verschiedenartig strukturiert sein. So setzt sich Jochen Klepper mit seiner individuellen Glaubenssituation und der Frage der Entscheidungsfreiheit des Christen auseinander, Victor Klemperer stellt akribisch das tägliche Leben unter zutiefst bedrükkenden, aberwitzigen Verhältnissen dar, Felix Hartlaub gestaltet seine Aufzeichnungen zu einer apokalyptischen Vision. Häufig waren kritische Tagebücher aus dem Dritten Reich – wie etwa die von Klepper und Klemperer – ausdrücklich auch als Zeitzeugnis für die Nachwelt gedacht. Andere Autoren lassen den Leser teilhaben an den Entwürfen und Vorüberlegungen zu ihrem dichterischen Werk. Ernst Jünger beruft sich auf das Tagebuch von Friedrich Hebbel, der darin ein »Ideenmagazin« mit »Reflexionen über Welt, Leben und Bücher, hauptsächlich aber über mich selbst [...]« anlegt; tatsächlich gibt es gewisse Ähnlichkeiten zwischen den Aufzeichnungen der beiden Autoren. Die dreizehnjährige Anne Frank vertraut sich in Briefform einer fiktiven Freundin an.

Jochen Klepper
Unter dem Schatten deiner Flügel

Jochen Klepper (1903–1942) war noch in den ersten Jahren nach der Machtübernahme durch die Nationalsozialisten in Berlin für Film, Presse und Verlage tätig; der bedeutendste Anteil seiner Arbeit galt Vorstudien für sein von den Nationalsozialisten vereinnahmtes, erfolgreichstes Werk ›Der Vater‹ (1937), einen Roman über »Soldatenkönig« Friedrich Wilhelm I. von Preußen. Ein weiteres Werk mit dem Arbeitstitel ›Das ewige Haus‹ über Luthers Gemahlin Katharina von Bora und Luthers Familienleben war lange im Stadium der Planung und Vorbereitung. Es blieb ein Fragment.

Klepper war mit einer Jüdin verheiratet, Hanni, die zwei Töchter aus erster Ehe mitbrachte. Beide waren nach dem Gesetz Jüdinnen. Für die ältere Tochter gelang es noch, eine Emigrationserlaubnis zu erwirken; für Renate, genannt Renerle, gelang dies nicht.

Je länger die nationalsozialistische Herrschaft dauerte und je mehr sich ihre Machtstrukturen verfestigten, desto mehr war Klepper in Gefahr, die Unterstützung von Staatsinstitutionen und Verlegern einzubüßen. 1935 wurde er aus der Reichsschrifttumskammer ausgeschlossen und geriet mehr und mehr in die Isolation.

Als evangelischer Christ war Klepper verpflichtet und gewohnt, dem unergründlichen Willen Gottes alle Entscheidungen in seinem Leben zu überlassen.

In seinen Tagebuchaufzeichnungen rang er um die Rechtfertigung eines gemeinsamen Selbstmordes mit Frau und Stieftochter, falls er durch Deportation von ihnen getrennt würde.

War dieser lange erwogene Plan vertretbar oder Sünde? Klepper befand sich in einem schweren Dilemma, von dem ein Tagebucheintrag unter dem Datum 20. 10. 41 Zeugnis ablegt:

> Renerle liegt der Gedanke an den Selbstmord fern. Sie hofft, alles, was kommen kann, zu überstehen, weil sie jung sei und Millionen – denn nun, durch den Osten, sind es Millionen – ihr Schicksal teilten. [...]
> Hanni sagt, der Selbstmord, der ihr so oft nahe war, stehe ihr jetzt ferner; sie möchte – das »Ewige Haus« noch geschrieben sehen. Nur eins habe ihr festgestanden: trenne uns eine Zwangsscheidung und müsse sie außer Landes, ich aber hierbleiben, so sei sie zum Selbstmord entschlossen, [...]
> Wir wissen, was der Selbstmord in unserem Falle wäre: dreifacher Mord, Ungehorsam gegen Gott, Preisgabe der Geduld, Flucht aus der Führung Gottes, Behaupten der negativen dem Menschen belassenen Macht, Hinwerfen des Vertrauens –.
> [...] Und nun ist es so gekommen, daß ich es bin, der den entsetzlichen Wunsch am inständigsten hegt. Das Kind hat entschieden. Es hat das Erstaunliche gesagt, daß wir, selbst wenn es »draußen« wäre, seinetwegen nicht leben sollten. Aber der Lebenswille des Kindes bindet uns.
> In allem ist kein Zerfall mit Gott, trotz der Bereitschaft zu so furchtbarer Sünde. Die Sünde, die unser Leben noch bringen wird, ist nicht geringer.
> Vielleicht spricht bei mir die Furcht vor dem Weiterschaffenmüssen mit: nicht etwa die Sorge, die nur zu berechtigte, daß Bücher meiner Art gar nicht werden erscheinen dürfen. Dies nämlich betrifft auch alle anderen christlichen Autoren.
> [...]
> An alle Werktätigen ist im Zusammenhang mit dem Gelben Fleck ein Flugblatt verteilt, ein grausiges, für die Behandlung der Juden. Und das angesichts dieser so ganz andersartigen Haltung der Bevölkerung.
> Heute habe ich Minister Frick, der so oft den »Vater« verschenkt hat, auf Renerles Bitte um eine Audienz gebeten; wir haben noch einmal an Meschkes geschrieben und uns mit der Tochter der in Schweden lebenden Familie des Ministers Schacht in Verbindung gesetzt –; ohne Hoffnung.
> Ich tue alles. Ich bete; das ist ungleich mehr. [...]
> Das Kind ist so abgefunden mit allem und hofft doch noch so, daß es an ihm vorübergehe.
> Hanni ist so tätig, so fleißig, so dankbar, daß sie nun um mich nicht mehr

in solcher Sorge sein muß. Aber es ist doch wie eine große Enttäuschung in uns beiden, daß durch Renerle der Schritt zum Selbstmord nicht nahegebracht, sondern ferngerückt ist.
Nun verwehrt Gott gerade in Renerle – ihrem Lebensmut, aus dem der Glaube wachsen kann – unseren Selbstmord.

(20. Oktober 1941)

Am 10. 12. 1942 war es dann doch soweit. Die Deportation stand unmittelbar bevor, und es kam zu einem dreifachen Selbstmord.

Seine Tagebücher hatte Klepper vergraben, damit sie nicht in die Hände der Nationalsozialisten fielen. 1956 wurden sie unter dem Titel ›Unter dem Schatten deiner Flügel‹ veröffentlicht. Klepper wurde für viele zu einem Märtyrer seines Glaubens.

Victor Klemperer
Ich will Zeugnis ablegen bis zum letzten

In seiner Sammlung ›LTI‹ (Lingua Tertii Imperii = Sprache des Dritten Reiches), die 1946 erschien, setzt sich der Dresdener Romanistikprofessor und Jude Victor Klemperer (1881–1960) mit der Sprache der nationalsozialistischen Epoche auseinander.

Erst 1995 wurden seine zwischen 1933 und 1945 verfaßten Tagebücher veröffentlicht, in denen er von den Leiden und Qualen schreibt, die in dieser Zeit über Angehörige seines Volkes verhängt wurden.

Klemperer zeigt an gräßlichen Details – der Titel seiner Tagebücher heißt: ›Ich will Zeugnis ablegen bis zum letzten‹ –, wie er selbst, seine »arische« Frau und zahlreiche Freunde, Verwandte und Bekannte von den Nationalsozialisten zu Objekten planmäßiger Schikane und Gewalt gemacht wurden. Klemperer zählt 30 Bestimmungen auf, die ausschließlich Juden betrafen. Sie verloren ihren Besitz, hatten schlechtbezahlte Arbeit zu leisten; die Benutzung öffentlicher Verkehrsmittel war ihnen ebenso untersagt wie das Halten von Haustieren; der Bezug von Lebensmitteln war auf ein paar Stunden in der Woche beschränkt. Zur Anprangerung und Demütigung diente der gelbe Davidstern, der sichtbar auf der Kleidung getragen werden mußte. Schließlich wurden sie in besonderen »Judenhäusern« zusammengepfercht. In nüchternem Berichtstil beschreibt der Autor, wie eine Gestapo-Kontrolle im Judenhaus, in dem er mit seiner Frau Eva wohnte, vor sich ging, und welcher Behandlung die Bewohner ausgesetzt waren.

Gestern mittag gegen halb zwei – ich hatte die Kartoffeln auf dem Feuer – wieder Gestapo, das vierte Mal in vierzehn Tagen. Erst schien hier oben alles sich über Kätchen [eine Mitbewohnerin] zu entladen [...]. Sie hatte am Morgen von ihrem Schwager Voß einen langen Maschinenschriftbericht über den Bombenangriff auf Köln und die großen Zerstörungen erhalten. An sich nichts Strafbares, da der Angriff in den Zeitungen geschildert worden und da Ludwig Voß durchaus patriotisch schreibt. Aber an eine Jüdin. »Ihr freut euch darüber! Ihr hetzt damit!« [...] Der Brief wurde in ein Fauteuil geknautscht (»versteckt«!) gefunden. Alles durchstöbert, Kätchen mußte den Teppich aufrollen, erhielt Fußtritte dabei, jammerte, wurde bedroht, mußte die Adresse des Schwagers aufschreiben. In ihren Zimmern entstand das gleiche Chaos wie beim ersten Überfall. Die Reihe der unflätigen Schimpfworte war eigentlich eng. Immer wieder »Schwein«, »Judenschwein«, »Judenhure«, »Sau«, »Miststück« – mehr fällt ihnen nicht ein. Ich war auf einen Stuhl in der Diele gezwungen worden, mußte alles mitansehen und -hören und zitterte immer um mein Tagebuch. Ich mußte beim Abhängen der schweren Gemälde helfen. Bisher war mir wenig Übles geschehen. »Warum hat deine Alte soviel Wollzeug und Stoff herumliegen? Weiß sie nicht, daß Spinnstoffsammlung ist?« – »Doch, sie ist gerade beim Heraussuchen für diese Sammlung.« Ich glaubte schon, aus der Gefahr zu sein, als »Der Mythus des 20. Jahrhunderts« und mein Notizblatt daneben zur Katastrophe führten. Das vorige Mal, bei einem offenbar etwas höheren Beamten, hatten Buch und Notizen kaum Widerspruch erregt. Diesmal wurde mir *diese* Lektüre als furchtbares Verbrechen angerechnet. Das Buch wurde mir auf den Schädel gehauen, ich wurde geohrfeigt, man drückte mir einen lächerlichen Strohhut Kätchens auf: »Schön siehst du aus!« Als ich auf Befragen angab, bis 1935 im Amt gewesen zu sein, wurde ich von zwei mir schon bekannten Kerlen zwischen die Augen gespuckt. Indem erschien Eva vom Einkauf. Die Tasche wurde ihr sofort abgenommen, man schimpfte auch auf sie wegen des Buches ein. Ich wollte ihr zu Hilfe kommen, wurde geohrfeigt und mit Fußtritten in die Küche gestoßen. [...] Eva verteidigte sich sehr ruhig. »Das Buch habe *ich* entliehen, mich interessiert Ihre Methode, ich schreibe darüber an meinen Vetter, den Oberbürgermeister von Potsdam, [...].« – Einer der Kerle brüllte: »Damit wollen Sie uns drohen, das werden Sie büßen!« (Aus »du« war »Sie« geworden, und sie wurde diesmal nicht geschlagen und »nur einmal ein klein bißchen« angespuckt.) Sie sagte sehr ruhig, von Drohung sei keine Rede, [...]. – »Wenn ich eine Verwandte hätte, die sich mit einem Juden abgibt, die würde ich aufs tiefste verachten, Sie artvergessenes Weib!« So ging das noch ein Weilchen weiter, aber es erfolgten gegen Eva keine Tätlichkeiten. Nur wurde unter heftigsten Drohungen darauf gedrungen, das Buch abzugeben und uns nicht zu unterstehen, weiter eine Leihbibliothek zu benutzen. (Ich sagte Eva nachher, ihre Verteidigung sei ein sehr gewagter Schritt gewesen und könne üble Folgen haben. Sie erwiderte: »Die Bestien sind feige.« [...] Die Bilanz dieser gestrigen Haussuchung für uns: Es fehlte alles Brot, ein unangerissener Zweipfünder, ein Pack Streichhölzer, alle Seife im Badezimmer, fast aller Zucker, ein Fünfmarkschein aus der Brieftasche. Jämmerlich! *Aber die eigentliche irreparable Schädigung besteht doch im*

Fortfall der Leihbibliothek. Nun ist meine Studienmöglichkeit noch mehr eingeschränkt als bisher.

(11. Juni 1942)

Wie Klepper fühlte sich auch Klemperer zum Schreiben verpflichtet. Beide Autoren wollten und mußten Bücher »ihrer Art« hervorbringen, sie »weiter wagen«. Im Juni 1942 nennt Klemperer die »Angst um das Tagebuch« seine größte Sorge. Er hatte Freunden Blätterstöße anvertraut, wußte aber, daß er diese Menschen wie sich selbst und seine Frau der Todesgefahr aussetzte. »Aber wenn ich nicht schreibe, werde ich meiner Aufgabe untreu«, rechtfertigte er sich. Er wollte an einem, seinem, Beispiel die Wahrheit über Deutschland und die Deutschen zur Zeit des Dritten Reiches überliefern, »geistig aus diesen Tagen herausholen, was irgend möglich ist.«

Felix Hartlaub
Im Sperrkreis

Der Obergefreite Felix Hartlaub führte an den zufälligen Orten seines Kriegseinsatzes Tagebuch. Er trug sorgfältig ein, was er erlebte – und vieles war gleichsam von selbst symbolisch. Er hatte das Talent, das Symbolische aus der genauen Beobachtung zu entwickeln.

Seit den letzten Kriegstagen in Berlin ist Hartlaub verschollen; seine 1950 veröffentlichten Tagebuchaufzeichnungen ›Im Sperrkreis‹ blieben Notizen, datiert und jeweils mit einer Überschrift versehen.

Für den 30jährigen Soldaten Hartlaub gilt, was ihn für den jungen Lyriker und Büchnerpreisträger Durs Grünbein interessant machte: »... Mittendrin stecken, und doch qua Bildung und Empfindungsfähigkeit danebenstehen.«

Hartlaub unterschied sich von anderen Tagebuchschreibern dadurch, daß er Kunst schaffen wollte, in Hinblick auf eine spätere Veröffentlichung stilisierte; er überarbeitete wiederholt eigene Aufzeichnungen.

Bei den frühen Einträgen wird am ehesten im Abschnitt ›Bauern und Soldaten‹ (1939) ein Thema sichtbar, das in den Notizen aus Frankreich ›Das eroberte Ministerium‹ (1940) wiederkehrt: der Verfall der bestehenden Ordnung unter dem Einfluß des Krieges.

Bauern und Soldaten

Der uralte Gegensatz. Jetzt, Kriegsanfang, noch vielfach verschleiert. – Das schweigende Bauernhaus, der halbbeladene Wagen davor. Die Soldaten kommen mit Lastwagen, springen ab, werfen Gerät herunter. Ein Gatter fällt um, ein Zaun wird durchschnitten. Die Wagen schaukeln über den Wiesenboden, sinken ein, die Räder fassen nicht mehr; im Nu sind tiefe Furchen in die Wiese gewühlt. Gesträuch wird hineingeworfen, Stroh aus der Miete vor dem Bauernhaus gezerrt, die Wassergräben verschüttet. Der Bauer ist plötzlich da, läuft hierhin, dorthin, möchte verstecken, ableiten, hilft, mit dem Blick auf die Zerstörung, den Wagen anschieben, stimmt verlegen in kameradschaftliche Zurufe ein, muß einen Spaten, Bretter hergeben, sieht seine Utensilien mit rätselhafter Geschwindigkeit sich aus dem Hofe lösen. Dabei sind es Städter, er hat es schon gesehen, sie machen alles falsch. Die Kühe sind bereits durch den niedergelegten Zaun auf die Straße entwichen; langsam setzen sich einige Soldaten in Trab, um sie zurückzutreiben, zünden sich dabei eine Zigarette an. Die Frauen beobachten an dem kleinen Küchenfenster. Ein Soldat ist bereits in der Küche und möchte Milch, der andere sich die Stiefel abbürsten. Einer verhandelt bereits über den Ankauf eines Huhns, das er nach Hause schicken möchte, der vierte möchte sich ein Rad pumpen, um zum Bäcker zu fahren. Die Hände in den Taschen, den Kopf im Mantelkragen, sich mit Bedeutung den Dreck von den Stiefeln tretend, kommen sie einer nach dem anderen durch die niedere Tür in die Küche, mit den Nagelschuhen über die Fliesen. Die Frauen bringen das Gewünschte mit der Miene zurückweichender Verneinung, lachen steif und leer zu den Scherzen der Soldaten. Der Bauer steht dabei, will Einwendungen machen, gibt stattdessen Ratschläge, Auskünfte. Nachbarkinder, Leute, mit denen er nicht gut steht, schauen von draußen zu. – Die Soldaten sind alles harmlose Berliner Jungens, Angestellte, Akademiker. Aber sie haben in den paar Wochen Krieg gelernt, einen Bauernhof zu taxieren, die Kühe, die Hühner, die Obstbäume mit einem Blick zu erfassen, sich im Schutze der Uniform alles nur irgend Mögliche zusammenzufechten, als stünden die sieben mageren Jahre bevor. Alles nur irgend Eßbare essen, alles ausnutzen, mitnehmen, behalten. Sie haben angefangen, Pfähle einzuschlagen, sitzen rauchend auf Kisten. Da hält ein kleines Privatauto auf der Straße, der Unteroffizier läuft darauf zu, eine silberbekordelte Leutnantsmütze wird sichtbar, eine Karte entfaltet. Langsam kommt der Unteroffizier zurück, das Wägelchen rollt ab: die Stellung war falsch, alles wieder aufladen, aufsitzen.

(›Deutschland 1939–1940. Bauern und Soldaten‹)

Um charakteristische Details bemüht, zeigt Hartlaub in ›Bauern und Soldaten‹ die Veränderung, die der Krieg nach wenigen Tagen bewirkt hat. Die aus ihrem Zivilleben herausgerissenen, bunt zusammengewürfelten und plötzlich privilegierten Soldaten sind in ein fremdes Territorium eingedrungen und stellen alles auf den Kopf. Dabei gehen sie mit einer Selbstherrlichkeit vor, die nur geborgt ist, und mit der die betroffenen Menschen nicht umgehen können.

In seiner Literaturgeschichte ›Von der Gründerzeit bis zur Gegenwart‹ schreibt Klaus Dieter Just, daß bei Hartlaub »höchstnuancierte realistische Präzision« plötzlich die »Gewalt eines surrealistischen Kunstprodukts« gewinne.

Diese stilistische Eigenheit Hartlaubs zeigt sich besonders deutlich im Schluß seiner Aufzeichnungen. Er beschreibt hier die Erfahrungen während seines Dienstes im Zug des Führerhauptquartiers. Auch die Einschätzung Durs Grünbeins wird hier nochmals bestätigt.

> Der Zug, in dem wir sitzen, verdrängt die Luft ja auch noch wie vor einem Jahr, der Flakwagen hat sogar Stromlinienform, aber in Wirklichkeit sind seine Flanken eingefallen, der Bug eingedrückt. Vor den Gesichtern auf den Bahnsteigen möchte man am liebsten immer gleich das Rouleau runterlassen; zum Glück wissen die allermeisten ja nicht, was das für ein Zug ist. Heute nachmittag, wenn sie in Leipzig oder Halle halten, oder wohin die Fahrt diesmal geht, wird er an der Schreibmaschine sitzen, ohne ein einziges Mal aufzublicken. Aber manchmal juckt es ihn, den Leuten auf dem Bahnsteig draußen kurz ins Gesicht zu schauen, mit den Achseln zu zucken, sich womöglich an die Stirn, an den Hinterkopf zu tippen: Bitte meine Herrschaften, hier ist nichts mehr drin, wie ein Zauberkünstler, das Kunststück bleibt man allerdings dann schuldig. Das Gefälle ist jedenfalls nicht mehr da, vom Zug auf den Bahnsteig hinunter. Eher ist es schon umgekehrt. Die auf dem Bahnsteig wissen womöglich schon mehr über die Lage, über die letzten Luftangriffe und wie weit der Russe noch von der Reichsgrenze weg ist; jedenfalls von uns hier können sie nicht mehr viel erfahren. Unsere Meldungen sind zum größten Teil überholt, wir haben den Anschluß verpaßt und eine zunehmende Verspätung, auch wenn wir heute nacht noch planmäßig in Görlitz ankommen, das ist nur äußerlich. Wir geraten immer mehr in Rückstand, holen es nicht mehr ein, wenn wir auch einen Regierungsbezirk nach dem anderen zum Operationsgebiet erklären und vorsorglich rückwärtige Stellungen bauen lassen, mit den Mitteln eines Volksaufgebotes. Die Sprünge sind immer zu kurz, wir holen es nicht mehr ein. Wie eine zu spät alarmierte Feuerwehrkolonne rasen wir zu den einzelnen Brandherden, besprechen uns mit den örtlichen Branddirektoren, hetzen sie gegeneinander auf; wirklich helfen können wir ihnen nicht. Und dann weiter zum nächsten Brand, und bitte, die Oberbefehlshaber und die Chefs her und vielleicht ein Tausch, ein kleiner Wechsel im Oberbefehl, und wieder weiter, immer schneller. Der Kühlwagen fällt aus, der Nachrichtenwagen, wir arbeiten nur noch mit einem Tornisterfunkgerät, wachsende Friktion in der Befehlsübermittlung, Bulli hat Atemnot, Putzis Knochen ist weg, der Oberst arbeitet mit einer Sauerstoffmaske, und Mimis Schürze zerreißt im Fahrtwind, die Wambke hat eine Vortragsnotiz auf den Fahrplan getippt, der Reichsbahnrat weiß auch nicht mehr, wo wir sind. Und was ist denn das für ein endloser Tunnel und was schwingen sie für grüne Lampen, wieviel Loks haben wir denn eigentlich davor, eine würde bestimmt genügt haben. Und eine komische Akustik hat dieser Tunnel, da spielt doch einer das Deutschlandlied auf einer Wurlitzorgel, wenigstens so ähnlich …
>
> *(Ende des Tagebuchs)*

Die letzte Phase des Krieges, in der der Zug ohne klare Ziele Deutschland durcheilt, steht auch für Hartlaub im Zeichen des Nieder- und

Untergangs. Nicht nur Mobiliar und Äußeres sind beschädigt, nicht nur eine Aura wird zerstört. Es zerfällt der Mythos vom kämpfenden Reich, die Legende vom unbesiegbaren Führer.

Reduzierung greift Platz: Das Reich hat innere Gebiete an den Feind verloren, der mächtige Wundertäter wird zum Zauberkünstler, der um einen Trick verlegen ist. Die Ordnung löst sich auf, man merkt es am Verhalten der Zivilisten und Tiere.

Die stolzen Uniformträger mit den Rangabzeichen und den Orden aus vielen Feldzügen werden mit einer Feuerwehr verglichen, die immer zu spät kommt.

Drinnen und Draußen sind nicht mehr koordiniert; vom Krieg bisher fast unberührte Gebiete werden zu Frontabschnitten; die schlimme Nachricht, man sei zum »Operationsgebiet« erklärt, wird als Verhängnis empfunden, das der Zug gebracht hat. In einem zu lang wirkenden Tunnel geht bei gespenstischem Licht die Fahrt dem Ende zu. Auch die Töne der Nationalhymne sind zerfallen.

Ernst Jünger
Gärten und Straßen; Das erste Pariser Tagebuch

Ernst Jünger (1895–1998) wurde 1939 zu Kriegsbeginn als Hauptmann eingezogen, war Kompanieführer am Westwall und machte den Frankreichfeldzug mit. Befreundete Generäle holten ihn nach Paris in den Stab des deutschen Militärbefehlshabers in Frankreich, wo ihm seine Tätigkeit bei der Briefzensur genügend Zeit ließ, an alte Kontakte mit französischen Intellektuellen und Literaten wieder anzuknüpfen und neue Bekanntschaften zu machen. Nach dem Attentat auf Hitler am 20. Juli 1944 wurde er wegen »Wehrunwürdigkeit« entlassen. Man verdächtigte ihn wohl der Mitwisserschaft, ohne sie nachweisen zu können; der Vorgang ist unaufgeklärt. Jünger kehrte in seinen Heimatort Kirchhorst bei Hannover zurück.

Jünger hat vom Frühjahr 1939 bis Dezember 1948 sechs Tagebücher geführt. Das erste, ›Gärten und Straßen‹, war noch so abgefaßt, daß die Zensur den Druck zuließ; es erschien 1942, im gleichen Jahr auch als ›Routes et jardins‹ in Paris beim Verlag Gallimard. Die übrigen Tagebücher bis 1945 (›Das erste Pariser Tagebuch‹, ›Kaukasische Aufzeichnungen‹, ›Das zweite Pariser Tagebuch‹, ›Kirchhorster Blätter‹) durften nicht in nationalsozialistische Hände fallen. Sie kamen erst nach dem Krieg heraus. Zusammen mit ›Jahre der Okkupation‹, das die Zeit zwischen 1945 und 1948 behandelt, bilden sie das Korpus des Sammelbandes ›Strahlungen‹ von 1958.

Hier werden die ersten beiden Tagebücher vorgestellt, weil sie

Jüngers eigentümlich ambivalente Haltung besonders deutlich zum Ausdruck bringen. Die späteren Teile sind zurückhaltender abgefaßt. Die Aufzeichnungen zu ›Gärten und Straßen‹ beginnen am 3. April 1939 in Kirchhorst bei Hannover und enden am 24. Juli 1940. Wir haben es mit einer breiten Palette von Themen zu tun. Zuerst herrschen die botanischen Wahrnehmungen und die insektenkundlichen Streifzüge vor, die »subtilen Jagden« (denen Jünger später, 1967, ein eigenes Buch widmet); daneben ist Platz für die Aufzeichnung von Träumen, von Notizen zur Lektüre und zu Sprachproblemen, diese vor allem im Zusammenhang mit dem entstehenden Roman ›Die Schlangenkönigin‹, der später den Titel ›Auf den Marmorklippen‹ erhielt. Auffällig ist dabei, daß Jünger wenig Überlegungen zum schöpferischen Prozeß anstellt; es bleibt bei Punktuellem wie der Stilebene, der Namensgebung oder der realen landschaftlichen Muster für die ›Marmorklippen‹ des Titels:

> ›Schlangenkönigin‹. Ich gedenke, dem Capriccio einen neuen Titel, und zwar ›Auf den Marmorklippen‹, zu verleihen. Darin drückt sich die Einheit von Schönheit, Hoheit und Gefahr, wie ich sie meine, noch besser aus. *(16. 4. 1939)*

> Es fiel mir noch kein rechter Name für die Gestalt des Bruders ein, den ich zunächst Profundus nannte, welcher Dreiklang indessen zu schwer im Satze wiegt. Deshalb setze ich vorläufig Felix für ihn ein, was reichlich farblos wirkt. Vielleicht entschließe ich mich zu Otto oder Otho, was rein vokalisch sich in jede Wendung einfügen läßt. *(26. 4. 1939)*

Es ist, als wolle sich der Autor nicht hinter die Kulissen schauen lassen.

Den Zweiten Weltkrieg ahnt Jünger voraus, aber das führt nicht zu einer Überschau, sondern zu faktischen Überlegungen:

> Bei dieser Arbeit aus dem Fenster blickend, sah ich auf der Straße Geschütze auf Geschütze nach Osten eilen, fast wie im Kriege vor einer großen Schlacht. In diesen Wochen rückten die Deutschen in Böhmen, Mähren, Memel und die Italiener in Albanien ein. Alle Zeichen deuten auf Krieg in kurzer Zeit, ich tue daher gut, damit zu rechnen, daß ich die Arbeit niederlegen muß. Dies an einem Punkte, an dem ich fühle, daß es ein wenig lichter wird, und an dem der Wert der Zeit für mich sehr stark gewachsen ist. Auf alle Fälle hat dann die Feder ganz zu ruhen, bis auf das Tagebuch. Die Arbeit muß den Augen übertragen werden, denn an Schauspiel wird kein Mangel sein. *(16. 4. 1939)*

Das Schauspiel, das sich den Augen bietet: Als Voyeur erlebt Jünger den Vormarsch in Frankreich. Da werden mit gewissenhafter Genauigkeit das vernichtete Leben und die Verwüstungen aufgezeichnet, die hinter dem Vormarsch zurückbleiben, aber das geschieht in der Haltung des kühlen, distanzierten Beobachters, der selten deutet oder wertet.

> Weiter durch diese erstaunlichen Landschaften. In den Dörfern und Städten rauchte kein Herd, kreuzte kein Kind, kein lebendes Wesen unsere Bahn. Oft drückte ich mein Gesicht gegen die Fensterscheiben und sah dann in den Zimmern gedeckte Tafeln mit Tellern und Gläsern, doch keine Gäste – das Bild jäh unterbrochener Mahlzeiten. In den Kirchen standen noch die silbernen und goldenen Geräte auf den Altären, und in den Palästen schien das Leben entschlafen wie in Dornröschens Schloß – tot, tot, tot. [...]
> Das Ganze ist ein ungeheures Foyer des Todes, dessen Durchschreitung mich gewaltig erschütterte. In einem früheren Abschnitt meiner geistigen Entwicklung versenkte ich mich oftmals in Visionen einer völlig ausgestorbenen und menschenleeren Welt, und ich will nicht bestreiten, daß diese dunklen Träumereien mir Genuß bereiteten. Hier sehe ich die Idee verwirklicht, und möchte glauben, daß, wenn auch die Soldaten fehlten, der Geist sehr bald gestört sein würde – ich fühlte schon in diesen beiden Tagen, wie der Anblick der Vernichtung an seinen Angeln hob.
>
> *(27. 5. 1940)*

Ein stärkeres Engagement ist wahrnehmbar bei den Überlegungen hinsichtlich seiner Führungsaufgaben und des Verhaltens gegenüber den Franzosen. Er sucht die Soldaten von Plünderungen abzuhalten, setzt Wachen in den Kirchen ein, bemüht sich, den Menschen im besetzten Land zu helfen. Das Kriegsgeschehen ist für ihn ein gefräßiger Leviathan oder ein alles verschlingender Malstrom, und doch hat er Zeit, auch während des Vormarsches seinen »subtilen Jagden« nachzugehen.

> Übrigens ordnete ich heute einige Prisen ein, die ich auf dem Vormarsch aufgriff – so die Leptinotarsa, die in den wilden Gärten von Ensommes mit ihren grellroten Larven gleich einem zehrenden Ausschlag an den Kartoffelstauden fraß. Das Paradoxe solcher Geschäfte inmitten der Katastrophen ist mir nicht entgangen, doch fand ich es zugleich beruhigend – es verrät sich darin ein Vorrat an Stabilität, selbst der zivilisatorischen Verhältnisse.
>
> *(25. 6. 1940)*

Der harmlose Titel des Tagebuchs, ›Gärten und Straßen‹, hat mit diesem Paradoxon zu tun: Die Gärten – oder auch Jüngers entomologische Forschungen und seine Lektüre – sind das Beständige, das von den Tagesereignissen Unberührte, wie etwa Bauern am Tag nach der Schlacht wieder anfangen können, ihre Felder zu bestellen. Die Straßen aber stehen für das Vorwärtsdrängende, Zerstörerische. (Diese Antinomie zwischen dem zeitgebundenen Aufruhr und dem zeitlosen

Fortbestand der einfachen Alltagstätigkeit findet eine Parallele in Bertolt Brechts Gedicht ›Frühling 1938‹. Vgl. S. 245.)

Den ›Gärten und Straßen‹ ist anzumerken, daß sie zur baldigen Veröffentlichung bestimmt waren; ›Das erste Pariser Tagebuch‹ (18. 2. 1941 – 23. 10. 1942) dagegen enthält Stoff, der die Zensur nicht hätte passieren können und Jünger zum politisch Verfolgten gemacht hätte. Für Adolf Hitler verwendet er (auch schon in ›Gärten und Straßen‹) den Decknamen »Kniébolo«, und spätestens aus dem Eintrag vom 25. 10. 1941 konnte der dümmste Zensor schließen, wer gemeint war: Der Flug von Rudolf Heß nach England sei, so vermutet Jünger, »mit Wissen, vielleicht sogar im Auftrag Kniébolos geschehen«.

> Ein bösartiger Witz, den Phillipps über Kniébolo machte, gab das Signal zu freimütigem Gespräch. Der Zwang, die Vorsicht scheiden die Menschen heute wie durch Masken; mit deren Fallen breitet mächtige Heiterkeit sich aus.
>
> *(13. 1. 1942)*
>
> Sonderbar ist es auch, verkrachte Existenzen und Literaten, an deren wüstes Nachtgeschwätz man sich erinnert, wiederzufinden als Gebieter, als Herrscher, denen das Wort vom Munde abgelesen wird.
>
> *(20. 1. 1942)*
>
> Kein Zweifel, daß es Einzelne gibt, die für das Blut von Millionen verantwortlich sind. Und diese gehen wie Tiger auf Blutvergießen aus. Ganz abgesehen von den Pöbelinstinkten ist in ihnen ein satanischer Wille, ein kalter Genuß am Untergang der Menschen, ja vielleicht der Menschheit ausgeprägt. Ein tiefes Leiden scheint sie zu befallen, ein heulender Verdruß, wenn sie verspüren, daß eine Kraft sie hindern möchte, so viel zu verschlingen, wie ihr Gelüst sie treibt. Man sieht sie auch zum Massaker drängen, wo das bedenklich scheint, ja wo es ihrer eigenen Sicherheit widerspricht. Entsetzlich war, was Jodl dort über Kniébolos Absichten äußerte.
>
> *(8. 2. 1942)*
>
> Bei Kniébolo wird die Wendung vom Diabolus zum Satanas jetzt deutlicher.
>
> *(16. 3. 1942)*
>
> [Über Alfred Rosenbergs ›Mythus des zwanzigsten Jahrhunderts‹] [...] die platteste Sammlung von Gemeinplätzen, die man sich denken kann.
>
> *(7. 10. 1942)*

Solch freimütige Äußerungen, überhaupt das Politische und das Militärische, stehen nicht im Mittelpunkt der Eintragungen; vielmehr machen diese den Eindruck, als halte sich Jünger zu Studienzwecken in Paris auf. Er trifft sich mit Jean Cocteau, Sacha Guitry, Joseph Breitbach, dem Verleger Gallimard, besucht Pablo Picasso in seinem Atelier, betreibt eine systematische Bibellektüre, notiert Gedanken zu den Büchern vor allem französischer Autoren, die er liest, berichtet von den Beutezügen in Buchläden und bei den Bouquinisten am Seineufer, geht seinen naturkundlichen Studien nach. Träume spielen weiterhin eine wichtige Rolle.

> Die Perversionen sind nicht eigentlich Abwege – sie sind in Freiheit gesetzte Elemente, die in uns allen gebunden vorhanden und wirksam sind. Oft steigen sie in den Träumen aus ihren Klüften auf. Je tiefer diese Dinge unter unseren Fundamenten verschlossen liegen, desto lebhafter wird das Befremden, die Entrüstung, wenn die Natur gleich einem Scheidekünstler sie rein darstellt und sichtbar macht. Da kommt die Schlange aus dem Loch.
>
> *(6. 10. 1942)*

Es ist kennzeichnend für diesen Tagebuchschreiber, daß er Wahrgenommenes, Gelesenes, im Gespräch Erfahrenes, Geträumtes, das bemerkenswert ist und zu denken gibt, sorgfältigst aufzeichnet, und daß er uns an seinen Gedanken teilhaben läßt, wir aber auch aufgefordert sind, selbst Schlüsse zu ziehen, Meinungen zu bilden, weiterzudenken. Ein besonderer Reiz seiner Aufzeichnungstechnik ist, daß er Material ausbreitet, über das er selbst noch nicht zu Ende reflektiert hat. Dazu bemerkt er:

> Über das Tagebuch. Es trifft doch immer nur eine gewisse Schicht von Vorfällen, die sich in der geistigen und der physischen Sphäre vollziehen. Was uns im Innersten beschäftigt, entzieht sich der Mitteilung, ja fast der eigenen Wahrnehmung.
>
> Da gibt es Themen, die sich geheimnisvoll durch die Jahre hindurch fortspinnen, wie etwa das der Ausweglosigkeit, die unsere Zeit erfüllt. Sie erinnert an das großartige Bild der Lebenswoge der asiatischen Malerei, auch an den Malstrom von E. A. Poe. Dabei ist diese Lage ungeheuer lehrreich, denn wo kein Ausweg, keine Hoffnung sich mehr bietet, werden wir gezwungen, stillzustehen. Die Perspektive ändert sich.
>
> *(18. 11. 1941)*

Die Tagebücher der Anne Frank

Das deutsch-jüdische Ehepaar Frank floh 1933, bald nach der Machtübernahme durch Hitler, mit seinen Töchtern Margot und Anne – damals fünf Jahre alt – von Frankfurt nach Amsterdam. Kurz nach ihrem 13. Geburtstag begann Anne Frank, in niederländischer Sprache Tagebuch in Form von Briefen an eine erdachte Freundin namens Kitty zu führen. Wenig später, im Juli 1942 – zwei

Jahre nach der Besetzung Hollands durch die Deutschen –, erhielt Annes Vater einen Aufruf, sich bei der SS zu melden, und entschloß sich, mit seiner Familie und den befreundeten van Daans im lange vorbereiteten Versteck in einem Lager- und Büro-Hinterhaus »unterzutauchen«.

Vom Sommer 1942 bis zum Sommer 1944, als die Franks von der Gestapo aus ihrem Versteck geholt wurden, schrieb Anne auf, was dort geschah, was sie empfand und dachte. Annes Aufzeichnungen wurden nach dem Krieg gefunden und ihrem Vater, dem einzigen Überlebenden der Familie, übergeben, der sie 1947 in Amsterdam veröffentlichte. Eine erste deutsche Übersetzung der Tagebücher erschien 1950.

Obwohl Anne Frank ihr Tagebuch in niederländischer Sprache geschrieben hat, wird es hier vorgestellt, weil es nicht nur ein außergewöhnliches persönliches Zeugnis, sondern zugleich ein Zeitdokument der Judenverfolgung und -vernichtung durch die Maßnahmen des nationalsozialistischen Regimes ist. Schon in einem der frühen Einträge, in dem Anne die bevorstehende Flucht in das Versteck beschreibt, wird dies deutlich:

> Zwischen Sonntagmorgen und jetzt scheinen Jahre zu liegen. Es ist so viel geschehen, als hätte sich plötzlich die Welt umgedreht. Aber, Kitty, Du merkst, daß ich noch lebe, und das ist die Hauptsache, sagt Vater. Ja, in der Tat, ich lebe noch, aber frage nicht, wo und wie. Ich denke, daß Du mich heute überhaupt nicht verstehst, deshalb werde ich einfach anfangen, Dir zu erzählen, was am Sonntag geschehen ist.
> Um 3 Uhr [...] klingelte jemand an der Tür. Ich hatte es nicht gehört, da ich faul in einem Liegestuhl auf der Veranda in der Sonne lag und las. Kurz darauf erschien Margot ganz aufgeregt an der Küchentür. »Für Vater ist ein Aufruf von der SS gekommen«, flüsterte sie. »Mutter ist schon zu Herrn van Daan gegangen.« (Van Daan ist ein guter Bekannter und Teilhaber in Vaters Firma.)
> Ich erschrak schrecklich. Ein Aufruf! Jeder weiß, was das bedeutet. Konzentrationslager und einsame Zellen sah ich vor mir auftauchen, und dahin sollten wir Vater ziehen lassen müssen? »Er geht natürlich nicht«, erklärte Margot, als wir im Zimmer saßen und auf Mutter warteten. »Mutter ist zu van Daan gegangen und fragt, ob wir schon morgen in unser Versteck umziehen können. Van Daans gehen mit. Wir sind dann zu siebt.« [...]
> Verstecken! Wo sollten wir uns verstecken? In der Stadt? Auf dem Land? In einem Haus, in einer Hütte? Wann? Wie? Wo? Das waren Fragen, die ich nicht stellen konnte und die mich doch nicht losließen. [...]
> Um halb acht schlossen auch wir die Tür hinter uns. Die einzige, von der ich Abschied nehmen mußte, war Moortje, meine kleine Katze, die ein gutes Heim bei den Nachbarn bekommen sollte, wie auf einem Briefchen an Herrn Goldschmidt stand.

Die aufgedeckten Betten, das Frühstückszeug auf dem Tisch, ein Pfund Fleisch für die Katze in der Küche, das alles erweckte den Eindruck, als waren wir Hals über Kopf weggegangen. Eindrücke konnten uns egal sein. Weg wollten wir, nur weg und sicher ankommen, sonst nichts.

(8. Juli 1942)

Noch steht Anne sichtlich unter dem Eindruck des bestürzenden Erlebnisses; »Gestapo« ist der Name für eine unheimliche, bedrohliche Macht, der man zu entkommen sucht. In der Fragenreihe Wann? Wie? Wo? zeigt sich Annes Hilflosigkeit, ihre Not. Die Franks nehmen Abschied von der relativen Freiheit und Sicherheit, die sie genossen haben.

Verhältnismäßig einfach ist noch die Versorgung mit Lebensmitteln. Man legt Vorräte an, kocht und ißt gemeinsam; eine junge Frau sorgt für den Einkauf und stellt die Verbindung nach draußen her. Lebensmittelkarten sind für wohlhabende Juden auf dem schwarzen Markt zu kaufen. Die Bevölkerung des besetzten Landes ist größtenteils den Deutschen gegenüber feindlich eingestellt, was denen im Versteck entgegenkommt.

Schlimmer ist die Enge, das tägliche Zusammensein von sieben im Alter und in ihrer Art unterschiedlichen Menschen. Eigenheiten, Meinungen, Gewohnheiten stören, einschneidende Regeln müssen aufgestellt werden. Gelegentlich wird das Leben mit anderen auch für Anne geradezu zur Hölle; es ist schwer, sich innerhalb dieser besonderen Situation immer wieder auf einen Normalzustand einzupendeln.

In ihrem Eintrag vom 24. März 1944 bekennt Anne Frank, daß sie die Politik eigentlich nicht beschäftigt, was für einen Teenager nicht überrascht. Sie hört aber zu, wenn von »draußen« erzählt wird – und sie vergleicht.

Dussel hat uns viel von der Außenwelt erzählt, die wir nun schon so lange vermissen. Es ist traurig, was er alles gewußt hat. Zahllose Freunde und Bekannte sind weg, zu einem schrecklichen Ziel. Abend für Abend fahren die grünen oder grauen Militärfahrzeuge vorbei, und an jeder Tür wird geklingelt und gefragt, ob da auch Juden wohnen. Wenn ja, muß die ganze Familie sofort mit, wenn nicht, gehen sie weiter. Niemand kann seinem Schicksal entkommen, wenn er sich nicht versteckt. Sie gehen auch oft mit Listen herum und klingeln nur dort, wo sie wissen, daß sie eine reiche Beute finden. Kopfgeld wird oft bezahlt, pro Kopf soundsoviel. Es ist wirklich wie bei den Sklavenjagden, die es früher gab. Aber es ist kein Witz, dafür ist es viel zu dramatisch. Ich sehe abends oft die Reihen guter, unschuldiger Menschen vor mir, mit weinenden Kindern! Immer nur laufen müssen, kommandiert von ein paar Kerlen, geschlagen und gepeinigt, bis sie fast zusammenbrechen. Niemand wird geschont. Alte, Kinder, Babys, schwangere Frauen, Kranke … alles, alles geht mit in dem Zug zum Tod.

> Wie gut haben wir es hier, wie gut und ruhig. Wir brauchten uns aus dem ganzen Elend nichts zu machen, wenn wir nicht so viel Angst um all jene hätten, die uns teuer sind und denen wir nicht helfen können. Ich fühle mich schlecht, weil ich in einem warmen Bett liege, während meine liebsten Freundinnen irgendwo draußen niedergeworfen werden oder zusammenbrechen.
> Ich bekomme selbst Angst, wenn ich an alle denke, mit denen ich mich draußen immer so eng verbunden fühlte und die nun den Händen der brutalsten Henker ausgeliefert sind, die es jemals gegeben hat.
> Und das alles, weil sie Juden sind!
>
> *(19. November 1942)*

Anne empfindet das jüdische Schicksal als geheime Angst, malt sich vor allem das Leiden einzelner aus, sieht sich selbst in ihrem Versteck aber nicht davon bedroht. Sie denkt an das spätere Leben in Freiheit, an den Beruf; sie ahnt noch nicht, daß sie schließlich selbst ein Opfer des Holocaust wird – Anne Frank starb im Konzentrationslager Bergen-Belsen.

Ihre Aufzeichnungen bleiben ein Zeugnis dafür, was europäische Juden in Ländern mit deutscher Besatzung zu erdulden hatten.

2. Die Autobiographie eines Exilschriftstellers

Klaus Mann
Der Wendepunkt

Als der 26jährige Klaus Mann (1906–1949) im Frühjahr 1933 seinen Vater überzeugte, daß er besser nicht aus der Schweiz nach München zurückkehren sollte, und am 13. 3. selbst emigrierte, hatte er sich sowohl als Schriftsteller wie als Kritiker des Nationalsozialismus bereits einen Namen gemacht.

Der musisch begabte Sohn Thomas Manns begann 1924 eine Karriere als Theaterkritiker und schrieb über die Lebensprobleme zeitgenössischer junger Menschen, zunächst das Drama ›Anja und Esther‹. Bis zu seiner Emigration führte und genoß er das Leben eines unabhängigen, modernen jungen Mannes und nahm mit, was die späten Jahre der Weimarer Republik ihm boten.

Im Herbst 1942 erschien ziemlich überraschend nach ›Kind dieser Zeit‹ (1932) im amerikanischen Exil auf englisch eine zweite Autobiographie: ›The Turning Point‹. In einer Nachbemerkung schrieb Klaus Mann, er werde eine längere deutsche Ausgabe herausbringen, die einiges zusätzliche Material enthalte. Aus dieser erweiterten Ausgabe, die erst nach seinem Tod unter dem Titel ›Der Wendepunkt. Ein Lebensbericht‹ 1952 veröffentlicht wurde, wird im folgenden zitiert. Klaus Mann gab ihr einige Gedanken mit:

> Was für eine Geschichte ist es denn, die ich zu erzählen habe? Die Geschichte eines Intellektuellen zwischen zwei Weltkriegen, eines Mannes also, der die entscheidenden Lebensjahre in einem sozialen und geistigen Vakuum verbringen mußte: innig – aber erfolglos – darum bemüht, den Anschluß an irgendeine Gemeinschaft zu finden, sich irgendeiner Ordnung einzufügen: immer schweifend, immer ruhelos, beunruhigt, umgetrieben, immer auf der Suche ...;
> die Geschichte eines Deutschen, der zum Europäer, eines Europäers, der zum Weltbürger werden wollte;
> die Geschichte eines Individualisten, dem vor der Anarchie fast ebensosehr graut wie vor der Standardisierung, der ›Gleichschaltung‹, der ›Vermassung‹;
> die Geschichte eines Schriftstellers, dessen primäre Interessen in der ästhetisch-religiös-erotischen Sphäre liegen, der aber unter dem Druck der Verhältnisse zu einer politisch verantwortungsbewußten, sogar kämpferischen Position gelangt ...
> *Meine* Geschichte – möglichst ehrlich, möglichst genau ist sie aufzuschreiben, mit all ihren zeitbedingten, zeitcharakteristischen Zügen, mit ihrer besonderen und aparten Problematik.
>
> *(11. Kapitel)*

Klaus Mann gehörte zu denen, die frühzeitig erkannten, daß für sie in Deutschland keine Bleibe war. Er rechtfertigte den Schritt in die Emigration, für sich – und auch für manche Gesinnungsgenossen.

> Wir *konnten* nicht zurück. Der Ekel hätte uns getötet, der Ekel an der eigenen Erbärmlichkeit und an dem widrigen Treiben um uns herum. Die Luft im Dritten Reich war für gewisse Lungen nicht zu atmen. [...] (Ich sage ›Wir‹ und meine nicht nur die Mitglieder meines Hauses, sondern auch viele nicht-jüdische Schicksalsgenossen, die sich damals mit uns fragen mußten, wohin sie gehörten.) [...] Zu exponiert, um in der Masse zu verschwinden; politisch zu sehr abgestempelt, um feine Indifferenzen vorzutäuschen, hätten wir in Nazi-Deutschland nur zwischen sinnlosem Martyrium und opportunistischem Verrat die Wahl gehabt. Das Konzentrationslager oder die Gleichschaltung, keine dritte Möglichkeit schien sich uns ›drinnen‹ zu bieten. ›Draußen‹ gab es einiges zu tun, auch im Dienst und Interesse jenes ›besseren Deutschland‹, an das wir den Glauben nicht verlieren wollten.
> Die Frage, ob unser Platz im Dritten Reich gewesen wäre ...
> Ich habe sie mir gestellt und ich habe sie mir beantwortet. Die Antwort lautet: *Nein.*
>
> *(9. Kapitel)*

Im Exil in Frankreich übernahm Klaus Mann sogleich Verantwortung. Er gründete unter großen Schwierigkeiten die Zeitschrift ›Die Sammlung‹ und wurde noch 1933 unversehens zum Sprecher einer Mehrzahl der Emigranten, als er mit dem von ihm bewunderten Lyriker und Arzt Gottfried Benn, der in Deutschland geblieben war und das neue Regime unterstützte, eine Fehde ausfocht (vgl. S. 56 und 68).

Mehrere Amerikareisen und die Begegnung mit Präsident Roosevelt machten ihn zum Bewunderer der großen Nation in Übersee. 1941 traten die USA zum Kampf gegen den Faschismus an, Deutschland hatte den Krieg erklärt. Klaus Mann wollte sich nicht mehr, umgeben von einem erlauchten Stab, als Herausgeber einer Zeitschrift und als Journalist schreibend profilieren und der angelsächsischen Welt europäische Meisterwerke vorstellen. Er, der den Deutschen nie sehr gewogen war, weil er sie mit einer Vorliebe für extremen Nationalismus identifizierte, hatte sich entschieden. Klaus Mann wechselte die Sprache und meldete sich freiwillig zur US-Army. Man nahm ihn erst am 14. Dezember 1942.

In seinen »Lebensbericht« hat er einige Briefe aufgenommen, darunter findet sich einer an seine Schwester Erika vom November 1943, in dem er die Zeit der Grundausbildung beschreibt.

> [...] mit den Kameraden komme ich auch gut aus. Die meisten sind jünger als ich, rüstige Fußballspieler zwischen achtzehn und fünfundzwanzig, weshalb ich denn nicht gerade zu den besten Soldaten der Kompanie gehöre. Das Exerzieren fällt mir ziemlich schwer, die langen Märsche machen mich recht müde, und mit der Flinte weiß ich noch immer nicht viel anzufangen. Du kennst ja meine manuelle Ungeschicklichkeit. Da läge es doch nahe, daß die Fußballspieler meiner spotteten, zumal ich ja auch sonst ein wenig aus dem Rahmen falle. Mein Akzent ist fremd, ich lese Bücher, soll sogar selbst welche geschrieben haben: Alles sehr zum Kichern! Man kichert aber nicht, sondern schmunzelt höchstens und nennt mich ›the professor‹. Das ist gutmütige Ironie – nicht ohne Wohlwollen, ja nicht ohne einen gewissen humoristischen Respekt ... Ob europäische Soldaten einen Kauz meiner Art mit ebensoviel Takt und Toleranz behandeln würden? Der Durchschnittsamerikaner mag noch unwissender und naiver sein als der durchschnittliche Europäer; aber gerade diese Naivität macht ihn freundlicher, generöser. Unter den Münchener Buben im Wilhelmsgymnasium habe ich mich fremder und einsamer gefühlt als jetzt bei den G. I. s.
>
> *(12. Kapitel)*

Klaus Mann wurde einer Propagandaeinheit zugewiesen und schrieb für die ›Stars and Stripes‹.

Mit einem Brief an einen ehemaligen deutschen Kriegsgefangenen in Amerika, Hans Reisiger, schließt die deutsche Ausgabe des ›Turning Point‹. Darin gibt Klaus Mann seinem Briefpartner einen

Ausblick in die Zukunft, der ihn aus heutiger Sicht fast als Prophet erscheinen läßt.

> Man versuche es zur Abwechslung mit Ehrlichkeit und Vernunft, mit gutem Willen! [...]
> Dies Jahrhundert, welches nicht ›das deutsche‹ geworden ist, soll auch nicht ›das amerikanische‹ oder ›das russische‹ werden. Es wird das Jahrhundert der beginnenden Welt-Zivilisation, oder es wird das Jahrhundert der beginnenden Welt-Barbarei – wenn nicht gar schon der vollendeten. Der Zusammenbruch käme plötzlich und könnte kompletten, endgültigen Charakter haben. Die positive Entwicklung nimmt sich Zeit und bleibt unvollkommen.
> Bewährt sich unsere Generation, so hätten wir noch lange nicht das Paradies auf Erden. Aber der historische Prozeß dürfte weitergehen, mit neuen Krisen, neuen Wendepunkten ... Es ginge weiter, und das ist schon viel. Der Kampf, die Ungewißheit, die Angst, der Irrtum, alles würde fortgesetzt. Wir kämen nicht zur Ruhe. Ruhe gibt es nicht, bis zum Schluß.
> Und dann? Auch am Schluß steht noch ein Fragezeichen.
>
> *(12. Kapitel)*

1. Historische Romane und Erzählungen

Ein Werk, das sich mit einem historischen Gegenstand befaßt, ist immer auch Ausdruck der Weltanschauung und der Wertewelt des Verfassers. Das gilt schon für eine Facharbeit und um so mehr für die dichterische Gestaltung eines Stoffes. Mit dieser Sachlage hat sich die Literaturwissenschaft weitläufig auseinandergesetzt. Sie wurde nicht negativ gesehen; vielmehr ging man bei der Betrachtung von Schillers Geschichtsdramen so weit, daß man dem Dichter attestierte, er habe durch seine verändernden Eingriffe in die historischen Abläufe das innere Sein der Erscheinungen, ihre eigentliche Wahrheit erst ans Licht gebracht. Diese – romantische – Vorstellung hat sich auf die Flut der historischen Erzählprosa des neunzehnten Jahrhunderts übertragen und ist noch im zwanzigsten weithin aufzuspüren, und zwar in so verschiedenartigen Weltsichten wie der nationalistischen Mirko Jelusichs und der katholischen Gertrud von le Forts. Bei einem entsprechenden Sendungsbewußtsein schafft sie dem individuellen Verfasser Freiräume, die bis zur absichtlichen und gezielten Verfälschung der Historie gehen können.

Historische Stoffe hatten in der Zeit des Nationalsozialismus aus ganz verschiedenen Gründen Hochkonjunktur:

1. Der Nationalsozialismus zimmerte sich sein eigenes Geschichtsbild zurecht, dessen zwei wichtigsten Aspekte die Ostkolonisation und der Kult der Führergestalten waren. Man feierte die großen einzelnen der Geschichte, die das »Reich« vorbereitet hatten: Armin den Cherusker, Heinrich I., die Stauferkaiser, Friedrich II. von Preußen, Bismarck. Karl der Große galt weniger; er war der »Sachsenschlächter«, hatte 782 bei Verden an der Aller 4500 Germanen töten lassen. Nach Hitlers Äußerung in ›Mein Kampf‹, daß nicht Gebiete im fernen Afrika, sondern die weiten Räume östlich des Reiches die wahren Kolonisationsgebiete der Deutschen seien, trat die Eroberung und deutsche Besiedlung des Slawengebiets zwischen der Ostsee und der Donauebene in den Vordergrund des Interesses. Als Hitler über das deutsche Sprachgebiet hinausgriff (Besetzung der Tschechoslowakei 1938), wurde der Kampf um die größere Einheit des Heiligen Römischen Reiches Deutscher Nation, also der Kampf um die Vorherrschaft in Europa, zum zentralen Thema.

2. So, wie die nationalistische Geschichtsschreibung, und in ihrem Gefolge die Schriftsteller, sich an den großen Führergestalten aufrichtete, so suchte die Opposition Persönlichkeiten der Geschichte, die im Gegensatz zu den gewalttätigen Herrschern befriedend und ausgleichend gewirkt haben, wie etwa Heinrich IV. von Frankreich oder auch Joseph in Ägypten. Ein herausragendes Werk dieser Art, und zwar ein in Nazideutschland geschriebenes, ist Jochen Kleppers Roman ›Der Vater‹ (1937), der das Leben des preußischen »Soldatenkönigs« Friedrich Wilhelm I. behandelt, eines Herrschers, der mit seiner hochgezüchteten Armee nicht einen Tag Krieg führte (im Gegensatz zu seinem Sohn), ein streng gehaltenes Beamtentum schuf, dessen Pflichttreue und Unbestechlichkeit sprichwörtlich wurden, und sein gesamtes Handeln einem strengen protestantischen Glaubensethos unterwarf. ›Der Vater‹ ist ein Gegenentwurf zum herrschenden nationalistischen Unrechtssystem. Allerdings konnte der Autor das nicht offen ausdrücken. Er schreibt verdeckt, läßt den Leser die entsprechenden Schlüsse aus Andeutungen ziehen und riskiert, daß nicht erkannt wird, was er eigentlich sagen will. Der Roman wurde tatsächlich in der NS-Presse positiv besprochen.

Alfred Döblin schrieb als Emigrant in Frankreich eine Abhandlung ›Der historische Roman und wir‹, die 1937 in der Sowjetunion in der deutschsprachigen Zeitschrift ›Das Wort‹ veröffentlicht wurde. »Wir«, damit waren vor allem die deutschen Exilschriftsteller gemeint; für Döblin bestand eine enge Beziehung zwischen ihrer Situation und der Gattung des historischen Romans. Döblin fragt: »Welches ist heute unsere Sache, die des Autors und die des Lesers, welches sind die Prinzipien, mit denen man historische Stoffe durchdringt und tätig gestaltet?« Die Antwort legt sich nicht auf eine Epoche oder Persönlichkeit fest. »Der unermüdliche Kampf aller Menschen [...] um Freiheit, Frieden, echte Gesellschaft und um Einklang mit der Natur, gibt genug Beispiele für Tapferkeit, Kraft und Heroismus.« Ähnlich argumentiert Stefan Andres 1958, wenn er schreibt, der Schriftsteller nehme teil an der »sozialen Kontrolle« durch sein Werk, »in welchem ja seine Zeit der Stoff ist, selbst dann noch, wenn er ihr einmal in entlegene Räume der Geschichte zu entweichen sucht.«

3. Auf Geschichtserzählungen konnte ein Autor ausweichen, um die bedrohliche Gegenwart vergessen zu machen; er konnte auf unverbindliche, weil vergangene Stoffe zurückgreifen, wenn er schon unter dem Druck einer alles kontrollierenden Gewalt das Schreiben nicht lassen konnte. Die Grenzen zwischen solchem Eskapismus und der oppositionellen Haltung sind schwer festzumachen und verschieben sich von Autor zu Autor, von Werk zu Werk. Außerdem gibt es bestimmte poetologische Strukturgesetze, die schwer zu umgehen sind. So ist es z. B. literarisch unfruchtbar, einen absoluten Bösewicht

darzustellen. Die Folge kann sein, daß die negativen Gestalten während des Schreibens menschliche Züge bekommen. Es mag sein, daß deshalb Bergengruens Großtyrann im Verlauf der Erzählung menschlicher wurde, als es der Autor beabsichtigte, oder Stefan Andres den Großinquisitor durch den traurigen Zug entdämonisierte – so wie Hitler in der literarischen Darstellung seiner Gegner, wenn überhaupt, nicht als Verbrecher, sondern als Karikatur oder als ein Popanz (etwa in Brechts ›Arturo Ui‹) erscheint. Thomas Mann mindert den »Teufel« Hitler in seinen Rundfunkreden zum »höllischen Strizzi« und »stupiden Gottseibeiuns« herab.

Reinhold Schneider war Katholik und Monarchist. Die Art, wie er Karl V. darstellt als einen über allgemein menschliches Maß erhabenen Entscheidungsträger, zeigt, daß er nicht von vornherein gegen eine starke Staatsspitze eingestellt war. Damit verhielt er sich ähnlich wie viele, die das Talmi-Charisma des »Führers« ernst nahmen (wie Isolde Kurz noch 1939) – es war ein Topos der Gutgläubigen, der »Führer« wisse nichts von den Untaten. Las Casas sagt bei Reinhold Schneider: »Oh, es kann ja nicht sein, daß ein König vom Unrecht weiß und es nicht abstellt! Aber die Könige wissen nichts davon.«

1.1 Der nationalsozialistische Geschichtsroman

Mirko Jelusich
Der Löwe

Eine der bewegenden Entwicklungen der mittelalterlichen Kaiserzeit war der Konflikt zwischen den Staufern und den Welfen; er fand seine höchste Zuspitzung in den Persönlichkeiten Kaiser Friedrichs I. Barbarossa und Heinrichs des Löwen, Herzogs von Sachsen und Bayern. Barbarossa war von der imperialen Idee angetrieben: Er suchte den Reichsgedanken in dem sich absondernden Oberitalien durchzusetzen und die geistlichen Fürsten in das weltliche Vasallensystem einzugliedern. Das brachte ihn in Konflikt mit den Päpsten; der Investiturstreit flammte wieder auf.

Um seine Ziele zu erreichen, brauchte er die Unterstützung der Reichsfürsten, die sie ihm nur widerwillig gewährten, weil sie damit beschäftigt waren, ihre Territorien zu sichern und auszubauen; sie suchten dem Kaisertum gegenüber größtmögliche Selbständigkeit. Der mächtigste dieser Fürsten war Heinrich. Sein Bayern reichte von Hof bis ins Etschtal und in die Steiermark, Sachsen reichte von der Ostgrenze Frieslands bis an die Elbe und bis Lübeck. Mit Geschick und Tücke festigte er seine Länder wirtschaftlich und baute Lübeck zum ersten deutschen Handelshafen an der Ostsee aus. In schweren Kämpfen unterwarf er die slawischen Wenden im heutigen Mecklenburg und siedelte dort sächsische und holländische Bauern an.

Barbarossa stützte den Vetter (seine Mutter und Heinrichs Vater waren Geschwister) lange Zeit in Streitigkeiten mit anderen Fürsten und hielt ihm in seiner Ostpolitik den Rücken frei; doch als Heinrich dem Kaiser auf dem fünften Italienzug die Truppenhilfe versagte, entzog ihm dieser die Reichslehen Sachsen und Bayern und verbannte ihn (1180).

Die nationalistische Geschichtsschreibung stülpte diesen Fakten ihre eigene Auffassung über. Das war schwierig deshalb, weil hier zwei für sie tragende Werte gegeneinander standen: einerseits das Feiern bedeutender Führergestalten – und wer war dazu besser geeignet als die großen Stauferkaiser? – und andererseits die Würdigung der Ostkolonisation, der »Ausdehnung des ostdeutschen Volksbodens«. Dafür stand Heinrich der Löwe. Anfangs gewichtete man die Ostlandfrage besonders stark; in dieser Zeit entwarf Mirko Jelusich (1886–1969) seinen Roman ›Der Löwe‹ (1936). Mit der zunehmenden imperialistischen Großmannssucht trat Heinrich ab 1938 gegenüber Barbarossa, dem Kämpfer für den das Deutschtum überschreitenden Reichsgedanken, in den Schatten; man warf ihm partikularistischen Eigensinn vor.

Ein gewichtiges zeitgenössisches Geschichtswerk der vierziger Jahre faßt das Dilemma wie folgt zusammen:

> Während der Löwe unaufhaltsam seine und damit die deutsche Herrschaft nach Nordosten erweiterte, entzog er sich [...] der weltgeschichtlichen Aufgabe, das Reich gegen den Herrschaftsanspruch der Kurie zu verteidigen. [...] Zwei Aufgaben waren zugleich gestellt: die heimnahe Gründung deutschen Volks- und Staatsbodens und das weltweite Ringen um das eigene Lebensrecht. Die einzigartige Spannweite dieser beiden Aufgaben konnte voll ausgeschöpft werden: zwei Männer von überragendem Range waren Deutschland gegeben, ihnen beiden zu dienen. [...] Heinrich der Löwe und Friedrich Rotbart, der dunkle Welfe und der blonde Staufer – sie beide waren: Deutschland.
>
> *(Erich Maschke in: Handbuch der deutschen Geschichte. Bd. 1, Potsdam o. J.)*

Mirko Jelusich entscheidet sich für den »dunklen Welfen« als Hauptfigur. Frühzeitig im Roman zeigen der neugewählte König und zukünftige Kaiser und der Herzog in einem Gespräch ihre Ziele auf:

> »Gott hat die Herrschaft über seine Welt zwei Gewalten anheimgegeben, zwei Schwerter hat er erkoren, Wächter zu sein über alles Geschehen auf

Erden: über die Geister soll Herr sein der Papst; über die Leiber aber ist Herr der Kaiser.« Er sucht wieder die Augen Heinrichs, aber dessen Gesicht liegt nun im tiefen Schatten des Kaminsimses. So spricht er weiter, mit einer Eindringlichkeit, als wolle er nicht nur den andern – als wolle er vor allem sich selbst überzeugen:

»Auf diesen festen Grund hat der große Karl das Reich gegründet, hier bauten meine Kaiserahnen weiter. Schwäche war es, das Errungene sich rauben zu lassen, dem Bischof von Rom Vorzüge einzuräumen, auf die er keinen Anspruch hat nach göttlichem Recht. So entschwand Klarheit und Sicherheit, bis keiner mehr wußte, wer der Herr sei. Es ist ein Tag in der Geschichte des Reichs, der mir die Schamröte ins Gesicht treibt, so oft ich seiner gedenke: der Tag, da ein deutscher Kaiser im Büßerhemd die Verzeihung des Papstes erbettelte – der Tag von Canossa. Das war einmal, das darf kein zweites Mal mehr sein. Fern sei es von mir, die Gerechtsamen des Papstes anzutasten: vor dem Hirten meiner Seele werde ich willig das Haupt beugen; aber sein Reich ist nicht von dieser Welt: dieses irdische Reich ist mein, und er soll darin, nicht darüber, die Stellung einnehmen, die ihm gebührt: als der erste unter meinen Dienern.«

Er hat mit steigendem Nachdruck gesprochen, als habe er einen Gegner vor sich, den er durch die Macht seiner Worte niederzwingen wolle. Nun fährt er fort, mit gleichem Nachdruck, aber gelassener:

»Das ist die Aufgabe, die ich zunächst vor mir sehe. Erst wenn sie gelöst ist, wenn ich die Herrschaft über das Reich gesichert habe, kann ich weiterschreiten. Denn mein Sinn ist nicht allein auf Gewinnen des Verlornen, auf Erhalten des Bestehenden gerichtet, er schweift weiter: mich verzehrt ein unstillbarer Durst, zu erobern, Herr zu werden auch dort, wo ich es bisnun nicht war – bis kein anderer Herr ist neben mir, bis der Erdkreis mir unterworfen zu Füßen liegt. Das will ich, das muß ich erreichen. Wollte ich mich mit Geringerm zufrieden geben – ich wäre nicht, der ich werden will: der Kaiser.«

»Der Kaiser –« Heinrich lächelt flüchtig – »Herr der Welt – es ist der alte Traum.« Er scheint weitersprechen zu wollen, unterdrückt aber, was ihm auf der Zunge lag. Statt dessen denkt er laut: »Erobern – das will auch ich; aber aus andern, viel einfachern Gründen als du, Friedrich: nicht, damit ich der Mächtigste sei von allen, sondern damit mein Bauer den Acker bekomme, den er bestellen kann. Mein Schwert ist nicht der tötende Blitz, es ist der Vorläufer des Pfluges, und ich will es gern in die Scheide stekken, wenn in meinen Landen keine Hand mehr feiert und kein Kind mehr ›Hunger!‹ schreit.«

(›Der Kaiserbaum‹)

Die schiefe Antithese vom Schwert als tötendem Blitz und Vorläufer des Pfluges enthält den Grundgedanken, von dem Jelusichs Herzogsbild geprägt ist: Es ist der Wille zur Landnahme auf Kosten der slawischen Wenden. Da ist der Herzog keineswegs so friedfertig, wie es den Anschein hat. Er rechtfertigt seine blutigen Eroberungskriege mit einem schlichten »Ich brauche das Land«; am Ende spricht er von dem »Wendenland, das ich mit so viel Blut und Mühe erobert und deutsch gemacht habe«. Vor einer Abordnung der Lübecker Bürgerschaft gerät er geradezu in einen Expansionsrausch, der nicht so sehr seine eigenen Ziele, sondern vielmehr die der Germanischen-Herrenrasse-Ideologie widerspiegelt:

»Zum erstenmal, seit das Reich besteht, hat es den Weg offen zur östlichen See. Sie ist ringsum von Land eingeschlossen, ich ließ mir von Seefahrern genau berichten.« Einer oder zwei nicken bestätigend, heben dann den Kopf wieder in gespannter Aufmerksamkeit. »Dieses Meer«, ruft der Herzog, »muß ein deutsches Meer werden, ein riesiger Hafen, in dem Ost und West die Waren tauschen, und an dessen Eingang ihr Wache steht. Schon gehört«, setzt er fort, beflügelt von der stummen Zustimmung, die ihm aus den hellen Augen entgegenleuchtet, »Dänemark zum Reiche; Schweden wartet nur dessen, der es dem Handel erschließt; die Wenden werden sich taufen lassen und so treue Untertanen werden wie die Wagrier, oder sie werden von meinen Siedlern verdrängt; die Nowgoroder sind unter sich uneins und daher leichte Beute jedes Eroberers. Ich gebe euch«, ruft er gesteigert, »Gedanken und Möglichkeit; an euch ist es, beides zu Wirklichkeit werden zu lassen. Ich glaube an euch, ich glaube an Lübeck. Es ist ein großer Anfang.«

(›Werke des Friedens‹)

Der Herzog ist äußerlich kein Musterexemplar der »germanischen Herrenrasse« – im Gegensatz zu dem rotblonden, blauäugigen, kräftig untersetzten Barbarossa, von dem Erich Maschke schreibt: »Alle Elemente des nordischen Menschen sind in ihm vereint.« Wie sehr der Löwe auch bei Jelusich vom Idealbild abweicht, wird besonders deutlich in der Szene, in der sein engster Vertrauter Günzelin von Hagen das erstemal auftritt:

Zwei schwere, panzerklirrende Schritte noch, dann steht der riesige Ritter vor dem Herzog, preßt ihm im Übermaß der Freude die Rechte zusammen, daß Heinrich den Schmerz verbeißen muß; aber er denkt zugleich, daß er nie einen Schmerz so wohlig empfunden hat wie diesen.
»Und immer in Waffen«, lacht er. »Hab ich dich je anders gesehen als im Panzerhemd?«
»Herr – vergebt – unsereins hat immer zu tun. Darum kam ich auch nicht zu Eurem Einzug.« Die treuen, großen Hundeaugen sehen den Herzog wie um Verzeihung bittend an.

(›Daheim‹)

Wir begegnen hier in Günzelin dem wahren germanischen Recken: blond, blauäugig, riesenhaft, treu bis ins Mark und – was im Laufe des Romans überdeutlich wird – geistig ein wenig beschränkt. Schon allein, daß er mit der schweren Rüstung herumläuft, auch wenn es nicht nötig ist, und erst recht seine blinde Treuehaltung, seine Bereitschaft, sich stets dem höheren Ratschluß seines Herrn zu beugen, machen ihn zu einer Karikatur des »germanischen Übermenschen«.

Heinrich der Löwe selbst ist nicht groß, blond und blauäugig, sondern nur von mittlerer Statur und von »welschem« Aussehen; er kommt sich klein vor neben Günzelin und einem ebenso hünenhaften, ebenso sächsischen Probst Evermond:

> Er schreitet zwischen den beiden dem Tische zu. Lächelnd denkt er, daß er wie ein Kind zwischen Sagenriesen aussehen muß. Ist es der Tropfen fremden Blutes, der ihn nicht so mächtig hat aufschießen lassen wie die Kinder dieser Scholle?
>
> (*›Daheim‹*)

Der »Tropfen fremden Blutes«, der ihn vor der germanischen Rekkenhaftigkeit unscheinbar erscheinen läßt, stammt von seinem Urgroßvater, einem Grafen d'Este, also aus »welschem« Geschlecht, der nach dem Aussterben der älteren Welfenlinie als Sohn der letzten ihres Stammes deren schwäbische Besitztümer übernommen und den Namen Welf IV. angenommen hatte. Im Verlauf des Romans tut Jelusich fast alles, um diesen »Defekt« vergessen zu machen: Er läßt Heinrich im Kampf dreinschlagen wie einen Recken und deutet nur noch zweimal seine Kleinwüchsigkeit an. (Es mag sein, daß Jelusich absichtlich den klugen Dunklen gegen die blonden Riesen ausspielt; denn er selbst hatte einen »Tropfen fremden Blutes« in den Adern: Sein Vater war Kroate.)

Anders verfährt der Autor mit Heinrichs Gegenspieler Rainald von Dassel. Diesem, dem Kanzler des Reiches, schiebt er die Schuld dafür zu, daß der edelmütige Kaiser sich in den Traum verrennt, die Welschen dem Reich untertänig zu machen. Rainald ist zwar blond, aber »schmalschultrig« und »wieseläugig«, eine »widerliche kleine Ratte« (so nennt ihn Heinrichs Neffe Welf). Rainald tritt nicht auf ohne solche schmückenden Beiwörter, damit er – übrigens gegen die historische Wahrheit – schon äußerlich als übler Ratgeber erkennbar ist.

Was die Reichspolitik Barbarossas und Rainalds betrifft, so hat der Löwe eine dezidierte Meinung von Anfang an: »Der Kaiser – [...] Herr der Welt – es ist der alte Traum«, hatte er im Gespräch mit dem frisch gewählten Friedrich I. gesagt. Daß es ein fruchtloses Bemühen sei, das von der eigentlichen Aufgabe ablenkt, die Einheit Deutschlands und die Einigkeit der deutschen Fürsten herbeizuführen, ist der Tenor seiner Rede, und »Ich schätze Sachsen und Bayern so hoch ein wie irgend möglich [...] Aber Deutschland steht mir höher als alle beide. Deutschland, das einige Deutschland – das ist das Ziel, das jeden Opfers wert ist.«

Auf dieser anachronistischen, der herrschenden Ideologie gemäßen

Basis gestaltet Jelusich die große Auseinandersetzung zwischen den beiden Heroen in der Unterredung von Chiavenna (1176):

»[...] Laß Welschland Welschland sein, komm nach Deutschland, Friedrich!«
Der Kaiser schüttelte, während der Herzog sprach, ununterbrochen den Kopf; nun fährt er auf: »Nein! Ich habe geschworen, daß ich dieses aufrührerische Land niederwerfen will, und werde diesen Schwur halten! Nicht Herr über Deutschland allein – Herr über alle bin ich – über alle!«
[...]
Herzog Heinrich macht eine leidenschaftliche Bewegung.
»Ich habe keinen Teil mehr an Welschland!« ruft er aus. »Dieses aussichtslose Ringen um ein Volk, das unsere Herrschaft haßt, ist ein Unglück für das Reich, ein Unglück, an dem ich nicht mitschuldig sein will! Erinnere dich, was geschehen ist; erinnere dich der zahllosen Opfer, die dieser Welschlandtraum gekostet hat; der erschlagenen Männer, der weinenden Mütter, Frauen und Bräute, der verwaisten Kinder; der zerstörten Städte, der verheerten Länder [...]«

(*›Chiavenna‹*)

Der vaterlandstreue Standpunkt des Herzogs ist unverrückbar: »Ich diene dem Reich«, sagt er schwer, »wenn es sein muß, auch gegen den Kaiser.« Er ist auch dann noch unnachgiebig, als ihn Barbarossa kniefällig um Heeresfolge bittet.

Der historische Grund für diese Haltung Heinrichs war wahrscheinlich, daß er vom Kaiser als Gegenleistung die Reichsvogtei Goslar mit ihren reichen Silbervorkommen im Harz als Lehen verlangte; eine Forderung, die gerade das Gegenteil seiner im Roman unterstellten, auf Mehrung des Reiches gerichteten Gesinnung ausmacht. Friedrich lehnte, so heißt es, das Ansinnen als Erpressung ab.

Der Roman folgt somit dem historischen Ablauf nur so weit, wie es sich mit dem Grundkonzept – Heinrichs Landnahme für und Sorge um Deutschland – vertrug. Darin liegt der wesentliche nationalistische Fälschungsansatz. Weitere derartige Positionen sind erkennbar, auch solche, in denen die braune Ideologie, konservativ, wie sie war, noch ähnliche Positionen vertrat wie das Mittelalter. So vor allem bei der Einschätzung der Rolle der Frau. Der Löwe spricht zum Beispiel zu seinem Kind Gertrud: »Nun bist du bald groß, da wollen wir einen Mann für dich aussuchen, einen schönen jungen Herzog oder König, willst du? Dann hast du bald selber was Kleines in der Wiege.« Die Frauen gelten nicht viel, wenn sie nicht als Handelsobjekt für politische Koalitionen gebraucht werden; es ist eine Männerwelt. In den Armen seiner Mätresse wird dem Löwen plötzlich klar:

[...] ›süßer Freund‹, ›Herz meines Herzens‹ – war das wirklich er, dem diese gekünstelten, unnatürlichen Koseworte galten? Wie eng, wie schal war doch diese Zauberwelt, in die er sich hatte einspinnen lassen, gegenüber der wirklichen, die Arbeit hieß, Tätigsein – Manneswerk!

(›*Liebchen*‹)

Hier bemerkt man in dem pathetischen, ideologiekonformen Wort »Manneswerk« ein typisches Stilelement der völkischen Wertewelt. Ein ähnlicher bedeutungshaltiger Begriff ist uns in dem Wort »Scholle« begegnet. Das Wort ist in dem an sich neutralen Sinn »Bauernland« in der Zeit der Blut-und-Boden-Ideologie so sehr mit Bedeutung übersättigt worden, daß es seither so nicht mehr verwendbar ist. »Manneswerk« ist nun gar bloß noch im Rahmen der Reckenidolatrie geläufig. Am aufdringlichsten ist der inhaltsschwere Gebrauch von »Deutschland« wie in der oben zitierten Stelle – ein Begriff, der mit den entsprechenden Konnotationen im Mittelalter nicht nur Heinrich dem Löwen fremd war, vielmehr erst mit Klopstock und der Romantik ins Bewußtsein trat.

1.2 Historische Erzählprosa von »Daheimgebliebenen«

Historische Prosa als verdeckte Regimekritik

Stefan Andres
El Greco malt den Großinquisitor

Stefan Andres (1906–1970) gilt neben Gertrud von le Fort und Reinhold Schneider als *der* katholische Schriftsteller der Jahrhundertmitte. Er schreibt in dem Aufsatz ›Über die Sendung des Dichters‹ (1953), der Tempel der Kunst müsse reingehalten werden »von Händlern, Lehrern, Priestern und allen, die mit ungehörigen Ansprüchen und Forderungen hereintreten«. Dichtung sei reine, willensentleerte Anschauung der »Welt an sich«. Die Kunst dürfe sich keinen äußeren Zwecken unterwerfen und habe ihre absolute Freiheit gegenüber Kirche und Staat zu wahren. Aber 1951 hatte er auch betont, der Dichter lebe nicht in einem elfenbeinernen Turm und er werde sich keine romantischen Klausnerkapuzen überziehen; vielmehr lege er das Ohr auf die Erde dieser Zeit. Zeitkritisches fehlt zwar in einigen seiner Werke der NS-Zeit; doch zwei Novellen wenden sich erkennbar gegen das herrschende Regime: ›El Greco malt den Großinquisitor‹ und ›Wir sind Utopia‹.

›El Greco malt den Großinquisitor‹ entstand im Sommer 1935 in Lomnitz im Riesengebirge, wohin sich Andres nach Schwierigkeiten mit der Reichsschrifttumskammer – seine Frau war Halbjüdin – zu den Schwiegereltern zurückgezogen hatte. So geht es in dieser Novelle um die Frage der politischen Haltung: um Anpassung oder Unterwerfung unter totalitäre Gewalt, freiwilliges Exil oder Widerstand.

Eines der berühmtesten Bilder des auf Kreta geborenen Malers Dominikos Theotokopulos (um 1541–1614; bei Andres in der latinisierten Schreibung Domenicos Theodokopulos), der die letzten 37 Jahre seines Lebens in Spanien wirkte und von den Spaniern »el Greco«, »der Grieche«, genannt wurde, ist das um 1600 gemalte Ganzfiguren-Porträt des Großinquisitors Niño de Guevara. Er ist bekleidet mit einem breitausladenden, prächtigen Kardinalsgewand (Mozetta) und trägt das vierspitzige Birett. Beide, Mozetta und Birett, sind blutrot. Die Arme liegen auf den Sessellehnen; die Finger der rechten Hand hängen lässig herab, während die der linken den Knauf der Lehne umkrampfen. Das Gesicht ist leichenblaß. Sofort wird man auf »diese kalten, unbeweglichen, dunklen Augen« (Andres) hinter runden, schwarzen Brillenrändern aufmerksam. Die Mundwinkel scheinen leicht verächtlich herabgezogen.

El Greco malt nicht so sehr ein Individuum als vielmehr die Person gewordene Institution. Die Inquisition stand zu dieser Zeit auf dem Höhepunkt ihrer Macht, und sie war am gefährlichsten in Spanien, wo die katholische Kirche den Glaubenswechsel der Juden und Mauren erzwingen wollte und gleichzeitig die geringsten Abweichungen von ihrer Lehrmeinung in den eigenen Reihen mit grausamer Gewissenserforschung aufzudecken und auszumerzen suchte.

Der Beginn der Novelle bezieht sich sogleich auf den psychischen Druck, der zu dieser Zeit auf jedem selbständig Denkenden lasten mußte:

> Es traf den Meister Domenicos Theodokopulos wie ein kalter Schlag, als der Kaplan des Kardinals, der eigens von Sevilla nach Toledo herübergeritten war, ihm überbrachte, der Maler el Greco habe am ersten Sonntag im Advent vor Seiner Eminenz zu erscheinen. Derweil er dem Gast eine Erquickung zu reichen befahl mit einem formelhaft höflichen Satz und mit einer wie auswendigen und ganz vergessenen Stimme, prüfte er seine innere Welt, nicht, ob sie gut, sondern ob sie dicht und abgeschlossen sei. Er dachte an seine Freunde, an in den Ohren der Inquisition unliebsame Namen, er dachte an Cazalla, dachte an Äußerungen, die er seinem Gehilfen Preboste über gewisse fromme Bildaufträge getan, er dachte an seine Bilder selber, war im Geiste hier und dort in allen Kirchen und Kapellen und Stiften; die zuckenden Flügelschläge seiner hingescheuchten Angst schatteten und schwirrten über seine Bilder hin, suchten in den Gesichtern seiner Heiligen und seiner Menschen …
>
> *(S. 7)*

Andres zeichnet El Greco als so bestürzt, daß er kaum imstande ist, Ruhe und Gelassenheit zu wahren; der Maler wirkt geistesabwesend, weil sein Geist tatsächlich so intensiv beschäftigt ist, daß er kaum die Floskeln findet, die bei einem Besuch zuhanden sein müßten. Er fragt sich all das, was sich ein freier Geist in einem beherrschenden, scharf kontrollierenden System fragen muß: ob er sorgfältig genug verborgen hat, was er denkt, ob er seine Vertrauten richtig ausgewählt hat, ob er durch seine Freundschaften verdächtig ist. Für El Greco wie für jeden Künstler – auch Schriftsteller – in einer solchen Lage kommt dazu die Frage, ob in seinem Werk offenbar geworden ist, was er wirklich denkt. Er muß immer befürchten, daß der Zensor, welcher Art die Institution auch sei, die hinter ihm steht, ein parabelhaftes Bildelement oder einen Gesichtsausdruck richtig interpretiert. Beim Schriftsteller sind das Charaktere oder Ereignisse, die nach außen hin lediglich erfunden zu sein scheinen, aber unter dem Deckmantel des Erfundenen reale Personen oder Vorgänge meinen. Besonders beunruhigend ist der Umstand, daß aufgrund des ersten Zweifels die Gefahr besteht, der ideologische Spürhund könnte weit mehr in eine Sache hineinlesen, als darin steckt. Die Inquisition stand zu Recht in dem Ruf, durch methodische Befragung, durch psychische und physische Folter, sogar den Unschuldigsten zu einem Geständnis zu bringen.

Daher ist in Andres' Novelle der Maler kaum erleichtert, als er erfährt, er solle den Großinquisitor »nur« porträtieren, denn er weiß, daß er als Maler Wahrheit schafft und daß ihn diese Wahrheit den Kopf kosten kann. Er bespricht das Dilemma mit seinem engsten Freund, dem Arzt Cazalla. Beide sind sich einig im Haß auf die Inquisition, El Greco, weil er vor seiner Spanienzeit im freien Venedig ohne Glaubensdruck gewirkt hat, Cazalla, weil sein Bruder, ein Theologe, wegen lutherischer und thomistischer Abweichungen ein Opfer der Inquisition geworden ist. (Thomistisch = nach der Lehre des Thomas von Aquin [um 1225–1274], der versuchte, den Glauben denkend zu erfassen.) Das selbständige Denken macht den beiden Freunden die herrschende Dogmatik fremd. Im Gespräch vertritt der Maler die Autonomie der Kunst. Dem entgegnet Cazalla: »Wer noch zu leben gedenkt, der lerne das Lügen!« Die Frage, welcher Art die Wahrhaftigkeit des Künstlers, des Arztes, des strenggläubigen Katholiken sei, wird in der Novelle immer wieder aufgeworfen.

El Greco reitet Ende November nach Sevilla und beginnt seine Arbeit. Sie ist bestimmt durch eine eigenwillige Farbgebung. Als Niño de Guevara fragt, warum der Künstler sein adventlich violettes Kardinalsgewand rot male, bekommt er zur Antwort:

> »Ich male Eure Mozetta und das Birett rot, Eminenz, blutrot; und bleich Euer Gesicht, Kragen und Chorhemd weiß und dunkel den Grund, so

wie Gott es mir befiehlt durch die Wahrhaftigkeit.« [...] Der Kardinal blickte auf seine gespannt hängenden Hände, er sprach: »Schwarz und Rot, was enthüllt das?«
El Greco trat mit seiner ganzen Gestalt hinter der Staffelei hervor, seine Stimme zitterte nicht, gleichwohl war sie leise: »Feuer in der Nacht!« Der Generalinquisitor senkte kaum merklich die Stirn, alle seine Bewegungen waren langsam und immer unauffällig, nur neue Formen seiner Unbeweglichkeit, und so blickte er von unten el Greco an: »Ihr meint die heilige Kirche mit diesem Bild!« El Greco nickte, aber nun zitterte er und wieder nickte er, flehte zu seinem Mut, daß er ihn nicht verlassen, daß er mit diesem Nicken kein Verräter werde, und so sprach er zitternd: »Sie ist ein blutiges Feuer geworden, Eminenz!« Der Generalinquisitor erhob sich: »Ja, die Kirche hat viele Feinde«, sagte er ruhig. Dann fügte er bei, morgen um dieselbe Stunde sei er wieder bereit.

(S. 24 f.)

Am folgenden Tag kommt es zu keiner Sitzung, weil der Kardinal schwer erkrankt. Er beauftragt den Maler, Dr. Cazalla aus Toledo nach Sevilla zu rufen, in voller Kenntnis ihrer Freundschaft, ihrer Distanz zum strenggläubigen Katholizismus und der Tatsache, daß er den Bruder des Arztes zum Tode verurteilt hat. Cazalla kommt. Die Freunde treffen sich sogleich.

»Freund, geht und heilt ihn schnell, daß ich sein Bildnis fertig malen kann, wie Gott es mir befiehlt durch die Wahrhaftigkeit.« Und nach einer Weile fügte er bei: »Wißt, es ist umsonst, die Inquisitoren zu töten. Was wir können, ist – das Antlitz dieser Ächter Christi festzuhalten!« Cazalla hörte kaum zu, er konnte sich nicht fassen: »Wer wäre sonst noch so abgefeimt, sich seinen Feind zum Arzt zu machen! Er beschwört meinen Stolz, meine Ehre, meine Pflicht. [...]«

(S. 32)

Die Wahrhaftigkeit des Arztes verlangt, daß er heilt, wie es die Krankheit erfordert, ohne Persönliches in die Quere kommen zu lassen. Cazalla und der Kardinal sprechen über die Ketzerverbrennungen, jeder von seinem Standpunkt aus, und der Standpunkt des Großinquisitors ist eindeutig: »Wir werden so oft Leiber verbrennen, als Stimmen gehört werden, die der Wahrheit widersprechen.« Trotzdem gibt er sich ganz in die Hand des Arztes. Er bedeutet dem assistierenden Kaplan: »Don Consales, wenn Wir diese Nacht sterben sollten: Wir sind an Unserer Galle gestorben, an Unserer Krankheit, eines ganz natürlichen Todes. Habt Ihr verstanden?« Der Kaplan nickte. »Nun laßt mich mit Doktor Cazalla allein!« Cazalla behandelt den Kranken sorgfältig, setzt all sein Können ein. Nach ein paar Wochen ist der Patient wieder so weit hergestellt, daß Greco das Porträt zu Ende malen kann. Die letzte und schwierigste Partie sind die Augen.

> Gefährlich aber sind Ninos Augen. Wie im kühlen Dunkel der Krypta ist da alles unbewegt und ineinander. [...] Es sind Kryptenaugen wie die meinen, denkt el Greco, sie sind traurig wie die meinen; in diesen Augen sind Gräber. O diese kalte, steinerne Schwermut in den Augen des Inquisitors! Vielleicht verdirbt sie den Sinn des Bildes, und die Menschen übersehen die Schlange in der Nacht dieser Traurigkeit. Was traurig ist, rückt in das Reich des Menschlichen.
>
> *(S. 40)*

Der Versuch, das Wesen der Augen zu erfassen, bewirkt eine Wandlung in El Greco: Für ihn ist der Großinquisitor nicht mehr der menschenmörderische Fanatiker, ein »Ächter Christi«, sondern ein Mann, der eine Aufgabe erfüllt, unter der er leidet. Er handelt nicht willkürlich oder bösartig, sondern erfüllt eine Aufgabe im Sinne einer Wahrheit und Wahrhaftigkeit, die für ihn so gilt wie für Maler und Arzt.

Am Ende der Novelle ist der Großinquisitor gesund, und sein Porträt ist fertig. Als er es betrachtet, macht sein Verhalten deutlich, daß er sich getroffen und betroffen fühlt: »[...] der Zeigefinger der Rechten kratzte in der hohlen Linken. Wer sah den Kardinal je eine solch lächerliche, verlorene Bewegung tun, kratzte er sich doch immer noch mit dieser kleinen, affenschnellen Bewegung, bei der nur der Zeigefinger lebendig, sonst aber alles erstarrt war.« Er hat sich dem kritischen Blick des Künstlers ausgeliefert, so wie er sich in der Schwäche der Krankheit vor dem Arzt entblößt hat, doch im Gegensatz zu subalternen Geistern reagiert er nicht mit Haß und Verfolgung gegenüber denen, die ihn hilflos erlebt und die ihn durchschaut haben. Er akzeptiert das Bild samt seiner verräterischen Wahrhaftigkeit. Die letzten Worte der Novelle lauten:

> »[...] Ich habe sein Gesicht erkannt, und dafür ist er dankbar, wie selten ist das! Er ist ein Heiliger um seiner Schwermut willen, ein trauriger Heiliger, ein heiliger Henker! Er hat Kryptenaugen«, sprach el Greco leise, »und wo sie im Dunkel seines Hauptes und seiner Welt münden, wissen wir nicht«.
>
> *(S. 43)*

Die knapp vierzig Seiten der Novelle von Stefan Andres enthalten eine Fülle von Motiven und Ideen. Die hier vorliegende Interpretation hat sich auf das Motiv der Wahrhaftigkeit konzentriert; es wären zumindest drei weitere Aspekte überlegenswert: die Vergleichselemente zu der berühmten ›Legende vom Großinquisitor‹ in Fjodor Dostojewskis Roman ›Die Brüder Karamasow‹; Furcht, Angst und Mut gegenüber den Mächtigen; die Novelle als antifaschistische Parabel. Das letzte ist so offensichtlich – es zeigt sich schon in den ersten

Zeilen –, daß man nicht mit dem Finger darauf deuten muß; das Ausmaß der Parallelen geht bis zu der Verehrung Niño de Guevaras als eines Heiligen durch die Gläubigen und bis zum moglichen Vergleich der Prozession der heiligen Inquisition und ihrer Ketzerkolonnen mit SA-Männern, die Juden durch die Straßen führten, denen ihre »Verbrechen« auf Plakaten um den Hals gehängt waren.

Stefan Andres hatte guten Grund, die Nationalsozialisten zu fürchten. Er war mit einer Halbjüdin verheiratet und er war gläubiger Katholik. In den Reaktionen El Grecos am Anfang der Novelle steckt demnach ein persönlicher Erlebniskern; wenn El Greco sich fragt, ob er nicht nach Venedig oder gar zurück nach Kreta emigrieren sollte, so überlegt damit gleichzeitig Stefan Andres selbst, mit dem einen Unterschied, daß der renommierte Künstler Theotokopulos überall sein Einkommen haben würde, der unbekannte Schriftsteller Andres in der Fremde jedoch keine Aussicht auf ein Existenzminimum hatte. Andres ging 1937 doch ins Exil – ins faschistische Italien nach Positano. Dort kümmerte sich kein Funktionär um ihn, und er konnte unbehindert das bescheidene Honorar für seine Schriftstellerei beziehen. Denn erstaunlicherweise nahm kein Nazizensor Anstoß an der Novelle, als sie 1936 erschien, vielleicht, weil sie nach außen antikatholisch ist, oder an späteren Werken. Sogar die Novelle ›Wir sind Utopia‹ entging dem Verdikt, obwohl sie noch viel durchsichtiger auf die Zustände in Deutschland anspielt.

Paco Hernandez, ein abtrünniger Mönch auf der Seite der Republikaner im Spanischen Bürgerkrieg, wird in Gefangenschaft von dem Befehlshaber der Wachen, Leutnant Pedro Guiterrez, aufgefordert, ihm die Beichte abzunehmen. Paco steht vor der Wahl, entweder sich und seine Mitgefangenen zu befreien, indem er den Leutnant ersticht, oder nach seinem Mönchsgelübde das Beichtgeheimnis absolut zu setzen und seine menschlichen Interessen aus dem Spiel zu lassen. Es ist das Problem des Tyrannenmords, übertragen auf eine begrenzte, aber damit nicht geringere Konfliktsituation. Paco Hernandez entscheidet sich für das Gebot der Kirche, die er verlassen hat.

›Wir sind Utopia‹ wurde 1942 illegal verbreitet, dann 1943 in der ›Frankfurter Zeitung‹ abgedruckt. Hier wurde der Widerspruch gegen das Regime von den Lesern durchaus erkannt, allerdings erfolgte von offizieller Seite keine Reaktion. Andres blieb tatsächlich die ganze Zeit weitgehend unbehelligt, schrieb mit »Sondergenehmigung«. Die Reichsschrifttumskammer erhielt 1937 von der Gauleitung München-Oberbayern die Auskunft, es sei über ihn »weder in polizeilicher, krimineller noch politischer Hinsicht Nachteiliges bekannt geworden«.

In dem 1943 entworfenen Roman ›Die Hochzeit der Feinde‹ geht es um die Liebe eines deutschen Mädchens zu einem Franzosen, um die Widerstände, die aus dem gegenseitigen Völkerhaß entstehen, in den die Familienangehörigen in verschiedenartiger Weise verwickelt sind. Dieses Plädoyer für ein Ende nationalistischer Ressentiments kam aus naheliegenden Gründen erst 1947 zum Druck. Ähnlich erging es der Romantrilogie ›Die Sintflut‹, die Andres 1940 in Positano begann.

In all diesen Werken geht es um die Selbstverwirklichung des Menschen im geistigen »inneren« Widerstand gegen die Absolutheitsansprüche des Staates oder gegen die vom Staat vertretene Ideologie, der er das Individuum zu unterwerfen versucht.

Reinhold Schneider
Las Casas vor Karl V.

Die Erzählung über den adeligen Dominikanerbruder Fray Bartolomé de Las Casas (1474–1566), den »Vater der Indios«, basiert auf Forschungen des Historikers Reinhold Schneider (1903–1958). Der Mönch erkannte den ungeheuren Vernichtungswillen der Konquistadoren und Kolonisten, die aus den amerikanischen Eingeborenen im Namen der Bekehrung zum Christentum die Sklaven ihrer Raffgier machten. Er argumentierte auf Grund naturrechtlicher Gedankengänge, wonach alle Menschen vor dem Gesetz gleich sind, und fand seinen Hauptgegner in dem Staatsrechtler Juan Ginés de Sepúlveda, der die Ungleichheit der Rassen vertrat und das Vorrecht der »höherwertigen« Rasse (der Spanier), als Ordnungsmacht zu fungieren. Die »Neuen Gesetze« (»Leyes Nuevas«) von 1542 zeigen den Einfluß der Dominikaner: Sie schränkten die Verfügungsgewalt der Kolonisten über die Indios ein; doch die Praxis verharrte bei der Ausbeutung. Las Casas' weithin bekämpfter und lächerlich gemachter Aufklärungswille führte 1550 zu einer Disputation der beiden Kontrahenten in Gegenwart des Kaisers Karl V. mit dem Ergebnis, daß dieser erneut eine schonende Behandlung der Indios befürwortete, allerdings wieder, wie bei den Leyes Nuevas, ohne daß dies durchschlug. Das zwangsweise Bekehren zusammen mit den damit verbundenen Grausamkeiten wurde ebenso fortgeführt wie die Fronarbeit im Gold- und Silberbergbau, der die Indios physisch nicht gewachsen waren.

Ursprünglich hatte Schneider eine wissenschaftliche Biographie des Dominikanermönchs geplant. In die Erzählung sind daher zahlreiche historisch verbürgte Zeitbezüge eingeflossen, angefangen bei den Bewegungsabläufen des gichtgeplagten Kaisers, während er den Disputationssaal betritt, bis zu Details über die Behandlung der Indios durch die spanischen Pflanzer.

Die Erzählung beginnt mit der Abreise Las Casas' aus dem südlichen Mexiko (Yucatán); sie schildert zunächst seine Persönlichkeit im Verhalten gegenüber den Indios und gegenüber einem kranken Konquistador an Bord. Höhepunkt ist das dritte Kapitel, die Disputation vor Karl V.

Der Kardinal von Sevilla führt die beiden Kontrahenten ein: Sepúlveda, dem es darum gehe, »die Rechte Spaniens auf die neue Welt zu wahren und die Maßnahmen der spanischen Regierung gegen Andersdenkende in Schutz zu nehmen und als rechtmäßig zu erweisen«; Las Casas dagegen sei der Überzeugung, »daß des Doktors Sätze falsch und widerchristlich seien; daß die Indios als Freigeborene wohl bekehrt werden müßten, aber auf keine Weise zum Glauben gezwungen werden dürften«. Auch die Argumente der beiden Disputanten selbst bewegen sich zunächst auf der Ebene der differierenden Rechtsauffassungen. Sepúlveda sagt:

> Der Pater glaube, daß vor allem das Recht vollzogen werden müsse, dem der Mensch von Geburt an durch sein Menschsein unterstehe; er glaube, daß es kein Recht gebe, das sich nicht auf eine staatliche Ordnung beziehen müsse.
> [...] Maßnahmen, die dazu führten, dienten dem Glauben; und darum müsse er noch einmal auf das bestimmteste versichern, daß er die Kriege der Spanier, deren Ziel die Unterwerfung und Bekehrung der Indios sei, für eine gerechte, ja eine heilige Sache halte.
> Las Casas hatte in wachsender Erregung zugehört; nun sprang er auf: »Im Namen Gottes erkläre ich die Eroberungskriege der Spanier, die bisher geschehen sind, für rechtswidrig, tyrannisch und höllisch; für schlimmer und grausamer als das, was die Türken und Mauren getan haben!«
>
> *(3. Kapitel)*

Die Reaktion Sepúlvedas auf diesen Ausbruch ist ein Appell an das Vaterlandsgefühl und die Kritikempfindlichkeit der Spanier:

> Es muß einen jeden Wohldenkenden auf das bitterste betrüben, daß ein Träger des geistlichen Gewandes [...] sich von wirrem Eifer nicht allein zur Beschimpfung redlicher Männer hinreißen läßt [...], sondern seine Nation seit langem vor der ganzen Welt herabsetzt.
> Denn was könnte den Feinden Spaniens erwünschter sein, als aus spanischem Munde zu hören, daß wir jahraus, jahrein die abscheulichsten Verbrechen auf uns lüden? Und wie, wenn die Welt, die immer nach Gründen sucht, um dem Bevorrechteten und Besitzenden das Seine zu nehmen, aus solchen Anklagen einmal folgerte, daß wir unser Recht und damit unsern geschichtlichen Anspruch und unsere Macht verwirkt hätten? Die Anklagen des Vaters Las Casas sind zum unausdenkbaren Schaden des spanischen Namens und somit des spanischen Staates; es ist meine Pflicht, dies zu sagen.
>
> *(3. Kapitel)*

Las Casas hatte vorgeschlagen, »Neger« nach »Neu Indien« zu schikken und sie als Arbeiter in den Bergwerken und auf dem Feld zu gebrauchen, weil sie den Indios an Körperkräften und Ausdauer überlegen waren.

> Eben dieses eine Mal bin ich nicht vom Rechte ausgegangen, das unverrückbar über uns hängt, sondern von meinem Mitleid. Ich glaubte, die Neger ertrügen mehr als die Indios, die ich an allen Straßen sterben sah, und wollte durch ein geringeres Leiden ein größeres aufhalten. Aber es war Irrtum und Schuld, und ich schwöre sie hiermit feierlich ab [...].
>
> *(3. Kapitel)*

Sepúlveda nützt dieses Fehlverhalten nicht dazu aus, dem Kontrahenten Herzlosigkeit und Menschenverachtung vorzuwerfen; vielmehr dient es ihm als weiteres Argument für die Ungleichheit der Rassen und die Überlegenheit der Spanier:

> [...] und er hat damit vor aller Welt zugegeben, daß für höhere Rassen ein anderes Recht gelte als für mindere; als höher muß er die Indios betrachtet haben und als geringer die Neger. Unmöglich kann er doch übersehen haben, daß die Neger sich nicht freiwillig auf die Schiffe der portugiesischen, genuesischen und holländischen Händler begeben; daß sie in demselben Sinne frei wären, wie es die Indios nach seiner Meinung sein sollen, wenn eben nicht ein höher geartetes und höher entwickeltes Volk – und das sind wir Spanier allein – zum Frommen der Welt ein Recht inne hätte über tiefer stehende Völker, wie das schon Aristoteles und Plato gelehrt haben.
>
> *(3. Kapitel)*

Am Ende appelliert der Mönch an den Kaiser,

> Christus, der Herr, wollte die Länder jenseits des Meeres betreten; und er hat unsere Schiffe des Fährdienstes gewürdigt, des Herrn Schiffsleute und der Herrn Apostel sollten wir sein, und aus den Fährschiffen haben wir Kaufschiffe und Piratenflotten gemacht und aus den Aposteln Mordbrenner und Räuber. [...] Und darum wird Gottes Zorn auf dieses Land fallen, er wird seine Macht zerschlagen und sein Zepter erniedrigen und ihm Inseln und Reiche nehmen; und wenn die Menschen sich aufrichten aus den Trümmern und den Herrn anklagen und fragen, warum er dieses Unheil über das Land gebracht habe, so werde ich mich erheben aus dem Grabe und für Gottes Gerechtigkeit zeugen. Dann werde ich den Fragern antworten: Gott hat eure Väter für einen Dienst erlesen, und sie haben ihn nicht verstanden; sie hätten dem Heiligen gleich den Herrn durch das Meer tragen sollen auf ihren Schultern und haben statt seiner den Satan getragen. Darum tut Gott recht, wenn er dieses Landes Ansehn vernichtet. Für ungeheure Verbrechen erfolgt nun die ungeheure Strafe.
>
> *(3. Kapitel)*

Kein Werk der Inneren Emigration ist so deutlich geworden in der Verurteilung des nationalsozialistischen Rassenwahns und Eroberungswillens wie diese fast unscheinbare, nach außen rein historische Erzählung, die 1938 erschien. Sätze wie der von Las Casas, daß Eroberungskriege rechtswidrig, tyrannisch und höllisch seien, oder die Ansichten Sepúlvedas, daß es höhere und mindere Rassen gebe und für diese unterschiedliches Recht gelte, zielen so auf die nationalsozialistische Ideologie, daß es hinsichtlich der Aussageabsicht des Autors keine Mißverständnisse geben konnte. Subtiler, aber ebenso durchsichtig, sind die Warnungen Sepúlvedas, Las Casas setze seine Nation vor der ganzen Welt herab. Das klingt nach der Nestbeschmutzer-Kampagne der Nationalsozialisten, die sich gegen Zivilisationsliteraten und Emigranten wendete, gegen Erich Maria Remarque, Carl von Ossietzky, Erika Mann. Eine erschütternde prophetische Vorahnung schwingt in den Schlußsätzen Las Casas' mit, in der dieser den Zerfall des spanischen Großreichs voraussieht. Was dort in Jahrhunderten abläuft, wird dem Dritten Reich in den wenigen Jahren zwischen dem Entstehen der Erzählung im Winter 1937 auf 1938 und dem Frühjahr 1945 geschehen.

Reinhold Schneider war Katholik und Monarchist. Karl V. stellt er als einen erhabenen Entscheidungsträger dar, der, durch den Dominikaner aufgerüttelt, Abstand von schlechten Ratgebern nimmt. »Oh, es kann ja nicht sein, daß ein König vom Unrecht weiß und es nicht abstellt!«, sagt Las Casas, und er spricht damit zugleich eine Art Glaubenssatz Schneiders aus. Der war anfangs, 1933, auch auf Hitler bezogen, doch zur Zeit der Abfassung der Erzählung war für ihn dessen Nimbus bereits völlig zerfallen, wie das Sonett ›Der Getriebene‹ beweist (vgl. S. 226f.). Über seine Schreibabsicht äußerte er in einem Brief vom 28. Juli 1947: »Als ich im Winter 1937/38 den ›Las Casas‹ schrieb, schien sich mir mit diesem Thema eine Möglichkeit zu bieten, ein Wort gegen die Judenverfolgung und gegen die radikale Herabsetzung des Menschenwertes zu sagen [...]«.

Der Roman als pseudohistorische Parabel

Werner Bergengruen
Der Großtyrann und das Gericht

Die Ereignisse des Romans von Werner Bergengruen (1892–1964) tragen sich in einem fiktiven italienischen Stadtstaat der Renaissance namens Cassano zu. Cassano wird regiert von seiner »Herrlichkeit«, dem Großtyrannen, dessen Familie erst im selben Jahrhundert aus einfachen Verhältnissen zu Herrscherwürden aufgestiegen ist. Wie, wird nicht gesagt; der Großtyrann hat auch keinen Namen.

In den ersten Sätzen des Romans treten auf: Massimo Nespoli, Vorsteher der Sicherheitsbehörde; der schielende Diener Nespolis, einfach »Schieler« gerufen; der Großtyrann. Erwähnt wird die Geliebte Nespolis, Monna Vittoria.

> Es war verboten, den Großtyrannen anzumelden. Auf keinem anderen Wege konnte der Schieler seinen in der Morgenfrühe heimkehrenden Herrn von des Großtyrannen Anwesenheit im Nebenzimmer verständigen, als indem er bedeutsam die Augenbrauen hob und seinem Blick die Richtung auf das Hirschgeweih an der Wand gab. Ein Hirschgeweih nämlich führte das vor einem Menschenalter zur Sichtbarkeit aufgestiegene Geschlecht des Großtyrannen im Wappen. Der Blick traf den Spiegel; allein Nespoli setzte auf Grund vieljähriger Gewohnheit den schrägen Augenfall seines Dieners in Rechnung. Eine Sekunde später zwinkerte der Schieler nach der viertelsoffenen Tür, die vom Vorraum in Nespolis Schlafzimmer führte.
>
> Nespoli schüttelte hurtig seine Gedanken zurecht, die bis jetzt an Monna Vittorias liebender Feindseligkeit gehangen hatten. Bestrebt, jeder denkbaren Frage des Großtyrannen die Antwort vorauszubilden, trat er mit einem Gähnen ein und rief über die Schulter ins Vorzimmer zurück: »Komm, Schieler, kleide mich aus!«
>
> Die Fensterläden waren geschlossen. Die abgestandene Halbfinsternis des Zimmers dünkte Nespoli klebrig.
>
> Wo mag er stecken?, überlegte er. In der Schrankecke? Hinter dem Vorhang? Er wagte nicht hinzusehen und spürte erbittert die beschämende Unsicherheit, in welche ihn immer noch, nach vierzehn Jahren der Gemeinsamkeit, des Großtyrannen Gegenwart bisweilen nötigte – eine Unsicherheit, an der auch Nespolis geringe Herkunft ihren Anteil haben mochte.
>
> »Soll ich Licht machen?«, fragte der Schieler.
>
> »Nein«, sagte Nespoli und gähnte abermals. Ich habe um einen Halbton zu deutlich gegähnt, dachte er in Beklemmung, auch hätte ich mich dabei schütteln und strecken müssen. Ja, so etwa.
>
> Der Schieler begann, ihm am Gurtel zu nesteln.
>
> »Wenn jemand in Dienstgeschäften kommt, dann weckst du mich sofort, sonst in zwei Stunden«, befahl Nespoli und fühlte sich augenblicks von dem Gedanken gepeinigt: Ich mache es zu grob; er durchschaut es. Nein, keineswegs, ich hätte sogar sagen sollen: – weckst du mich sofort, wie immer. Einerlei, jetzt ist es zu spät.
>
> »Ich komme in Dienstgeschäften, mein Massimo«, sagte die Stimme des Großtyrannen aus der Ecke, in welcher das Betpult stand. Sie klang angenehm, diese gedämpfte und sehr nachdenkliche Stimme.
>
> »Herrlichkeit!« rief Nespoli im Tone der Bestürzung und verneigte sich gegen die Ecke. »Womit diene ich der Herrlichkeit?«, fuhr er ruhig fort, für einen Augenblick angenehm mit der Vorstellung beschäftigt, daß ein

minder Erfahrener: »welches Glück!« gerufen und damit des Großtyrannen Argwohn rege gemacht hätte.

(Erstes Buch, 1.)

Die ersten Sätze enthalten ein kompliziertes Kommunikationssystem. Zuerst signalisiert der »Schieler« mit bedeutungsvollen Blicken die Anwesenheit des Großtyrannen – mit dem erzählironischen Schlenker, daß seine verdeckte Botschaft durch sein Schielen zusätzlich verrätselt wird. Sie kommt jedoch an. Anschließend spielt Nespoli dem Großtyrannen eine Rolle vor; er versucht so zu scheinen, wie er in den Augen des Großtyrannen zu sein wünscht. Das gelingt nicht ganz, wie an seinen Reflexionen zu erkennen ist. Seine Mühe ist ohnehin fruchtlos, da der Großtyrann die Schauspielerei durchschaut, denn: »Im Hinausgehen drohte er dem Schieler, gleichmütig lächelnd, mit dem Finger.« Er zeigt damit an, daß für ihn all das Gehabe durchsichtig gewesen ist.

Der Großtyrann ist so mächtig, daß sich selbst seine obersten Würdenträger zu einem Verhalten gezwungen fühlen, in dem mehr simuliert wird als bloße Ahnungslosigkeit. Zusätzlich reflektiert Nespoli die Wirkung seiner Schauspielerei und die potentiellen Reaktionen des Großtyrannen auf jede Geste, jedes Wort: ein geisterhaftes Schattenspiel des Höflings vor dem unsichtbaren Gewaltherrscher. Auf diese Weise entsteht schon am Romanbeginn ein Eindruck von der politischen Atmosphäre in Cassano. Man empfindet den Herrscher als Bedrohung; denn er steht über dem Gesetz und entscheidet willkürlich, nach Lust und Laune.

Der Großtyrann führt seinen Sicherheitschef in den Garten des Kastells zur Leiche des ermordeten Karmeliters Fra Agostino, eines seiner diplomatischen Agenten, und verlangt von ihm unter der Drohung, er könne sein Amt, gar seinen Kopf verlieren, die Aufklärung des Falles binnen dreier Tage. Dazu ist Nespoli nicht imstande; am Ende der Frist konstruiert er eine an den Haaren herbeigezogene Indizienkette, an die er selbst nur aus Angst vor dem Scheitern halbwegs glaubt. Sein Herr wischt sie mit einem Satz beiseite und gibt ihm noch einmal drei Tage Zeit.

Da empfindet Nespoli »die Beschattung des dunklen, schleichenden, lauernden Todes.« In Panik vertraut er sich seiner Geliebten, Monna Vittoria, an, die, um ihn zu retten, eine eigene Intrige spinnt. Sie schiebt ihrem ungeliebten, todkranken Mann Pandolfo Confini ein schriftliches Geständnis unter. Auf die wackelige erste »Lösung« folgt so mit der zweiten eine verbrecherische, die wiederum Gegenreaktionen von Monna Vittorias Stiefsohn Diomede Confini auslösen, der den inzwischen verstorbenen Vater durch falsche Alibis zu entlasten sucht, um das Familienvermögen vor einer durch den Großtyrannen angedrohten Konfiszierung zu retten. Von da an nehmen Verdächtigungen, Bestechungen, falsche Eide und Erpressungen kein Ende, bis Sperone, ein frommer Färber, eine Art Laienapostel, durch ein Geständnis das ganze üble Geflecht, das inzwischen die halbe Stadt korrumpiert hat, in nichts auflöst.

Auch Sperone ist nicht der Mörder. Wie Christus die Welt, will Sperone »diese toll und arg gewordene Stadt« erlösen aus der Verkommenheit, in die sie seit dem Mord an Fra Agostino gestürzt ist. Dieses durchschaubare Opfer bringt die Hauptakteure zur Besinnung. Sie sind bereit, ihre Verfehlungen einzugestehen, um den Schwärmer zu retten. Doch das ist nicht nötig. In der vom Großtyrannen einberufenen Gerichtsverhandlung läßt dieser alle Akten und Beweismittel verbrennen, und bevor einer der Reumütigen zu Wort kommt, sagt er, er habe »die menschliche Art nicht für so leichtfällig gehalten«, aber jetzt gesehen, daß der Mensch nur in Versuchung geführt zu werden braucht, um in Schuld zu fallen. Es graue ihm vor allem, das er sie habe tun sehen. Massimo Nespoli habe er die Fristen gestellt und ihn bedroht, um die Redlichkeit seines Herzens »auf eine Probe zu setzen«; er habe sehen wollen, ob Nespoli Vertrauen zu seiner, des Großtyrannen, Einsicht und Gerechtigkeitsliebe habe oder aber in knechtlicher Furcht vor ihm sei. Nespoli aber habe sich von dieser Furcht treiben lassen.

> »Und nun weiß ein jeder einzelne von euch, welcher Art die Anklagen sind, die hier in Rede stehen, und er weiß auch, gegen wen diese Anklagen sich richten. Gegen den verstorbenen Pandolfo Confini aber oder gegen den Färber Sperone richtet sich keine Anklage, wie denn in Sachen des Mordes selbst eine Anklage nicht erhoben werden kann. Die Tötung des Fra Agostino nämlich steht außerhalb der Gerichtsbarkeit. Ich selbst habe sie mit meiner eigenen Hand vollzogen, da ich mich von seiner Verräterei überzeugt hatte und doch kein Gerichtsverfahren wünschen konnte; denn es ging um sehr heimliche Staatsdinge.«
>
> *(Fünftes Buch, 5.)*

Bergengruens Roman gilt als eines der wenigen Beispiele oppositioneller Literatur im Dritten Reich. Man fragt sich, welche Elemente des Widerspruchs er enthält. Sollte es die Absicht des Autors gewesen sein, einen üblen Despoten darzustellen, dann wäre es ihm gründlich mißlungen, denn wenn man die absolutistische Herausgehobenheit eines Renaissance-Potentaten als eine historische Vorbedingung mit in Rechnung stellt, so ist der Großtyrann geradezu das Muster eines guten Machthabers. Er mischt sich unter das Volk, bewegt sich frei und ohne Leibwache in seinem Herrschaftsbereich, ist beliebt zumindest beim einfachen Volk. Von den Drohungen gegen Nespoli abgesehen, verliert er kein böses Wort. Er argumentiert, läßt abweichende

Meinungen gelten, hört geduldig zu bei Argumenten, sogar bei gegen ihn gerichteten Vorwürfen. Vor allem aber: Er reflektiert sein Herrschertum auf hohem Niveau und ist sich seiner Verantwortung fur die Untertanen bewußt.

So, wie er dargestellt ist, scheint er fast einem Fürstenspiegel entnommen zu sein, also einem Werk, das dazu dient, einem regierenden oder künftigen Herrscher beispielhaft vorzuführen, wie der ideale Fürst beschaffen sein sollte. Doch gibt es auch eine zweite Art des Fürstenspiegels. Sie zeigt beispielhaft das Fehlverhalten eines Potentaten auf, damit er und seine Standesgenossen zur Besinnung kommen. Von dieser Art ist Lessings Tragödie ›Emilia Galotti‹ (vgl. Bd. 2, S. 101 ff.). Auch sie spielt in der Renaissance, zielt aber auf die zeitgenössischen politischen Verhältnisse. Hettore Gonzaga, Prinz von Guastalla, nimmt seine Machtstellung als Freibrief, bedenkenlos seinen Neigungen zu folgen. Die tragischen Ereignisse, die er damit auslöst, zwingen ihn zur Einsicht, daß ihm seine herausgehobene Position Verantwortungsbewußtsein, Erfüllung harter Pflichten und Verzicht auf Eigenwillen abverlangt.

Der Großtyrann in Bergengruens Roman hat diese Einsicht. Aber auch er wird einem Lernprozeß unterworfen. Er glaubte, mit der Beseitigung der Beweismittel, mit der Niederschlagung des Verfahrens und mit seinem Eingeständnis die Sache aus der Welt geschafft zu haben. Doch da tritt noch während der Verhandlung der Pfarrer Don Luca vor ihn, den er vorher vergeblich zu zwingen versucht hatte, ein Beichtgeheimnis zu verraten.

> Er schluckte schwer, er hob seinen grobschlächtigen Leib aus dem Sessel und er trat langsam an den Großtyrannen heran, indem er einen Fuß auf die Erhöhung stellte. Und nun begann er zu reden, ohne Rücksicht, ohne Schonung und voll einer bäuerlichen Unerschrockenheit.
> »Und du selber, Herrlichkeit?« fragte er sehr laut und lauter als alle, die vor ihm in diesem Raume gesprochen hatten, so daß der Hall von den Wänden zurückprallte und über die Hörer hinwogte. »Bist du nicht der Versuchung erlegen wie alle?«
> »Welcher?« fragte der Großtyrann zurück [...].
> »Der ärgsten von allen«, antwortete Don Luca. »Der des Gottähnlichseinwollens. Der Versuchung der Schlange im Paradiese, welche unseren Voreltern sagte: ihr werdet sein wie Gott, indem ihr wissen werdet das Gute und das Böse. Wir anderen sind in Versuchungen und Verschuldungen gefallen nach menschlicher Weise und innerhalb der Begrenzungen des menschlichen Wesens. Du aber als der einzige hast gesündigt, indem du dich über das Menschliche zu erheben trachtetest und Gott gleich sein wolltest.«
> [...]
> »Welche Nötigung hat dich genötigt, Herrlichkeit, oder welche Bedrohung dich bedroht?« fuhr Don Luca fort [...]. »Ein jeder andere wurde

so versucht, daß er aus Zwang und Not eines rettenden Ausweges bedurfte; und er war schwach genug, ihn zu begehen. Wo aber ist deine Entschuldigung? Du hast mit deinem freien Willen dies widergöttliche Spiel angehoben, nicht getrieben von einer Not, sondern einzig von deinem Gelüsten, in Gleichheit Gottes die Schicksale von Menschen zu bewegen und zu beschauen und endlich als ein Weltenrichter über sie zu befinden. Und so hast du des Menschen Fehlbarkeit und Leichtverführbarkeit bestürzender zum Erweise gebracht als diese anderen. So bist du der Urheber aller bösen Geschehnisse in deiner Stadt und einzig du, Herrlichkeit, hast nichts, das zu deiner Rechtfertigung dienen könnte oder zu einer Milderung des Urteils, wie es doch alle diese anderen haben. Dies ist die Anklage, die hier gegen dich erhoben wird. Und nun weißt du, Herrlichkeit, daß du unter dem Gerichte stehst, ob auch nicht unter dem unseren.«

(Fünftes Buch, 6.)

[...]
Der Großtyrann wandte sich ab und barg das gesenkte Antlitz hinter den Händen. [...] Endlich ließ er die Hände sinken. »Vergebt mir«, sagte er in die Stille hinein. »Denn ich bin der Schuldige.«

(Fünftes Buch, 7.)

Lessings Prinz vergeht sich gegen das Gemeinwohl, weil er leichtfertig und unbedacht ist und weil ihn niemand über seine Pflichten aufgeklärt hat. Der Großtyrann kennt seine Pflichten alle. Sein Vergehen hat seine Ursache in seiner »menschenforscherischen Leidenschaft«; er »bekundet [...] die Untrüglichkeit seiner Menschenbeobachtung und zugleich die Lust, die er an dieser Beobachtung hatte.« Es ist die Vermessenheit des machiavellistisch kühlen Experimentators, der die subtile Idee hat, die Angst der Untertanen »vorauseilend« zu gestalten, der mit deren Unzulänglichkeiten spielt, der die moralische Unordnung provoziert, statt ihrem Aufkommen entgegenzuwirken.

Hier, in der moralischen Wertung eines Herrschaftsverhaltens, das sich der Macht über die Gewissen versichert, und in der allzu willigen Bereitschaft der Untertanen, dem Bösen freien Lauf zu lassen, wenn die verderblichen Neigungen einmal geweckt werden und willkommen zu sein scheinen, muß man den Widerspruch gegen das herrschende Regime suchen. Wenn schon ein guter Fürst das Böse weckt, wie sehr wird es erst eine wahre Despotenherrschaft tun.

Eine derart subtile Analyse von Herr-und-Knecht-Verhalten, noch dazu in der Maske der Renaissance, und erst recht die religiöse Dimension der Schuldgefühle des Großtyrannen mußten einem strammen Nationalsozialisten fremd bleiben. Tatsächlich blieb der Roman nach seinem Erscheinen 1935 von der Zensur unbehelligt; er wurde sogar im ›Völkischen Beobachter‹ positiv rezensiert – vielleicht auch deshalb, weil die Renaissance mit ihren selbstherrlichen Despoten, gefürsteten Condottieri und päpstlichen Nepoten als Beispielreservoir für die Führerideologie diente. Die Akzeptanz ging so weit, daß der Roman auch als Nachweis dafür dienen kann, wie eine verdeckte Schreibweise ihre Adressaten verfehlt.

Ernst Jünger
Auf den Marmorklippen

Ernst Jünger (1895–1998) war nach dem Ersten Weltkrieg aggressiv national gesinnt, nicht etwa unter dem Einfluß Hitlers, sondern motiviert durch die Frustration der Verlierer und ungerecht Behandelten. In den zwanziger Jahren sah er bei den Nationalsozialisten durchaus noch Auffassungsähnlichkeiten, war beeindruckt von deren kämpferischer, machtwilliger Forschheit und dem Führerprinzip, doch stand er dem Regime dann doch schon während der Machtergreifung reserviert gegenüber. Das steigerte sich bald zu Abscheu vor den subalternen, grobschlächtigen und kulturlosen Barbaren. Sie waren seiner kultivierten aristokratischen Welthaltung zuwider, er hielt sich aus der Tagespolitik heraus und blieb ein kühler Beobachter dessen, was sich vor seinen Augen abspielte.

In dem 1939 erschienenen Kurzroman ›Auf den Marmorklippen‹ setzt er sich mit der Katastrophe auseinander, die der Einbruch kultur- und menschenfeindlichen Barbarentums in eine verfeinerte Lebenswelt herbeiführt.

Die Ereignisse finden in einer imaginären Zeit und Landschaft statt, aber doch so, daß aus Einzelhinweisen eine vage Vorstellung über das Wann und Wo entstehen kann. So ist von Indianern die Rede, doch die Waffen sind Armbrust, Hellebarde und Streitaxt, gelegentlich auch eine Jagdflinte. Das könnte auf die Renaissance hindeuten. Für Japan verwendet Jünger den altertümlichen Namen »Zipangu«, den Marco Polo dem Land gab. Eine wesentliche Rolle spielt das Werk von Linnaeus (Carl von Linné, 1707–1778), dem Begründer der botanischen Fachsprache. Das Linnésche System zur Bestimmung der Pflanzen erschien 1735. Da waren Hellebarden höchstens noch eine Zierde der Waffenkammer oder der Schweizergarde. All diese Spekulationen werden hinfällig, wenn der Fürst von Sunmyra in einem Kraftwagen vorfährt oder ein alter Haudegen über Luftangriffe prahlt. Die Verfremdung in eine vage Vorzeit kann den beabsichtigten Nebeneffekt haben, auf die Unwahrscheinlichkeit solchen Barbarentums in der Gegenwart hinzuweisen. Dann ist der Hinweis auf das Auto und die Flugzeuge ein Schlüssel, um die Bildebene für das eigentlich Gemeinte zu öffnen.

Die Landschaft ist in ähnlicher Weise im Ungewissen gelassen. Da gibt es die Große Marina, trotz des maritimen Namens offenbar ein ausgedehnter See mit einem mittelmeerischen Gestade von hoher Kultur, mit Häfen, blühenden Städten, mit Schlössern und Klöstern. Kastanienhaine und Weinberge ziehen sich die Hänge hinauf bis zu den »Marmorklippen«, also zu felsigen Höhen (unter denen der Erzähler und sein Bruder in der »Rautenklause« leben, einem Landhaus mit Bibliothek und Herbarium). Am jenseitigen Ufer liegt »Alta Plana«, Burgund ist nicht weit. Das läßt auf den Bodensee schließen (wo Jünger von 1936–1939 wohnte) und auf die Schweiz, doch ohne daß man das eindeutig fixieren könnte. (Immerhin, von dort kommt der Föhn, und »Im Süden, jenseits der Marina, ragte im Schutze seiner Gletschergürtel das freie Bergland von Alta Plana auf.«) Die lateinischen oder auch ladinischen Namen, die den Text durchziehen, verschleiern die Ortung ebenso wie der Hinweis, daß auf den Inseln der Marina Feigen und Orangen gedeihen. Nach Norden schließen sich weitläufige Weideflächen an, die »Campagna«, besiedelt von einem streitsüchtigen Hirtenvolk, dessen Sippen in uralte Fehden der Blutrache verstrickt sind. Hinter Sumpfland bedecken finstere Wälder die Berghänge; dies ist der ursprüngliche Herrschaftsbereich des »Oberförsters«, eines rücksichtslosen, kulturfeindlichen Tyrannen, der am Ende das Land an der Marina erobert.

Der Erzähler und sein Bruder Otho (ein altrömischer Name, der in den Briefen Ciceros und als Kaisername vorkommt) führen in der Rautenklause ein ruhiges Forscherleben als Botaniker, bauen die »Florula« auf, eine umfangreiche Sammlung von Pflanzen, die sie nach Linnaeus bestimmen oder seinem System hinzufügen. Ihre Entdeckerlust gilt dem Ausgefallenen, Exotischen, Raren, und auf der Suche danach streifen sie auch durch die Campagna und die Wälder. Ihr wissenschaftliches Interesse verbindet sie mit Pater Lampros aus dem nahegelegenen Kloster der Maria Lunaris, »die man im Volke als die Falcifera verehrt«. Pater Lampros, aus altburgundischem Geschlecht, ist ein Botaniker von hohen Graden und ein weiser, geduldiger Betrachter des Lebens. Er führt die Brüder auf das Einfache zurück.

> Bald weilten wir häufig im Kloster der Falcifera, sei es im Blumengarten, sei es in der Bibliothek. Auf diese Weise gedieh uns unsere »Florula« weit reicher als bisher, da Pater Lampros seit vielen Jahren an der Marina sammelte und wir nie von ihm gingen ohne einen Stoß Herbarienblätter, die er mit eigener Hand beschriftet hatte und deren jedes ein kleines Kunstwerk war.
>
> [...] Nicht nur besaß er eine große Kenntnis der Erscheinungen, sondern er wußte auch die Augenblicke hohen Ranges zu vermitteln, in denen der Sinn der eigenen Arbeit uns wie ein Blitz durchdringt.

Vor allem blieb einer dieser Hinweise uns denkwürdig. Der Pater führte uns eines Morgens an einem Blumenhange, an dem die Klostergärtner in der Frühe gejätet hatten, zu einer Stelle, über die ein rotes Tuch gebreitet war. Er meinte, daß er dort der Unkrauthacke ein Gewächs entzogen hätte, um unser Auge zu erfreuen – doch als er dann das Tuch entfernte, erschien nichts anderes als eine junge Staude von jener Wegerichsorte, der Linnaeus den Namen major gab und wie man sie auf allen Pfaden findet, die je ein Menschenfuß betrat. Indessen, als wir uns auf sie herniederbeugten und sie aufmerksam musterten, erschien es uns, als ob sie ungewöhnlich groß und regelmäßig gewachsen sei; ihr Rund war als ein grüner Kreis gebildet, den die ovalen Blätter unterteilten und zackig ränderten, in deren Mitte sich leuchtend der Wachstumspunkt erhob. Die Bildung schien zugleich so frisch und zart im Fleische wie unzerstörbar im Geistesglanze der Symmetrie. Da faßte uns ein Schauer an; wir fühlten, wie die Lust zu leben und die Lust zu sterben sich in uns einten; und als wir uns erhoben, blickten wir in Pater Lampros' lächelndes Gesicht. Er hatte uns ein Mysterium vertraut.

Wir durften die Muße, die uns Pater Lampros schenkte, um so höher schätzen, als sein Name bei den Christen in hohem Ansehen stand und viele, die Rat und Trost erhofften, sich ihm näherten. Doch liebten ihn auch solche, die an den Zwölf Göttern hingen oder die aus dem Norden stammten, wo man die Asen in weiten Hallen und umzäunten Hainen ehrt.

(14. Kapitel)

Dies ist ein Beispiel für die Jüngersche Darstellungsweise: die Konzentration auf das Erlesene, unbewußt Kunstvolle auch in der Naturwissenschaft, seiner Domäne. Es ist nicht nur das ehrfürchtige Schauen eines Mysteriums; Pater Lampros' Hinweis auf die Schönheit einer so einfachen, kaum beachteten Pflanze wie des Wegerichs gewinnt Gewicht beim Untergang des Klosters, da die Blüte als das Grundmuster für die wunderbare Fensterrosette der Kirche erahnbar wird.

Das kontemplative, scheinbar serene Leben dieser kultivierten Menschen ist gefährdet. Der Oberförster ist längst im Begriff, die beherrschende Gestalt in ihrem ganzen Lebensbereich zu werden. Kleine Gruppen seiner Leute dringen ab und zu in die geordneten Verhältnisse ein und bringen Unruhe. »Gerade hierin lag ein meisterhafter Zug des Oberförsters; er gab die Furcht in kleinen Dosen ein, die er allmählich steigerte und deren Ziel die Lähmung des Widerstandes war.« An der Marina, wo man immer schon Söldnertruppen angeworben hatte, verband sich deren Führer Biedenhorn mit den Kapitänen des Oberförsters. »Indem er sich hilfsbedürftig stellte, schob er ihnen und ihrem Waldgesindel die Aufsicht über die ländlichen Bezirke zu. Damit begann der Schrecken ganz und gar zu herrschen und nahm die Maske der Ordnung an.« Die Mannschaft bestand aus den »Jägern«, »Waldgelichter, wie es im Buche steht, klein, blinzelnd und mit dunklen Hängebärten in den zerfressenen Gesichtern; ein Rotwelsch sprechend, das von allen Zungen das Übelste sich angeeignet hatte und wie aus blutigem Kot gebacken war.« An dieser Textstelle erkennt man, daß Jünger Rassentheorien und der Physiognomik nicht abgeneigt war. Diese »Untermenschen« machten unbarmherzig Jagd auf die von den Brüdern geliebten »goldgrünen und leuchtend weiß gesternten« Perlenechsen, weil sie bei den »welschen Kurtisanen« sehr begehrt waren.

> Ja diese Schinder nahmen sich nicht einmal die Mühe, sie zu töten, sondern beraubten sie noch lebend ihrer Haut und ließen sie als weiße Schemen die Klippen hinunterschießen, an deren Fuß sie unter Qualen verendeten. Tief ist der Haß, der in den niederen Herzen dem Schönen gegenüber brennt.
>
> Solche Aasjägerstückchen gaben indessen nur den Vorwand, um bei den Höfen und Häusern zu spionieren, ob in ihnen noch ein Rest von Freiheit lebendig war. Dann wiederholten sich die Banditenstreiche, die man schon aus der Campagna kannte, und die Bewohner wurden bei Nacht und Nebel abgeführt. Von dort kam keiner wieder, und was wir im Volk von ihrem Schicksal raunen hörten, erinnerte an die Kadaver der Perlenechsen, die wir geschunden an den Klippen fanden, und füllte unser Herz mit Traurigkeit.
>
> Dann tauchten auch die Förster auf, die man oft an den Rebenhängen und auf den Hügeln bei der Arbeit sah. Sie schienen das Land neu zu vermessen, denn sie ließen Löcher in den Boden graben und pflanzten Stangen mit Runenzeichen und tierischen Symbolen auf. Die Art, in der sie sich in Feld und Flur bewegten, war noch bestürzender als die der Jäger, denn sie durchstreiften den altgepflügten Grund wie Heideland, indem sie weder Weg noch Grenze achteten. Auch zollten sie den heiligen Bildern nicht den Gruß. Man sah sie das reiche Land durchqueren wie unbestellte und ungeweihte Wüstenei.
>
> Aus solchen Zeichen ließ sich erraten, was von dem Alten, der tief in seinen Wäldern lauerte, noch zu erwarten war. Ihm, der den Pflug, das Korn, die Rebe und die gezähmten Tiere haßte und dem die lichte Siedlung und das offene Menschenwesen zuwider waren, war es um Herrschaft über solche Fülle nicht zu tun. Ihm ging das Herz erst auf, wenn auf den Trümmern der Städte Moos und Efeu grünten und wenn in den geborstenen Kreuzgewölben der Dome die Fledermaus im Mondschein flatterte. Die letzten seiner großen Bäume sollten die Wurzeln an den Ufern der Marina baden, und über ihren Kronen sollte der Silberreiher auf den Schwarzstorch treffen, der aus den Eichenschlägen zum Sumpfe flog. Es sollten in der dunklen Weinbergerde die Eber mit den Hauern wühlen, und auf den Klosterteichen sollten die Biber kreisen, wenn auf verborgenen Pfaden das Wild zur Dämmerung in starken Rudeln an die Tränke zog. Und an den Rändern, wo die Bäume im Sumpf nicht Wurzel schlugen, sollte im frühen Jahr die Schnepfe streichen und spät im Herbst die Drossel an die rote Beere gehen.
>
> *(11. Kapitel)*

»Tief ist der Haß, der in den niederen Herzen dem Schönen gegenüber brennt.« Das ist ein Kernsatz des Jüngerschen Daseinsverständnisses. In der Art, wie sich die Jäger und Förster des Kulturlandes rücksichtslos Schritt für Schritt bemächtigen, und in der urwüchsigen, primitivzerstörerischen Weltanschauung des Oberförsters stellt er dar, was ihm zuwider ist.

Jüngers Vorhaben, den Einbruch des Barbarischen in eine Kulturlandschaft parabelhaft darzustellen, wird hier so verwirklicht, daß man seine eigene Zeit durchscheinen sieht. Man braucht nur die natürliche Primitivität des »Waldgelichters« mit dem künstlichen Barbarentum in der Weltanschauung der Nationalsozialisten zu vertauschen und das Verhalten gegenüber dem Kulturland mit dem gegenüber den Künsten und Wissenschaften. Wo der Oberförster sich einen wilden Urzustand zurückwünscht, strebt die herrschende Ideologie die Reduktion der Wissenschaften und Künste auf ein ideologiekonformes völkisches Schrumpfdasein an. Dies ist eine subtile Antwort auf die Herrenrassen-Ideologie der Nationalsozialisten (vgl. S. 22 ff.); sie stützt sich auf das gleiche Nietzsche-Wort, das diese für ihre Zwecke gern verwendeten:

> Die vornehmen Rassen sind es, welche den Begriff »Barbar« auf all den Spuren hinterlassen haben, wo sie gegangen sind; [...] Diese »Kühnheit« vornehmer Rassen, toll, absurd, plötzlich, wie sie sich äußert, das Unberechenbare, das Unwahrscheinliche selbst ihrer Unternehmungen [...], ihre Gleichgültigkeit und Verachtung gegen Sicherheit, Leib, Leben, Behagen, ihre entsetzliche Heiterkeit und Tiefe der Lust in allem Zerstören, in allen Wollüsten des Siegs und der Grausamkeit – alles faßte sich für die, welche daran litten, in das Bild des »Barbaren«, des »bösen Feindes«, etwa des »Goten«, des »Vandalen« zusammen.
>
> *(Friedrich Nietzsche: Zur Genealogie der Moral. I, 11)*

Es ist im Rückblick leicht gesagt, daß Jünger es so gemeint haben könnte. Allerdings hat er immer betont, daß ihm die strukturelle Anordnung wichtiger war als der Einzelfall.

Die Brüder entschließen sich, »durch reine Geistesmacht zu widerstehen«, und versenken sich, »während die Untaten wuchern, [...] in das Mysterium der Blumen«. Als die Lage unerträglich wird, gehen die Gutgesinnten zum Gegenangriff über. Zuerst dringt der junge Fürst von Sunmyra aus neuburgundischem Geschlecht in die Wälder vor, um den Oberförster zu stellen. Als die Kämpfer nachfolgen, erleiden sie eine vollständige Niederlage. Der Erzähler überlebt durch einen Zufall; an einer Marterstätte, wo »auf alle Ewigkeit verworfenes Gelichter sich an der Schändung der Menschenwürde und Menschenfreiheit schauerlich ergötzt«, findet er den abgeschlagenen Kopf des Fürsten. Er nimmt ihn mit sich und wandert durch verwüstete Siedlungen, an plünderndem Waldgesindel vorbei zur Rautenklause. Von den Marmorklippen blickt er auf ein Inferno von brennenden Städten, Schlössern und Klöstern hinab. Auch sein Bruder ist dem allgemeinen Morden entgangen. Die beiden ordnen ruhig und systematisch ihr Heim, um es für immer zu verlassen. Den Kopf des Fürsten reinigen sie mit Wein von Blut und Todesschweiß und betten ihn in eine Amphore, die mit Blättern von weißen Lilien und Schirasrosen ausgelegt ist.

Als wir die Biegung erreichten, an welcher der Pfad sich in den Hügeln zum Kloster der Falcifera verliert, verweilten wir noch einmal und blickten auf unser Haus zurück. Wir sahen es im Schatten der Marmorklippen liegen, mit seinen weißen Mauern und dem breiten Schieferdache, auf dem sich matt der Schimmer der fernen Feuer spiegelte. Gleich dunklen Bändern zogen sich um die hellen Wände die Terrasse und der Altan. So baut man in den schönen Tälern, in denen unser Volk am Südhang wohnt. Indem wir so die Rautenklause betrachteten, erhellten sich ihre Fenster, und aus dem Giebel fuhr eine Flamme bis zur Höhe des Marmorklippenrandes auf. Sie glich an Farbe dem Flämmchen auf der Leuchte Nigromontans – tief dunkelblau – und ihre Krone war gleich dem Kelche der Enzianblüte ausgezackt. Hier sahen wir die Ernte vieler Arbeitsjahre den Elementen zum Raube fallen, und mit dem Hause sank unser Werk in Staub. Doch dürfen wir auf dieser Erde nicht auf Vollendung rechnen, und glücklich ist der zu preisen, dessen Wille nicht allzu schmerzhaft in seinem Streben lebt. Es wird kein Haus gebaut, kein Plan geschaffen, in welchem nicht der Untergang als Grundstein steht, und nicht in unseren Werken ruht, was unvergänglich in uns lebt. Dies leuchtete uns in der Flamme ein, doch lag in ihrem Glanze auch Heiterkeit. Mit frischen Kräften eilten wir den Pfad entlang. Noch war es dunkel, doch aus den Rebenhügeln und Uferwiesen stieg schon die Kühlung des Morgens auf. Auch schien es dem Gemüt, als ob die Feuer am Firmament ein wenig von ihrer unheilvollen Kraft verlören; es mischte sich Morgenröte ein.

Am Bergeshange sahen wir auch das Kloster der Maria Lunaris in Gluten eingehüllt. Die Flammen schlugen am Turm empor, so daß das goldene Füllhorn glühte, das auf dem Knauf als Wetterfahne schwang. Das hohe Kirchenfenster an der Seite des Bildaltars war schon zersprungen, und wir sahen im leeren Rahmen den Pater Lampros stehen. In seinem Rukken glomm es wie aus dem Feuerofen, und wir eilten, um ihn zu rufen, bis an den Klostergraben vor. Er stand im Prunkornat; auf seinem Antlitz sahen wir ein unbekanntes Lächeln leuchten, als ob die Starre, die uns sonst an ihm erschreckte, im Feuer dahingeschmolzen sei. Er schien zu lauschen; und doch hörte er unsere Rufe nicht. Da hob ich das Haupt des Fürsten aus der Duftamphore und streckte es mit der Rechten hoch empor. Bei seinem Anblick faßte uns ein Schauer, denn die Feuchte des Weines hatte die Rosenblätter angesogen, so daß es nun im dunklen Purpurprunke aufzuleuchten schien.

Doch war es noch ein anderes Bild, das uns, als ich das Haupt erhob, ergriff – wir sahen im grünen Glanze die Rosette strahlen, die in noch

unversehrter Rundung den Fensterbogen schloß, und ihre Bildung war uns wundersam vertraut. Uns schien, als hätte uns ihr Vorbild in jenem Wegerich geleuchtet, den Pater Lampros uns einst im Klostergarten wies – nun offenbarte sich die verborgene Beziehung dieser Schau.
Der Pater wandte, als ich ihm das Haupt entgegenstreckte, den Blick zu uns, und langsam, halb grüßend und halb deutend, wie bei der Consecratio, hob er die Hand, an welcher der große Karneol im Feuer glomm. Als hätte er mit dieser Geste ein Zeichen von schrecklicher Gewalt gegeben, sahen wir die Rosette in goldenen Funken auseinandersprühen, und mit dem Bogen stürzten wie ein Gebirge Turm und Füllhorn auf ihn herab.

(28. Kapitel)

Der Tod Pater Lampros' ist ein hochsymbolischer Akt. Darin wird in einem grandiosen Bild zusammengefaßt, was im Inferno des Einbruchs der Unkultur zugrunde geht: Der Pater ist die Inkarnation all dessen, was dem Erzähler als der wahre Wert des Lebens gilt. Er ist von höchster Gelehrsamkeit und Weisheit, hat den Blick für Zusammenhänge und für die Schönheit der Natur wie der Kunst, ist verständnisvoller Seelsorger – auch für die, »die aus dem Norden stammten, wo man die Asen [...] ehrt«, und die ihn jetzt umbringen. Im gemeinsamen Untergang der Rosette (sie gilt als das vollendetste Kunstwerk der gotischen Architektur) und des Paters (des edelsten Menschen) geht auch der Sinn für die Geheimnisse der Natur zugrunde, vergegenständlicht in der unbewußten Ästhetik der Wegwarte, auf die Pater Lampros aufmerksam gemacht hat. An seine Stelle tritt das wuchernde Unkraut, »wenn auf den Trümmern der Städte Moos und Efeu grünten«.

Es ist nicht zu übersehen, daß sich die Symbolik im Zusammenhang mit dem Haupt des Fürsten zu makabrem Kitsch in schlechtem Jugendstil verirrt. Das ist das extremste Beispiel für einen Zug in Jüngers Werk, der uns heute irritiert: Es ist die Verschwisterung von blutrünstiger Aktion mit ziseliertem Feinsinn – so wenn sich das Haupt des Fürsten in die vom Wein blutrot gefärbten, ursprünglich weißen Blätter der Rosen bettet – und es sind nicht gewöhnliche Rosen, sondern solche aus Schiras, der Stadt in Persien, wo man die Rosen zuerst gezüchtet und wo sie der Dichter Hafis besungen hat. Man hat Jünger vorgehalten, er kleide die blutigen Kampfszenen, die Schilderung der Toten und den Rausch der Vernichtung in ein so ausgefeilt schönes stilistisches Gewand, daß der Lesegenuß das Entsetzen abtöte. Die Apotheose des Paters Lampros ist ein derartiges Sprachgebilde.

Als der Roman 1939 erschienen war, las der inzwischen als Hauptmann eingezogene Verfasser »im Bunker Kritiken, auch von ausländischen Zeitungen, in denen der politische Bezug mehr oder minder deutlich betont wurde. [...] Es wurde früh begriffen, selbst im besetzten Frankreich, daß ›dieser Schuh auf verschiedene Füße paßt‹.« So Jünger 1972 in ›Adnoten‹ zum Roman. Jean Cocteau notierte 1942 in seinem Tagebuch, er wundere sich, wie Jünger das Buch in Deutschland veröffentlichen konnte, ohne in Verdacht zu geraten. Er widersetze sich dem System mit einem erstaunlichen Adel der Gesinnung.

Am deutlichsten ist der aktuelle Bezug, den Jünger immer als zweitrangig abtat, bei der »Mauretania« und bei der Gestalt des Oberförsters. Der Erzähler und sein Bruder gehören den Mauretaniern an, einer kriegerischen Vereinigung, die Ähnlichkeiten mit Geheimbünden, Ordensrittern, aber auch mit studentischen Korporationen zu haben scheint; ein Charakteristikum ist der Zusammenhalt und die gegenseitige Hilfsbereitschaft über alle Weltanschauungsgrenzen hinweg. Von vergangenen Feldzügen ist die Rede, an denen die Brüder in der Reitertruppe teilgenommen haben. Mitglied ist auch der Oberförster.

> Der Oberförster war uns seit langem als Alter Herr der Mauretania bekannt. Wir hatten ihn auf den Konventen oft gesehen und manche Nacht mit ihm beim Spiel gesessen und gezecht. Er zählte zu den Gestalten, die bei den Mauretaniern zugleich als große Herren angesehen und als ein wenig ridikül empfunden werden [...] Er prägte sich dem Gedächtnis ein, schon weil sein grüner, mit goldenen Ilexblättern [Blättern der Stechpalme. W. v. R.] bestickter Frack die Blicke auf ihn zog.
>
> *(7. Kapitel)*

Hier ist eine Gestalt der Nazi-Hierarchie deutlich auszumachen, nämlich Hermann Göring. Zeitgenössische Flüsterwitze charakterisieren seine Eitelkeit, sein pomphaftes Auftreten, seine Phantasieuniformen ganz ähnlich. Der Oberförster ist »ein wenig ridikül«: *Was ist der Unterschied zwischen Japan und Göring? Japan ist das Land des Lächelns, Göring ist das Lächeln des Landes.* Sein »mit goldenen Ilexblättern bestickter Frack« fällt auf: *Göring hat sich den linken Arm verkürzen lassen, damit er die Uniformen Kaiser Wilhelms II. tragen kann. – Als in seiner Wohnung ein Wasserrohr platzt, befiehlt er: »Man bringe mir meine Admiralsuniform!«* Wenn man dazu Görings Jagdschloß Karinhall und seine ostentative Jagdleidenschaft nimmt, so kann man sich kaum noch vorstellen, daß ihn Jünger nicht im Visier gehabt haben soll. Auch der folgende scharfe Satz paßt genau: In »den Augen des Oberförsters [lag], besonders wenn er lachte, der Schimmer einer fürchterlichen Jovialität«. Ebenso die anfängliche Kumpelhaftigkeit. Göring war wie Jünger Träger des Ordens Pour le mérite. Die Gemeinschaft der Frontsoldaten (besser noch: -offiziere) beschwor Jünger oft. Nach 1933 allerdings war das anders. Als man ihm vorschlug, aktiver Offizier zu werden, lehnte er ab: »In einer Armee, in der ein Göring General ist, ist kein Platz für mich.« Im ›Ersten Pariser Tagebuch‹ schreibt Jünger am 1. Februar 1942 über seinen Freund Gerhard Nebel, er habe »Anlaß zur unmittelbaren Denunziation« gegeben: Er habe sich mit anderen »bei der Sylvesterfeier auf den Korridoren über den ›Oberförster‹ lustig gemacht«. Nebel war als Dolmetscher bei der Pariser Luftflotte; er wurde strafversetzt.

Sobald man hinter die Kulissen zu blicken meint, ergeben sich so zahlreiche Gleichsetzungen, daß man sich gewaltsam von Spekulationen abhalten muß: So vermutet man hinter den Mauretaniern das Offizierskorps des Ersten Weltkriegs und der Reichswehr; die Mauretanier haben einen Aufstand in den »Iberischen Provinzen« niedergeschlagen und Sagunt bei einem Luftangriff »zu Asche [gebrannt]« (die Legion Condor in Spanien, Guernica am 26. 4. 1937); der Söldnerführer Biedenhorn stellt das »Waldgesindel« als Aufsicht ein (SA 1933 als Hilfspolizei); die Umtriebe der »Aasjäger« (die Gestapo); »die aus dem Norden, wo man die Asen [...] ehrt« (die Germanenidolatrie); Kulturfeindlichkeit geht bis zur Vernichtungswut (Bücherverbrennung; Ausstellung »Entartete Kunst«). Es fällt auf, daß Hitler hinter den Masken des Romans nicht auszumachen ist. Er wird nur vorstellbar in der Art und Weise, wie die Handlanger seinen Machtwillen in die Tat umsetzen.

Das alles sollte nicht überbewertet werden; es widerlegt nicht die erklärte Absicht Jüngers, eine Parabel nicht über das Dritte Reich, sondern über eine Grundstruktur historischer Abläufe zu gestalten, eben die Zerstörung einer verfeinerten Hochkultur durch blutrünstige barbarische Kräfte, so wie sie Oswald Spengler in seinem Werk ›Der Untergang des Abendlandes‹ als gesetzmäßig vorgeführt hat. Daß Jünger dazu Beispiele aus seiner eigenen Zeit einbringt, ist naheliegend. Er hat sie durch alle möglichen Tricks und Finten verfremdet.

Die Camouflage ist ein Bestandteil von Jüngers Stil und Aussage. Er konstruiert absichtlich verworrene Zeit- und Ortsverhältnisse, steigert die Lust am Quälen und Zerstören ins Ungeheuerliche, schafft irreale Szenerien der Kämpfe, in denen Windhunde und Bluthunde aufeinandertreffen, Giftschlangen die Rautenklause und ihre Bewohner verteidigen. Das alles ist ein verwirrendes Spiel von großer Kunstfertigkeit mit dem Absonderlichen, dem Blutrünstigen, dem Erlesenen, das viel über die Psyche und die Neigungen des Autors verrät und den Roman der direkten, einfachen Gleichung – hier die Kultivierten, dort die nationalsozialistischen Barbaren – entzieht.

Gertrud von le Fort
Die Magdeburgische Hochzeit

Gertrud Freiin von le Fort (1876–1971) stammte aus einer Hugenottenfamilie, trat aber 1926 zum Katholizismus über. Ihr lyrisches und episches Werk gibt Zeugnis von ihrer neugewonnenen Glaubensfestigkeit. In einem Brief an Hajo Jappe vom 6. 7. 1960 schreibt sie, sie habe in den dreißiger Jahren einmal den Magdeburger Dom besucht. Der Küster, der keine Zeit hatte zu führen, habe ihr angeboten, sie für einige Zeit alleine einzuschließen. »Das geschah nun. Ich sah mir vor allem das Grab Kaiser Ottos an und nahm auch sonst alles Bemerkenswerte des herrlichen Domes auf. Dabei stieß ich auf eine Tafel, die zum Gedächtnis Pastor Bakes errichtet war, der, wie die Inschrift sagte, 1632 [sic!] hier während des Brandes von Magdeburg mit einigen hundert Menschen den Untergang der alten Stadt überlebte.« Die Rückkehr des Küsters verzögerte sich. »In diesen Dämmerstunden nun, die ich allein in dem ungeheuren Dom verbrachte, wurde die Vergangenheit seltsam lebendig. Ich sah gleichsam durch die hohen Kirchenfenster die Brandfahnen von einst über der Stadt wehen – von der Gedenktafel her wurde mir die furchtbare Gefangenschaft Bakes und der Seinen, wie sie hier die Zerstörung der Stadt überstanden, geisterhaft lebendig, als hätte ich alles selber miterlebt. Als der Küster mich endlich zu schon sehr später Stunde erlöste, stand in meinem Inneren das Buch der Magdeburger Hochzeit fest.« Der Roman erschien 1938, zu einem Zeitpunkt, an dem die Dichterin »offiziell« nicht mehr erwähnt wurde.

Als »Magdeburgische Hochzeit« bezeichneten zeitgenössische Berichte die Eroberung und Zerstörung der Stadt im Jahre 1631 durch die kaiserlichen Truppen unter Tserklaes Graf von Tilly. Der Fall der Stadt bedeutete eine Kriegswende, aber nicht zugunsten der Sieger. Diese aberwitzige Entwicklung stellt Gertrud von le Fort dar.

Magdeburg hatte in den ersten Jahrzehnten der Reformation eine symbolische Bedeutung gewonnen, weil es sich nach dem Augsburger Interim von 1545 als letzte und einzige Stadt erfolgreich dagegen gewehrt hatte, daß der Erzbischof wieder einzog und die Hoheitsrechte zurückgewann. Er hätte die Stadt nach dem Grundsatz »cuius regio eius religio« rekatholisiert. Seitdem führte sie den Ehrennamen »Unseres Herrgotts Kanzlei« (Erzählung von Wilhelm Raabe, 1862). Magdeburg strebte den Status der Freien Reichsstadt an; denn damit konnte es den neuen Glauben ungestört ausüben.

Die schreckliche »Hochzeit«, bei der die »Magd« Magdeburg von der kaiserlichen Armee vergewaltigt wird, verbindet Gertrud von le Fort mit dem Schicksal der beiden Vordergrundfiguren Willigis Ahlemann und Erdmuth. Am Tag vor deren Hochzeit zwingen die Ereignisse den kaisertreuen Protestanten Willigis, die Stadt überstürzt zu verlassen. Sein Einsatz für eine friedliche Lösung entfremdet das Paar. Mit dem Untergang der Stadt scheint auch das Schicksal der beiden besiegelt, doch Willigis steht zu Erdmuth, obwohl sie sich aus Enttäuschung und Trotz dem schwedischen Stadtkommandanten angenähert hat und beim Fall der Stadt von einem kroatischen Soldaten vergewaltigt worden ist. Inmitten der Verwüstung werden die beiden im Dom getraut.

Stärker als mit diesen Vordergrundfiguren, deren Parallelsetzung mit den politischen Mächten mitunter gekünstelt wirkt, befaßt sich die Dichterin mit den historischen Entscheidungsträgern. Die katholische Seite zeigt eine überschaubare Struktur: Da ist Kaiser Ferdinand II., ein strenggläubiger Katholik, der nicht nur die rechte Lehre durchzusetzen sucht, sondern auch mittels des religiösen Zwangs die Macht des Kaisertums zu festigen bestrebt ist. Er tritt nicht auf, steht aber übermächtig im Hintergrund bei den Entscheidungen seiner beiden Hauptakteure im Heer, dem Feldherrn Tilly und dessen jesuitischem Beichtvater, die anfangs fest daran glauben, daß der Kampf gottgewollt ist. Die katholische Seite ist außerdem durch das Heer repräsentiert, das, religiös indifferent, eroberungshungrig und allein auf materiellen Gewinn aus den Kämpfen erpicht, dem Grundsatz Wallensteins folgt, daß der Krieg den Krieg ernähren müsse. Die Unterfeldherren, Mansfeld und Pappenheim, konkurrieren im Dreinschlagen, nicht in der Frömmigkeit; Offiziere und Soldateska verschwenden an die Folgen ihres Handelns keine Gedanken.

Die Magdeburger halten an ihrem protestantischen Glauben fest, sind jedoch sehr unterschiedlicher Meinung, was die Mittel und Wege betrifft, ihn zu bewahren. Neben den Orthodoxen, die bedingungslos für ihren Glauben als Märtyrer zu sterben bereit sind, gibt es die eher durchschnittlichen Reichsstädter; daneben die Befürworter eines Toleranzedikts, in dem der Kaiser Glaubensfreiheit auch bei Restitution des Erzbischofs zusagen soll, und die kaisertreuen Protestanten, die auf die Duldung des Kaisers hoffen, ohne etwas Geschriebenes zu verlangen. Nachdem der Kaiser den Magdeburgern das Toleranzedikt versagt, gibt letztlich den Ausschlag die Ankündigung des deutsch-schwedischen Obristen von Falkenberg, der das Kommando über die protestantischen Verteidigungstruppen übernommen hat, ein schwedisches Entsatzheer sei im Anmarsch.

Über die Konfliktlage Tillys im Schwanken zwischen Reichstreue, religiösem Gehorsam und Einsicht in die übergeordneten politischen Bedingungen der Zeit geben die Auszüge aus einer Auseinandersetzung mit seinem Beichtvater, einem jungen Jesuitenpater, Auskunft. Es geht dabei auch um Magdeburg, in erster Linie aber um die hohe Politik, wie sie der französische Kardinal Richelieu verkörpert. Um den Kaiser zu schwächen, unterstützt das katholische Frankreich die protestantischen Schweden. Tilly sucht die humane Lösung, da er – nach Gertrud von le Fort – trotz seiner tiefen Frömmigkeit den Menschen höher schätzt als dessen Religionszugehörigkeit.

> »Ihr reist demnächst nach Wien, mein Vater. Könnt Ihr nicht bei Pater Lamormaini anregen, daß er als Kaiserlicher Majestät Beichtvater das Edikt noch einmal zurückzustellen rät, [...] um die Generalrebellion zu unterbinden – auf weitere vierzig Jahre?«
>
> *(Teil II, ›Der Ehrentanz‹)*

Der junge Pater überlegt »in seinem Herzen« die Folgen. Er erkennt zwar die immanenten Gefahren, die in dem Wandel vom Glaubenskrieg zum weltlichen Machtkampf liegen:

> [...] in diesem Kriege würden nicht die Mächte der heiligen Religion siegen, sondern die weltlichen Mächte, denen man jene anvertraut hatte; [...] nun stand da plötzlich noch ein anderer, weit gefährlicherer Feind als diese kleinen, frommen Protestanten [...] Die Nationen werden aufeinander losgehen wie die reißenden Tiere des Waldes, und die heilige Religion wird mit gebundenen Händen daneben stehen.
>
> *(Teil II, ›Der Ehrentanz‹)*

Sein religiöser Fanatismus und sein jesuitischer Drill treiben ihn aber zu dem verhängnisvollen Schluß:

> Für uns selbst das Martyrium, für die heilige Kirche niemals – für die Braut Christi den Triumph Christi und die Glorie! – Und wahrlich, noch konnte man sich wehren; dazu war das Edikt da; dasselbe durfte niemals fallen: in dem Kampf, der da heraufdrohte, mußte die heilige Kirche wieder einig sein, und das konnte sie nur werden, wenn man ihr die Festungen und Ausfallstore, ihre Stifter und Klöster, zurückerstattete!
>
> *(Teil II, ›Der Ehrentanz‹)*

Hier denkt in erster Linie der Beichtvater und Ratgeber, dem Tilly, fromm wie er ist, vertraut. Der Jesuit handelt nach seiner Überzeugung und sabotiert in Wien den Auftrag des Feldherrn.

Dieser Konfliktlage zweier Individuen steht auf der protestantischen Seite eher ein Kollektiv gegenüber, das ebensowenig kompromißbereit ist wie das kaiserliche Heer, der Jesuitenpater und der Kaiser; es wird vor allem durch den ersten Domprediger Dr. Reinhart Bake und den Stadtkommandanten Obrist von Falkenberg vertreten. Von Dr. Bake heißt es in einer Episode des Belagerungskampfes:

An dem Morgen, an dem der Turm der Hohen Pforte zusammenstürzte, hielt Doktor Bake eben in den Unterständen auf dem Wall Feldgottesdienst. Doktor Bake war jetzt gleichsam mitten in die Welt hineingetreten und stellte mit der Predigt seinen Mann, wie die streitbaren Bürger den ihren mit der Waffe stellten, immerdar an der Spitze des rebellierenden und triumphierenden Magdeburgs dahinschreitend. Als sich nun das große Donnergeräusch des stürzenden Turmes erhob – Bake brachte eben die zündenden Worte vor, die ihm Doktor Gilbert täglich neu ans Herz legte (der war jetzt zufriedener mit ihm denn ehedem) –, da konnte er auf einmal nicht mehr weitersprechen, so als ob der wirbelnde Staub des zerschossenen Gemäuers ihm die Stimme erstickt habe. Sein frommes Schulmeistergesicht verfärbte sich, er brachte nichts mehr über die Lippen als das angstvolle Stoßgebet des versinkenden Petrus: »Herr, hilf uns, wir verderben!« Und wie er nun den erschrockenen Blick nach der Unheilstätte wandte, mußte er plötzlich wieder an das Evangelium von der Zerstörung Jerusalems denken, das er seit vielen Monden über dem Evangelium von Königlicher Majestät von Schweden gänzlich vergessen hatte; es kam ihm vor, als vernehme er da in seinem Innern die Worte des Herrn Christus: ›Wenn du doch bedächtest an diesem deinem Tage, was zu deinem Frieden dient!‹ – Er vermochte seine Predigt nicht wieder aufzunehmen, sondern stieg hastig vom Wall nieder.

(Teil III, ›Das Brautgemach‹)

Der erste Prediger am Dom zu Magdeburg erscheint in diesem Textausschnitt als ein Wesen recht kindlichen Gemüts, das zwar biblische Gleichnisse und Bilder parat hat, aber wenig selbständig denkt. Er unterscheidet, wenn er beides Evangelium nennt, nicht zwischen der Bildersprache von der Zerstörung Jerusalems und der Augenblicksparole, daß der Schwedenkönig Gustav Adolf die Stadt entsetzen werde. Vergleichbare Partien finden sich mehrmals im Roman. Sie werden dem Protestantismus nicht ganz gerecht. Nicht nachdrücklich genug ist von der Glaubensstärke die Rede, die angesichts der tödlichen Bedrohung durch das kaiserliche Heer die Menschen beseelen muß, die auf ihrer Auslegung des Evangeliums beharren und am Ende um des Glaubens willen sterben. Pastor Bake überkommt am Ende das Bewußtsein von der Absurdität eines Kampfes, der um die Religion der Liebe geführt wird. Aber er wird hilflos in den Strudel des Unheils gezogen.

Die Mühen um eine versöhnliche Lösung scheitern, weil der Kaiser das Toleranzedikt nicht erläßt. So kommt es zum Angriff und zur Eroberung der Stadt, da Tilly seine Unterfeldherrn und das Heer nicht mehr zurückhalten kann. Von den 24000 Bewohnern kommen dabei und in den ausbrechenden Bränden, die die Stadt in Schutt und Asche legen, 20000 um. Pastor Bake hat sich mit Frauen und Kindern seiner Gemeinde in den Dom geflüchtet. Am dritten Tag nach dem Fall der Stadt tritt er heraus.

Wie sich nun die Pforte der hohen Domkirche öffnete, da hielt vor derselben hoch zu Pferde der Generalissimus Tilly, hinter ihm, wo ehemals die schöne, stolze Stadt Magdeburg gestanden hatte, sah man einen großen, rauchenden Trümmerhaufen, darunter lagen begraben zwanzigtausend blühende magdeburgische Menschenleben – darunter lag aber auch begraben die Victorie der Exzellenz Tilly und das feste Bollwerk gegen den Schweden, das die Exzellenz hier zu gewinnen gemeint, alle ihre Feldherrnpläne, ja das ganze Schicksal dieses Krieges. Der konnte nun an dreißig Jahre dauern, dessen Ende zu erleben durfte die Exzellenz nicht hoffen, und nie mehr durfte sie hoffen, in diesem Kriege zu siegen! Das Entsetzen vor der Fackel, die hier zu Magdeburg gebrannt hatte, würde die Protestierenden des ganzen Reiches in die Rebellion jagen, der schwedischen Majestät in die Arme: da hatte diese wiederum die Katholische Exzellenz besiegt – dieses Mal vernichtend ihre Ehre treffend. Bis in die fernsten Zeiten würde der Name Tserklaes Graf von Tilly dem Schicksal dieser unglücklichen Stadt den Namen geben, wie der Bräutigam der Braut bei der Hochzeit seinen Namen gibt [...]

(Teil III, ›Das Brautgemach‹)

Das ungewollte Ausmaß der Menschenopfer und der Zerstörung kündet von einer Gnadenlosigkeit der Katholiken und treibt die bis dahin unschlüssigen Protestanten zum Zusammenschluß. Das Ziel der Einheit des Glaubens und des Reiches ist endgültig verfehlt. Wie sich dies in den Diskussionen zwischen Tilly und seinem Beichtvater abzeichnet, zeigen die folgenden Textauszüge.

[...] ohne das Edikt, so hatte der junge Pater gesagt, wäre nicht gestürmt worden!
Die Exzellenz, abermals sehr nüchtern: Ja, ohne das Edikt hätten die zu Magdeburg vermutlich rechtzeitig kapituliert.
Das Gesicht des jungen Paters lag jetzt bloß wie eine offene Wunde, nur die Stimme gehorchte noch der gewohnten Beherrschung des Willens: Die Exzellenz habe ihn damals mit der Zurückstellung des Ediktes betraut. Der Auftrag der Exzellenz sei ausgerichtet worden, aber so, als richte man ihn nicht aus.
Die Exzellenz, unerschütterlich trocken: Das habe sie bereits vermutet.
Indessen der andere, leidenschaftlich ausbrechend – jetzt ergriff die Flamme gleichsam auch die Stimme: »Man hätte sich Kaiserlicher Majestät zu Füßen werfen sollen, damit dieselbe das Edikt zurückstelle! Man hätte sie beschwören müssen, den Gewissen nicht Gewalt anzutun, Geduld zu üben, bis der Geist die Spaltung überwindet! Allein man hat mit den abgefallenen Seelen keine Geduld gehabt, genau wie der Luther mit der verweltlichten Kirche keine Geduld gehabt hat, und nun geht an der Geduldlosigkeit der Christenheit die Christenheit zugrunde! Statt den Spalt zu schließen, haben wir ihn tiefer aufgebrochen: man wird uns diesen Tag von Magdeburg niemals vergessen! Die heilige Religion wird mit dem Schicksal dieser unglücklichen Stadt belastet bleiben – bis in die fernsten Zeiten wird man sie deshalb verklagen! Bis in die fernsten Zeiten

wird man ihr das Edikt vorhalten – niemals wird die heilige Kirche wieder einig werden. Die heilige Kirche wird zur Machtlosigkeit verurteilt bleiben [...]

(Teil III, ›Das Brautgemach‹)

Gertrud von le Fort unternimmt es, den greisen Feldherrn Tilly von dem Makel des Zerstörers zu befreien. Sie baut ihn als tragisch scheiternde Gestalt auf. Ob ihr das gelingt, muß der Leser entscheiden. Was sie überzeugend gestaltet, sind die Konflikte einer Epoche, in der lebendige, fanatische Glaubenshaltungen aufeinanderprallen und kühl rechnende Diplomatie die freigesetzten Energien für ihre Zwecke nutzt.

1937 geschrieben, sind, gewollt oder ungewollt, verdeckte Vergleichsmomente zum Nationalsozialismus in den Text eingeflossen. In der Partie über Dr. Bake zum Beispiel sind solche Zutaten erkennbar: in der Abhängigkeit Bakes von dem Wortführer der Protestanten, Dr. Gilbert, oder in dem Satz: »[...] denn sie sind jetzt hier zu Magdeburg alle wie die bissigen Hunde, die jeden anfallen, der nicht mit der Herde läuft.« Am ehesten gilt die Gleichsetzung den Schweden oder auch deren Vertreter, dem Obristen von Falkenberg: »Das begrüße ich, wenn die Herren Pastoren sich nach ihrem Gewissen verhalten; denn das Gewissen der Herren Pastoren bestimme jetzt ich, und jeden, der das zu bestreiten wagt, werde ich hängen lassen – der Herr Pastor kann daher unbesorgt um sein Gewissen auf die Kanzel steigen!«

Ina Seidel
Lennacker

In der Rahmenhandlung von Ina Seidels (1885–1974) ›Lennacker. Das Buch einer Heimkehr‹, einem Zyklus von zwölf Novellen, besucht der aus dem Ersten Weltkrieg heimkehrende Oberleutnant Hans Lennacker zu Weihnachten 1918 seine Tante, die Domina (Leiterin) des evangelischen »Katharinenstifts« in einer fiktiven Stadt Frauenfelde. Dort überfällt ihn eine schwere Grippe. In den Fieberträumen der »Zwölfnächte« zwischen Weihnachten und dem Dreikönigstag erlebt er entscheidende Stunden im Leben seiner Vorfahren, einer Generationsfolge von zwölf evangelischen Pfarrern in Sachsen, also Wendepunkte im Sinne der Novellentheorie.

Die erste Novelle behandelt das Schicksal des Mönchs und Priesters Lennacker, der während des Bauernaufstands zum Luthertum übertritt.

In der Folge geraten die Lennackers immer wieder in die Auseinandersetzungen, die in ihrer jeweiligen Zeit innerhalb des Protestantismus bis zu erbitterter Feindschaft der Vertreter und Anhänger einzelner Richtungen führen: Es geht um Calvinismus, um starre Orthodoxie in der Zeit der Hexenverfolgungen, um das Schwärmertum der Böhmischen Brüder, den Pietismus und die moralische Griesgrämigkeit August Hermann Franckes in Halle, zuletzt um das Eintreten der jungen Pfarrer für eine sozial ausgerichtete Seelsorge im Industriezeitalter gegen den Widerstand der obrigkeits- und fabrikherrenhörigen Orthodoxie. So entsteht eine eindringliche Geschichte des Protestantismus und seiner internen Glaubenskämpfe.

Der vierte in der Reihe, Philippus Sebastian Lennacker (1591–1637), ist Pfarrer zur Zeit des Dreißigjährigen Krieges. Die Schweden bedrohen 1637 die Stadt, dieselben Schweden, die unter Gustav Adolf als die Retter der protestantischen Sache in den Krieg eingegriffen hatten, jetzt aber nach dem Tod des Königs (1632) zu einer marodierenden, unterschiedslos Katholiken wie Lutheraner ausplündernden Soldateska abgesunken waren. Dem Pfarrer obliegt es, die Flucht seiner Gemeinde in die Wälder zu organisieren. Lennacker fühlt sich der Aufgabe nicht gewachsen, doch dank der Stütze, die ihm seine Frau und sein tapferer neunjähriger Sohn sind, und der Willigkeit der angsterfüllten Menschen führt er sie bis zum Fluß Oehle. Wer auf der Fähre das gegenüberliegende Ufer erreicht, wird gerettet sein. Er teilt die Menschen in Gruppen ein: die Kinder und deren Mütter zuerst, dann die kinderlosen jungen Frauen, dann sollen die Alten folgen. Bis dahin gelingt die Flucht besonders dank der Mithilfe des Advokaten Bernhardi, eines Mannes, den Lennacker bislang wegen seiner zynischen Ungläubigkeit immer als Feind betrachtet hatte. Dieser Bernhardi war ihm noch in der Stadt als ein Versucher gegenübergetreten:

> »Mann Gottes!« fuhr der Advokat ihn ärgerlich an, »gebt mir Gehör! Ich will weder dem Heiligen Geist zu nah treten, noch Euch eine Seele abspenstig machen. Nur nehmet Vernunft an und lasset das Volk laufen, wie es will – Ihr könnet ja doch nicht eine jegliche Jungfer und alle alten Vetteln einzeln über die Oehle tragen wie Sankt Christophorus! Ich hab' noch ein Wägelchen mit einer Mähre davor aufgetrieben, [...]. Pfarrer, packt Euer Weib und die Kinder hinein und laßt Euch von mir nach Leipzig karren!«
>
> (›*Die vierte Nacht ...*‹)

Obwohl er sich der Führungsaufgabe nicht gewachsen fühlt und die Angst übermächtig ist, lehnt Lennacker ab, bestärkt durch die Standhaftigkeit seiner Frau.

> Warum versuchst du mich, Herr? dachte Lennacker, und seine Hände ballten sich krampfhaft – warum versuchst du mich durch diesen Men-

schen, der deiner spottet und deinen Diener verhöhnt hat, wo er nur konnte? Wenn er das nur vergessen könnte, daß dieser Wagen immer noch in Reichweite war – immer noch leer und anscheinend bereit, zu halten und aufzunehmen, wer sich ihm anvertrauen wollte!

(›Die vierte Nacht...‹)

Dieser Mann nun, sein »Feind«, bleibt an seiner Seite und zwingt an der Spitze seines Degens den Fährmann Caspar Licht, der nicht ohne Bezahlung übersetzen will, die Flüchtigen durch seine Frau in Fuhren von etwa zwanzig Personen ans andere Ufer bringen zu lassen. Es sind erst die Kinder, die Mütter und ein Teil der anderen Frauen in Sicherheit, als die beiden wahrnehmen, daß die Stadt brennt und die Schweden heranahen.

Übrigens war es den Leuten nicht verborgen geblieben, daß die Lage sich zugespitzt hatte. Ein paar neugierige Weiber, voran die Grünkleinin, waren dem Pfarrer und dem Advokaten gefolgt und hatten den Hang an anderer Stelle erklommen, um Ausschau zu halten. Schreiend und händeringend stürzten sie mit der Botschaft zurück. Jetzt stürmte, wer nur konnte, hinauf, um sich von der Tatsache des Brandes zu überzeugen und dann heulend und wehklagend wieder ans Ufer zu rennen. Dann entdeckte eine Frau die Reiter; ihr Aufkreischen, ihr gellendes: »Die Schweden kommen!« indem sie mit gen Himmel geworfenen Armen zur Landungsstelle stürzte und dem herannahenden Kahn entgegen durchs Wasser watete, bis der schlammige Grund ihr unter den Füßen zu weichen begann und sie schreiend wieder zurückstrebte: dies gab den Auftakt zu einer nicht mehr einzudämmenden Fluchtraserei.
Lennacker hörte seinen unermüdlichen Ordnungsruf in dem Aufruhr verquirlen wie ein Blatt im Wirbelsturm. Bei der Bemühung, den Klumpen der sich am Ufer Leib an Leib Aufstauenden zu zerteilen, fühlte er sich alsbald von einer rein körperlichen Versuchung, selbst mit allen Kräften und unter schonungsloser Überwältigung der Schwächeren nach vorn zu gelangen, derart gepackt, daß er sich mit letzter Willenskraft seitwärts schlug und Halt in der Umklammerung eines jungen Erlenstammes suchte. Der Baum wurzelte im Erdreich der Böschung; sich an ihm hinaufziehend, gewann Lennacker einen etwas erhöhten Standort und blickte nun in dem eigentümlichen Gefühl, dem Getümmel nicht nur mit seinem Körper enthoben zu sein, auf die Kämpfenden hin. Jetzt übersah er, daß nicht nur Caspar Licht sich als einer der ersten in den Kahn geschwungen hatte und seine schwere Stange auf die Köpfe der Andrängenden niedersausen ließ, wenn sie die Fähre zum Kentern zu bringen drohten, sondern daß Bernhardi gleichfalls seinen Platz erobert hatte und – wieder mit blanker Waffe – ebenso den Fährmann in Schach hielt, als er ihn bei seiner Sorge um das Boot unterstützte. Lennacker sagte sich mit einer ihn selbst befremdenden Gelassenheit, daß der Kahn eine Belastung von höchstens zwanzig Erwachsenen zu tragen vermochte; die sich hier am Ufer in Todesangst um die Plätze schlugen, waren aber an die vierzig. Die Kinder waren alle drüben; die Mädchen auch. Außer den Alten, die

er mit einer an Grausamkeit grenzenden Ruhe immer wieder hatte zurücktreten lassen – (»aber Herr, Du weißt, warum ich es tat!«) – waren es einzelne ältliche Frauen, die mit dem Zuge gelaufen waren – Verwitwete und Verlassene – [...] Dann sah Lennacker, wie eine seiner eifrigsten Kirchgängerinnen, die Frau des Bäckers Löffler, eine große, hagere Person, den buckligen Rücken des ihr im Wege stehenden Spitalschneiders Valentin mit ihren Fäusten bearbeitete, bis der in den vordersten Reihen eingekeilte schwächliche Mensch zu Boden sackte, worauf die Löfflerin und die Weiber, die neben und hinter ihr waren, über den zusammengebrochenen Körper hinwegstiegen und trampelten, als sei er ein Erdhaufen, ein fühlloses Hindernis, das eben genommen werden müßte ... Der Pfarrer senkte den Kopf in einer tiefen, aber zornlosen Trauer. Es war gut, dachte er, daß Gott ihm zeigte, wie unwichtig und gering seine jahrelange Mühe um diese Seelen gewesen! Ja, daß er so mit leeren Händen vor Gott treten mußte – daß hier niemand zu sein schien, bereit, den dunklen Weg durch das letzte Tor an seiner Seite zu gehen und für ihn zu zeugen: »Herr, weil wir diesen hatten, starben wir leicht und gern« –, das war wohl ein Schmerz, eine Demütigung. Aber wie sollte er sie anders hinnehmen als mit lächelndem Herzen, da er ja nur durch sie empfinden konnte, daß er selbst durch Christi Gnade imstande war, dem Letzten furchtlos entgegenzusehen? So, daß er angesichts dieses Tobens keine andere Erregung fühlte als trauriges Staunen und den stummen, unablässig wie Rauch aus seinem brennenden Herzen steigenden Aufschrei: »Herr, erbarme Dich ihrer; denn sie wissen nicht, was sie tun!«

(*›Die vierte Nacht ...‹*)

Bernhardi versucht den Pfarrer gewaltsam auf die Fähre zu schaffen, doch der widersteht, und so treten beide den Schweden entgegen. Diese machen kurzen Prozeß.

[Als Bernhardi] nun die Waffe herausriß und sich mit dem Aufschrei: »Zurück!« den Berittenen entgegenwarf, handelte er wohl fern von sich selbst und jeglicher Überlegung. Es gab gar keinen Kampf, nur Flüche, kurzes hartes Geklirr und das dumpfe Krachen eines auf den Schädel niedersausenden Kolbens. Bernhardi taumelte rückwärts und sank zu Lennackers Füßen nieder. Lennacker hatte die Arme weit ausgebreitet und stand, ein Hirte vor seiner Herde, wie ein steil aufgerichtetes Kreuz, bis auch ihm unter Brausen und Dröhnen die Sinne vergingen. –

(*›Die vierte Nacht ...‹*)

Philippus Sebastian Lennacker ist ein Mensch mit Schwächen und Selbstzweifeln, der seine seelsorgerische Berufung eigentlich erst in den letzten Stunden seines Lebens erfährt. Seine Gemeinde in Sicherheit zu bringen erscheint ihm als ein schier unerreichbares Ziel, aber es wachsen ihm Kräfte zu, die er nicht erahnt und die er sich nicht zutraut. Dabei spielt neben dem Beispiel an Seelenstärke, das Frau und Sohn bieten, der ungläubige Bernhardi eine wesentliche Rolle, da auch er, der sich ohne weiteres in Sicherheit bringen könnte, an seiner Seite bleibt, wie es in des Pastors Augen höchstens Christenpflicht sein könnte. Der Advokat kommentiert zwar zornentbrannt die »Unvernunft« des Pfarrers, setzt sich dann jedoch selbst bei der Hilfe für die Flüchtlinge ein. Die Mitmenschen also machen Lennacker, gleichsam wider seine Veranlagung, zum wahren Hirten.

Der tapfere kleine Sohn Jakobus Johannes Lennacker (1628–1696), Hauptfigur der fünften Erzählung, gerät als Pastor in ganz andere Konflikte. Er muß sich in der Zeit der Hexenverfolgung mit der sturen Selbstgewißheit der Richter und der mörderischen Selbstgerechtigkeit von Glaubensbrüdern auseinandersetzen, die davon überzeugt sind, auserwählt zu sein und den wahren Glauben zu besitzen.

Die mittelalterliche Praxis der Hexenverfolgung war 1484 von Papst Innozenz VIII. als rechtmäßig bestätigt worden, doch erst das sechzehnte Jahrhundert trieb sie auf die Spitze. Der Jesuit und Lyriker Friedrich Spee von Langenfeld mußte als Beichtvater in Würzburg und Bamberg innerhalb zweier Jahre zweihundert Unschuldige auf dem Weg zum Scheiterhaufen begleiten. Er schrieb 1631 ein Traktat, in dem er sich gegen die Verhörpraxis auflehnte, bei der die Folter angewandt wurde, um Geständnisse und die Namen Mitschuldiger zu erpressen.

Die Protestanten standen den Katholiken nicht nach.

Einem solchen Verfahren sieht sich Lennacker ausgesetzt, der Hofprediger in einem der kleinen sächsischen Herzogtümer ist. Es betrifft ein neunzehnjähriges Mädchen, Barbara, das zeitweise in seinem Haushalt als Kindsmagd gedient hat und dessen einzige »Schuld« darin bestand, daß ihre Großmutter als Kräuterhexe verschrien war. Seine Frau Sibylle fragt, was vor Gericht geschehen sei.

> Er sagte dumpf: »Sie ist tot. Sie hat es nicht ausgehalten. Im fünften Grad, da der Lustig ihr einen härenen Strick mit einem Knebel gelegt und sie dermaßen gerüttelt hat, daß das Genick ihr krachte, ist sie schwach geworden und hat sich nicht wieder erholt.«
>
> »Bärbelein!« Die Frau hatte die Hände vor der Brust zusammengeschlagen. »Mein Gott, mein Gott, so hast du mich nicht erhört! Und das weiß ich, ich bin nicht die einzige gewesen, die hier in der Stadt für dich auf den Knien gelegen und die Hände erhoben hat, Stunde für Stunde, und immer wieder!«
>
> »Nein!« sagte Lennacker mit toter Stimme. »Nein! Er hat nicht eingegriffen. Er hat es mit angesehen. Er hat es zugelassen. Er hat seine Kreatur, die sein eigen war und keinen anderen Herrn kannte, die ihm diente mit jedem Atemzug, preisgegeben, und von seinem Angesicht hat er sie verstoßen.«
>
> Die Frau sah zu ihm empor, und obwohl es immer dunkler wurde, fühlte er die bange, saugende Frage ihrer Augen. »Hat sie – etwas bekannt?«
>
> […]

»[...] Sie hat schon beim zweiten Grad begonnen, zuzugeben, was ihre Schinder ihr in den Mund gelegt haben. Dies, o Sibylle, ist das Unmenschlichste, was seit Christi Tagen auf Erden geschieht – und es geschieht in seinem Namen!«

(›*Die fünfte Nacht ...*‹)

Am späten Abend findet auf Wunsch Lennackers eine Konsistoriumssitzung statt, in der es darum geht, ob die von der Angeklagten in der Folter Genannten nun ihrerseits vor Gericht gestellt werden sollen. Teilnehmer sind der Kanzler des Herzogs, namens Volkert, ein Hofbeamter, der Amtsverweser (Gerichtsbeamte) Dr. jur. Hackspan und zwei Stadtpfarrer. Lennacker befürchtet, daß die Mehrheit für die Fortsetzung des Verfahrens sein würde – der Hofbeamte aus Gleichgültigkeit, der Amtsverweser aufgrund seiner gefühllosen juristischen Pedanterie und die beiden Pastoren aus einer Mischung von Amtsneid und bigottem Selbstbewußtsein. Allein der Kanzler Volkert steht ganz auf seiner Seite. Besonders zuwider ist Lennacker der Amtsverweser Hackspan.

Hackspan schob den einer langen grausamen Narbe gleichenden Mund mit geschlossenen Lippen hin und her, als müßte er ihn von dem ausgetrockneten Zahnfleisch lösen, hüstelte und begann zu sprechen, ohne jemand ins Auge zu fassen, ja, ohne auch nur die wimpernlosen Lider zu heben. Sein flachgebauter, eckiger Oberkörper blieb dabei ebenso unbeweglich wie das lederne, lange Gesicht mit dem Unterkiefer eines Akkergauls. Er schien die Worte zwischen den Zähnen zu mahlen, ehe er sie fast klanglos hervorbrachte. Lennacker aber starrte ihm mit der gleichen von Grauen gesättigten und überwachen Spannung an, wie er es heute während der Verhandlung getan hatte, als diese anscheinend aus grauer Papiermasse gebackene, marionettenhaft handelnde Figur gleichsam an den Drähten einer im Hintergrunde Richtung gebenden Macht zuckend, mit furchtbarer Unbeirrbarkeit den Gang des Verhörs geleitet hatte, indem sie jeweilig die Formel verlas, die eine neue Steigerung des Verfahrens einleitete.

(›*Die fünfte Nacht ...*‹)

Die Besprechung verläuft, wie befürchtet. Pastor Mehltau zitiert salbungsvoll das 5. und das 2. Buch Mose (»Die Zauberinnen sollst du nicht leben lassen!«), Pastor Spindler ist der Ansicht, daß es besser sei, einen Unschuldigen der Ehre Gottes zu opfern, als aus Menschenfurcht hundert Sünder zu verschonen. Hackspan schließlich beruft sich auf den »fromme[n] und hochgelehrte[n]« Juristen Benedikt Carpzow zu Leipzig:

Da für Carpzow der Vermutungsbeweis hinreichend gewesen sei, die Schuldfrage zu erweisen, so dürfte wohl weiter kein Zweifel bestehen

darüber, wie mit den von der Römeltin zu Protokoll gegebenen Personen zu verfahren sei.
Um Lennackers Fassung war es geschehen. »Herr Amtsverweser!« sagte er bebend, indem er sich von seinem Sitz erhob und die Hand ausstreckte, »Herr Amtsverweser, so setzen Sie doch um Christi willen den Fall, es seien unter diesen Angeschuldigten Personen, die Ihnen teuer und lieb wären, die Sie in ihrer Unschuld und Tugend kennen würden und vor allem Bösen behüten möchten! Herr Doktor, Sie selbst haben junge Töchter – wie nun, wenn ...«
Auch Hackspan hatte sich erhoben; sein Gesicht hatte eine graugelbe Blässe angenommen. Er stützte die Fingerknöchel auf den Tisch, und indem er Lennacker mit einem vor Wut beschlagenen Blick auf die Brust starrte, keuchte er: »Herr Hofprediger! Ich warne Sie! Ich warne Sie! Wer die Justiz derartig zu beeinflussen sucht, wie Sie es tun, und vor keinem Mittel zurückscheut, der macht sich selbst schwer verdächtig!«
Plötzlich erhob er den Kopf und starrte Lennacker an, als käme ihm ein Gedanke, dessen Tragweite er selbst noch nicht fassen könnte. Es war das von feindseligem Mißtrauen geprägte Gesicht eines ungütigen alten Mannes, das Lennacker auf sich gerichtet sah; was aber hinter diesem Mißtrauen stand, begriff er noch nicht. Hackspan bewegte die Lippen, als wollte er noch etwas sagen; dann schien er sich zu besinnen und ließ sich mit sonderbar vergrübeltem Ausdruck wieder auf seinen Stuhl nieder. Das alles währte nur wenige Augenblicke.

(›*Die fünfte Nacht ...*‹)

Ohne es erwartet zu haben, hat Lennacker durch diesen Ausbruch die Basis dafür gelegt, daß das Verfahren niedergeschlagen wird. Er hatte mit der unglücklichen Barbara kurz vor ihrem Tod noch eine Besprechung unter vier Augen gehabt, und seine Worte wecken in Hackspan den Verdacht, sie hätte dabei seine eigenen Töchter beschuldigt. Als Lennacker das klar wird, beschließt er, seine ungewollt doppeldeutige Anspielung bewußt anzuwenden, und tatsächlich gelingt es ihm, mit dieser menschenfreundlichen Lüge den Amtsvorsteher zu veranlassen, an den Herzog zu appellieren, er möge vom Gnadenrecht Gebrauch machen. Hackspan bleibt auch dann dabei (»Es – ist gut so!«), als ihm Lennacker reuevoll gesteht, daß die letzten Worte Barbaras nichts als Verfügungen über ihren geringen Besitz enthielten.

Jakobus Johannes Lennacker ist sich im Gegensatz zu seinem Vater seines Glaubens sicher, und er kämpft mit allen ihm zur Verfügung stehenden Mitteln gegen die herzlose Orthodoxie an. Zu diesen Mitteln gehört auch die Einübung in die Rolle eines Hofmannes. Letztlich ist es eben nicht er, der das Unheil abwendet, sondern seine Durchlaucht, der Herzog. Dieser entscheidet nicht so sehr auf der Basis einer humanitären Einsicht, sondern viel eher auf Grund seiner Sympathien für seinen Hofprediger, den Kanzler und für eine der vierzehn von Barbara belasteten Personen. Doch ist er vernünftig genug, einen vom Kanzler Volkert entworfenen Erlaß zu unterschreiben, »nach dem jegliche Anklage oder Verdächtigung wegen Zauberei in Höchstdero Landen unter Strafe gestellt werden soll.« Historisch ist eine solche Haltung erst dem aufgeklärten Absolutismus im 18. Jahrhundert zuzurechnen.

Der Sieg über den Hexenwahn ist punktuell und zufällig; er hängt von den Launen und vom Maß der Vernunft des Landesherrn ab. Die uns befremdende Obrigkeitshörigkeit, die fast alle Lennackers in Ina Seidels Werk an den Tag legen, ist historisch bedingt: Das Luthertum hatte nach dem Scheitern der ersten Gemeindekirchenordnung (das im zweiten Lennacker-Schicksal des Romans plastisch vorgestellt wird) auf das Patronatswesen gesetzt, wonach der Pfarrer durch den Landesherrn oder den örtlichen Gutsherrn berufen wurde. Diese Abhängigkeit vom weltlichen Herrn bestand bis ins 20. Jahrhundert als die Verbindung von Thron und Altar weiter.

Historische Treue ist ein Stilprinzip der Autorin. Der Hofprediger wendet sich an seinen obersten Herrn mit Worten wie:

> »Wollen Fürstliche Gnaden mir noch eine Bitte zugute halten, ehe Fürstliche Gnaden anhören, was der Herr Amtsverweser Doktor Hackspan in Sachen der Anklage wegen Zauberei gegen verschiedene Untertanen Seiner Fürstlichen Gnaden in hochdero fürstlicher Residenzstadt vorzutragen hat?«
>
> (›*Die fünfte Nacht . . .*‹)

Die Gebetshaltung der Lennackers entspricht der jeweiligen Zeit. Der Lennacker der ersten Erzählung, der noch zwischen dem alten und dem neuen Glauben schwankt, rechtet mit Gott wie mit einem leibhaftig ihm Gegenüberstehenden:

> »Du hast mich verlassen, mein Gott!« Immer wieder schrie er nur dieses, denn was sonst in ihm wütete, wollte sich nicht zum Gebet schließen – das waren Erinnerungen, das waren Aufschreie, Fragen, vorübergleitende Bilder, und alles miteinander war dumpfer, tobender, glühender Schmerz. Nein, das war kein Gebet, wußte er. Wenn einer, wie er es tat, mit Gott abrechnete, das hieß, Gottes Barmherzigkeit frevelhaft versuchen; aber es war stärker als er. »Wachen und Fasten, Büßen und Geißeln – nichts hat dir Genüge tun können«, stöhnte er und sah sich in seiner Zelle in Erfurt auf dem Boden vor dem Kruzifix liegen, fühlte die eiskalten Steinfliesen und die brennenden Striemen des Ochsenziemers auf nacktem Fleisch. »Wallfahrt war nichts als Flucht vor dir – und du holtest mich ein. Wenn ich Ablaß gewann, saßest du des Abends schon wartend in meiner Kammer und höhntest meines beruhigten Herzens ... Nicht mehr konnte ich unterscheiden zwischen dir und dem, der dein Widerspiel ist, denn er nahm deine Gestalt an und lächelte mir süß wie ein gnädiger Gott, schwur mir den Frieden des Herzens zu, wenn ich ihm diente – ...«.
>
> (›*Die erste Nacht . . .*‹)

Der Lennacker der zwölften Erzählung vertritt ein sozial engagiertes Christentum; er wendet sich gegen seinen Vater, der in gesättigter Orthodoxie verharrt, und kommentiert den verkrusteten Predigerton. Er spricht von einem Pastor Morhard.

»Morhard – das ist ein *Mensch*, einfach ein *Mensch* ist er, und darin beruht seine Wirkung! Er speist seine Gemeinde nicht mit Attrappen ab. Und wenn er auch oben auf der Kanzel steht, er steht doch nicht über uns, sondern mitten unter uns als ein Bruder unter Brüdern – das *tut* er, obgleich ich ihn noch nie ›Meine Brüder in Christo‹ oder ›Geliebte in dem Herren‹ habe sagen hören!«
»[...] Sieh, ich glaube, wenn die Kirche vom Dogma zurückfände zum Evangelium oder – oder wenn das Dogma nicht so unzertrennlich mit den Standesinteressen der Pastoren verknüpft wäre ...«
[...]
»... wenn diese erstarrte Formelsprache und der ganze gesalbte Jargon von einer natürlichen Ausdrucksweise abgelöst würde – von der Sprache *unserer* Zeit – wenn wir einmal hörten, *was* Sünde und *was* Buße und *was* Gnade und *was* Erlösung eigentlich bedeuteten, und daß sie nichts zu tun haben mit Familienabenden, Heringssalat, Streuselkuchen, dünnem Tee und abwechselnd ›So nimm denn meine Hände‹ und ›Heil dir im Siegeskranz‹ – dann, vielleicht dann ...«

(*›Die zwölfte Nacht ...‹*)

Der Sohn vertritt hier als Abiturient die liberale Position des historischen Adolf von Harnack (1851–1930), der sich gegen die Dogmatisierung des Luthertums aussprach und die Rückkehr zum »Evangelium« forderte.

In der Rahmenhandlung erlebt der dreizehnte in der Generationsfolge, Hans Lennacker (der nicht Pfarrer, sondern Arzt werden will), eine ganz andere Form von sprachlichen Abziehbildern: Er wird von den alten Stiftsdamen umsorgt. Dabei fallen Sätze wie »Die Soldaten, die brauchten doch wohl nicht zu hungern wie wir ...« und einem liebevollen »Den letzten Bissen hätten wir uns doch vom Munde abgespart für unsere feldgrauen Helden!« Das sind Stichworte, die Lennacker »haltlos auflachen« machen. Bei anderer Gelegenheit merkt er an:

Anscheinend standen nicht nur die Damen des Katharinenstiftes unter der Zwangsvorstellung, daß man mit ehemaligen Frontsoldaten in einem ganz bestimmten, mit kriegerischen Anspielungen durchsetzten Deutsch reden müsse. Auch auf diesem Gebiet mußten offensichtlich Restbestände feldgrauen Garns aufgestrickt werden ...

(*›Jahresanfang‹*)

Diese Kritik Ina Seidels an der vaterländischen Phraseologie erinnert so stark an eine Szene des in Nazideutschland verpönten Romans von

Erich Maria Remarque, ›Im Westen nichts Neues‹ (1929), daß man vermuten könnte, sie sei davon angeregt worden: Der Soldat Paul Bäumer begegnet auf Heimaturlaub seinen alten Lehrern, und dabei heißt es: »[...] draußen habt ihr doch wenigstens gute Verpflegung [...]« und »[...] das Beste immer für unsere Soldaten.« Bäumer ist allerdings noch ein »junger Krieger«, kein »feldgrauer Held« des verlorenen Krieges. Möglich ist auch, daß beide Autoren einfach abertausendfach wiederholte, gar nicht mehr reflektierte Floskeln wiedergeben.

Ina Seidel schreibt aus einer Glaubensgewißheit, die mit der nach 1933 herrschenden religiösen Intoleranz nicht vereinbar ist. Partien ihres Werkes, wie die der Verfolgung calvinistischer Dissidenten oder der Hexen, lassen sich als Widerspruch gegen den Zeitgeist lesen, obwohl sich in dem Werk auch manche patriotischen Äußerungen finden. Die Flucht vor den Schweden klingt wie eine Vision der schrecklichen Völkerwanderungen des letzten Jahres der Diktatur. Die völkische Literaturgeschichtsschreibung vermerkte, Ina Seidel ginge »vom Schicksal einer Familie aus« und bringe dadurch »ihre Überzeugung von der Bedeutung des Blutes zum Ausdruck« – das, obwohl die Lennackers slawisches Blut in den Adern hatten. Einschränkend vermerkt der Verfasser (Hellmuth Langenbucher, vgl. S. 26), ›Lennacker‹ sei ein Werk, »das auch solche Menschen entzünden wird, die den von der Dichterin vertretenen Anschauungen heute nicht mehr zu folgen vermögen«.

1.3 Der »gute Herrscher« im Exilroman

Heinrich Mann
Henri Quatre

Unter den ersten international bekannten deutschen Schriftstellern, die ins Exil gingen, war Heinrich Mann (1871–1950). Er hatte bereits vor 1914 in den Romanen ›Professor Unrat‹ und ›Der Untertan‹ den überzogenen Nationalismus seiner Zeit satirisch entlarvt und war bekannt als Kämpfer für Freiheit, radikale Demokratie und Weltfrieden.

Zur Zeit der Weimarer Republik war er in 700 Essays und Reden für seine Ideale eingetreten. Als gewählter Vorsitzender der »Sektion für Dichtkunst« in der Preußischen Akademie der Künste mußte er 1933 zurücktreten, nachdem er einen Appell an SPD und KPD unterzeichnet hatte, gegen den Faschismus zusammenzustehen. Er verließ

Deutschland, weil er um Leib und Leben fürchten mußte. Sein politisches Engagement setzte Heinrich Mann auch im Exil mit zahlreichen Aufsätzen fort, in denen er für eine einheitliche Haltung der Exilanten gegen den Nationalsozialismus und einen »humanistischen Sozialismus« eintrat.

Seit einer Reise nach Südfrankreich im Jahr 1925 hatte Heinrich Mann geplant, einen biographischen Roman über den französischen König Heinrich IV. zu schreiben, der, ursprünglich Protestant, als Herrscher Frankreichs zum katholischen Glauben übergetreten ist und so die blutigen Religionskriege beendet hat.

Nach eingehendem Quellenstudium schloß Heinrich Mann im Exil in Frankreich ›Die Jugend des Königs Henri Quatre‹ und dessen Fortsetzung ›Die Vollendung des Königs Henri Quatre‹ ab, die 1935 und 1938 in Amsterdam erschienen.

Er selbst nennt seinen allgemein als Meisterwerk eingestuften zweiteiligen historischen Roman ein »wahres Gleichnis« und verweist damit auf den beabsichtigten Bezug zur politischen Gegenwart. Besonders im zweiten Band über den reifen und alternden Herrscher ist die Modellierung eines Musterbildes für Manns eigene Zeit spürbar.

Den ersten Band ›Die Jugend des Königs Henri Quatre‹ leitet Heinrich Mann mit einem Motto ein, das seinen Helden Henri als Knaben vorstellt.

> Den Blick verlieren in der Tiefe des blau schwebenden Himmels! Hinaufrufen mit heller Stimme aus Lebenslust! Laufen, auf bloßen Füßen immer in Bewegung! Atmen, den Körper baden innen und außen mit warmer, leichter Luft! Dies waren die ersten Mühen und Freuden des Knaben, er hieß Henri.

Anfangs ist Henri noch ein wilder Junge. Seine Mutter, die ehrgeizige und sittenstrenge Jeanne d'Albret, Herrscherin über das kleine protestantische Königreich Navarra-Béarn im Südwesten von Frankreich, hat viel mit ihm vor. Doch das kümmert ihn so wenig wie die Gespräche, die sie seinetwegen mit Katharina von Medici, der Witwe des Königs von Frankreich (Heinrich II.), führt. Schon früh wird Henri auf das politische Geschehen in Frankreich aufmerksam.

Im 16. Jahrhundert beherrschte der Glaubensstreit zwischen Katholiken und Protestanten die politische Lage in Europa. In Frankreich führte in der zweiten Hälfte des Jahrhunderts der Freiheitskampf der Hugenotten, der französischen Protestanten, zu acht Religionskriegen, den Hugenottenkriegen.

Diese Religionskriege hatten begonnen. Henri merkt, daß seine Mutter und er Land und Herrschaft an den katholischen König von

Frankreich, Katharinas Sohn Karl IX., oder an den katholischen Philipp II. von Spanien verlieren sollen. Henri ist kampfbereit, besteht darauf, etwas zu tun.

Heinrich Mann stellt den neunjährigen Knaben und Prinzen dar, wie er König von Navarra wird; seine Einstellung und sein Verhalten entsprechen seinem Alter.

Das französische Königshaus – es regierten nacheinander drei Söhne aus dem Hause Valois, gelenkt von ihrer Mutter Katharina von Medici – will sich Henri, den König von Navarra, verpflichten und ihn näher an sich binden. Henri soll Katharinas Tochter Marguerite heiraten.

Ist es eine Ehre, daß die Königinmutter Katharina von Medici ihn nach Paris holen läßt?

Der junge König von Navarra reitet zu seiner Hochzeit mit großem Gefolge in die Hauptstadt und zieht mit seinen Protestanten in den Louvre, den weiträumigen Hof der französischen Monarchen, ein. Er ist zu arglos, bemerkt nicht, daß eine Falle gestellt wird. Er ist betört von Margot – so wird Prinzessin Marguerite im vertrauten Kreis genannt –, so daß ihm entgeht, wie in seiner nächsten Nähe das schreckliche Blutbad der Bartholomäusnacht vorbereitet wird.

1572 ließ Katharina von Medici im Verbund mit dem einflußreichen katholischen Adel und mit der erzwungenen Zustimmung ihres Sohnes König Karl IX. Tausende von Hugenotten mit ihrem Anführer de Coligny ermorden, die anläßlich der Hochzeit Heinrichs mit Marguerite nach Paris gekommen waren.

In Heinrich Manns Roman wird dem Leser dieses historische Ereignis nur knapp und aus den verschiedenen Perspektiven der Romanfiguren vorgeführt. Henri nimmt nur wahr, was in seine Sicht kommt, und wird dabei wiederum von Margot beobachtet. Unheimlich ist das Verhalten der Anstifter, der Königinmutter und ihrer beiden Söhne, während des Blutbads, die die Geräusche aufmerksam mitverfolgen, nicht aber hinaussehen:

> Die drei hinter dieser Tür horchten auf die Geräusche draußen, das Mordgeschrei, auf den Anprall von Waffen, Sturz von Körpern, das Röcheln und das Mordgeschrei. Als in der Nähe alle Getöteten ausgeseufzt hatten, verzog sich das Geschrei weiterhin. Seine Bedeutung war: »Es lebe Jesus!« Seine Bedeutung war auch: »Tod! Tod! Alles totschlagen!« – und heulend zog es in die Ferne. »Tue! Tue!« – ein heulender Laut. Er strich in wechselnder Stärke durch Gänge und Säle hin und her, kreuz und quer. Wer horchte, glaubte das Schloß Louvre weit und breit von bösen Geistern besetzt, anstatt von Edelleuten und ihren Truppen. Das Menschenwerk, das hier verrichtet wurde, glich einer grausigen Fopperei. Man war versucht, hinauszusehn aus dieser Tür: wahrscheinlich geschah

in Wirklichkeit nichts. Nur das Dämmern des Augustmorgens breitete sich aus, und das einzige echte Geräusch waren die Atemzüge Schlafender.
Aber niemand sah hinaus.

(*›Das Mordgeschrei‹*)

Erzählen aus unterschiedlichen Perspektiven ist nur eines der vielfältigen Stilmittel Heinrich Manns. Er lockert auch den meist raschen epischen Fluß immer wieder durch ganze Dialogpassagen, Vor- und Rückverweise sowie durch kurze Kommentare auf.

Der junge König von Navarra, im Louvre praktisch ein Gefangener und der Königinmutter ausgeliefert, wird von trüben Stimmungen befallen. Es wird ihm immer wieder vor Augen geführt, daß der französische Hof seinem Ruf, der prunkvollste und laszivste zu sein, alle Ehre macht. Seine eigene Rolle erlebt er als kläglich: »Mich habt ihr übriggelassen, damit ich euren Sieg ansehen soll.« Als Reaktion auf einen 1576 zwischen dem jetzt regierenden König Heinrich III. und den Hugenotten geschlossenen Frieden wurde die katholische »Heilige Liga« unter Führung des Herzogs von Guise gegründet.

Auch in Heinrich Manns Roman ist diese historische Gestalt aus dem Hause Lothringen ein mächtiger Mann. Im Louvre vertreibt man sich die Zeit, und Henri steht ihm als Gegner im Spiel gegenüber:

Sie spielten Ball, »langen Ball«, der am schwersten ist, und immer nur diese beiden Gegner, Navarra–Guise; die anderen mußten zusehn, ihre Eindrücke waren oft peinlich. Man sah den viel kleineren Navarra umherhüpfen, den Guise breitbeinig wie ein Goliath seine Schläge erwarten; aber das war noch nichts. Der Ball fiel einmal hinter die Hecke. »Navarra, du bist kleiner«, rief Guise. »Kriech durch und hol ihn!« Anstatt zu kriechen, sprang Henri hinüber, einfach aus dem Stand, was die Zuschauer bewundern mußten. Zurück kroch er zwar, schlug aber unversehens den langen Ball ab, und das lederne Geschoß traf Lothringen vor die Brust. Er schwankte beträchtlich, rief indessen schon: »Die Stirn wolltest du treffen, und dann wär ich gefallen. So hoch reichst du nicht, du lieber Kleiner. Geh, bring uns Wein auf den Schrecken!« [...]
Bei der nächsten Ballpartie gelang es ihm wirklich, Guise an der Stirn zu treffen, und diese schwoll an, während dem Herzog übel wurde. Henri heuchelte großes Bedauern. »Wahrhaftig, ich wollte nicht, daß dir Hörner wüchsen. Nur die Herzogin hat das Recht, dir welche aufzusetzen.« Darüber mußten alle Anwesenden ungeheuer lachen, und sie nannten einander, lauter als anständig gewesen wäre, die Liebhaber der Herzogin von Guise.

(*›Was ist das: Haß?‹*)

Guise will sich seinen Ärger nicht anmerken lassen. Er lädt Henri zu einem von ihm inszenierten, nicht alltäglichen Ereignis ein.

»[...] Komm mit mir zu der Predigt des Pfarrers Boucher.«
Desselben Tages ritten sie dorthin, der Herzog von Guise wie gewöhnlich mit reichem Gefolge, Navarra ganz allein. Noch immer kannte er Paris nicht sehr genau und horchte umsonst nach dem Namen der Kirche. Wo sie vorbeikamen, gab das Volk sich von Mund zu Mund ein Wort weiter. Das hieß: »Der König von Paris! Heil!« Dieser König wurde gegrüßt mit der erhobenen rechten Hand. Die Frauen machten es wie die Männer, nur daß sie sich oft vergaßen und mit beiden Händen hinauflangten nach dem blonden Helden ihrer Träume. Der strahlte hinab auf Gerechte und Ungerechte wie die Sonne selbst, hochgemut und seiner Sache gewiß. So langten sie an, und als das viele Eisen der Kriegsleute zur Ruhe gekommen war, bestieg Pfarrer Boucher die Kanzel.
Dies war ein Redner von neuer Art. Er schäumte beim ersten Wort, und seine rohe Stimme überschlug sich zum weibischen Gekreisch. Er predigte den Haß gegen die Gemäßigten. Nicht nur die Protestanten sollten verabscheut werden bis zur Vernichtung. In einer Nacht der langen Messer und der rollenden Köpfe wollte Boucher besonders abrechnen mit den Duldsamen, auch wenn sie sich katholisch nannten. Die Schlimmsten waren ihm in beiden Religionen die Nachgiebigen, die sich bereitfanden zur Verständigung und dem Land den Frieden wünschten. Den sollte das Land nicht haben, und Boucher behauptete tobend, daß es ihn gar nicht aushalten würde, weil er gegen seine Ehre wäre. Der Schmachfriede und aufgezwungene Vertrag mit den Ketzern würde hiermit zerrissen. Laut schrien der Boden und das Blut nach Gewalt, Gewalt, Gewalt, nach einer kraftvollen Reinigung von allem, was ihnen fremd wäre, von einer faulen Gesittung, einer zersetzenden Freiheit.
Die gedrängte Masse bis hinter den Altar und in die entferntesten Kapellen bestätigte durch wildes Stöhnen, daß sie weder Gesittung noch besonders Freiheit zu dulden gewillt war. Die Leute drückten einander tot, um bis unter die Kanzel zu gelangen und den Redner zu erblicken. Sie sahen nichts als ein aufgerissenes Maul, denn Boucher war von verkümmerter Gestalt, er ragte nur wenig über den Rand. [...]
Gewissensfreiheit, beileibe nicht! Aber auch keine Steuern mehr, keinen Mietzins, überhaupt keine Zinsknechtschaft – weder das Volk noch besonders die Geistlichkeit sollten künftig irgend etwas zahlen. Darin bestand ihr Bündnis. Die Geistlichkeit behielt hiernach die öffentliche Rente, die sie schuldig war, das Volk seinerseits durfte plündern in den Häusern und Palästen, bei allen Hugenotten, allen Gemäßigten, und diese besonders waren totzuschlagen. Boucher ermutigte seine Hörer, vor großen Herren nicht halt zu machen, auch vor den größten nicht – und er erging sich in kaum versteckten Hinweisen auf den König, einen heimlichen Protestanten, Gemäßigten und Verräter. Er beschrieb ihnen, aus seiner Einbildung, die Schätze des Schlosses Louvre, zugleich mit dem ersehnten Blutbad. Ohne Übergang versetzte er sie aus ihrem Lustrausch in bleichen Schrecken, da sie verfolgt würden. Das Volk und alles Volkhafte wäre in höchster Gefahr, ausgeliefert zu werden an geheime Mächte, die ihnen Untergang geschworen hätten. Hier folgte ein

Stoßgebet, das kam unverkennbar aus höchster Not. Die Menge, es hören und laut mitbeten. Über ihr indessen hing der Dampf, in den sie abwechselnd hatte ausströmen lassen ihre Gier, Furcht, Schwärmerei und ihren Haß.

Henri roch die Ausdünstungen. Mehr seine Sinne als sein Urteil verrieten ihm, was Unsauberes vorging. Er hätte am Ende sonst mitgehaßt. Den Louvre niederlegen, ihn plündern und alle morden, Herren, Damen, die Wachen mitsamt dem Gesinde: auch er hatte darauf schon gesonnen – zu der Zeit, als er immer nur fliehen und mit fremden Landsknechten zurückkehren wollte.

(*›Was ist das: Haß?‹*)

Der Herzog von Guise, der Führer der »Heiligen Liga«, wird von den Katholiken als »König von Paris« gefeiert und mit Heilrufen und der »erhobenen rechten Hand« gegrüßt. Er genießt zunächst das Bad in der Menge; dann läßt er Boucher seine »Predigt« halten. Boucher versteht sich auf demagogische Rhetorik. Unter Einsatz von Körper und Sprache hetzt und lockt er zugleich.

Der Leser wird aufmerksam werden: »Nacht der langen Messer«, »Schmachfriede«, »Zinsknechtschaft«, »das Volkhafte«; sprach man so Ende des 16. Jahrhunderts? Das sind doch Vokabeln aus dem Wortschatz der Nationalsozialisten! In jeder zweiten Rede eines Parteifunktionärs kamen sie damals vor, wurden anklagend oder drohend gebrüllt. Auch die nationalsozialistischen Konzepte von »Blut und Boden«, der Reinigung des Bluts von allem Fremden und der Bedrohung durch geheime Mächte, die dem Volk den Untergang geschworen hätten, fehlen in Bouchers Predigt nicht. Und gleicht der Kanzelredner nicht Joseph Goebbels? Konnte er nicht genauso das normale Denken und Fühlen einzelner oder bestimmter Gruppen im Gewoge unreiner Kollektivgefühle aufgehen lassen?

Heinrich Mann hat Boucher tatsächlich nach dem Bild des Propagandaministers und Meisterredners der Nationalsozialisten gezeichnet, eines tückischen Verführers, dessen Tricks er genau studiert hatte und kannte. Wie Goebbels lockt Boucher mit Worten, die einer Masse in Aussicht stellen, ihre Triebe an vorher für vogelfrei erklärten »Feinden« ungestraft austoben zu dürfen. Henri ist es unbehaglich, seine Sinne, ausgehend vom Geruchssinn, lassen ihn wahrnehmen, was »Unsauberes« vorgeht, und nur dadurch kann er sich der Verführung zum Haß entziehen.

Nachdem Henri im weiteren Verlauf des Romans zu den Hugenotten flieht, lernt er Michel de Montaigne kennen, einen adeligen Herrn, der den Vergnügungen seiner Standesgenossen gar nichts abgewinnen kann und als Philosoph gilt. Die freundschaftlichen Gespräche mit ihm beeinflussen die geistige Entwicklung des wesentlich jüngeren Henri.

Kein Name fiel, nicht Madame Catherine oder ihr Sohn d'Anjou noch die Namen von Protestanten. Die Worte waren dennoch die kühnsten, die jemand wagen konnte. Nicht allein die Brandung und der Sturm tobten gegen sie: fast die Gesamtheit der Menschen hätte sie niedergebrüllt. Henri wunderte sich überaus, daß ein gewöhnlicher Edelmann aussprechen mochte, was kein König laut eingestehen durfte. Er selbst hatte zuweilen gezweifelt an den Religionskriegen; um aber ganz an ihnen zu verzweifeln, hätte er gerade die Personen verurteilen müssen, die er doch verehrte: seine Mutter und den Admiral. [...]
»Welche Religion ist die rechte?« fragte Henri ihn.
»Was weiß ich?« antwortete der Edelmann.
Damit hatte er sich entblößt und ausgeliefert, was niemand tut, es wäre denn, er erkennt seinesgleichen und vertraut ohne Schwanken. So war es, beide hatten einander erkannt und vertraut. [...]
»Die Gewalt ist stark«, erklärte sein Begleiter. »Stärker ist die Güte. Nihil est tam populare quam bonitas.«
Dies vergaß Henri nie wieder, weil er es gehört hatte, als es sein ganzer Trost war.

(›Das Gespräch am Meeresstrand‹)

Nach der Ermordung des französischen Königs Heinrich III., der kinderlos war, wurde Heinrich von Navarra als Heinrich IV. König von Frankreich.

Das Kapitel ›Fama‹ im letzten Teil des Romans über ›Die Jugend des Königs Henri Quatre‹ berichtet von dem, was man sich über den neuen König Frankreichs erzählt. Auch der Nachwelt-Autor Heinrich Mann reiht sich mit seinem Bild fast unbemerkt ein.

Die Städte waren jede einzeln gewonnen und erschlossen, die Menschen erobert von Grund auf – nicht mit Gewalt; erstürmen soll man Mauern, nicht Menschen. Diese sind freundlichen Beispielen zugänglich, wenn man sie statt dessen auch hängen könnte. Dann erreicht sie der Ruf, vernünftig und menschlich zu sein, was übrigens die Absicht der Religion ist. Sie hängten sich anfangs lieber selbst auf, endlich aber begriffen viele ihr wirkliches Wohl, wenn auch nur für eine Weile und wenige Geschlechter. [...]
Die Gewöhnlichsten nannten ihn einfach lou noust Henric, und meinten damit nachgerade viel: seine täglichen Mühen und Arbeiten unter ihren Augen seit langen Jahren; das Geld, das er aufwandte, die Waffen, die er führte – und seine Gestalt, den Reiter im Wams aus geripptem Samt, gebräunt die Wangen wie ihre eigenen, sanfter, fester Blick, und der kurze junge Bart. Wenn er vorbeikam, wurde ihr gefährdetes Leben sicherer; der Friede des Landes, der immer schwankt, stand diesmal fest im Gleichgewicht. [...]
Eine andere Meinung wurde bekannt: zuerst in der Gegend ihres Ursprungs, dann weiterhin ging sie von Mund zu Mund. Der neue Bürgermeister von Bordeaux sollte sie zu einem anderen Humanisten geäußert haben. »Deutlich tritt in Erscheinung, daß alle diese Religions-

kriege nichts weiter sind als Unternehmungen zur Zerreißung Frankreichs.«

Vorbei die Zeiten, als Herr Michel de Montaigne sich hierüber in größter Heimlichkeit verständigte mit Henri von Navarra. Jetzt bekannte er es laut, und nicht nur […] oder im Rathaus der Stadt Bordeaux, die ihn zu ihrem Oberhaupt erwählt hatte unter tätigem Beistand des Gouverneurs. […]

Das muß man wissen: wer denkt, soll handeln, und nur er. Dagegen gibt es das sittlich Ungeheure außerhalb der Grenzen der Vernunft. Das ist die Sache der Unwissenden, die gewalttätig werden durch ihre ausschweifende Dummheit. Ihre Versuchung und Gelegenheit ist die Gewalt.

(›*Fama*‹)

Es ist deutlich zu sehen, wie stark Heinrich Mann Henri zum Ideal eines Volkskönigs werden läßt. Das Volk liebt die Menschlichkeit, die Vernunft und die Stärke seines Monarchen.

Auf der Gegenseite steht das »sittlich Ungeheure«, das der Dummheit entspringt und zur Gewalt führt. Heinrich Mann und viele andere Deutsche erlebten in Gestalt dessen, was die Nationalsozialisten taten und zuließen, das »sittlich Ungeheure«.

Auch im zweiten, umfangreichen Band seines Werkes über Heinrich IV., ›Die Vollendung des Königs Henri Quatre‹, wird immer wieder darauf hingewiesen, wie sehr das einfache Volk sich von seinem neuen König verstanden fühlt:

Seine Landsleute im Süden wissen aus eigenen Begegnungen, daß er nur gerade mittleren Wuchses ist, den Filzhut zum abgewetzten Wams trägt und niemals Geld hat. Sie erinnern sich seiner sanften Augen: sprechen diese eigentlich vom heiteren Gemüt oder von manch erlebter Trauer? Jedenfalls ist er schlagfertig und versteht sich auf den Ton des gemeinen Mannes – versteht sich noch besser auf die Art der Frauen.

(›*Das Gerücht*‹)

Henri hat tatsächlich verschiedene Geliebte. In Gabriele d'Estrées findet er schließlich die Frau seines Lebens. Es beginnt mit einem Liebesabenteuer. Ihre Verwandtschaft rechnet schon mit den Vorteilen, die eine engere Verbindung mit dem König bringen kann, doch Gabriele, Geliebte des jungen Herzogs von Bellegarde, hat wenig Interesse an einer Beziehung zu dem alternden Henri. In einem Gespräch mit ihrer Schwester Diana macht sie ihr dies unmißverständlich klar:

Als die Reiter unter Bäumen verschwunden waren, fragte Diana ihre Schwester, was der König ihr heimlich gesagt habe. Gabriele wiederholte es. »Wie!« rief Diana. »Und das läßt dich so ruhig? Begreif doch, was das ist! Nicht mehr und nicht weniger als das Glück. Wir alle sollen reich und mächtig werden.«

»Wegen eines Wortes, das er in die Luft spricht.«
»Zu dir, ob du nun die Mühe lohnst oder nicht, hat er es gesagt, und keine andere wird deshalb so bald von ihm hören, obwohl mindestens achtundzwanzig es vorher hörten. Wir sind beide nicht dumm und bemerkten genau, wie er sich hier verbiß.«
»Mit seinen schadhaften gelben Zähnen«, ergänzte Gabriele.
»Das wagst du zu erwähnen, bei einem Königs!« Diana erstickte vor Entrüstung.
»Gib mir Ruhe«, verlangte Gabriele. »Schließlich ist er ein alter Mann.«
»Du tust mir leid«, sagte die Schwester. »Ein noch nicht Vierzigjähriger – und abgehärteter Soldat. Welch eine gestraffte Gestalt, so fest in den Hüften!«
»Die Haut wie geräuchert, zahllose Fältchen«, bemerkte die geliebte Frau.
»Laß einen Herrn sein Leben im Felde verbringen. Da kann sich einer den Bart nicht gleichmäßig schneiden.«
»Den grauen Bart«, ergänzte Gabriele. Ihre Schwester rief wütend: »Wenn du es wissen willst: sein Hals war schlecht gewaschen.«
»Meinst du, es wäre mir entgangen?« fragte Gabriele gelassen. Die andere ließ sich vollends hinreißen.
»Gerade deswegen hätte ich mich noch heute abend mit ihm hingelegt. Denn nur ein großer Sieger und hochberühmter Mann kann sich solche Seltsamkeiten erlauben.«
»Ich bin für das Übliche. Die Huldigungen eines Königs von Frankreich sind mir gleich, wenn er ein schadhaftes Wams und einen schäbigen Filz trägt.«
Damit entfernte Gabriele sich. Diana lief ihr nach, die Stimme lag höher als sonst: »Dein langer Geck! Dein schön Frisierter! Dein Wohlduftender!« Gabriele sagte rückwärts: »Du erinnerst mich daran. Der König roch nicht gut.«

(›Zeig sie mir!‹)

Mit der Zeit lernt Gabriele den König als Menschen kennen, ihn zunehmend schätzen und lieben.

Henri ist entschlossen, Gabriele d'Estrées zu heiraten. Sie selbst hat an menschlicher Größe und Reife gewonnen und fühlt sich dem königlichen Amt gewachsen. Bereits jetzt steht sie ihm bei der Planung von Reformen zur Seite. Aber die Herren des hohen Adels sind mit dieser Hochzeit nicht einverstanden und ihre Frauen sind neidisch auf die »Mätresse«, die auf Festen zu glänzen versteht. Ein natürlicher früher Tod – noch bevor Henris Ehe mit Marguerite de Valois aufgelöst ist – erspart Gabriele die Bewährungsprobe.

Heinrich von Navarra war zwar aufgrund seines erbrechtlichen Anspruchs als Nachfahre einer Seitenlinie der Bourbonen vom letzen Valois, Heinrich III., zum König von Frankreich benannt worden. Er muß aber sein Land gegen die erzkatholische »Heilige Liga« erst mühsam erobern.

Das Kapitel mit der zunächst rätselhaften Überschrift ›Psalm 68‹ schildert, wie Henri trotz knapper Mittel bei Arques das gegnerische Heer entscheidend schlägt.

Dem ungeduldigen Henri geht die zögernde Vorsicht seines Marschalls Biron gegen den Strich; aus Schwächen werden in Henris optimistischer Sicht Vorteile.

> Vor Arques im Laufgraben hält Henri seinem Marschall Biron vor, daß sie auf den Angriff des Feindes schon eine Woche warten. Mayenne [der Feldherr der Liga] steht drüben hinter dem Wald, kein Geplänkel lockt ihn hervor: in diesem Nebel will er nicht kämpfen. Aber der Nebel wäre von Vorteil für das kleinere Heer. [...] Der Alte [Biron] rät ab. [...] Ihm ins Ohr sagte Henri: »Der Nebel wird dem Feind verbergen, wie wenige wir sind. Und wie gut wir verteilt sind [...].«
> [...]
> Biron, der herbeieilte, wurde vom Pferd geworfen. Derselbe [...], der den Marschall zu Fall gebracht hatte, hielt dem König selbst seinen Spieß vor die Brust und sagte, der Herr sollte sich ergeben. Das wäre soviel wie eine lebenslange Versorgung gewesen für den Guten. Nur leider kam er zu spät, seine Partei war im geschlossenen Feld schon niedergeworfen: er hatte nicht achtgegeben vor Eifer. Plötzlich sieht er sich umstellt von Reitern, die drauf und dran sind, ihn hinzumachen. Sein Gesicht wird dumm wie je, der König lacht und befiehlt, ihn laufenzulassen.
> Hier wurde Biron zornig. Steif von dem Sturz, kletterte er auf sein Pferd: noch nie hatte jemand ihn herunterfallen gesehen. Nun war Zeuge der König selbst, machte sich aber nichts daraus, sondern lachte. Seine Sache, wenn er den Spieß des Deutschen auf seiner Brust haben wollte.
> »Sire! Ich rühme mich weder meiner Sanftmut noch Seelenkraft. Geben Sie mir den Mann!«
> Er war knochig wie sein Klepper, hatte auch seinen eisernen Blick zurück, mit dem Blick kannte Henri ihn aus der Zeit ihrer Feindschaft. Der alte Feind schwankte dort oben lang und dürr; alles Lärmen und Gewühl der Schlacht entriß ihn seinem Sinnen nicht auf Recht und Rache. »Biron, so sind Sie. Nun, und so ist der Landsknecht. Ich aber muß mit vielen Menschen leben.«
>
> *(›Psalm 68‹)*

Der alte Marschall führt Krieg auf die herkömmliche Art und hat einen entsprechenden Ehrbegriff. Mit dem lachenden Henri setzt sich ein freierer Stil durch; er zeigt sich auch gegenüber dem Landsknecht der gegnerischen Seite menschlich und sinnt nicht auf Rache.

Politische Hauptgegner Henris sind die selbstherrlichen, katholischen Adeligen. Sie sehen meist weder in der nationalen Einheit des Landes unter einem starken Herrscher noch im Frieden aller Menschen und Völker ein erstrebenswertes Ziel.

Um auch von ihnen als König von Frankreich anerkannt zu werden, muß Henri den »Todessprung« wagen: Er tritt zum katholischen Glauben über.

Mit dem Edikt von Nantes erreicht er schließlich den Frieden zwischen Katholiken und Hugenotten in Frankreich.

Einige Zeit nach Gabriele d'Estrées' Tod heiratet Henri wegen ihrer reichen Mitgift Maria von Medici, eine habsburgische Prinzessin aus der Toskana. Sie fühlt sich in Frankreich nicht wohl, hätte gegen einen baldigen Tod ihres Gemahls nichts einzuwenden und intrigiert gegen ihn.

Heinrich Manns Idealvorstellung von diesem Herrscher als Liebling des einfachen Volkes schlägt im zweiten Band des Romans immer mehr durch und überlagert das Bild, das die Fachhistoriker zeichnen.

> Die Zweifel an ihm ersterben. Der streitet nicht mehr um Geld und Gut, noch um die Krone [...]. Nimmt die Partei der Schwachen, Verfolgten, unwandelbar fest, gesegnet vom Herrn der Himmel. [...] Es ist nicht wahr, was so lange umging von seinen Liebschaften, tollen Streichen und seiner Lauheit. [...]
>
> So stießen sie zu ihm von vielen Seiten – und im voraus erhoben von seinem Ruf, wurden alle diese Menschen beseligt, als sie mit Augen sahen, wie er war: einfach und gut. Eigenhändig grub er Erde aus den Laufgräben, aß im Stehen, schlief in Waffen – und lachte. Wegen seines Lachens blieb man bei ihm, ob es Geld gab oder keins, ob gegessen wurde oder gefastet.
>
> *(›Der fröhliche Tag‹)*

Die Einstellung der gehobenen Schichten dagegen spricht aus der zunehmend ironischen Erzählhaltung im Kapitel mit dem vielsagenden Titel ›Die Größe, wie sie umgeht‹. Hier werden die gesellschaftlichen Neuerungen geschildert, die Henri unbeirrbar durchzusetzen versucht. Diejenigen, die seine Gunst erschleichen und sich dadurch Vorteile verschaffen wollten, mußten

> [...] erkennen, daß nichts zu machen war, weder auf dreiste noch auf feine Art, bei einem König, der lange arm gewesen war und den Wert des Geldes kannte. Hätte er ihn vergessen, im Gewühl der Gassen fragte er die Leute aus, bis er wußte, was man für einen Pfennig bekommt und wie er verdient wird.
>
> Das sind schwere Vorwürfe: erstens, nichts zu verschenken, und dann, zuviel zu wissen. Den geistlichen Abgeordneten, die kamen, um sich über sein Edikt von Nantes zu beschweren, antwortete er mit der Herzählung ihrer Mißbräuche – die er wohlverstanden nicht ihnen vorwarf, nur den Zeitläuften. Wollten sie aber mit ihm zusammenarbeiten, dann werde er die Kirche herstellen in ihrem alten Glanz wie vor hundert Jahren. Sie dachten: ›Gab es damals die Mißstände nicht?‹ Und dasselbe meinte der König.
>
> Hart verfuhr er mit dem Bürgertum, das die Plätze im Staat erstürmte, um sich zu bereichern. Noch härter mit den Richtern, die das Recht für die Reichen sprachen. [...] Auf einer Jagd geriet er allein und unerkannt

an ein Wirtshaus, dort gab es für einen schlicht gekleideten Herren nichts mehr zu essen. Gerichtsbeamte, die droben tafelten, wiesen ihn durch den Kellner ab, obwohl der Fremde sich erbot, sein Gedeck zu bezahlen. Er ließ sie herunterholen und durchprügeln, ein neues Verfahren für einen König, der sonst das meiste leicht genommen und gern gelacht hatte.

[...] Entlassene Soldaten waren der Schrecken der Straßen, wurden eingesperrt oder sanken zu demütigen Bettlern herab. Seine Soldaten die Hand hinhalten zu sehen, sollte einen König mehr beschämen, als wenn sie Bauern ausgeplündert hätten oder den wohlgenährten Bürgersmann an einer Ecke niederschlugen. Dieser König verlangte, daß sie arbeiteten und ihm hülfen, seine Industrien zu vergrößern. Er hatte nichts im Sinn außer dem Wohlstand aller werktätigen Stände. Ein höchst anstößiger Wohlstand, er machte die Leute übermütig und veränderte von Grund auf das Verhältnis von arm und reich, hoch und niedrig. Die geschuldete Unterwürfigkeit der Gemeinen wurde vergessen. [...] Dies sind die Wirkungen einer unerlaubten Neigung, die Menschen glücklicher zu machen, während gerade die Dürftigkeit ihnen gesund ist und sie in Zucht und Ordnung erhält.

Wer gewohnt ist, daß die weltliche Ordnung, genau wie die göttliche, um ihrer selbst willen, nicht aber für die Glückseligkeit der Menschen fortbesteht, erkennt in der Herrschaft des Königs Henri vielleicht sogar das Erscheinen des Antichrist.

(›Die Größe, wie sie umgeht‹)

Der König stirbt durch den Dolchstoß eines fanatischen Jesuiten, der glaubt, in Henri einen leibhaftigen Teufelsdiener getroffen zu haben.

Heinrich Mann feiert seinen Volkskönig Henri in dessen Todesstunde mit Bildern, die bereits auf die Französische Revolution verweisen.

Es ist die Wahrheit, daß damals Schloß Louvre von dem Volk des Königs Henri besetzt war: der Hof verdrängt, die Königin entschwunden. Seine Soldaten wurden alsbald zum Volk wie alle, sie bewachten und verteidigten niemand als nur ihn. Nun ist er vergangen.

Einer aus Tausenden konnte auf den Tisch springen und sturmrufen. Er konnte aussprechen, was alle fühlten: Unser König Henri und wir waren eins. Er hat geherrscht mit uns, und wir in ihm. Er wollte uns besser haben, und daß wir es besser hätten. Von unserem Blut ist er gewesen, gerade darum hat man es vergossen.

(›Seul Roi‹)

Den ermordeten König läßt Heinrich Mann »von der Höhe einer Wolke herab« eine Ansprache halten, die an die Generation Heinrich Manns gerichtet ist.

[...]

Seht mir in die Augen. Ich bin ein Mensch wie ihr; der Tod tut nichts dabei zur Sache, noch auch die Jahrhunderte, die uns trennen. Ihr haltet euch für große Persönlichkeiten, weil ihr an einer Humanität teilhabt, die dreihundert Jahre weiter ist als die zu meinen Lebzeiten. Aber für die Toten, sie mögen schon seit langem tot sein oder erst seit gestern, ist so gut wie kein Unterschied mehr da.

[...]

Mein Geschick entschied sich in dem Augenblick, als ich die Religion abschwor. Gleichwohl, es war eben meine Art, Frankreich zu dienen. Von da aus gesehen, kommen unsere Verleugnungen oft Taten gleich und können unsere Schwächen uns Festigkeit ersetzen. Frankreich ist mir sehr verpflichtet, denn ich habe das Beste für es getan. Ich habe meine Stunden der Größe gehabt. Aber was heißt: groß sein? Die Bescheidenheit haben, seinesgleichen zu dienen, und ihnen dabei doch vorauszueilen. Ich bin Prinz von Geblüt und bin Volk gewesen. [...] man muß eines und das andere sein, selbst auf die Gefahr hin, ein schäbiger Pfennigfuchser zu bleiben.

[...]

Ein Mensch, der aufhören muß zu leben, und der es weiß, setzt gleichwohl die fernste Nachwelt in Bewegung, indem er sein hinterlassenes Werk der Gnade Gottes anbefiehlt, die gewiß ist – und dem Genius der Jahrhunderte, der willkürlich und unvollkommen ist. Mein eigenes Genie ist es auch wohl nur gewesen. Ich habe euch nichts vorzuwerfen, meine lieben Zeitgenossen drei Jahrhunderte nach mir. Ich habe eines dieser Jahrhunderte noch erkannt, und es war nicht mehr das meine. Ich überragte es, was mich aber nicht daran hinderte, ein Herübergeretteter aus vergangenen Zeiten auch damals zu sein. Bin ich es auch heute noch, wo ich unter euch zurückgekehrt bin? Ihr würdet mich vielmehr wiedererkennen, und ich würde mich an eure Spitze stellen; alles müßte noch einmal von vorn anfangen. Vielleicht unterläge ich dieses eine Mal nicht. Habe ich gesagt: ich wünschte nicht, noch einmal zu leben? Aber ich bin nicht tot. Ich lebe, und doch nicht auf eine übernatürliche Weise. Ihr setzt mein Werk fort.

[...]

(›Allocution d'Henri Quatrième‹)

Heinrich Mann macht König Henri zu einem Herrscher, der sein Amt und seine Zeit weit überragt. In seiner Ansprache tritt Henri zunächst als Mensch vor die Nachwelt, human und seelisch stark, in seiner persönlichen Entwicklung »vollendet«, wie bereits der Titel des zweiten Roman-Bandes ankündigt. Er erklärt seine humanistischen und sozialpolitischen Ideale für zeitlos und nach wie vor erstrebenswert und wendet sich direkt an diejenigen, die zur Zeit Heinrich Manns sein Werk fortsetzen. Der Zeitbezug und die politische Dimension des Romans werden hier nochmals deutlich. Die Nationalsozialisten, die Führer und auch ihre Anhänger, werden, wie wir gesehen haben, eindeutig in den Figuren der »Heiligen Liga« gespiegelt, Henris Widersachern. Damit erhebt Heinrich Mann seinen König Henri Quatre zu einem Gegenbild der zeitgenössischen deutschen Herrschaft und zu einem Vorbild für die Gegner des Nationalsozialismus.

Thomas Mann
Joseph und seine Brüder

Thomas Mann (1875–1955) ging nicht, wie andere Autoren, bewußt ins Exil. Nachdem er im Februar 1933 in München seinen Vortrag ›Leiden und Größe Richard Wagners‹ gehalten hatte, befand er sich auf einer Vortragsreise durch verschiedene europäische Länder. Währenddessen erfuhr er von einer in den ›Münchner Neuesten Nachrichten‹ veröffentlichten Protesterklärung gegen die Druckfassung seiner Wagnerrede. Sein Münchener Haus wurde besetzt und bewacht. Im April 1933 beschloß er, nicht nach Deutschland zurückzukehren und ließ sich schließlich in Küsnacht am Zürichsee nieder.

Seit 1926 hatte Thomas Mann an dem vierteiligen Romanzyklus ›Joseph und seine Brüder‹ gearbeitet, dem die biblischen Josephsgeschichten zugrunde liegen. Vor seiner Abreise aus Deutschland arbeitete er – der erste Band ›Die Geschichten Jaakobs‹ war bereits fertiggestellt – am zweiten Band ›Der junge Joseph‹. Die Handschrift lag in Manns Wohnhaus in München. Bei »Nacht und Nebel« beschaffte seine Tochter Erika das Manuskript wieder.

In den ersten Jahren nach 1933, in denen die sorgfältige Arbeit an seinem großen Romanvorhaben langsam voranschritt, befaßte sich Thomas Mann nicht öffentlich mit Politik und hielt Distanz zu den deutschen Exilautoren. Er wollte erreichen, daß seine Bücher weiter in Deutschland erscheinen konnten. S. Fischer in Frankfurt blieb sein Verlag. Dort kamen 1933 und 1934 die ersten beiden Bände der Joseph-Tetralogie heraus. Eine Mahnung seines ältesten Sohnes Klaus und seiner Tochter Erika, eindeutiger Stellung zu beziehen und zum Querido Verlag in Amsterdam überzuwechseln, befolgte er nicht.

Die Familie wurde über den Werdegang des Joseph-Romans stets auf dem laufenden gehalten. Klaus Mann berichtet darüber in seiner Autobiographie ›Der Wendepunkt‹ und sieht bereits 1933 in der Geschichte Josephs Parallelen zum Schicksal eines Emigranten.

> [...] die Geschichte nimmt ihren Gang, läuft ab, entwickelt sich nach eigenem Gesetz: die geduldig ausgesponnene, farbig-genaue Geschichte und Gotteserfindung von Joseph und seinen Brüdern. Wie lange wir den anmutigen Rahel-Sproß nun schon kennen! Seine schöne und hübsche Gestalt ist uns ebenso vertraut wie die sonore Stimme, die Vater-Stimme, die den Reiz dieser zeitentrückten, mythisch distanzierten Jugend mit sehr sorgfältig ausgewählten Adjektiven zu beschwören, uns nahezubringen und gegenwärtig zu machen weiß.
> Ja, der immer noch junge, wenn auch nicht mehr so ganz knabenhafte Joseph, dem wir nicht ohne Rührung am Zürichsee wiederbegegnen, ist noch der gleiche, der einst – wie lange ist's her? – dem würdig-sinnenden Jaakob das bunte Kleid abschwatzte und die Brüder mit seinen taktlosen

> Träumen ennuyierte. Inzwischen freilich ist dem Verwöhnten allerlei zugestoßen, sein Schicksal war nicht leichter als das unsere: das Exil – auch ihm blieb es nicht erspart. Erst mußte er in die Grube, dann in die Fremde; dort aber bewährte sich sein Stern, oder vielmehr, seine gewinnenden Eigenschaften helfen ihm aus der Patsche.
> Für ein Emigranten-Publikum war es ermutigend zu hören, wie geschwind der zunächst scheinbar völlig ruinierte Joseph sich von seinem tiefen Fall erholt und in exotischem Milieu Karriere macht. Seine Eloquenz, sein Witz und Charme, seine angeborene Artigkeit erweisen sich als ebenso wirkungsvoll, ebenso unwiderstehlich im Hause des ägyptischen Großen wie daheim, im väterlichen Zelt.
>
> *(9. Kapitel)*

Schließlich bekannte sich Thomas Mann 1936 doch in einem öffentlichen Brief in der ›Neuen Zürcher Zeitung‹ zum Exil. Ende dieses Jahres erfolgte dann seine Ausbürgerung aus Deutschland, vor der ihn bis dahin nicht zuletzt sein internationales Renommee durch den Erhalt des Nobelpreises für Literatur 1929 bewahrt hatte.

1937 bis 1939 gab er die Zeitschrift ›Maß & Wert‹ als Sprachrohr der konservativen Exilanten heraus.

Thomas Mann ging 1939 in sein zweites Exil, die USA, lebte zunächst in Princeton, ab 1941 in Los Angeles und wurde 1944 amerikanischer Staatsbürger.

Der dritte Band der Tetralogie, ›Joseph in Ägypten‹, erschien 1936 in Wien, der vierte, ›Joseph, der Ernährer‹, 1943 in Stockholm, den Exilstationen des S. Fischer Verlags folgend.

Thomas Mann wollte unter Verwendung von wissenschaftlicher Literatur über Mythen Vorderasiens sowie psychoanalytischer Arbeiten Sigmund Freuds auf seine Art die biblische Geschichte Josephs und seiner Vorväter neu erzählen. Mit den bei Thomas Mann wohlvertrauten Mitteln der Ironie prüft und hinterfragt er die in Umrissen bekannte Geschichte, die als heilig galt und ein Tabu war. Joseph ist bei Thomas Mann weniger eine nacherzählte Figur des Alten Testaments als vielmehr ein aufgeweckter junger Mann, der sich buchstäblich über »Gott und die Welt« Gedanken macht, ebenso wie über sich selbst und andere Menschen. Auch sein Vater Jaakob wird aus seiner biblischen Würde befreit und als Mensch verständlich gemacht.

Zunächst der Versuch einer knappen Nacherzählung des im ersten Buch Mose, 27–50, berichteten biblischen Geschehens:

Jaakob (von seinem Gott auch Israel genannt) läßt sich schließlich im Lande Kanaan nieder, nachdem er einen Streit mit seinem Bruder Esau wegen beanspruchter Erbrechte beigelegt hat.

Der Herdenbesitzer Jaakob, ein reicher und angesehener Mann, hat zwölf Söhne. Seinem Sohn Joseph, den er mehr liebt als die anderen, schenkt Jaakob als Zeichen seiner Gunst ein wertvolles Kleidungsstück, den »bunten Rock«. Die Brüder hassen den bevorzugten und überheblichen Joseph, werfen ihn in eine Grube in der Wüste und verkaufen ihn dann an durchziehende ismaelitische Händler. Der Vater trauert um den offenbar verlorenen Sohn. Potiphar, ein Mächtiger am Hof des ägyptischen Pharao, erwirbt Joseph als Sklaven und bestellt ihn schließlich zu seinem Verwalter. Dem Werben von Potiphars Frau, die ihn leidenschaftlich begehrt, gibt Joseph nicht nach. Doch sie erzählt ihrem Mann, Joseph habe sie bedrängt, so daß Joseph ins Gefängnis gebracht wird. Dort betätigt er sich als Traumdeuter. Schließlich wird er an den Königshof geholt, wo er den Traum des Pharao von den sieben fetten und den sieben mageren Kühen deuten soll.

Joseph deutet den Traum als Botschaft Gottes an den Pharao, daß Ägypten sieben Jahre des Überflusses und dann sieben Jahre der Hungersnot bevorstehen, und rät, einen weisen Mann über Ägypten zu stellen, der in den ersten sieben Jahren für die Hungersnot vorsorgt.

Der Pharao stellt Joseph über das Land, der große Getreidevorräte anlegt und in der Hungersnot zum »Ernährer« Ägyptens wird. Auch seine Brüder kommen nach Ägypten, um dort Getreide zu kaufen; Joseph sieht seinen Vater Jaakob wieder und söhnt sich schließlich nach dessen Tod mit seinen Brüdern aus.

In den ersten beiden Bänden des Romanzyklus von Thomas Mann werden die Lebensgeschichte Jaakobs und die Jugend Josephs im Rückblick der Protagonisten erzählt und von ihnen besprochen.

Zunächst finden wir Joseph träumend und sinnend allein unter einem riesigen Terebinthenbaum. Jaakob hat den Lieblingssohn des längeren gesucht und findet ihn endlich. Nun erzählt er ihm von dem Gott des Volkes Israel. Ein »gewisser Abiram oder Abraham« wurde von Gott auserkoren für die neue Religion. Das Verhältnis zwischen Gott und den Menschen sollte von freiwilligem Gehorsam, Verständnis, Vernunft und Liebe bestimmt sein, nicht durch Furcht wie bei den meisten Gottheiten Vorderasiens.

> Er unterbrach sich, und seine Hand wich von Josephs Haar. Der blickte auf und mußte sehen, daß der Greis das Gesicht mit den Händen bedeckt hielt und daß er zuckte.
>
> »Was ist meinem Herrn!« rief er bestürzt, indem er sich eilig herumwarf und mit den Händen gegen die des Alten hinaufstrebte, ohne eine Berührung zu wagen. Er hatte zu warten und noch einmal zu bitten. Jaakob veränderte seine Stellung nur zögernd. Als er sein Gesicht enthüllte, schien es zügig vergrämt und drang mit mühseligen Augen neben dem Knaben hin ins Leere.
>
> »Ich gedachte Gottes mit Schrecken«, sagte er, und seine Lippen schienen schwer beweglich. »Da war mir, als sei meine Hand die Hand Abrahams

und läge auf Jizchaks Haupt. Und als erginge seine Stimme an mich und sein Befehl ...«

»Sein Befehl«, fragte Joseph mit einer vogelhaft kurzen und herausfordernden Kopfbewegung ...

»Der Befehl und die Weisung, du weißt es, denn du kennst die Geschichten«, antwortete Jaakob versagenden Tones und saß vorgebeugt, die Stirn gegen die Hand gelehnt, in der er den Stab hielt. »Ich habe sie vernommen, denn ist Er geringer als Melech, der Baale Stierkönig, dem sie der Menschen Erstgeburt bringen in der Not und überliefern bei heimlichem Fest die Kindlein in seine Arme? Und darf er nicht fordern von den Seinen, was Melech fordert von denen, die ihn glauben? Da forderte er es denn, und ich vernahm seine Stimme und sprach: ›Hier bin ich!‹ Und mein Herz stand still, mein Atem ging nicht. Und gürtete einen Esel in der Frühe und nahm dich mit mir. Denn du warst Isaak, mein Spätling und Erstling, und ein Lachen hatte der Herr uns zugerichtet, als er dich anzeigte, und warst mein ein und alles, und auf deinem Haupte lag alle Zukunft. Und nun forderte er dich mit Recht, wenn auch gegen die Zukunft. Da spaltete ich Holz zum Brandopfer und legte es auf den Esel und setzte das Kind dazu und zog aus mit den Hausknechten von Beerscheba drei Tage weit hinab gegen Edom und das Land Muzri und gegen Horeb, seinen Berg. Und als ich den Berg des Herrn von ferne sah und den Gipfel des Berges, ließ ich den Esel zurück mit den Knaben, daß sie auf uns warteten, und legte auf dich das Holz zum Brandopfer und nahm das Feuer und Messer, und wir gingen allein. Und als du mich ansprachst: ›Mein Vater?‹, da vermochte ich nicht zu sagen: ›Hier bin ich‹, sondern meine Kehle winselte unversehens. Und als du mit deiner Stimme sagtest: ›Wir haben Feuer und Holz; wo ist aber das Schaf zum Brandopfer?‹, da konnte ich nicht antworten, wie ich hätte müssen, daß der Herr sich schon ersehen werde ein Schaf, sondern mir wurde so weh und übel, daß ich hätte mögen meine Seele aus mir speien mit Tränen, und winselte neuerdings, so daß du mit deinen Augen nach mir blicktest von der Seite. Und da wir zur Stätte kamen, baute ich den Schlachttisch aus Steinen und legte das Holz darauf und band das Kind mit Stricken und legte es obenauf. Und nahm das Messer und bedeckte mit der Linken dein Augenpaar. Und wie ich das Messer zückte und des Messers Schneide gegen deine Kehle, siehe, da versagte ich vor dem Herrn, und es fiel mir der Arm von der Schulter, und das Messer fiel, und ich stürzte zu Boden hin auf mein Angesicht und biß in die Erde und in das Gras der Erde und schlug sie mit Füßen und Fäusten und schrie: ›Schlachte ihn, schlachte ihn Du, o Herr und Würger, denn er ist mein ein und alles, und ich bin nicht Abraham, und meine Seele versagt vor Dir!‹ Und während ich schlug und schrie, so rollte ein Donner hin von der Stelle den Himmel entlang und verrollte weit. Und ich hatte das Kind und hatte den Herrn nicht mehr, denn ich hatte es nicht vermocht, für ihn, nein, nein, nicht vermocht«, stöhnte er und schüttelte die Stirne an der Hand am Stabe.

»Im letzten Augenblick«, fragte Joseph mit hohen Brauen, »versagte die Seele dir? Denn im nächsten«, so fuhr er fort, da der Alte nur schweigend den Kopf etwas wandte, »im allernächsten wäre ja die Stimme erschollen

und hätte dir zugerufen: ›Lege deine Hand nicht an den Knaben und tu ihm nichts!‹, und hättest den Widder gesehen in der Hecke.«
»Ich wußte es nicht«, sagte der Greis, »denn ich war wie Abraham, und die Geschichte war noch nicht geschehen.«
»Ei, sagtest du nicht, du hättest gerufen: ›Ich bin nicht Abraham‹?« versetzte Joseph lächelnd. »Warst du aber nicht er, so warst du Jaakob, mein Väterchen, und die Geschichte war alt, und du kanntest den Ausgang. War es doch auch nicht der Knabe Jizchak, den du bandest und schlachten wolltest«, fügte er, wieder mit jener zierlichen Kopfbewegung, hinzu. – »Das ist aber der Vorteil der späten Tage, daß wir die Kreisläufe schon kennen, in denen die Welt abrollt, und die Geschichten, in denen sie sich zuträgt und die die Väter begründeten. Du hättest mögen auf die Stimme und auf den Widder vertrauen.«
»Deine Rede ist gewitzt, aber unzutreffend«, erwiderte der Alte, der seinen Schmerz über dem Streitfall vergaß. »Zum ersten nämlich, wenn ich denn Jaakob war und nicht Abraham, so war nicht gewiß, daß es gehen werde wie damals, und ich wußte nicht, ob der Herr nicht wolle zu Ende geschehen lassen, was er einst aufgehalten. Zum zweiten, siehe doch an: Was wäre meine Stärke gewesen vor dem Herrn, wenn sie mir gekommen wäre aus der Rechnung auf den Engel und auf den Widder und nicht vielmehr aus dem großen Gehorsam und aus dem Glauben, daß Gott kann die Zukunft hindurchgehen lassen durch das Feuer unversehrt und sprengen die Riegel des Todes und Herr ist der Auferstehung? Zum dritten aber – hat denn Gott mich geprüft? Nein, er hat Abraham geprüft, der bestand. Mich aber habe ich selbst geprüft mit der Prüfung Abrahams, und mir hat die Seele versagt, denn meine Liebe war stärker denn mein Glaube, und ich vermochte es nicht«, klagte er wiederum und neigte aufs neue die Stirn zum Stab; denn nachdem er seinen Verstand gerechtfertigt, überließ er sich wieder dem Gefühl.
»Sicherlich habe ich Ungereimtes gesprochen«, sagte Joseph demütig, »meine Dummheit ist zweifellos größer als des Großteils der Schafe, und ein Kamel gleicht an Einsicht gewiß Noah, dem Hochgescheiten, im Vergleich zu diesem sinnlosen Knaben. Meine Antwort auf deine beschämende Zurechtweisung wird nicht erleuchteter sein, aber dem blöden Kinde scheint, daß, wenn du dich selber prüftest, du weder Abraham noch Jaakob warst, sondern – es ist ängstlich zu sagen – du warst der Herr, der Jaakob prüfte mit der Prüfung Abrahams, und du hattest die Weisheit des Herrn und wußtest, welche Prüfung er dem Jaakob aufzuerlegen gesonnen war, nämlich die, welche den Abraham zu Ende bestehen zu lassen er nicht gesonnen gewesen ist. Denn er sprach zu ihm: ›Ich bin Melech, der Baale Stierkönig. Bringe mir deine Erstgeburt!‹ Als aber Abraham sich anschickte, sie zu bringen, da sprach der Herr: ›Unterstehe dich! Bin ich Melech, der Baale Stierkönig? Nein, sondern ich bin Abrahams Gott, des Angesicht ist nicht zu sehen wie der Acker, wenn ihn die Sonne zerreißt, sondern vielmehr wie des Mondes Angesicht, und was ich befahl, habe ich nicht befohlen, auf daß du es tuest, sondern auf daß du erfahrest, daß du es nicht tun sollst, weil es schlechthin ein Greuel ist vor meinem Angesicht, und hier hast du übrigens einen Widder.‹ Mein

Väterchen hat sich damit unterhalten, daß er sich prüfte, ob er zu tun vermöchte, was der Herr dem Abraham verbot, und grämt sich, weil er fand, daß er das nie und nimmer vermöchte.«

(Die Geschichten Jaakobs, ›Die Prüfung‹)

Seine Rede über den Gott des Volkes Israel unterbricht Jaakob und bedeckt sein Gesicht mit den Händen. Schließlich erzählt er Joseph, er habe »Gottes mit Schrecken« gedacht und sich dann in einer Art Traum vorgestellt, er sei Abraham, und Joseph sei dessen Sohn Jizchak. In seinem Traum habe Gott ihn – wie damals Abraham – zum Sohnesopfer aufgefordert.

Jaakob ist zwar noch ganz der Tradition verhaftet, vom Willen zum Gehorsam vor Gott durchdrungen, aber letztendlich hindern ihn seine Gefühle für den Sohn daran, sich dem Willen des Herrn anzuvertrauen. Sie brechen durch und gewinnen Oberhand: Er bringt es in seinem Traum nicht über sich, den Sohn zu opfern, obwohl er damit in seiner Vorstellung vor Gott versagt hat. Dieses Dilemma reflektiert sich in seiner Sprache: Jaakob spricht während seiner Schilderung des Traums deutlich die Sprache der Tradition, die Sprache des Alten Testaments, aber dann bricht es aus ihm heraus: »schlachte ihn Du, o Herr und Würger, denn er ist mein ein und alles [...]!«

Joseph hingegen gehört eindeutig einer anderen Generation an: Der »gewitzte« Sohn verstößt zwar nicht gegen die Konventionen, die auch der Tradition zuzurechnen sind – er wartet, bis er zum Weitersprechen aufgefordert wird und bringt seinen Einwand mit einer langen und kunstvollen Demutsversicherung vor. Er ist aber den Inhalten der Tradition, »den Geschichten«, nicht mehr verhaftet, ist zeitlich entrückt: »Das ist aber der Vorteil der späten Tage, daß wir die Kreisläufe schon kennen, in denen die Welt abrollt, und die Geschichten, in denen sie sich zuträgt und die die Väter begründeten.« Josef denkt nach, fragt, widerspricht und macht auf inhaltliche Widersprüche des Vaters aufmerksam. Nach seiner Sicht ist die Ausführung der Gesetze dem Menschen überlassen; Gefühle enthalten oft die richtige Wegweisung. So versichert er seinem Vater, daß dieser keineswegs versagt habe, sondern daß er von selbst unterlassen habe, was auch Gott Abraham letztlich verbot – das Menschenopfer. Hier zeigt sich, was Thomas Mann gemeint hat, als er äußerte: »Ich erzählte die Geburt des Ich aus dem mythischen Kollektiv«, und als er von der »menschlichen Vereinzelung« von Vater und Sohn sprach.

Thomas Manns Bewunderung für den amerikanischen Präsidenten Roosevelt in den dreißiger Jahren und dessen »New Deal«, ein Programm zur Überwindung der US-amerikanischen Wirtschaftskrise, ist in den Roman ›Joseph, der Ernährer‹ eingegangen.

Der biblischen Josephsgeschichte folgend, wird Joseph auch in diesem Roman schließlich aus dem Gefängnis zum Pharao gerufen, um dessen Träume zu deuten. Die psychologische Zeichnung der Figuren Thomas Manns läßt ihre Motive durchschauen:

> Joseph lauschte ohne Affektation, in anständiger Haltung. Daß er die Augen geschlossen hielt, während Pharao schilderte, war alles, wodurch er Verinnerlichung und tiefe Versammlung seines Wesens auf das Erzählte merken ließ; und er tat ein übriges, indem er seine Augen noch eine Weile geschlossen hielt, als Amenhotep geendet hatte, und nun verhaltenen Atems wartete. So weit ging er, daß er jenen da noch etwas warten ließ und die Augen geschlossen hielt, während er die des Königs voller Erwartung auf sich gerichtet wußte. Es war sehr still in der kretischen Loggia. Nur die Göttin-Mutter hustete sonor und klapperte mit ihren Behängen.
> »Schläfst du, Lamm?« fragte Amenhotep endlich mit zaghafter Stimme.
> »Nein, hier bin ich«, antwortete Joseph, indem er ohne Übereilung die Augen öffnete vor Pharao. Allerdings sah er eher sozusagen durch diesen hindurch, als daß er ihn angesehen hätte, oder vielmehr: sein Blick brach sich nachdenklich an des Königs Person und ging in sich selber, was den schwarzen Rahel-Augen sehr gut stand.

Nach der direkten Deutung des Traumes sagt Joseph:

> [»Bitte entlasse] deinen Knecht nun an seinen Ort [...], in das Gefängnis, darin er fronte, und in die Grube, daraus du ihn zogst um deiner Träume willen. Denn sein Geschäft ist beendigt, und seine Gegenwart ziemt sich nicht länger am Orte der Größe. [...] Wohin meine Wenigkeit nun aber zurückkehrt, dort werde ich in meinen Gedanken dieses Gespräch der Großen weiterführen, in das mich in Wirklichkeit einzumischen sträflich wäre. ›Pharao hatte wohl recht‹, werde ich lautlos zu mir selber sagen, ›sich der Umkehrung zu freuen und der schönen Frist, die vor der Fluchzeit kommt und den Jahren der Dürre. Aber wie recht hatte nicht auch die Mutter [...] mit ihrer Meinung und Mahnung, daß sogleich vom Tage der Segensfrist an, und vom Tage der Deutung, Sinnen und Ratschlag dem kommenden Übel gelten müsse – nicht um's zu verhüten, – man verhütet nicht Gottes Ratschlag, – aber ihm vorzudenken und vorzubauen kraft der Voraussicht. Denn die Segensfrist, die uns verheißen ist, hat ja nicht nur den Sinn des Aufschubs und des Atemholens zum Tragen der Heimsuchung, sondern ist der Raum der Vorsorge und das einzige Mittel zu Maßnahmen, um dem schwarzen Vogel des Ungemachs allenfalls die Schwingen zu stutzen und das kommende Übel aufzufangen, ihm entgegenzuwirken und es möglicherweise nicht nur in Schranken zu halten, sondern ihm vielleicht noch Segen abzugewinnen obendrein.‹ So oder ähnlich werde ich im Verlies zu mir selber sagen, da meine Worte ins Gespräch der Großen zu werfen mehr als unstatthaft wäre. ›Ein wie großes und herrliches Ding‹, werde ich leise rufen, ›ist nicht die Vorsorge, die am Ende gar noch das Verhängnis zum Segen zu wenden vermag! Und wie gnädig ist Gott, daß er dem König einen so weiten Überblick

gewährt in der Zeit durch seine Träume [...]. Überblick aber ist wissende Vorsorge.«

»Das ist doch wundersam«, bemerkte Amenhotep. »Hast du nun gesprochen oder hast du nicht gesprochen? Du hast gesprochen, indem du nicht sprachst und uns nur deine Gedanken belauschen ließest, nämlich die, die du erst zu denken gedenkst. Und ist doch so gut, als hättest du gesprochen. Mir scheint, du hast da eine Schalks-Erfindung gemacht und etwas aufgebracht, was es noch nicht gab.«

»Alles gibt es einmal zum ersten Mal«, erwiderte Joseph. »Aber sehr lange schon gibt es die wissende Vorsorge und die verständige Nutzung der Frist. Hätte Gott die Fluchzeit gesetzt vor die Segenszeit und sie begänne morgen, so wäre kein Rat, und nichts wäre zu tun, und was die Spreujahre angerichtet unter den Menschen würde auch von der folgenden Fülle nicht gutgemacht. Nun aber ist's umgekehrt, und es ist Zeit – nicht, daß man damit geude, sondern daß man den Mangel gutmache durch die Fülle und einen Ausgleich schaffe zwischen Fülle und Mangel, indem man die Fülle spart, um den Mangel damit zu nähren. Das ist die Weisung, die in der Reihenfolge liegt, daß zuerst die fetten Kühe hervorstiegen und dann die dürren, und ist der Herr des Überblicks berufen und bestellt zum Ernährer des Mangels.«

»Du meinst, aufhäufen soll man Speise und in die Scheuern sammeln?«, fragte Amenhotep.

»In größtem Stile!« sprach Joseph mit Festigkeit. »In ganz anderem Maß, als es je geschehen ist, seit die Länder bestehen! Der Herr des Überblicks sei der Zuchtmeister der Fülle. Er bedrücke sie streng und nehme ihr je und je, solange sie währt, was er braucht, um Herr zu sein auch des Mangels hernach. Pharao ist die Quelle der Fülle, und leicht wird die Liebe des Volks es tragen, daß er die Fülle bewirtschaftet mit drückender Strenge. Kann er aber austeilen im Mangel, wie wird da die gläubige Liebe des Volks erst wachsen, daß er sitzen möge in ihrem Schatten und lehren! Der Herr des Überblicks sei der Schattenspender des Königs.«

Da er dies gesagt, begegneten Josephs Augen von ungefähr denen der Großen Mutter, der kleinen, dunklen, die immer noch aufrecht und göttlich geordnet auf ihrem Hochstuhle saß mit geschlossenen Füßen, – ihren klugen, scharfblickenden Augen, die, dunkel im Dunklen glänzend, auf ihn gerichtet waren, während die Furchen um ihren aufgeworfenen Mund ein spöttisches Lächeln bildeten. Er senkte ernsthaft die Lider vor diesem Lächeln, nicht ohne ein sittsames Blinzeln.

(Joseph, der Ernährer, ›Pharao weissagt‹)

Joseph reagiert mit einer Pose der Ergebenheit, lenkt den Pharao aber mit seiner Traumdeutung politisch. Dies erreicht er dadurch, daß er zwar das Einsetzen eines weisen »Herrn des Überblicks« vorschlägt, dem jungen Pharao aber ausmalt, wie dieser selbst als »Quelle der Fülle« gefeiert werde. In Josephs Prophezeiung über den Verlauf der außergewöhnlichen Jahre dominiert eine Sprache der Vernunft: Paare wie »wissende Vorsorge« und »verständige Nutzung« sind aufeinander bezogen und stehen gemeinsam für das Vernünftige. Joseph weiß sich verstanden von der Pharao-Mutter, gelegentlich äußert sich das Einvernehmen gestisch. Die Mutter kann ihre politische Rolle weiterspielen und, Joseph ähnlich, ihren Sohn unbemerkt in ihrem Sinne lenken. Der gerade noch Gefangene wird zum »Herrn des Überblicks« gemacht und bewährt sich, indem er das dem Pharao gehörende Land in zinspflichtige Lehen aufteilt und dabei gerechter verfährt als alle Herrscher vor ihm. So wird in einer anderen Welt und einer anderen Zeit der Geist des Rooseveltschen »New Deal« erfüllt.

Politische und gegenwartsbezogene Aspekte sollte man jedoch nicht allzu eifrig suchen und Gefundenes nicht überbetonen.

Deutlich ist dagegen, daß Joseph als ein von der Vernunft geleiteter, konsequenter, aber auch verständnisvoller und milder Herr im Ägypterland dargestellt ist. Wenn es Thomas Mann auch offenbar mehr um den Sohn und Menschen ging, hat er damit doch zugleich zum Thema »Der gute Herrscher« seine Meinung mitgeteilt und ein Gegenbild zu einer anmaßenden, auf das Irrationale und Mythische setzenden »Führer«-Figur entworfen.

2. Gegenwartsromane und -erzählungen

2.1 Der eskapistische Roman der »Inneren Emigration«

Ernst Wiechert
Das einfache Leben

In dem Roman ›Das einfache Leben‹ von Ernst Wiechert (1887–1950) hatte Korvettenkapitän Thomas von Orla, aus altem märkischem Adel, einen der Kreuzer kommandiert, deren Mannschaften an der Kieler Meuterei vom 3./4. November 1918 beteiligt waren.

> Sie holten die Flagge nieder, und ich kam dazu. Es waren schlimme Gesichter, und in das vorderste hob ich meine Pistole. Es war wohl nur eine Sekunde Zeit, denn sie standen auch schon hinter mir, aber es war mein Fehler, daß ich das Gesicht ansah. Es war nicht ein augenblicklicher Fehler, wissen Sie, sondern ein eingeborener, dauernder Fehler. Daß ich nicht schoß, wie ein Automat, sondern daß ich zuerst dachte, oder auch nur, daß ich sah, eben ein Gesicht sah und nicht eine Fratze oder eben das Böse.

> Und als ich sah, war es eben ein Gesicht, nicht vielleicht Gottes Ebenbild (daran habe ich sicherlich nicht gedacht), aber doch ein Stück Leben, mit Atem gefüllt, mit Blut, mit Leidenschaft, etwas, wozu ich den Tod und die Zerstörung in der Hand hielt.
> [...] Ich hatte nicht etwa Angst, ich fürchtete mich nicht, sondern ich sah nur und grübelte vielleicht, wenn das in einer Sekunde geschehen kann. Ich bin überzeugt, daß ich geschossen haben würde, trotzdem, aber ich hatte die Sekunde versäumt, die gleichsam blinde Sekunde, vielleicht auch nur den Bruchteil einer Sekunde. Denn als der Abzug zurückwich, schlugen sie von hinten zu. Ich weiß nicht einmal, ob der Schuß noch gefallen ist. Ich griff im Fallen in das Fahnentuch, und dann warfen sie mich über Bord. Ich verlor die Besinnung, noch im Fallen, aber mein Bursche sprang mir nach und rettete mich.
>
> *(6. Kapitel)*

Dieser Vorfall verändert sein Leben. Er erkennt, daß er kein Kämpfer ist, keine Führernatur, wie es seine Herkunft erforderte. Nach Kriegsende lebt er kurze Zeit in der Großstadt neben seiner Frau her, die an der Börse spekuliert und bei den oberen Zehntausend mitmischt, doch dann stößt er zufällig auf den Satz aus dem 90. Psalm: »Wir bringen unsere Jahre zu wie ein Geschwätz.«

Wie Geschwätz erscheint ihm nunmehr das Leben in der überzivilisierten Metropole, mit sicherer Pension, aber ohne Aufgabe und Ziel. Er hat den Wunsch, sich in der Stille wiederzufinden und Klarheit über Gott und Welt zu erlangen; also beschließt er, mit seiner Hände Arbeit wieder Ordnung in sein Leben zu bringen, verläßt Frau und Sohn und geht auf die Suche. In den Masuren findet er – nicht durch Zufall, deutet der Autor an, sondern durch eine unauffällige Folge von Schicksalsfügungen – als »Steuermann Thomas Orla« eine Stelle als Fischer bei dem alten General von Platen.

> Nun also würde er fortgehen, und nur als von einem Narren würde von ihm geredet werden. Sein Vater würde es wissen, aber sein Vater war tot. Man mußte es nun allein wissen. Sich abends mit frohem Herzen niederlegen können, das war vielleicht das ganze Geheimnis. Froh, wenn man an den gewesenen Tag, und froh, wenn man an den kommenden Tag dachte. Keine Erlebnisse, keine Heldenrolle, kein Glanz um die Stirn. Die Netze auslegen und wieder einziehen, Haus und Insel sauber halten, ein paar Seiten lesen und abends am Wasser sitzen und in die Sterne sehen. Den Vertrag erfüllen, den man unterschrieben hatte.
>
> *(3. Kapitel)*

Es ist ein zurückgezogenes, kontemplatives Leben; er wohnt in einer Hütte auf einer Insel im See, zuerst allein, dann zusammen mit seinem Lebensretter, dem Offiziersburschen Bildermann, der sich aufgemacht hat, seinen Kapitän zu suchen und ihm zur Seite zu stehen. Orla hat einen Arbeitgeber, der ihm vertraut, ihm freie Hand läßt und sein Freund wird, gewinnt Ansehen bei den Menschen seiner Umgebung. Die Arbeit läßt ihm, vor allem wohl dank der Hilfe Bildermanns, die Muße, zwei Bücher zu schreiben über ethische Fragen des Seemannslebens und die Rolle Gottes im Krieg. Der menschliche Bezug spielt eine zentrale Rolle. Orla zeigt, wie man sinnvoll leben kann, er lehrt es nicht, fordert keine Nachfolge, vielmehr bietet er eine Möglichkeit unter anderen – immer in dem Bewußtsein, daß man menschliche Schwächen bei sich und anderen akzeptieren muß. Wer sinnvoll leben will, so lautet die Botschaft, muß seinen eigenen Weg gehen, nicht einen von wem auch immer vorgezeichneten.

Orlas Sohn Joachim hingegen, der ihn jeden Sommer besucht, richtet seinen Ehrgeiz auf die glanzvolle Laufbahn. Menschliche Güte bleibt beim Streben nach Leistung und Führungsmacht auf der Strecke.

Darin liegt die Subversion des Romans: Wiecherts Romanheld paßt so gar nicht in die Zeit des siegreichen Nationalsozialismus. Es ist die Zeit der verlangten und erzwungenen Konformität. Idealgestalt ist dafür der ehrgeizbesessene Joachim, der schon mit fünf Jahren als Berufswunsch Geschwaderchef angibt, also über den Kapitänsrang des Vaters hinausstrebt. Joachim ist nicht böse; er hat alle die Eigenschaften, die eine tüchtige »Führernatur« haben sollte; er ist auch kameradschaftlich, er ist kompetent, aber menschliche Rücksichtnahme gilt ihm sekundär bei der Verwirklichung seiner hohen Ziele. Er will ein Held sein, während sein Vater ausdrücklich den Frontsoldatenmythos ablehnt: »Ich will nicht einer dieser ›unbesiegten Helden‹ werden.«

> Du hast gedacht, ich sei ein König über ein Dutzend Seen, während ich nichts war als der Diener eines Herrn. Nichts anderes war und auch nichts anderes sein wollte. Es war dir nicht ganz recht, daß ich meinen Namen und Stand vereinfacht hatte. Du warst zu jung, die Gründe zu begreifen und bist es jetzt auch noch. Du kannst nicht verstehen, daß man Handschuhe auszieht, um mit bloßen Händen zu arbeiten, wenn man es nicht nötig hat. Aber ich bin dein Vater, ich habe fast fünfzig Jahre hinter mir, und du mußt es nun eben hinnehmen.
> Nur eines will ich dir dazu sagen: ich halte es für ehrenhaft, einfache Arbeit zu tun, ein Stück Land oder Wasser zu betreuen, einem Kameraden Brot und ein Bett zu geben und daneben vielleicht noch … nun genug. Ich halte es für nicht weniger ehrenhaft als ein Geschwader zu führen.
> Und noch eins: wenn man erkannt hat, daß man das Netzestellen und das andere besser kann als das Geschwaderführen, dann hat man eben das Bessere zu tun, nicht wahr?
>
> *(9. Kapitel)*

Daß er Heldentum von sich weist, bringt ihn in Konflikt mit den Vaterländischen, die zehn Jahre später das Gros der Nationalsozialisten stellen sollten. Nachdem im Versailler Vertrag die Reichswehr auf 100 000 Mann beschränkt worden war, bildeten sich überall private Vereine, deren Ziel es war, die Schlagkraft der Armee zu erhalten und jüngere Freiwillige über das erlaubte Kontingent hinaus militärisch zu ertüchtigen. Wie bei den Kaisermanövern wurden entsprechende Übungen durchgeführt, nachdem die Felder abgeerntet waren. Ganze Landstriche beteiligten sich. Diese Wehrverbände geben Tendenzen einer Zeit wieder, die sich nicht mit der Niederlage abfindet und offen eine Revision des Versailler Vertrags vorbereitet.

Ein solches Herbstmanöver findet in der Nähe des von Platenschen Gutes statt. Orla – inzwischen nach Rang und Würden bekannt, weil sein adelsstolzer Sohn sie gegen seinen Willen ausgeplaudert hat – wird eingeladen und nimmt als Schiedsrichter an der Übung teil. Geleitet wird sie von einem Oberst, der die soldatischen Tugenden »in alter Frische« aufkocht. Er redet verächtlich von weniger Aktivistischen, als er einer ist, und erkennt bald in Orla jemand, der unbrauchbar ist, weil er Handarbeit leistet, weil er mit seinem »Burschen« am gleichen Tisch sitzt, weil er in die patriotischen Töne nicht vollmundig mit einstimmt. Da stehen sich zwei konträr veranlagte Gestalten gegenüber. Die beiden begegnen sich noch einmal. Orla, der aus dem Manöver ausgeschieden ist, kommt mit Marianne, der Enkelin des Generals von Platen, in die Stadt.

> In der Ecke des Marktplatzes sah Thomas den Oberst mit der Adlernase, ohne Pferd diesmal, aber immer noch mit der schneidenden Stimme, wiewohl er sie sichtlich dämpfte, und auch eben glaubte Thomas das »Tempo ... Tempo, meine Herrschaften!« zu hören, mit dem er die Herren seines Stabes in die sich ordnende Menge jagte. Thomas grüßte und empfing einen gemessenen Dank. »Das sind die Leute, die aus dem Weltkrieg ›in alter Frische‹ hervorgegangen sind«, sagte er lächelnd zu Marianne, »und die deinen Großvater einen ›alten Knaben‹ nennen.«
>
> *(14. Kapitel)*

Das Herbstmanöver ist nur eine Episode in Thomas von Orlas Suche nach einer lebenswerten Existenz, doch die ironische und abweisende Art, wie sich Orla gegenüber den Vaterländischen verhält, hätte eigentlich die nationalsozialistische Zensur auf den Plan rufen müssen.

Es ist einem Kompetenzstreit zwischen zwei Zensurbehörden zu verdanken, daß der Roman 1939 erscheinen konnte. Ein Zensor der Alfred Rosenbergschen Institution »Hauptamt Schrifttum« ließ das Buch durchgehen; der Goebbelssche Schnüffler kam erst später zu seinem negativen Ergebnis und verzichtete deshalb darauf, das Buch zu indizieren. So kam das Buch »aus Versehen« auf den Markt und erwies sich als ein Renner. Die wahren Widersprüche zum herrschenden System liegen aber tiefer als die Ironisierung kriegerischen Gehabes. Es ist die Grundeinstellung Orlas, seine Friedfertigkeit und Selbstgenügsamkeit, die auf seine in den Zweiten Weltkrieg hineingezogenen Landsleute befreiend wirkte: wie er auf eine Führungsposition in der Welt verzichtet, sich mit einem einfachen Leben zufriedengibt, in dem er niemandem Befehle erteilt, und sein Selbst als Einsiedler und Sonderling verwirklicht.

Eine derartige Haltung ist eine Flucht vor der Wirklichkeit, ein Augenschließen. Orla ist einer der Stillen im Lande, und er kann es nur deshalb sein, weil ihm der Zufall oder eine günstige Fügung einen Arbeitsplatz bei einem wohlwollenden Gutsherrn (einem ehemaligen General!) verschafft, und das zu Zeiten einer Agrarkrise, in der sichere Stellungen rar sind; weil er Freunde findet (unter dem Adel!) und weil ihm Bildermann zur Seite steht, ein wirklicher Handwerker, der Orlas Insel bewohnbar macht und sein Überleben auch bei Widrigkeiten möglich machen würde, denen Orla bei dem allseitigen Wohlwollen, dem er begegnet, nicht ausgesetzt wird.

Diese Zeilen enthalten die Einwände, die man gegen den Roman erhoben hat, gegen die »regressive, zivilisationsfeindliche, naturkultische Haltung Wiecherts« (Heinz Stolte). Sie gelten überhaupt für die Werke, die Ernst Wiechert in der NS-Zeit geschrieben hat, auch für die Erzählung ›Die Majorin‹ (1933) und für die ›Hirtennovelle‹ (1935). Der Hauptvorwurf ist der des Eskapismus, der tatsächlich in seinem Werk unübersehbar ist. Dabei war Wiechert derjenige aus der »Inneren Emigration«, der sich am offensten und deutlichsten gegen den Nationalsozialismus gestellt hat (vgl. S. 63 f.).

Hans Carossa
Geheimnisse des reifen Lebens

Der Dichter und Arzt Hans Carossa (1878–1956) war kein Kämpfertyp. Die Nationalsozialisten hielten ihn wegen seiner Kriegserinnerungen, dem ›Rumänischen Tagebuch‹ (1924), für einen Gleichgesinnten und spannten ihn ganz selbstverständlich für sich ein. Sie drängten ihm 1941 wider seinen Willen das Ehrenamt des Präsidenten der gegen den PEN-Club gerichteten »Europäischen Schriftstellervereinigung« auf; dagegen fühlte er sich wehrlos. Das Ehrenamt füllte er nicht aktiv aus; vielmehr verkapselte er sich in Seestetten bei Passau und widmete sich fern von der Politik, aber unter aufmerksamer Beobachtung dessen, was um ihn herum geschah, seinem schriftstellerischen Werk.

Neben einiger Lyrik (›Der alte Brunnen‹) hat Carossa während des Dritten Reichs zwei längere Prosatexte geschrieben: eine Fortsetzung seiner autobiographischen Schriften (›Das Jahr der schönen Täuschungen‹, 1941), worin er mit gewohnter Gelassenheit, großem Weltverständnis und einem makellosen, unverkrampften, eingängigen Stil ein Jahr seines Studiums in München wiedergibt, und einen Roman, ›Geheimnisse des reifen Lebens. Aus den Aufzeichnungen Angermanns‹ (1936).

Im Mittelpunkt dieses Romans steht eine Ehebruchsgeschichte, die in der nur leicht veränderten und mit anderen Namen versehenen Lebenssphäre Carossas spielt, im Donau-Inn-Dreieck bei Passau, und autobiographische Hintergründe hat. Der alternde Angermann, verheiratet mit der nervenleidenden Cordula, zieht vorübergehend auf den nahegelegenen »Saldenhof« der jungen »Edelbäuerin« und Besitzerin einer Porzellanfabrik Barbara. Barbara wünscht sich ein Kind, und so geht sie mit Angermann für kurze Zeit ein für ihn beglükkendes Verhältnis ein.

Die neurotische Cordula wird von Angermann, und ebenso von Barbara, seiner Geliebten, umsorgt; Cordula ist eher eifersüchtig auf Barbaras Freundin Sibylle als auf Barbara selbst, weil sie diese als komplementär, Sibylle aber als ihrem eigenen Wesen zu verwandt empfindet. In diesem Vierecksverhältnis taucht der Goethesche Begriff der chemischen Wahlverwandtschaften auf. Diese Assoziation verlagert die Vorgänge auf eine objektive Ebene, in der Emotionen eine sekundäre Rolle spielen. Angermann schreibt in seinen ›Aufzeichnungen‹ über Cordula:

> Es ist so armselig, auf dem Vertrauen eines anderen listig dahinzugleiten wie auf Eis, immer weiter hinaus, immer spähend, ob es wohl halten wird. [...] Manche Frauen haben es gern, wenn man sie nach den Ursachen ihrer Verstimmung fragt; [Cordula] aber wird von Worten entweder gar nicht berührt oder gleich übermäßig erschüttert, in beiden Fällen bleibt es beim Schweigen. Als ich aber am Abend sagte, um unserer Ruhe willen würde ich Saldenhof künftig meiden, da konnte mir nicht entgehen, wie sehr sie erschrak, und nun erriet ich allmählich das Wahre; es ist sonderbar genug. In ihr war die Meinung entstanden, Sibylle sei mir weit wichtiger und lieber als Barbara, und meine Besuche gälten eigentlich nur ihr. Zuerst konnte ich einen solchen Irrtum kaum glauben, und doch hat nur er sie so maßlos erregt. Seit sie ihn einsieht, ist alles wie sonst [...] Auch die Irrtümer gehen ja bei ihr aus irgendeinem tieferen Wissen hervor, und es lohnt sich, über sie nachzudenken. Allmählich glaube ich auf den Grund zu kommen. Barbaras Welt ist ihr wohl fremd, und ihre manchmal rauhe, eingreifende Art genau das Gegenteil ihrer eigenen; dennoch empfindet sie deren Verweilen in unserem Lebensraum als etwas Gutes, vielleicht sogar Vorbestimmtes; ihr ist, als vermöchte diese mütterlich verläßliche Natur unserer allzu schwebenden Daseinsform etwas mehr irdischen Halt zu geben; sie fühlt nichts Unheimliches in ihr. »Barbara ist immer in Form«, sagte sie heute mit fast zärtlicher Bewunde-

rung und sprach damit etwas ganz Richtiges aus. In Sibylle hingegen spürt sie ein verwandtes, zugleich aber ein melusinisches Wesen, das halb in unirdischer Sphäre beheimatet ist und kein anderes der gleichen Art neben sich dulden würde.

(S. 48 f.)

Zeitgeschichtlich bedeutsam sind einige Partien des Romans, die dank der sorgfältigen Schilderung die Stimmungslage in den Jahren der nationalsozialistischen Herrschaft anschaulich wiedergeben. Man ahnt den Anschluß Österreichs voraus; der Wunsch Barbaras nach einem Kind paßt in die völkisch aufgewühlte geistige Landschaft, klingt fast nach der Züchtung artenreinen Nachwuchses; ein greiser Schuster namens Kott wird von zwei jungen »Eiferern« abgeführt, weil er am Muttertag sein Haus nicht schmückt – wohl eine Anspielung auf das Beflaggungsgebot zu »Führers Geburtstag«. Angermann verschafft einer Schar von achtjährigen Pimpfen einen roten Wimpel mit silberner Siegrune und eine Trommel.

Trommelwirbel scholl vom Strand; auf dem steinernen Damm, in straffem, einmütigem Schritt, marschierten die neun Knaben daher, die glücklichen! Sie haben jetzt alles, was sie sich gewünscht, und mehr: schwarze Jacken mit metallenen Knöpfchen, schwarze Mützchen dazu, einen weitleuchtenden roten Wimpel mit silbernem Blitz und die riesige Landsknechttrommel. Auf einmal erkannten sie den Spender ihrer Ausstattung, der zweite Tambour steigerte sein Getrommel, die anderen hoben die Hände zum Gruß, und Heilrufe klangen herüber [...].

(S. 41)

Dieses »Jungvolk«, unschwer als die untere Stufe der Hitlerjugend erkennbar, begleitet Angermanns Aufzeichnungen leitmotivisch, was damit zusammenhängen dürfte, daß sie für Angermann, der in reifen Jahren zum erstenmal Vater wird, eine Projektion auf die Zukunft des eigenen Kindes darstellen (auf dessen Erziehung er keinen Einfluß haben wird). Das kindisch-martialische Gehabe der Buben beobachtet er teils amüsiert, teils liebevoll, arglos gegenüber dem, was daraus werden wird. Das alles sind Beispiele eines virulenten Nationalismus im Werk eines Autors, der ohne Einverständnis mit der Ideologie wiedergibt, was damals zu den Elementen des täglichen Lebens und des öffentlichen Bewußtseins gehörte.

Carossas Wesen, das auf Ausgleich und Harmonie ausgerichtet war, nimmt sowohl der Ehebruchsgeschichte wie auch den aktivistischen Nationalismen den Stachel. Der verhaftete Kott kommt frei, als sich herausstellt, daß er Orden aus dem Deutsch-Französischen Krieg von 1870/71 hat, und die kriegerischen Pimpfe verhalten sich im Notfall zutraulich und hilfsbereit.

Deutschlandromane

Lion Feuchtwanger
Die Geschwister Oppenheim (Die Geschwister Oppermann)

Fast alle Exilschriftsteller hielten sich durch Zeitungslektüre und durch Berichte nachfolgender Emigranten ständig über die Entwicklung in Deutschland auf dem laufenden. Einige glaubten, daß geschickt ausgeführte fiktive Literatur am eindringlichsten zeigen könne, wie sich die Verhältnisse in der Heimat verändert hatten. So entstanden die »Deutschlandromane« der Exilliteratur. Lion Feuchtwanger (1884–1958) schrieb in zehnstündiger täglicher Arbeit im französischen Exil den Roman ›Die Geschwister Oppenheim‹ (später von ihm in ›Die Geschwister Oppermann‹ umbenannt), ein Buch über das Schicksal einer großbürgerlichen jüdischen Familie in den ersten Wochen nach der Machtergreifung der Nationalsozialisten. Dieser erste in Deutschland handelnde Zeitroman des Exils erschien 1933 bei Querido in Amsterdam.

In seiner Villa im südfranzösischen Sanary-sur-Mer pflegte Feuchtwanger einen bürgerlichen, wenn er es sich leisten konnte, auch einen luxuriösen Lebensstil; er war pazifistisch und gemäßigt sozialistisch eingestellt. Die Bücher des prominenten Autors erreichten hohe Auflageziffern. 1940 wurde er im französischen Lager in Les Milles interniert, 1941 gelang ihm die Flucht über Spanien und Portugal in die USA; bis zu seinem Tod lebte Feuchtwanger in Kalifornien.

Der Roman ›Die Geschwister Oppenheim‹ ist der zweite Teil des dreiteiligen Romanzyklus ›Der Wartesaal‹. Die drei Romane des Zyklus (1.: ›Erfolg‹, 1930; 3.: ›Exil‹, 1939) haben, was die Charaktere und die Schauplätze betrifft, keinerlei Bezug zueinander. Was sie verbindet, ist die Beschreibung des »Wiedereinbruch[s] der Barbarei in Deutschland und ihren zeitweiligen Sieg über die Vernunft« (›Exil‹, Nachwort).

Feuchtwanger komponiert ›Die Geschwister Oppenheim‹ nach dem Muster des Familienromans und hat so die Möglichkeit, Menschen verschiedener Generationen in ihren Lebensweisen, Einstellungen und Eigenheiten vorzuführen und unterschiedliche Stimmen zu Wort kommen zu lassen. Zwangsläufig spielen die Episoden des Romans an wechselnden Schauplätzen.

Die drei jüdischen Geschwister Oppenheim, alle wohlhabend und kultiviert, sind Kinder eines Möbelhändlers, dessen großes Geschäft einen guten Namen besitzt. Alle hatten 1933 gehofft, Deutschland werde weiterhin nach rechtsstaatlichen Prinzipien regiert. Alle haben dann unter antisemitischen Pöbeleien und willkürlichen Gewaltaktionen der Nationalsozialisten zu leiden.

Gustav, der älteste Bruder, hat sich von Geschäft und Familie weithin unabhängig gemacht und lebt in angenehmen Verhältnissen als eine Art Privatgelehrter von seinem Vermögen. Lange glaubt er, er sei von der in Gang gekommenen »nationalen Revolution« wenig betroffen.

Martin, der das Möbelhaus seines Vaters leitet, hat lange, aber ohne Erfolg, mit einem unangenehmen Konkurrenten verhandelt. Dieser starrköpfige Mann, national-»völkisch« gesinnt und auf seine Handwerkerehre bedacht, hat trotz seiner schlechten finanziellen Lage eine Fusionierung mit dem Haus Oppenheim strikt abgelehnt. Jetzt, nach der Machtergreifung Hitlers, kann er Bedingungen stellen und Martin demütigen. Zur gleichen Zeit fällt Martins Sohn Berthold, Schüler eines Berliner Gymnasiums, einer Diffamierungskampagne zum Opfer, die von einem fanatisch-nationalistischen Lehrer inszeniert wird.

Der dritte Bruder, Edgar, ist Mediziner in einer Berliner Klinik. Als Laryngologe ist er eine Kapazität. Er muß von einer Stunde zur anderen erfahren, daß sich nach dem Willen des NS-Regimes »arische« Patienten von jüdischen Ärzten nicht mehr behandeln lassen dürfen, wird aus der Klinik vertrieben und weicht dem Terror.

Die nationalsozialistischen Gegner der Oppenheims beläßt Feuchtwanger, von wenigen Ausnahmen abgesehen, im Dunkel des Anonymen; er zeigt viel Zurückhaltung, wenn er die Prügel- und Mordkommandos der SA durchweg »völkische Landsknechte« nennt. Immerhin aber teilt er die Nummern besonders übel beleumdeter SA-Einheiten mit. Für schwäbische Städtchen, in denen sich die SA besonders sadistisch austobt, erfindet er Phantasienamen. Das brutale Vorgehen der »Völkischen« gegen ihre Haßobjekte hat Feuchtwanger realistisch rekonstruiert.

Am Schicksal des jungen Berthold zeigt der Autor, wie ein »völkischer« Gymnasiallehrer vorgeht, wenn er Juden demütigen will. Zugleich hat der Lehrer im Sinn, eine Schule, in der man freiheitlich-humane Gesinnung gehalten hat, in eine »deutsche Anstalt« zu verwandeln.

Doktor Bernd Vogelsang ist, wohl auf Weisung oder mit Billigung einflußreicher Nationalsozialisten, aus der Provinz ins großstädtische Berlin geschickt worden, um dort einen bei einem Unfall umgekommenen Kollegen zu ersetzen. Der fanatische Nationalsozialist engagiert sich bei einer »elitären Jugendorganisation«, den »Jungen Adlern«, und wirbt an seiner neuen Schule Nachwuchs. Seine Wahl fällt absurderweise auf Werner Rittersteg. Rittersteg ist »blaß und kränklich von Haut mit einer piepsigen Stimme«, der mäßig begabte Junge wird von seinen Mitschülern »Langer Lulatsch« genannt. Daß ausgerechnet er einen jüdischen Zeitungsredakteur, der den Stil Adolf Hitlers zu kritisieren wagte, mit einem Messer attackiert und niedersticht, ist unwahrscheinlich. Überhaupt ist Rittersteg nicht wie die meisten anderen Personen eine realistisch glaubhafte Figur. Er sollte wohl den Typ eines charakterlosen Ehrgeizlings darstellen.

In seiner Klasse zwingt dann Vogelsang den jüdischen Schüler Berthold Oppenheim, ein Referat über »Hermann den Deutschen« (Armin den Cherusker), den germanischen Stammesführer, und dessen Sieg gegen die Römer in der Schlacht im Teutoburger Wald zu halten.

Berthold fügt sich zunächst, aber bei dem in gelernter Weise aufgebauten Vortrag kommt es zum offenen Konflikt.

> Er kam jetzt zu den »Einwänden«. Die Tat Hermanns, sagte er, habe, vom Standpunkt nüchterner Vernunft aus gesehen, äußere Folgen auf die Dauer vielleicht nicht gezeitigt; zugeben müsse man, daß die Römer ein paar Jahre später genau da standen, wo sie vor der Schlacht gestanden waren. Ja …
> Er stockte einen Augenblick, wußte plötzlich nicht weiter. Er strengte sich an, sich zu konzentrieren. Im Geist vor sich sah er die schmalen Seiten seines lateinischen Tacitus, die großen Antiquatypen seiner schönen deutschen Tacitus-Ausgabe. Er schaute wieder nach der Ecke links hinten, dort stand Vogelsang, immer unbeweglich, aufmerksam. Berthold öffnete den Mund, schloß ihn, öffnete ihn, sah vor sich nieder auf seine Fußspitzen. Jetzt müssen es schon acht Sekunden sein, daß er nicht weiterspricht. Oder zehn. Was hat er denn zuletzt gesagt? Ja, daß die Tat Hermanns eigentlich keine äußeren Folgen hatte. Keine Frage, Luthers Bibelübersetzung, Gutenbergs Erfindungen waren für Deutschland und sein Ansehen in der Welt bedeutsamer als die Schlacht im Teutoburger Wald. Die Tat des Arminius, das müssen wir zugeben, blieb praktisch ohne Bedeutung.
> Wollte er das so sagen? Das wollte er doch viel vorsichtiger ausdrücken, nicht so schroff, so hart. Nun wenn schon. Weiter, Berthold. Mach Zoff. Nur keine Pause mehr, die erste Pause hat sowieso schon eine Ewigkeit gedauert. Aber jetzt hat er den Faden wieder. Jetzt kann ihm nichts mehr passieren. Von der »Widerlegung« an ist er in Schwung. Eine zweite Pause? Nee, Herr Doktor, is nich.
> Er lächelt schräg hinten in die Ecke, triumphierend. »Aber trotzdem«, setzt er an. Allein was ist denn? Warum verändert sich denn plötzlich das Gesicht Vogelsangs so merkwürdig? Warum läuft denn der Schmiß, der das Gesicht zerteilt, so rot an, warum reißt er denn die Augen so auf? Hilft alles nichts, Herr Doktor. Jetzt hab ich den Faden wieder, jetzt bringen Sie mich nicht mehr aus dem Konzept. »Aber trotzdem«, setzt er an, frisch, kräftig, »dies alles zugegeben …«

Da wird er unterbrochen. Scharf, quäkend, kommt es aus der Ecke: »Nein, nicht zugegeben. Ich gebe das nicht zu. Niemand hier gibt das zu. Ich dulde das nicht. Ich höre das nicht länger mit an. Was denken Sie sich denn, junger Mensch? Was für Leute glauben Sie denn, daß Sie vor sich haben? Hier, vor deutschen Menschen, in dieser Zeit deutscher Notwende, wagen Sie es, die ungeheure Tat, die am Beginn der deutschen Geschichte steht, als nutzlos, als sinnlos zu bezeichnen? Sie geben das zu, sagen Sie. Sie erdreisten sich, die Argumente des ödesten Opportunismus in den Mund zu nehmen, und dann sagen Sie: Sie geben das zu. Wenn Ihnen schon selber jeder Funke deutschen Gefühls abgeht, dann verschonen Sie doch wenigstens uns vaterländisch Fühlende mit Ihren Kotwürfen. Ich verbitte mir das. Hören Sie, Oppenheim. Ich verbitte mir das, nicht nur für mich selber, sondern im Namen dieser Anstalt, die vorläufig noch eine deutsche ist.«
Es ist totenstill geworden. Den meisten der Pennäler war in dem warmen Raum das Denken vergangen; sie sind schlaff dagesessen, vor sich hin dösend. Jetzt, bei dem scharfen, anschwellenden Gequäk Vogelsangs, schauen sie hoch, auf Berthold. War es wirklich so schlimm, was der gesagt hat? Und was eigentlich hat er denn gesagt? Es war etwas von Luther und Gutenberg. Ganz begriffen sie den Zorn Vogelsangs nicht, aber wahrscheinlich hat sich Oppenheim wirklich ein bißchen übernommen. Man soll in solchen Vorträgen sagen, was in den Schulbüchern steht, nicht mehr und nicht weniger. Es scheint, er hat sich hineingeritten.

(1. Buch)

Berthold hat sich »hineingeritten«. Vor dem Rektor der Schule, der gesamten Lehrer- und Schülerschaft und vor Vertretern der nationalen Presse soll er in einer Art Schauprozeß seinen Fehler eingestehen und sich entschuldigen. Dazu kommt es nicht. Der Triumph des Doktor Vogelsang über den Schüler Oppenheim, der ihm in seiner Karriere weiterhelfen sollte, wird brüchig, als der »feige Judenbengel« sich mit einer Überdosis Tabletten das Leben nimmt. Der liebenswert-liberale Rektor François, der versucht hat, den Jungen gegen den Oberlehrer in Schutz zu nehmen, wird jedoch in Pension geschickt; er hat gegen den dreisten Vogelsang den kürzeren gezogen.

Einen ungewöhnlichen Weg geht bei Feuchtwanger der älteste der Brüder Oppenheim, Gustav. Er hat das Leben, das er sich als Privatier leisten kann, dazu genutzt, zu schreiben, sich fortzubilden und Sport zu treiben. Er hat viele Freunde und wird von einem Bekannten »der Betrachter« genannt, weil er gern über Probleme aller Art reflektiert.

Er will lange nicht wahrhaben, daß Deutschland sich in kürzester Zeit verändert hat, und geht schließlich angewidert ins Ausland. Schon lange hat er das Gefühl gehabt, im Grunde ein unnützes Leben zu führen. Meldungen über die an Landsleuten verübten Greuel nehmen ihn so mit, daß er sich entschließt, unter fremden Namen aus der Schweiz nach Deutschland zurückzugehen, um aktiv gegen den Nationalsozialismus einzutreten. Er wird verhaftet, in einem Konzentrationslager schikaniert und mißhandelt. Nach seiner Entlassung schickt er über einen Rechtsanwalt seines Vertrauens Zeugnisse der Barbarei an Heinrich Lavendel, seinen Neffen.

> Das erste Stück war ein Bericht Gustav Oppenheims über seine Erlebnisse in Deutschland. Der Bericht, siebenunddreißig engbeschriebene Maschinenseiten, enthielt detaillierte Angaben über Gewalttätigkeiten, die die völkischen Landsknechte in schwäbischen Gegenden begangen hatten, sowie eine genaue Schilderung des Konzentrationslagers Moosach. Jedes Werturteil war sorgfältig vermieden.
> Das zweite Stück war eine Postkarte. Der Text lautete: »Es ist uns aufgetragen, am Werke zu arbeiten, aber es ist uns nicht gegeben, es zu vollenden.« Unterzeichnet war die Karte: »Gustav Oppenheim, Wrack«. Die ursprüngliche Adresse »Gustav Oppenheim« war durchgestrichen und von Gustav Oppenheim handschriftlich geändert worden in »Heinrich Lavendel«.
> Das dritte Stück war ein Brief Dr. Klaus Frischlins, des Sekretärs von Gustav Oppenheim. Er lautete:
> »Geehrter Herr Heinrich Lavendel, Dr. Gustav Oppenheim, Ihr Onkel, hat mich beauftragt, Ihnen den anliegenden Bericht und die anliegende Postkarte zuzustellen. Er hätte es lieber gesehen, wenn ich Ihnen das Dokument und die Postkarte persönlich übergeben hätte. Unaufschiebbare Geschäfte nötigen mich aber, in Deutschland zu bleiben. Ich lasse Ihnen daher die Schriftstücke durch einen Vertrauensmann zustellen.
> Den Bericht hat mir Ihr Onkel zwei Tage vor seinem Ableben diktiert. Das Sprechen machte ihm große Schwierigkeiten. Er war aber, wie aus der Klarheit der Diktion hervorgeht, noch im Vollbesitz seiner Geisteskraft. Nach der Lektüre des Manuskripts gab er in meinem Beisein vor dem Notar Dr. Georg Neustadel die eidesstattliche Versicherung ab, nach bestem Wissen und Gewissen die reine Wahrheit gesprochen zu haben. Eine Abschrift der notariellen Urkunde füge ich bei.
> Nachdem der Notar gegangen war, bat mich Dr. Oppenheim, ihm eine Frage zu beantworten, die ihn beunruhigte: ob ich nämlich ihn und sein Leben für unnützlich hielte. Ich erwiderte ihm, er habe unter sehr gefährlichen Umständen seine Bereitschaft gezeigt, für das Richtige und Nützliche einzutreten. Er habe indes nur gesehen, was ist, und keinen nützlichen Rat gewußt, was zu tun sei.
>
> *(3. Buch)*

Gustav hat sein abwartendes »Betrachter«-Leben aufgegeben, aber »nur gesehen, was ist, und keinen nützlichen Rat gewußt, was zu tun sei«. Noch kurz vor seinem Tod läßt er einen detaillierten Bericht über die Greueltaten in Deutschland außer Landes bringen, mit der Absicht, »am Werke zu arbeiten«, nämlich die Gewaltherrschaft zu beenden, auch wenn es ihm »nicht gegeben [ist], es zu vollenden.«

Vielleicht läßt sich dies auch auf die Literatur, speziell auf Feuchtwangers schnell verfertigten Roman übertragen. Einer mußte damit beginnen, das, was in Deutschland geschah, auch in eine eindringliche, fiktionale Form zu bringen und damit ein großes Publikum zu erreichen.

So konnte Feuchtwangers ›Die Geschwister Oppenheim‹ die Reihe der Deutschlandromane eröffnen und eine Gattung der Exilliteratur begründen. Auch den Nachfolgern, wie Oskar Maria Graf, Arnold Zweig, Anna Seghers und anderen, war es »aufgetragen, am Werke zu arbeiten«, aber es war ihnen »nicht gegeben, es zu vollenden«.

Oskar Maria Graf
Anton Sittinger

Oskar Maria Graf (1894–1967) gab sich Zeit seines Lebens als bayerischer Naturbursche und galt als literarisches Naturtalent. Graf, Sohn eines Bäckers aus Berg am Starnberger See, fand schwer zu einer Schreibdisziplin. Vor dem Krieg pflegte er Umgang mit literarischen Autoritäten in München, fühlte sich aber schlecht behandelt. Er mißtraute den Behörden und als Pazifist dem bayerischen Militär, beteiligte sich 1918 an den Kämpfen der Arbeiterbewegung in München und war Anhänger Kurt Eisners. Erst in den zwanziger Jahren machte er sich einen Namen als Heimatschriftsteller. Bloßer Heimatschriftsteller wollte er aber nicht sein. Die Nationalsozialisten, die immer mehr Einfluß gewannen, hielt Graf für anmaßend und großmäulig. 1933/34 hielt er sich auf Einladung österreichischer Sozialisten im Nachbarland auf und beobachtete von dort die Vorgänge bei der nationalsozialistischen Machtübernahme. Graf hatte 1933 auf Verbrennung seiner Bücher gedrungen und gegen deren Verschonung protestiert (vgl. S. 38). 1934 wurde Graf die deutsche Staatsangehörigkeit aberkannt, er emigrierte in die Tschechoslowakei nach Brünn und 1938 in die USA. Dort war er einige Zeit für eine deutsche Emigrantenorganisation tätig. Im amerikanischen Exil bestritt Oskar Maria Graf seinen Lebensunterhalt zunächst durch Vorträge, Lesungen und Reden. Er war hauptsächlich mit Deutsch-Amerikanern befreundet und blieb bis zu seinem Lebensende in New York.

1937 veröffentlichte Oskar Maria Graf den im tschechischen Exil entstandenen satirischen Roman ›Anton Sittinger‹ im Malik Verlag in Prag. In diesem Roman wollte er der Frage nachgehen, welchen Anteil Opportunisten und Ängstliche, die auf Ordnung hielten, am Sieg der braunen Bewegung hatten.

Für den Umschlag fertigte Graf selbst eine Zeichnung an, die die Hauptfigur dieses Romans darstellt: den Münchener Postinspektor Anton Sittinger. Der Mann ist ungewöhnlich dick, wiegt zweieinhalb Zentner, wie wir aus dem Text erfahren. Er trägt Stoppelhaar, einen

Walroßschnurrbart und eine Brille und hat die Arme auf dem Rücken verschränkt. Er ist in Pantoffeln und offenbar gerade im Begriff, sich abzuwenden, gönnt dabei aber einem nicht sichtbaren Gesprächspartner anscheinend einen letzten Satz; er scheint zu »brummeln« – ein Wort, das Graf auf Sittinger bezogen immer wieder verwendet.

Es könnte sein, daß der Inspektor seine Frau Malwine wieder einmal als anmaßend und dumm bezeichnet, weil sie den Mund aufzutun gewagt hat.

Es könnte auch sein, daß er wieder einmal jemandem sagt, er selbst sei ein »unpolitischer Mensch«, den das Treiben der Parteien nicht interessiere, weil sie ihn nicht zufriedenstellen könnten. »Ich bin ein unabhängiger Mensch«, pflegt Sittinger zu sagen. »Meine politische Richtung gibt's überhaupt noch nicht.«

Es könnte weiter sein, daß Sittinger sich über das inzwischen eingeführte allgemeine Wahlrecht empört: »Immer dieses Volk? Was ist denn das schon? Ein dummer, undankbarer Haufen, weiter nichts!«

Es könnte schließlich sein, daß Sittinger gerade wieder einmal Philosophen zitiert hat. Während er geringschätzig von der Literatur spricht, liebt er und liest er die Philosophen, besonders den Pessimisten Schopenhauer und Spinoza, von dem er weiß: »Und war ein Jud', ein waschechter Jud'«, ohne daß dies etwas zur Sache tut.

Als Motto ist dem Roman eine Stelle aus dem Beginn des 15. Kapitels vorangestellt:

> Menschen wie Sittinger gibt es in allen Ländern Abertausende. Ihre Zahl ist Legion. Alle Gescheitheit und List, aller Unglaube und alle Erbärmlichkeit einer untergehenden Schicht ist in ihnen vereinigt. In manchen Zeiten heißen sie »du« und »ich«.

Im ersten Teil liest sich das Buch wie eine Charakterstudie. Sittinger ist gern allein, dann sinniert er, denkt über sich und die Welt nach. Am liebsten würde er sein Leben lang »im Bett liegen bleiben«. »Er war sich selbst genug«, heißt es einmal. An anderer Stelle wird von Sittinger gesagt: »Und wenn ihn keiner in seinen Gewohnheiten störte, fühlte er sich einigermaßen wohl.« Sittinger wird aber gestört, und das in zunehmendem Maße.

Da ist seine Ehefrau Malwine, die den älteren Beamten aus Versorgungsgründen geheiratet hat. Meist behandelt er Malwine schlecht, etwas freundlicher ist das Ekel Sittinger nur aus Berechnung.

Der Roman folgt dem Leben des Postinspektors von 1917 bis 1933, von der Endphase des Ersten Weltkriegs über Revolutionen, Aufstände und Putsche, die Wirtschaftskrise, die Kämpfe zwischen den roten und braunen Parteitruppen bis zur Machtübernahme Hitlers. Sittinger übt sein Amt in München aus; 1929 läßt er sich pensionieren und zieht aufs Land. Im oberbayerischen Aubichl, wo die Sittingers ein Häuschen erworben haben, nehmen die Störungen an Zahl und Intensität zu.

Es ist vor allem die Politik, der Sittinger nicht entgehen kann: »[...] sie rumpelte jetzt gleichsam in einem ungekannt-fanatischen Tempo über alles hinweg.« (18. Kapitel)

Wer Zeitung liest und Radio hört, erfährt: Politische Morde und Überfälle ereigneten sich in letzter Zeit fast täglich. Den Stammtischdiskussionen der dörflichen Gemeinschaft kann Sittinger sich nicht entziehen. Er ist beileibe kein Nazi! Und er macht aus seiner Abneigung gegen die NSDAP, die von den immer schlimmer werdenden Verhältnissen profitiert, keinen Hehl. In einem Wirtshaus hält er, schon etwas vom Wein benebelt, dem Nationalsozialisten Schlicht, der einen lokalen Turnverein in eine SA-Einheit umfunktionieren soll, »übersteigerten Nationalismus« vor und spricht angesichts des Bildes, das von der Zukunft entworfen wird, von »Gymnasiasten-Illusionen«. Schlicht, ein ehemaliger Hauptmann, bemerkt knapp-ironisch: »Danke für die Auskunft. Wird vermerkt!«

Von diesem Moment an hat Sittinger vor den Nationalsozialisten Angst, er findet keine Ruhe mehr.

> Die drohenden Worte Schlichts fielen ihm ein. Er schwankte erst wie hinfällig von dannen, nach und nach aber lief er torkelnd, als fliehe er vor irgendwem. Er keuchte und schwitzte dampfend. [...] dieser plumpe Hauptmann Schlicht hatte ihn brutal in die Politik gestoßen. Er witterte überall Feinde im Ungewissen ...
>
> *(9. Kapitel)*

Auch in seinem Privatleben zeigt sich, daß Sittinger alle haßt, denen er sich nicht gewachsen glaubt, die ihm dem Anschein nach oder in Wirklichkeit überlegen sind.

Da ist Malwines Jugendfreund Eibenthaler, der, aus dem Krieg zurückgekehrt, seine ehemalige Freundin immer wieder aufsucht und dem eifersüchtigen Herrn des Hauses auf die Nerven fällt. Ebenso unsympathisch ist dem pensionierten Inspektor sein Schwager Herbert. Er braucht den Bankdirektor zwar zur Finanzberatung, wünscht ihn aber insgeheim zum Teufel, weil Herbert und seine Frau Anna auf dem Land gern mit ihrem modernen Lebensstil angeben.

Zur großen Freude Sittingers entlarvt sich Eibenthaler, der in der Partei Hitlers schon hoch aufgestiegen ist, als »Defraudant«, als Betrüger, und verliert seine Ämter.

Auch ein Skandal kommt Sittinger gelegen, von dem rechte Zeitungen mit Entrüstung, linke dagegen mit Triumph berichten: Der betrügerische Eibenthaler hatte ein Verhältnis mit der Frau eines

Bankdirektors. Sofort entpuppt sich diese Dame für Sittinger als die Frau seines Schwagers Herbert. Er selbst hatte Anna heimlich begehrt, aber eine Abfuhr erhalten. Nun will er sich rächen.

Sittinger erfährt auch, daß der Kunstmaler Köstler ein Kommunist ist, der rote Fahrradschwadronen dirigiert und zur Tarnung einige Zeit auf dem Land lebt. Er will das Geheimnis noch für sich behalten, Schlicht womöglich erst später darüber berichten. Dadurch könnte er sich dann die Nationalsozialisten wieder geneigt machen.

Graf hat in Sittinger keinen großen Schurken darstellen wollen, sondern einen schäbigen, unsicheren Kleinbürger, wie es deren viele gibt. Daher stattet er ihn nicht etwa mit plakativ negativen Eigenschaften aus, sondern mit einem Gemisch von Haltungen und Lebensäußerungen, denen Alltägliches anhaftet und die sich vertausendfachen lassen: mit der kleinen Lüge, mit ein bißchen Tyrannei, mit Duckmäusertum, mit unbedachtem Auftrumpfen im falschen Augenblick, biegsamem Rückgrat und wechselnden Standpunkten. Sittinger formuliert selbst eine Lebensregel, nach der er sich richtet, wo er nur kann: »[...] sich nach allen Seiten sichern, jedem recht geben, und nur da stehen, wo die Macht ist!« (15. Kapitel)

Über den »bedrängten Biedermann« hat der Verfasser im letzten Teil seines Buches nicht mehr viel Neues zu berichten. Die politischen Ereignisse in dieser ländlichen Region Bayerns stehen im Vordergrund.

SA- und Rotfront-Kolonnen, aus München auf Fahrrädern gekommen, treffen aufeinander, liefern sich Kämpfe; es kommt zu Raufereien, Prügeleien und Morden. Die bürgerkriegsähnlichen Zustände haben Aubichl und Umgebung erreicht.

Die Bauern sollen auch mitmachen.

Alles ist mit einem bisher unbekannten Lärmaufwand verbunden; auch in den Feldern geht es laut zu:

> Der reinste Hohn auf die vielgerühmte ländliche Stille war's! Kaum dunkel geworden, lebten die Felder auf. Der Spektakel ging los. Schlicht hielt mit seinen Burschen Felddienstübungen ab, und seine bellenden Kommandorufe zerhackten die Luft förmlich. Dann wieder ein allgemeines Geschrei, klapperndes Laufen über die Straßen, Marschschritte und, wenn es auf die Frühe zuging, schmetternder Gesang. [...]
> Der Schlicht raste mit seinem Motorrad durch den weiten Gau, brachte den örtlichen nationalsozialistischen Gruppen bergeweise Propagandamaterial und Befehle, inspizierte und fanatisierte. Und so wie er taten Hunderte und Tausende seinesgleichen nichts anderes.
>
> *(19. Kapitel)*

Im Januar 1933 ergreifen dann wie überall in Deutschland die Nationalsozialisten die Macht. Sittinger liegt mit Grippe im Bett. »Der

Inspektor plagte sich, nichts zu hören«, heißt es von ihm. Das Moment einer satirischen Umkehrung liegt nun wohl darin, daß die bisher immer als dumm geschmähte Ehefrau Malwine die Initiative ergreift. Sie, die schon seit Eibenthalers Zeiten eine Anhängerin der Nazis war, nutzt ihre guten Beziehungen zu Hauptmann Schlicht.

So überstehen die Sittingers ungeschoren die Tage und Wochen der »nationalen Erhebung«. Sittinger selbst beschränkt seine Zustimmung darauf, daß er statt ganzer Sätze nur noch abgebrochene Geräuschlaute der Entschuldigung hervorbringt: »Tja-ja immer deutsch.« Als er allein im Bett liegt, legt er sich Rechenschaft ab. »Herrgott, Herrgott«, jammert er, »warum hab' ich mich so gefährdet. [...] Herrgott, sie haben alles in der Hand – Kontrolle, Polizei, Beamte, den Staat – [...] verloren, aus!« (23. Kapitel) Die rechtzeitige Denunziation Köstlers ist ohnehin nicht mehr anzubringen. Da bleibt nur noch Kuschen.

Auf dem Land waren die Maskenzüge an Fasching seit langem Brauch. Sie geben sich in jenem Jahr 1933 politischer als sonst. Die Männer der Nachbargemeinde, die »linken« Reitelmooser, mimen und parodieren Hitler und Schlicht, um die »rechten« Aubichler zu »derblecken«, zu verspotten.

Ein unerwarteter Nazi-Überfall macht dem Spiel ein Ende. »[...] gereckte Arme, blitzende Messer und Gummiknüppel« gehören jetzt zur Szene. »›Was ist das für eine Frechheit!‹, fragte Schlicht scharf in den Maskenhaufen hinein. ›Wer erlaubt sich Spott mit unserem Führer zu treiben?‹« (22. Kapitel)

Die Braunhemden kennen nur blutigen Ernst. So liegen am Ende die Reitelmooser Männer tot am Boden. Es ist scharf geschossen worden.

Sittinger fragt sich häufig: »Bloß – wie lange wird das dauern?« »Wenn ich nur wüßte, was dann kommt ...«. So lautet der letzte Satz des Buches. Es bleibt dem Leser überlassen, sich auszumalen, wie sich Sittinger während des Krieges und 1945 verhalten hat oder hätte.

Arnold Zweig
Das Beil von Wandsbek

Arnold Zweig (1887–1968) fühlte sich zeitlebens als jüdischer und deutscher Schriftsteller und nicht zuletzt als Kämpfer gegen »die Verhetzung der Völker, die Ausbeutung der arbeitenden Klassen, deren Unterdrückung des freien Denkens [...]«. Vor 1933 befaßte er sich hauptsächlich mit dem Selbstverständnis des Judentums. Er hatte als einfacher Armierungssoldat im Ersten Weltkrieg viel erlebt, wurde als Jude nicht anerkannt und hatte manches auszustehen. Seine Erfahrungen verarbeitete er in dem bekannten, bereits 1917 konzipierten Kriegsroman, der später ›Der Streit um den Sergeanten Grischa‹ hieß und im Erscheinungsjahr 1927 in 82 Fortsetzungen in der ›Frankfurter Zeitung‹ vorabgedruckt wurde. Arnold Zweig verfaßte eine Reihe weiterer Romane, deren Schauplatz der Erste Weltkrieg ist.

1923 wurde er Chefredakteur der ›Jüdischen Rundschau‹. Seine Schrift ›Bilanz der deutschen Judenheit‹ konnte erst 1934 bei Querido in Amsterdam erscheinen.

1933 verließ Zweig auf Anraten von Freunden Deutschland. Er ging zunächst nach Wien und Prag, wo er deutschsprachige Milieus suchte. Nach kürzeren Aufenthalten in der Schweiz und in Frankreich reiste er am 14. Dezember 1933 nach Palästina aus. Mit dem Hebräischen, dessen Erlernen allen Neubürgern zur Pflicht gemacht wurde, tat Zweig sich schwer. Im März 1938 schrieb er an den verehrten Freund Sigmund Freud, er wolle seine Bindung an das deutsche Volk nicht aufgeben, und für die Aufrechterhaltung dieser Bindung sei für ihn die deutsche Sprache von hoher Bedeutung. Zeugnis dafür, daß er noch lange mit den Deutschen denken und fühlen und sie unter der Nazi-Herrschaft richtig zeichnen konnte, ist sein Deutschlandroman ›Das Beil von Wandsbek‹. Er wurde unter ungewöhnlichen Umständen verfaßt: Zweig mußte wegen versagender Sehkraft das Manuskript diktieren; der Roman erschien dann erst in hebräischer Sprache 1943 und wurde 1947 in Schweden zum erstenmal auf deutsch veröffentlicht.

Nach dem Krieg entschloß sich Arnold Zweig, aus Palästina in die DDR zurückzukehren, die ihn ganz für sich vereinnahmte. Er empfing viele Ehrungen und starb 1968 in Ost-Berlin.

Anregung zum ›Beil von Wandsbek‹ war 1937 eine Notiz in der Prager Exilzeitschrift ›Deutsche Volkszeitung‹: Vier zum Tode Verurteilte wurden von einem Laienscharfrichter, einem Schlachtermeister, in Hamburg-Altona, mit dem Beil hingerichtet. Wandsbek wählte der Autor wohl in Anlehnung an Matthias Claudius, den ›Wandsbecker Bothen‹.

Albert Teetjen, so heißt der Schlachter bei Arnold Zweig, wollte von dem Henkerlohn Schulden und Zahlungsrückstände begleichen und dem schlechten Geschäft entgegenwirken. Er und seine junge Ehefrau können sich bald ihres bescheidenen Glücks nicht mehr erfreuen, der Laden bleibt leer, der Wohlstand geht verloren.

Zweig wollte nicht nur über diese »unerhörte Begebenheit« schreiben, die einen Novellenstoff abgegeben hätte. Er entwickelte aus diesem Stoff einen gesellschaftskritischen Roman in Anlehnung an die Theorien der damaligen »Linken«: In den dreißiger Jahren leiden die Handwerker unter wirtschaftlichen Nöten; der Mittelstand ist der Konkurrenz der Konzerne und Warenhäuser ausgesetzt, der er nicht gewachsen ist. Das macht sich auch bei Fleischprodukten bemerkbar. Den Leuten in Deutschland geht es noch nicht sehr gut; das Volk soll durch außenpolitische Erfolge der Nazi-Regierung bei Laune gehalten werden.

Der Schlachter Albert Teetjen und seine Frau Stine werden als »Menschen gesunden, durchschnittlichen, wenig geübten Denkvermögens« bezeichnet: »Ihre Kunst, sich über die eigene Lage Rechenschaft zu geben, reichte nicht sehr weit [...]« (6. Buch, 2. Kap.).

> »Sollte den Magdeburger Scharfrichter vertreten im Reeperbahnprozeß. Und das hab' ich denn getan.« – Stine saß in ihrem Stuhl, hörte auf, das blanke Messing zu reiben, ließ ihre Blicke an den seinen haften. »Du hast ...«, fragte sie nach zwei Atemzügen Stille. »Das Urteil ausgeführt, vier Verbrecher ins Jenseits befördert.« – Stine, regungslos, ließ die Schale fallen; mit metallischem Ton fügte sie sich genau in die erste. Ihr Mund stand leicht offen, ihre Augen irrten zur Decke empor, hafteten dann wieder auf seinen Lippen. »Ist wahr?« fragte sie tonlos. – »Meister Dencke blieb krank«, bekräftigte er, »und der Führer will nicht eher nach Hamburg kommen. Die Elbhochbrücke, weißt's doch vom Radio, wie die ihn zwickt. Da mußte eben Aushilfe ran. Diesmal unsereiner.« – Stine schüttelte den Kopf. »Wenn das bloß gut ausgeht«, hauchte sie halblaut. – »Ja«, bestätigte er, »die Leute sind blöd«, froh, daß sie es so vernünftig aufnahm, »rumschwatzen darf's sich nicht. Aber erkennen konnte mich keiner. Ich hatt' eine Maske vor der Nase, wie das Rindvieh, in früheren Zeiten, als die Betäubungszange noch nicht erfunden war. Bloß daß diesmal nicht der Ochse die Maske trug.« – »Und dabei hattest du den Frack an«, lallte sie, offenbar wollte sich ihr Unterkiefer dem Sprechen nicht recht fügen. – Er nickte. »Ist ja ein komischer Anzug, solch ein Schniepel mit 'ner weißen Binde. Aber praktisch ist er für so was. Vorne alles weggeschnitten. Was hinten hängt, kann nicht behindern.«
>
> *(3. Buch, 1. Kapitel)*

Im Roman heißt es zwar: »Die Stadt Hamburg lief in ihrem vollen Alltagsbetrieb, niemand hatte eine Ahnung, daß irgend etwas Ungewöhnliches geschehen war, niemand konnte eine Ahnung haben« (2. Buch, 4. Kap.), aber zwei Frauen wollen die Hinrichtung »durch ein rundes Fenster« im obersten Geschoß der Dienstwohnung des Zuchthausdirektors aus beobachten: Annette, die älteste Tochter des Direktors und Beinahe-Verlobte eines Reeders und Parteigünstlings, der Teetjen den makabren Auftrag verschafft hatte, und die Ärztin Dr. Käte Neumeier.

Die Ärztin, eine »patente Person«, harrt bis zur Exekution des letzten Hinzurichtenden aus. Es handelt sich um vier Männer aus dem sogenannten Reeperbahnprozeß, der sich über Jahre hingezogen hatte. Den vier, einem Juden und drei Kommunisten, war das harte Urteil gesprochen worden, weil sie sich der »Störung der öffentlichen Ordnung« schuldig gemacht hatten; sie hatten angeblich Streitereien, Beleidigungen und Handgreiflichkeiten in Sankt Pauli provoziert.

Frau Dr. Neumeier kann sich mit dem unverdienten Tod der Männer nicht abfinden: »›Diese Hunde‹, schrie es in ihr, ›diese Mörderbrut!‹« (2. Buch, 4. Kap.) Gemeint waren die Nationalsozialisten, die das Urteil verhängt hatten, und ihre Helfer. Vor allem sieht sie immer wieder das halb verdeckte Gesicht des Henkers vor sich: »Diesen Schnurrbart, diesen Mund, dieses vorgestemmte Kinn, sie hatte alles schon gesehen, sie wußte noch nicht wo und wann, aber sie würde sich erinnern« (2. Buch, 4. Kap.).

Käte Neumeier, eine tüchtige und engagierte Ärztin, war einmal Mitglied der SPD gewesen. Dann war sie »aufrichtigen Gemüts von den Sozialdemokraten, die ihr Programm Programm sein ließen, zu den Nationalsozialisten übergegangen, schon 1931, als kein Zweifel mehr blieb, daß die Hindenburg-Republik auf alle Fälle ihren reaktionären Kurs weitersteuerte«. Eigentlich schlägt ihr Herz aber immer noch für die Linke, der sämtliche Todeskandidaten angehörten. Einer von ihnen, Friedel Timme, war ein Freund aus Wandervogelzeiten in den zwanziger Jahren. Timme war 1918 als heimkehrender Soldat Revolutionär geworden, hatte die Waffe gegen Offiziere erhoben und war seit jener Zeit bei der Reichswehr und in konservativen Kreisen übel beleumdet.

Von Frau Neumeier heißt es: »In ihrem Umkreis die Folgen des Unheils zu heilen oder wenigstens zu lindern, das über Deutschland zu bringen sie mitgeholfen hatte, war alles, was sie tun konnte« (2. Buch, 4. Kap.). Sie kann aber die Verurteilten nicht retten, obwohl sie als »Patronin« Zugang zu ihnen hat. Die ihr angetragene Bitte, Friedel Timme ein Fluchtmotorrad und Geld zu beschaffen, glaubt sie nicht erfüllen zu können; zu weit will sie sich in ihrem Engagement nicht vorwagen, schließlich verkehrt sie im Haus des Gefängnisdirektors und ist mit Offiziersfamilien der Garnison verwandt.

Die intelligente, kühle Frau in mittleren Jahren ist sich bewußt: »Vielleicht handelte sie falsch, ungerecht, kümmerlich, daß sich ihr Haß so sinnlos wild auf die Gestalt des Henkers zusammendrängte« (2. Buch, 4. Kap.). Da führt sie ein Zufall auf Teetjen zu: Ein Briefumschlag von ihr, Käte Neumeier, war durch ihre Patientin Stine Teetjen an den Schlachter geraten, der ihn für den Entwurf eines Klagebriefs verwendet hatte. Darin beschwert er sich bei seinem Kriegskameraden, dem einflußreichen Reeder Footh, über den Verkauf billiger Fleischwaren in Kaufhäusern und bittet um Intervention. Frau Neumeier erhält über Annette den Umschlag zurück und weiß jetzt, wer die Hinrichtung mit dem Beil ausgeführt hat.

Käte Neumeier betreibt nun energisch den Boykott gegen den Fleischer. Über die klatschfreudige Kriegerwitwe und jetzige Waschfrau Geesche Barfey sollen möglichst viele von Teetjens Kunden erfahren, auf welch schurkische Weise er zu Geld gekommen ist. Sehr viele von Teetjens Kunden betreten den Fleischerladen nicht mehr, nachdem die Nachricht sich verbreitet hat. Der Boykott erweist sich als wirksam: Am Ende bleibt dem völlig mittellosen Ehepaar nur der Selbstmord.

Wesensverwandt ist Frau Neumeier der Direktor des Gefängnisses und Zuchthauses Fuhlsbüttel, dem neuerdings auch ein KZ angeschlossen ist. Direktor Koldewey, ein Witwer mit drei Töchtern, ist in seinem Inneren auch ein Gegner des Nazi-Regimes. Er erfüllt jedoch seine dienstlichen Pflichten und führt am liebsten ein zurückgezogenes Leben. Seiner Töchter wegen hält er darauf, daß man seine Gastfreundschaft rühmt; er liebt Kunst, Musik, Rotwein und eine gute Zigarre, vor allem aber lebt er mit seinen Büchern. Seinem Lieblingsautor Nietzsche verdankt er einen Spruch, der ihm als Lebensmaxime in dieser Zeit besonders geeignet erscheint: »Am Unvermeidlichen zu rütteln, ist Pöbelgeschmack« (2. Buch, 3. Kap.). Koldewey würde vielleicht ganz gern daran rütteln, möchte aber andererseits seine privilegierte Stellung nicht aufs Spiel setzen. Mit Käte Neumeier verbinden ihn Erinnerungen an die Zeit vor 1933, als ein sozialdemokratischer Senat eine maßvolle Politik betrieb, anders als jetzt. Zunächst entfaltet Koldewey nur im privat-familiären Bereich ernsthaft Initiative: Er bemüht sich erfolgreich um die Hand Käte Neumeiers. Beide erleben ein spätes Glück, das für sie sofortiges Handeln gegen die Willkür der Naziherren ausschließt; sie finden sich zunächst in Anbetracht der Umstände mit dem Gegebenen ab. Kätes emotionales Handeln gegen den Laienhenker war nur eine Einzeltat.

Koldewey, seine Töchter und auch Frau Dr. Neumeier entsprechen der häufig erwähnten hanseatischen Mentalität: Man will kein Aufsehen erregen und Unannehmlichkeiten vermeiden; also läßt man sich nichts anmerken, gibt sich gelassen.

Eines Tages kommt eine fremde Kundin in Teetjens ziemlich leer gewordenen Laden. Sie fragt nach ihm und kauft dann zwei kleine Schlackwürste, die sie ihren beiden Söhnen als Erinnerung an Hamburg mitbringen will. Es ist Frau Timme, die Witwe des hingerichteten Friedel Timme, die endlich in die Sowjetunion auswandern darf. Ihre Jungen sind längst dort, und sie hofft, daß man sie bereits zu guten Kommunisten gemacht hat.

Stine Teetjen, der die Frau gar nicht unsympathisch ist, hört mit offenem Mund an, was ihr über sozialistische Solidarität und das Elend der Kleinbürgerlichkeit erzählt wird.

> »Müßte sich eigentlich aufhängen, Ihr Mann, verrät für dreißig Silberlinge seine eigenen Vorkämpfer, Schicksalsgenossen, sich selber. Aufhängen

wie Judas Ischarioth«, wiederholte sie, »so'n armer Teufel – was habt Ihr Euch nur dabei gedacht?« wandte sie sich jetzt mit einer Art Angriff unmittelbar in Stines Blick. – »Wir mußten doch sehen, wieder flott zu werden«, verteidigte sich diese.

»Gegen die Hochflut der Warenhäuser – mit einem Beil. Gegen die Vertrustung der Nahrungsmittelbranche, gegen die Konzerns – mit zwei Fäusten.« – »Mein Mann vertraute eben dem Führer, dem unabänderlichen Programm.« – »Jeder, wie er es gelernt hat«, nickte Frau Timme, »zuschlagen, bloß nicht denken, lieber Kopf ab – den eigenen Verteidigern, den Klassengenossen, den Schicksalsgenossen.« Stine strengte ihren Kopf an, um zu verstehen, was die Frau da meinte. Sie rieb sich sogar die Schläfen wie als Schulkind, wenn sie Aufmerksamkeit nötig hatte. Dann glaubte sie verstanden zu haben. »Wir sind aber keine Arbeiter«, begehrte sie auf. »Nein«, nickte Frau Timme, »Ihr habt's noch nicht einmal gemerkt, Ihr armen Kleinbürger.«

Die Frau meinte es nicht bös, staunte Stine, war sie eine Christin? Das waren doch Rote, Kommunisten! »Jetzt merken wir's ja«, entfuhr es ihr, »aber jetzt ist's zu spät.«

Agnes Timme schüttelte den Kopf und ballte ihre kleine, behandschuhte Rechte. »Nie zu spät«, rief sie aus. »Erkennt Eure Lage und Eure Feinde und Euch selbst«, schloß sie, lauter als sie wollte. »Erkennt das Wort! Klassenlage!«

(6. Buch, 4. Kapitel)

Zweig will hier auch seine Leser belehren, was er häufig in Autorkommentaren tut, und er wird dabei gern ironisch wie Frau Timme an dieser Stelle.

Georg Lukács hat in einem Briefwechsel mit Arnold Zweig bemerkt, daß in dem Roman der antifaschistische Widerstand zu wenig Kontur gewinne. Tom, der körperlich behinderte Sohn jener Waschfrau, die die Wahrheit über Schlachter Teetjen verbreitete, wird von den Nazis zum »lebensunwerten« Leben gerechnet und haßt verständlicherweise die braune Kraftmeierei. Der Junge und später junge Mann besitzt aber nach Lukács' Meinung als Repräsentationsfigur des Antifaschismus zu wenig Format.

Dennoch wird ›Das Beil von Wandsbek‹ Georg Lukács' genereller Forderung an Literatur gerecht:

> Die Art, wie das Ehepaar Teetjen in die Katastrophe hineinschliddert, wie der Boykott entsteht, wie er sie langsam zermürbt und zugrunde richtet, ist nicht nur in allen Details echt und lebenswahr, sondern zugleich auch von einer großen gesellschaftlichen Allgemeinheit.
>
> *(18. August 1951)*

Zweigs Roman, der in verschiedenen Strängen verläuft und in diesen Strängen häufig auch ausläuft, ist eine gründlich-genaue Darstellung Deutschlands im Jahr 1937. Es paßt zum Zeitkolorit, daß sich der

Reeder und Nationalsozialist Footh an beschlagnahmtem jüdischem Eigentum bereichern konnte und daß er einem Kriegskameraden gefällig war, weil er dabei sein persönliches Prestige vermehren konnte. Footh war es auch, der Teetjen bestochen und dazu gebracht hat, die Henkeraufgabe zu übernehmen. Daß Arnold Zweig solche Begünstigungs- und Korruptionsfälle im fernen Exil richtig erspürte und beurteilte, hat jetzt eine Arbeit über die »Arisierung in Hamburg« aufgedeckt und erwiesen.

Der »Abgesang« des Romans enthält noch ein in die Zukunft weisendes Kapitel mit der Überschrift ›Astrologie‹.

Darin stellen die beiden jüngeren Töchter des Direktors Koldewey einander Horoskope; Astrologie war damals Mode. Natürlich wird auch die Lebenserwartung erforscht, nach den Sternen haben beide kein hohes Lebensalter vor sich.

Es geht tatsächlich nicht gut aus mit den Koldeweys und Hamburg. Davon berichtet der nach 1945 eingefügte Epilog, der wohl manchen Handlungsstrang etwas überhastet zum Abschluß bringen sollte. Die Stadt wurde im Krieg durch Luftangriffe fast tödlich getroffen. Vater Koldewey stirbt durch den Strang, weil er in letzter Stunde an einem Attentatsversuch gegen Hitler teilgenommen hat. Ingeborg, die zweite der drei Töchter, wird nach dem Krieg zum Tode verurteilt. Sie hatte sich, offensichtlich als Ärztin, an Menschenversuchen in einem Frauen-KZ beteiligt.

Der Roman ›Das Beil von Wandsbek‹ mag in der Struktur nicht ganz ausgewogen sein; man kann jedoch aus ihm viel über die Situation in Deutschland während der Hitlerzeit und über die deutsche Mentalität jener Jahre erfahren.

Anna Seghers
Das siebte Kreuz

Netty Radványi, geb. Reiling (1900–1983), aus Mainz schrieb unter dem Pseudonym Anna Seghers, promovierte 1924 und erhielt 1928 überraschend den Kleist-Preis für ihre Erzählung ›Der Aufstand der Fischer von St. Barbara‹. Schon in ihren frühen Arbeiten ging es ihr um Recht für die Unterdrückten und Gescheiterten.

Anna Seghers trat 1928 der KPD und ein Jahr später dem »Bund proletarisch-revolutionärer Schriftsteller« (BPRS) bei. Sie folgte dem Arbeitsprinzip, unmittelbares Sehen durch sprachlich-stilistische Qualität nacherlebbar zu machen.

Nach vorübergehender Verhaftung ging Seghers 1933 nach Frankreich ins Exil, wo sie schnell wieder aktiv wurde und für die Solidarität der emigrierten Schriftsteller stritt. Sie war Mitherausgeberin der in Prag erscheinenden Exilzeitschrift ›Neue Deutsche Blätter‹. 1940 floh sie aus Paris in den unbesetzten Teil Frankreichs und 1941 schließlich nach Mexiko. Die Nöte des Emigrantendaseins beschrieb sie in dem in Marseille spielenden Roman ›Transit‹ (vgl. S. 196 ff.).

Nach dem Krieg kehrte sie nach Deutschland zurück, setzte ihre schriftstellerische Laufbahn in Ost-Berlin fort und war von 1952 bis 1978 Vorsitzende des DDR-Schriftstellerverbandes.

Der Literaturkritiker Marcel Reich-Ranicki rief 1990 einen Roman, der knapp 50 Jahre zuvor erschienen war, lobend in Erinnerung, während er dessen Autorin, die als Schriftstellerin dem SED-Regime treu gedient hatte und deshalb ins Zwielicht geraten war, darin beließ: Sein Feuilleton-Artikel handelt von Anna Seghers' 1942 erschienenem Roman ›Das siebte Kreuz‹.

Anna Seghers hat das Werk Ende der dreißiger Jahre in Frankreich geschrieben; sie stützte sich dabei auf Berichte ehemaliger Häftlinge aus Deutschland und verließ sich auf die genaue Kenntnis ihrer Heimatregion, wohin sie die Handlung verlegte. Sie folgt in ihrem Roman, der deutlich gegen die nationalsozialistische Herrschaft gerichtet ist, dem Prinzip möglichst großer Allgemeinheit, verwendet keine politischen Etiketten. Als Beispiel für die Art der Darstellung von Verfolgern und Verfolgten kann ein Bild dienen, das ein Kriminalkommissar im Gespräch mit einem SS-Unteroffizier gebraucht: »[...] diese Welt [...] hat verhältnismäßig wenig Möglichkeiten, entweder halten wir eine bestimmte Sorte Menschen hinter einem Stacheldraht und geben schön acht, [...] daß alle drin bleiben – oder wir sind drin und die andern geben auf uns acht.« (4. Kapitel, 6)

Im Konzentrationslager Westhofen im Rheingau werden offene Gegner des herrschenden Regimes »hinter einem Stacheldraht« gehalten; andere Häftlinge werden wegen noch geringerer Vergehen im Lager schikaniert und gequält. Sie werden ausschließlich von bewaffneter SA und SS bewacht.

Aus diesem Lager sind im Oktober 1937 sieben Gefangene geflohen. Sofort werden umfangreiche Fahndungsmaßnahmen eingeleitet, um sie wieder zu fassen. Auf Befehl des ehrgeizigen Lagerkommandanten Fahrenberg sollen sie nach ihrer Wiedereinlieferung zur Strafe und Abschreckung an gekappte Platanen gebunden werden, die man mit Nägeln präpariert hat, um ein Anlehnen zu verhindern. Von den Bäumen wird gesagt, daß sie »von weitem sieben Kreuzen glichen«.

Vier Flüchtlinge werden tatsächlich gefaßt und an die Bäume gebunden, aus zwei Bäumen werden die Nägel wieder herausgezogen, als zwei der Flüchtlinge tot aufgefunden wurden. Damit gab es noch »einen benagelten Baum, der unbesetzt war« – das siebte Kreuz.

Fahrenberg und der Verfolgungsapparat wollen beweisen, daß ihnen kein Flüchtiger entgehen kann. Und doch entkommt ihnen der Gefangene Georg Heisler, dem es unter wiederholter Lebensgefahr und großen Schwierigkeiten schließlich gelingt, ins Ausland zu fliehen. Heisler, gelernter Automechaniker, der schon des öfteren bei Verhören seine Peiniger durch seine Miene und sein Lächeln herausgefordert hat, war als junger Mann ein eifriger Sportler und Fußballspieler gewesen. Er hatte in der Weimarer Zeit einem kommunistischen Arbeitersportverein angehört.

Heisler hat Glück. Auf seiner Flucht kann er Fallen vermeiden, Verfolger abschütteln. Er kommt nach Frankfurt, ist aber noch weit von einer Landesgrenze entfernt, deren Überschreiten ihm vielleicht Rettung bringen könnte.

Am Abend sucht er seinen Freund und ehemaligen Genossen Paul Röder in Frankfurt-Bockenheim auf. Röder, ein gutmütiger Mann mittleren Alters, ist Familienvater. Er hat sich mit seiner Frau Liesel und den Kindern auf ein auskömmliches kleinbürgerliches Leben eingestellt. Die Nationalsozialisten läßt er gewähren und versucht von ihnen zu profitieren.

> Er [Georg] brachte seine Beine unter den Küchentisch. Er legte seine verbundene Hand zwischen die Teller auf das Wachstuch. Liesel Röder war eine dicke Frau geworden. [...] Der warme, ein wenig schwere Blick ihrer braunen Augen ruhte kurz auf Georgs Gesicht. Sie erklärte: »Gut, das Gescheiteste, was du jetzt tun kannst, iß [...]«. Sie richtete Tisch und Essen. Röder setzte seine drei ältesten Kinder um den Tisch herum. »Wart, ich schneid dir's klein, Georg, oder kannst du's aufspießen? [...] Willst du Senf, willst du Salz? Gut gegessen, gut getrunken, hält Leib und Seele zusammen.« Georg sagte: »Was für ein Tag ist heut?« Röders lachten: »Donnerstag.« – »Du hast mir dein Wurstpärchen gegeben, Lisbeth«, sagte Georg, der sich mit aller Kraft seines Willens in den gewöhnlichen Abend einfand, wie man sich in die höchste Gefahr einfinden kann. Wie er nun aß mit seiner gesunden Hand, und die anderen aßen auch, bald warf ihm Liesel, bald Paul einen kurzen Blick zu, da spürte er, daß sie ihm lieb waren und auch er ihnen lieb geblieben war.
>
> Auf einmal hörte er etwas steigen im Treppenhaus, immer höher – er horchte. »Was horchst du denn?« fragte Paul. Die Schritte stiegen weiter.
>
> [...]
>
> Er riß sich zusammen. Er sah sich um. All die erstaunten Äugelchen! Er sagte: »Ihr habt ja inzwischen allerlei fertiggebracht.« – »Weißt du denn nicht, daß sich das deutsche Volk vervierfachen muß?« sagte Paul mit lachenden Augen. »Du hörst nicht zu, wenn der Führer spricht.« – »Doch, ich hör zu«, sagte Georg. »Aber er hat doch nicht gesprochen, das muß das Paulchen Röder aus Bockenheim alles ganz allein machen.« – »Es ist jetzt wirklich nicht mehr so schwer«, sagte die Liesel Röder, »Kinder zu bekommen.« – »Das war's ja nie.« – »Ach Georg«, rief Liesel, »dir kommen deine Lebensgeister zurück.« – »Nein, es ist wahr, wir waren fünf zu Hause, und ihr?« – »Der Fritz, der Ernst, ich und der Heini

– vier.« – »Nie hat ein Hahn nach uns gekräht«, sagte die Liesel. »Jetzt geschieht doch was.« Paul sagte mit lachenden Augen: »Liesel hat einen staatlichen Glückwunsch von der Direktion bekommen.« – »Habe ich bekommen, ja ich!« – »Soll man dich vielleicht für die große Leistung beglückwünschen?« – »Spaß beiseit, Georg, all die Vergünstigungen und die Zulagen, sieben Pfennig pro Stunde, das spürst du. Die Befreiung von den Abzügen und ein solcher Stoß bester Windeln!« – »Als ob die NS-Volkswohlfahrt geahnt hätte«, sagte Paul, »daß die alten von drei Vorgängern morschgeschissen sind.« – »Hör gar nicht auf den«, sagte Liesel, »dem Paul seine Äugelchen haben ganz schön gefunkelt, er war fidel wie in seiner Bräutigamszeit, diesen August auf der Sommerreise –« – »Wo ging's denn hin?« – »nach Thüringen, und wir haben die Wartburg besichtigt und den Martin Luther und den Sängerkrieg und den Venusberg. Das war auch noch eine Art Belohnung. Nein, so was war noch nie da auf der Welt.« – »Nie«, sagte Georg. Er dachte: So'n Schwindel, noch nie. Er sagte: »Und du, Paul? Wie stehst du dich? Bist du zufrieden?« – »Ich kann nicht klagen«, sagte Paul. »Zweihundertzehn im Monat, das sind immer noch fünfzehn Mark mehr, als ich im besten Jahr nach dem Krieg bekam, 29, und nur zwei Monate lang – aber diesmal – bleibt's.«
[...]
Georg stützte den Kopf in die Hand. Zwischen den Fingern sah er zu Röder hinüber. Röder hätte vielleicht ernst ausgesehen, wär sein Gesicht nicht gar zu lustig betupfelt. Er sagte: »Kriegst du immer noch Krach um dies und das? Was du nicht alles für Anschläge gehabt hast! Damals hab ich dir schon gesagt, mich laß aus, Schorsch. Nutzlose Sachen kann ich nicht ausstehen, lieber Kartoffelsupp. Diese Spanier sind auch lauter Schorschs. Ich mein – wie du früher warst, Schorsch. Jetzt trittst du, scheint's, schon leiser auf. In deinem Rußland haben sie's auch nicht geschafft. Erst hat's nach was ausgesehen, daß man doch manchmal bei sich gedacht hat: Vielleicht, wer weiß? Jetzt –« – »Jetzt?« sagte Georg. Er verdeckte rasch seine Augen. Trotzdem war Paul schon getroffen von einem einzelnen scharfen Blick zwischen zwei Fingern. Er stutzte. »Jetzt, das weißt du doch.« – »Was?« – »Wie dort alles drunter und drüber geht!« – »Was?« – »Was weiß ich, ich kann diese Namen doch nicht behalten.«

(4. Kapitel, 5)

Paul Röder hat schon früher den unerschütterlichen Kampf für die Ideale der Partei, die auch seine Ideale sind, als »nutzlose Sache« angesehen und fühlt sich jetzt bestätigt, denn mit den »Schorschs« sei man bisher nicht weitergekommen, in Spanien nicht, und in der Sowjetunion auch nicht.

Heisler hat angesichts des Röderschen »Familienidylls« zwiespältige Gefühle. Die unterschiedlichen Standpunkte bleiben bestehen. Aber obwohl allen bewußt ist, daß Georgs Anwesenheit eine Gefahr darstellt, erhält der Verfolgte Essen und ein Nachtquartier.

Der treue Freund Paul tut am nächsten Tag alles, um eine Fluchtmöglichkeit auszukundschaften. So sucht er Heislers früheren Genossen Sauer auf, den seine Berufsqualitäten weitergebracht haben und der jetzt in recht guten Verhältnissen lebt.

»Ich soll Sie grüßen von einem gemeinsamen Freund«, sagte Paul. »Ob Sie sich noch an ihn erinnern? Er hat damals die schöne Paddelbootpartie auf der Nidda mit Ihnen gemacht.« – Das wird die Probe, dachte der andere, ob ich mich schneide. Er fing an sich zu rasieren mit schlaffen Handgelenken. Er schnitt sich nicht und zitterte nicht. Das ist ja nun gemacht, dachte Paul, warum wischt er sich sein Gesicht nicht ab und spricht vernünftig mit mir? Solang schabt er doch sonst nicht an sich herum. Der ist doch eher hui-hui. – Sauer sagte: »Ich verstehe Sie überhaupt nicht. Was wollen Sie von mir? Von wem grüßen Sie mich?« – »Von Ihrem Paddelfreund«, wiederholte Röder. »Von dem Bootchen Annemarie.« Er erwischte den schrägen Blick des anderen über den Spiegel hinweg ums Eck. Sauer bekam etwas Schaum in die Wimper, er wischte sie mit dem Handtuchzipfel. Dann fuhr er mit dem Rasieren fort. Ohne den Mund richtig zu öffnen, sagte er: »Ich verstehe noch immer kein Wort. Entschuldigen Sie bitte. Ich bin außerdem eilig. Sie haben sicher eine Adresse falsch nachgeschlagen.«
Röder war einen Schritt näher getreten, er war viel kleiner als Sauer. Jetzt sah er Sauers linke Gesichtshälfte in dem Seitenspiegel. Er spähte unter den Schaum, aber er sah nur den mageren Hals, das vorgestreckte Kinn. Sauer dachte: Wie er lauert! Aber er kriegt mein Gesicht nicht zu sehen. Kann er lang lauern. Wieso sind die auf mich verfallen? Also doch ein Argwohn. Also doch beobachtet –. Wie er um mich rum schnüffelt! Die kleine Ratte! – Er sagte: »Dann hat eben Ihr Freund falsch nachgeschlagen. Ich bin sehr eilig. Bitte, stören Sie mich nicht mehr. – Heidi!«
Röder fuhr zusammen. Er hatte nicht gemerkt, daß sie zu dritt waren. Hinter der Tür stand ein Kind, zog ein Halskettchen zwischen den Zähnen, hatte ihn wohl die ganze Zeit über ebenso stumm betrachtet. »Zeig ihm die Treppe!« Röder, während er hinter dem Kind auf den Flur ging, dachte: Scheißkerl! Hat doch alles verstanden. Will nichts riskieren, vielleicht wegen dem Fratz da. Hab ich denn nicht auch Kinder?
Als er die Tür zuschlug, wischte sich Sauer übers Gesicht mit einem Hui, wie's ihm der Röder zugetraut hatte. Er sprang ans Schlafzimmerfenster, ganz wild, ganz atemlos riß er den Laden hoch. Er sah noch einmal den Röder, wie er die Straße überquerte. Hab ich mich richtig gehalten? Was wird er über mich melden? Ruhig, ich bin sicher nicht der einzige. Fühlen vielleicht heute ein paar Dutzend verdächtigen Leuten auf den Zahn. Komischer Vorwand! Ausgerechnet diese Flucht. Gar kein dummer Vorwand! Etwas muß sie doch auf den Gedanken gebracht haben, daß ich früher mit dem Heisler zu tun hatte. Oder fragen sie alle durchweg dasselbe?
Plötzlich lief's ihm den Rücken herunter. Wie, wenn es ernst war, wenn es kein Dreh von der Gestapo war? Wenn ihn wirklich der Georg geschickt hat!

(5. Kapitel, 3)

Sauer hält den im Gespräch sich vorsichtig herantastenden Paul Röder für einen Spitzel der Nationalsozialisten und verleugnet seine frühere Bekanntschaft mit Heisler. Er weiß, was ihm allein wegen seiner politischen Vergangenheit bevorstehen kann. »Volksgerichtshof und Schluß – zwei Tage nach der Verhaftung.« Trotzdem läßt ihm nachträglich die Frage, ob Röder nicht vielleicht doch von Heisler geschickt worden war, keine Ruhe. Diesem hilft schließlich die doch noch bestehende Untergrundorganisation seiner Partei: Er wird auf dem Rhein nach Holland gebracht.

Der Lagerkommandant Fahrenberg muß einsehen, daß das »Innerste«, das alle Verfolgten in sich tragen, durch Härte und Grausamkeit nicht auszurotten ist. Heisler und seine Freunde wissen: »Wir fühlten alle, wie tief und furchtbar die äußeren Mächte in den Menschen hineingreifen können, bis in sein Innerstes, aber wir fühlten auch, daß es im Innersten etwas gab, was unangreifbar war und unverletzbar.«

Dieser letzte Satz des Romans zeigt in seiner allgemeinen Begrifflichkeit nochmals, wie zurückhaltend Anna Seghers mit formelhaften Bezeichnungen umgeht.

Davon zeugt auch ein anderer Satz im letzten Kapitel des Romans: Fahrenberg wird klar, »daß er nicht hinter einem einzelnen her war, dessen Züge er kannte, dessen Kraft erschöpfbar war, sondern einer gesichtslosen, unabschätzbaren Macht.«

Eine Fluchtgeschichte hat gewöhnlich eine bestimmte Struktur: Der Autor reiht Stationen der Flucht aneinander, Zeitangaben dienen der Orientierung, die Szenen weisen entweder eine Parallelführung von Motiven auf oder stehen in Kontrast zueinander. Anna Seghers erzählt in den einzelnen Facetten auf herkömmliche Art in Form des epischen Berichts; an vielen Stellen eingeblendete Dialoge lockern die Erzählung auf und machen sie lebendig.

Der knapp vierzigjährigen Autorin ist mit diesem Roman ein großer Wurf gelungen. Ein erstaunlich breiter Querschnitt der damaligen deutschen Bevölkerung, ihrer Einstellungen und Gesinnungen ist in dem Werk enthalten: Dem Leser vermittelt sich der Eindruck unverfälschter Wirklichkeit.

Man darf deshalb aber sicher nicht annehmen, Anna Seghers habe ein »Kunst-Werk« schaffen wollen, das »herausgelöst aus dem ideologischen pro und contra« ist. Die Parteilichkeit ist dem Buch sehr wohl anzumerken, in der Figurenzeichnung ebenso wie in seiner Sympathie- und Antipathielenkung. Allerdings stehen viele Menschen dazwischen, noch dazwischen, wie Anna Seghers wahrscheinlich hinzufügen würde. Sie, die in berühmt gewordenen Disputen und Briefwechseln mit Autoritäten wie Georg Lukács ihr poetisches Geheimnis nicht preisgibt, hat in ihren besten Arbeiten auf einmalige Weise »Realismus« und »Kunst-Werk« zu verbinden verstanden.

Klaus Mann
Der Vulkan

1936 veröffentlichte der vielseitig tätige Klaus Mann (vgl. S. 95 ff.) den Deutschlandroman ›Mephisto‹, der zunächst für einen Schlüsselroman gehalten wurde, obwohl das der Autor heftig bestritt. Klaus Mann hatte die Hauptfigur Hendrik Höfgen, einen talentierten und ehrgeizigen Schauspieler, nach Zügen seines ehemaligen Schwagers Gustaf Gründgens gestaltet. Höfgen steht in der Gunst des nationalsozialistischen Regimes; er, der aus bescheidenen Verhältnissen zu einem bekannten Schauspieler aufgestiegen ist, wird protegiert von dem »Dikken«, einer Karikatur Hermann Görings, der als preußischer Ministerpräsident auch die Bühnen des Landes unter seiner Aufsicht hat. Skrupellos betreibt Höfgen seine Karriere, er wird Intendant und Staatsrat. Auf der Bühne spielt Höfgen in Goethes ›Faust‹ den Mephisto; im Leben nimmt er eher die Rolle des Faust ein: um seiner Laufbahn willen schließt er einen Pakt mit den Nazis. Höfgen haßt und fürchtet eigentlich die braunen Herren, denen er gelegentlich Anwandlungen von Trotz entgegensetzt. Er bekommt die Willkür ihrer Macht zu spüren; sie lassen ihn, der ein gefährliches Spiel gewagt hat, fallen; seine letzten Ziele erreicht er nicht.

1937 begann Klaus Mann in New York mit der Arbeit an einem weiteren Werk, das 1939 unter dem Titel ›Der Vulkan. Roman unter Emigranten‹ erschien. Das Emigrantenmilieu kannte der Autor aus eigener Erfahrung. »Ich bemühe mich, unsere soziologische und psychologische Lage [...] episch zu analysieren«, schrieb er in einem Brief vom 18. 4. 1939 an den ebenfalls geflohenen Pädagogen Hans Lamm.

Im ›Vulkan‹ hat Klaus Mann ein treffendes »Protokoll der Existenzkrisen deutscher und europäischer Flüchtlinge« (Martin Gregor-Dellin) verfaßt. Er wollte zeigen, was in der Verlorenheit der Emigration durch den Verlust der Heimat und der Wurzeln Einzelschicksale verbunden hat. Klaus Mann entlehnte den Romanen André Gides das kontrapunktische Kompositionsprinzip. So springt die Handlung vom Hauptschauplatz Paris nach Prag und Zürich, in die »klassischen« Emigrationsländer Tschechoslowakei und Schweiz.

Klaus Mann läßt eine Gruppe meist junger Akademiker-Emigranten, unter denen verschiedene Typen vertreten sind, in Paris ankommen, wo sie sogleich von Franzosen, auch meist studierten Genossen, in Empfang genommen und in Gespräche verwickelt werden. Ihre Schicksale und die weiterer antifaschistischer Kampfgefährten werden in einzelnen Handlungssträngen weiterverfolgt.

Unter den Deutschen in Paris ist der schwermütige Schriftsteller Martin Korella. Martin wird drogenabhängig. Als Homosexueller gewinnt er die Freundschaft des jungen Kikjou, eines Exoten wahrscheinlich brasilianischer Herkunft; was Marcel Poiret, einem französischen Schriftsteller, der dem deutschen Geist zugetan ist und vorher mit Kikjou verbunden war, nicht gefällt.

Als tätige Streiterin für die demokratische Sache erweist sich Marion von Kammer, der Klaus Mann offensichtlich die Gestalt seiner Schwester Erika zugrunde gelegt hat.

Marion reist mit einem erfolgreichen Kabarett- und Rezitierprogramm durch die von den Deutschen noch unbehelligten Hauptstädte Europas. Sie wird die Frau Marcels, eines französischen Sozialisten. Das Vulkan-Motiv taucht auf, als die beiden einige Urlaubswochen an der Küste über vulkanischem Boden verbringen. Sie sind mit ihrer Heirat in eine gefährliche, brodelnde und eruptive Zeit geraten.

Marcel fällt bald darauf als republikanischer Kämpfer im Spanischen Bürgerkrieg, und Marion erlebt in New York die späte, aber feurig-leidenschaftliche Liebe ihres Lebens mit dem italienischen Fensterputzer Tullio, von dem sie ein Kind bekommt. Es soll den Namen »Marcel« erhalten.

Mehr Ruhe und die Möglichkeit einer gediegenen Mutterschaft findet Marion schließlich an der Seite Benjamin Abels, eines deutschen Literaturwissenschaftlers. Er wurde von einem neidischen und cholerischen Kollegen, dem völkisch gesinnten Germanisten Geheimrat Besenkolb, zur Emigration gezwungen. Benjamin Abel ist jetzt Dozent an einer kleinen amerikanischen Universität und kann der gehetzten Marion Geborgenheit und Heimat bieten.

Zu einer wichtigen Figur wird im letzten Teil des ›Vulkan‹ Kikjou, der wieder ein ernsthafter und gläubiger Katholik geworden ist. Kikjou hat Engelsvisionen; die Engel sind meist mehr von irdischer als himmlischer Gestalt. Klaus Mann hat sie nach eigenem Bekenntnis von Rilke, Gide und vom eigenen Vater übernommen, der sie in seinem Joseph-Roman als anthropomorphe Boten und »Zwischenträger« des Herrn zu den Irdischen zeichnet. Auch der Sohn Klaus wollte keine metaphysische Überhöhung, die Menschen werden am Schluß des Romans aufgefordert: »Seid energisch, seid realistisch, seid auch gut! Plagt euch! Kämpft! Habt Ehrgeiz und Leidenschaft, Trotz, Liebe und Mut! [...] Steht auf eigenen Füßen!« Die Menschen, so meint er, können ihre Angelegenheiten selbst regeln.

Stefan Zweig schreibt im Juli 1939 an Klaus Mann, daß ihm der Roman »außerordentliche Freude« bereitet habe: »herrliche [Scenen] sind darunter, absolut unvergeßbare«.

Vielleicht dachte er an die Schilderung des traurigen Schicksals von Marions Schwester Tilly. Sie will eigentlich nur ihrem in Deutschland in einem KZ inhaftierten Freund helfen. In der Schweiz, wohin sie mit ihrer Mutter vor den Nazis geflohen ist, lernt sie einen Genossen des Freundes aus Berlin namens Ernst kennen; die beiden verlieben sich ineinander. Als Tilly von ihm ein Kind erwartet, weiß sie sich nicht zu helfen und nimmt sich das Leben, während die Spur des von der Fremdenpolizei verhafteten und an die Grenze gebrachten Ernst sich in der Fremde verliert.

Zweig schreibt weiter: »Einwände habe ich keine, gewünscht hätte ich vielleicht noch etwas mehr Armut und Geldverzweiflung, wie ich sie oft, allzuoft sehe, [...] etwas mehr Kläglichkeit, Dreck, Düsterkeit also.«

Klaus Manns vielfältige Bemühungen im Kampf gegen den deutschen Faschismus waren unermüdlich. Wenn er auch im Schatten des Vaters Thomas Mann stand und sich in seinen Büchern viel mit sich selbst beschäftigte, so rang er doch um Klarheit und hielt an den Idealen der Aufklärung und der Menschenrechte fest. Für ihn gehörte es zu verantwortlicher schriftstellerischer Tätigkeit, Romane zu verfassen, deren Stoff sich dazu eignete, diese Ideale zu vertreten. Thomas Mann attestiert seinem Sohn in einem Brief vom 22. 7. 1939, »daß das Buch [...] als Emigrationsroman [...] ganz konkurrenzlos ist«, »ein Buch, dessen die deutsche Emigration sich auch unter dem Gesichtspunkt der Würde, der Kraft und des Kampfes nicht zu schämen hat« – und das, obwohl »Dir [...] im Grund das Morbide, Erotische und ›Makabre‹ viel mehr Spaß macht, als Moral, Politik und Kampf«. Am besten trifft zweifellos die Bezeichnung »Zentralfigur der antifaschistischen Publizistik« zu, die Ernst Loewy für Klaus Mann geprägt hat.

Anna Seghers
Transit

Anna Seghers (vgl. S. 188 ff.) hat in ihrem Exilroman ›Transit‹ anschaulich die zunehmend verzweifelte Lage der Exilanten während der zweiten Phase der Flucht vor den Nationalsozialisten beschrieben. Schauplatz des Romans ist in erster Linie die Hafenstadt Marseille im Jahr 1940, als eine unermeßliche Zahl von Emigranten sich nach verschiedenen Stationen der Flucht dort, im unbesetzten Teil Frankreichs, aufhielt, um sich nach Übersee in Sicherheit zu bringen. Anna Seghers schrieb das Buch zeitgleich 1940/41 und konnte dabei auf eigenes Erleben zurückgreifen. Es erschien, nach ihrer gelungenen Flucht nach Mexiko, 1944 in spanischer Übersetzung und wurde erst 1948 in Deutschland veröffentlicht.

Der Roman spielt hauptsächlich unter jenen Verzweifelnden, die immer wieder in langen Schlangen vor den Konsulaten und Botschaften zu finden waren und sich um die für eine Auswanderung nötigen Papiere bemühten: Aus- und Einreisedokumente oder ein Transit-Visum, das, mit Blick auf das Einwanderungsziel, einen kurzen Aufenthalt in einem Drittland gestattete. Ähnliche Warteschlangen gab es in den Schiffsagenturen, wo jeder Platz auf einem Schiff nach Übersee hart erkämpft werden mußte.

Wenn am Marseiller Hafen und in den wenigen geöffneten Lokalen und Cafés sich die gleiche Szene zu wiederholen scheint – etwa bei unterschiedlichem Wetter –, so deutet das darauf hin: Die Flüchtlinge sind im Grunde einsam und egoistisch geworden, sie wollen nur noch Menschen sehen und Gerüchte hören über Auswanderungsquoten und Abfahrten von Schiffen. Ihre ganze Existenz ist davon bestimmt, auf die erste Gelegenheit zur Abreise zu warten; sie sind »Transitäre« geworden.

Unter den vielen befindet sich der Protagonist des Romans, ein junger deutscher Monteur, der als KZ-Häftling den Verfolgern entkommen ist und nach langer Flucht auf Umwegen in Marseille das Leben an sich vorbeigleiten läßt auf der Suche nach einem Sinn. Er ist im Besitz von falschen Ausweispapieren auf den Namen Seidler. In Paris war, halb durch Zufall, das Werk eines Schriftstellers und Widerstandskämpfers mit Namen Weidel in seine Hände gekommen, der Selbstmord begangen hatte, als die deutschen Truppen nach Frankreich vorstießen. Dabei ist auch ein Einreise-Visum für Mexiko auf Weidels Namen. Dessen Frau glaubt ihren Mann in Marseille und sucht ihn dort überall. Seidler klärt sie, auch als er bereits ihr Berater und Freund geworden ist, nicht auf und läßt sie nach Übersee ausreisen, wo sie ihren Mann endlich zu finden hofft. Nach langer Überzeugungsarbeit gelingt es Seidler, den Behörden weiszumachen, Seidler und Weidel seien ein und dieselbe Person.

> Mit mistralverzerrten Gesichtern drängten sich die Menschen in den Vorraum des amerikanischen Konsulats. Hier war es wenigstens warm. Seit ein paar Tagen gesellte sich noch die bitterste Kälte zu allen Leiden der Abfahrtssüchtigen.
> Der Türhüter der Kanzlei des Konsulats der Vereinigten Staaten stand, stark wie ein Boxer, hinter dem aktenbeladenen Tisch, der den Aufgang der Treppe versperrte. Er hätte mit einer kleinen Bewegung seines mächtigen Brustkorbs den ganzen dürren Schwarm Abfahrtsbesessener hinausschieben können, die an diesem Morgen ein eisiger Windstoß auf den Place Saint-Ferréol trieb. Wie Kalk lag der Puder auf den von Kälte gesteiften Gesichtern der Frauen, die nicht bloß sich und die Kinder, sondern auch ihre Männer geputzt hatten, um Gnade bereits vor den Augen des Türhüters zu erlangen. Er drehte zuweilen mit seiner gewaltigen Hüfte den aktenbeladenen Tisch, so daß ein Spalt frei wurde, ein

Nadelöhr, durch das ein bevorzugter Transitär nach oben steigen konnte.

[...]

Die Wartenden gerieten plötzlich in Wut. Meine eigene Zimmernachbarin, bunt gekleidet, zog gleichmütig ein mit ihren zwei Doggen an straffen Leinen. Der Türhüter aber, der bereits wußte, daß sie dem Konsul genehm war, gab augenblicklich den Weg zwischen Tisch und Treppe frei mit einer stumpfen Ehrerbietung, als seien die beiden Doggen die durch einen Bann verzauberten Bürgen. Ich hatte die kleine Bresche genutzt, ich sprang der Hundefrau nach. Ich warf dem Türhüter meinen Anmeldeschein zu, Seidler, genannt Weidel. Der Türhüter schrie; da sah er, wie mich die Hunde vertraut begrüßten, worauf er mich aufwärtsziehen ließ in die Region der Konsulatssekretariate.

Auch hier gab es wieder Warteräume. Die Hunde erschreckten hier oben ein halbes Dutzend kleiner jüdischer Kinder. Die drängten sich um ihre Eltern und ihre Großmutter, eine gelbe, starre Frau, die so alt war, als sei sie nicht durch Hitler, sondern durch das Edikt der Kaiserin Maria Theresia aus Wien vertrieben worden. Um festzustellen, was dieser Lärm bedeute, erschien aus einer der Konsulatstüren ein junges Fräulein, das sicher den ganzen Krieg, die ganze Verheerung der Erde auf einem Wölkchen schwebend verbracht hatte, so zart und rosa wie ihr Gesicht. Sie führte lächelnd und flügelschlagend die ganze Familie, die aber beklommen und düster blieb, gegen den Schreibtisch des Konsuls. Ich fühlte in meiner Ansteckung von Transitärewut, in meinem eigenen Nebel von Visumbesessenheit, ein Augenpaar auf mich gerichtet. [...]

Ich schäme mich, es einzugestehen: Mein Herz klopfte damals bange. Ich gab eine Weile nicht mehr auf die Menschen acht, die nach mir einzeln, mit dünnem Atem, den zweiten, höheren Warteraum betraten. Ich dachte: Wie auch der Mensch aussehen mag, den man Konsul nennt, er hat Macht über mich, das ist sicher. Zwar ist seine Macht, zu lösen und zu binden, nur auf sein eigenes Land beschränkt. Doch wenn er mir jetzt das amerikanische Transit verweigert, dann bin ich gebrandmarkt als ein mißratener Transitär, gebrandmarkt für alle Beamten der Stadt und für alle Konsulate. Ich werde von neuem flüchten müssen, und ehe ich sie noch gewonnen habe, meine Liebste verlieren.

Doch als man den Namen Weidel ausrief, wurde ich ruhig. Ich fürchtete mich vor keiner Entlarvung mehr und vor keiner Verweigerung. Ich spürte den unermeßlichen, den uneinholbaren Abstand, der diesen aufgerufenen Mann von dem Konsul trennte, der, Fleisch und Blut, dürr das eine, dünn das andere, gleichmütig hinter dem Schreibtisch saß. Ich sah, als stünde ich außerhalb meiner selbst, mit Neugierde dieser Geisterbeschwörung zu, der Aufrufung eines Schattens, der sich längst in irgendeiner der schemenhaften, verwesenden, hakenbekreuzten Totenstädte verflüchtigt hatte.

Er aber, der Konsul, musterte mich, den Lebenden, der zwischen ihm und dem Schatten stand, mit hochmütiger Genauigkeit. Er sagte: »Sie heißen Seidler? Sie schreiben unter dem Namen Weidel. Warum?« Ich sagte: »Bei Schriftstellern kommt es häufig vor.«

»Was hat Sie bewogen, Herr Weidel-Seidler, sich um ein mexikanisches Visum zu bewerben?«
Ich antwortete auf seine strenge Frage mit bescheidener Offenheit: »Ich habe mich nicht beworben, ich nahm das erste Visum, das sich mir bot. Das entsprach meiner Lage.« Er sagte: »Wie kommt es, Herr, daß Sie sich niemals um Einreise in die Vereinigten Staaten bemüht haben als Schriftsteller, wie die meisten Ihrer Kollegen?« Ich antwortete diesem Manne: »Wo hätte ich wohl diesen Antrag stellen sollen? Bei wem? Wie? Ich, außerhalb der Welt. Die Deutschen zogen ein! Der Abend aller Tage war gekommen.«
Er tickte mit dem Bleistift. »Das Konsulat der Vereinigten Staaten versah gleichwohl seinen Dienst am Place de la Concorde.«
»Wie hätte ich das erfahren sollen, Herr Konsul? Ich ging nicht mehr auf die Concorde. Unsereins zeigt sich nicht auf den Straßen.« Er runzelte die Stirn. Ich wurde gewahr, daß in seinem Rücken die Schreibmaschinen das ganze Verhör mitklapperten. Ein wenig Geklapper mehr in dem großen Lärm, der großen Furcht vor der Stille.
»Welchen Umständen, Herr Seidler, verdanken Sie die Ausstellung Ihres mexikanischen Visums?«
»Vermutlich günstigen Zufällen«, erwiderte ich, »und irgendwelchen guten Freunden.« – »Warum irgendwelchen? Sie haben gewisse Freunde in den Kreisen der ehemaligen Regierung der ehemaligen spanischen Republik, die heute mit gewissen Kreisen der mexikanischen Regierung verbunden sind.«
Ich dachte an meinen armen Toten, in Hast bestattet, an seine klägliche Hinterlassenschaft. Ich rief: »In einer Regierung? Freunde? Gewiß nicht!«
[...]
Der Konsul stand aufrecht da und sah mich mit einem Blick an, den man hätte durchdringend nennen können, wenn er nur den richtigen durchdrungen hätte.
Er fragte: »Haben Sie hier einen Bürgen?«
Woher, in aller Welt, sollte ich einen Bürgen nehmen, der dem Konsul beschwor, daß mein Toter nie vorher, nie nachher etwas Ähnliches geschrieben habe, der beschwor, daß mein Toter nie mehr über die Massenerschießungen von Roten in welcher Arena immer schreiben würde? – Die Schreibmaschinen waren mit dem Verhör verstummt. Und als die Stille selbst diesen Raum bedrohte, besann ich mich auf den Anfang der langen Begebenheit, ich besann mich auf das Paulchen. Ich sagte: »Gewiß, mein Freund, Paul Strobel, im Hilfskomitee in der Rue Aix.« Der Name wurde zu Namen gegeben, die Akten zu den Akten, das Dossier zu den Dossiers, und ich erhielt meine Konvokation für den 8. Januar.

(5. Kapitel, 8)

Angeregt durch die Schriften Weidels erkennt er jedoch schließlich, daß Flucht ihm keinen Sinn geben wird, verzichtet auf seine Ausreisemöglichkeit und schließt sich auf dem Land dem französischen Widerstand an. Binet, sein französischer Freund, ein einfacher Arbeiter, den er bewundert, sagt zu ihm: »Für dich ist es richtig zu bleiben. Was sollst denn du da drüben? Du gehörst zu uns. Was uns geschieht, geschieht dir.« So gibt der Ich-Erzähler des Romans am Ende seine einsame, transitorische Existenz auf und findet eine Identität im Kollektiv der einfachen Landbevölkerung.

Stefan Zweig
Schachnovelle

Ein typisches Emigrantenschicksal hatte der Wiener Stefan Zweig (1881–1942). Zweig war Jude und ein letzter Vertreter und unerschütterlicher Anhänger der alten, international geschätzten Donaumonarchie mit dem Herzstück Österreich-Ungarn.

Angewidert vom Bürgerkrieg, von den offenen Kämpfen, die sich anschlußbegierige Nationalsozialisten gemeinsam mit den sozialistischen Republikanern gegen die sich heimattreu gebende »Vaterländische Front« unter dem autoritären Bundeskanzler Dollfuß lieferten, und in Vorahnung kommenden Unheils floh Zweig 1938 nach England, dann nach Amerika. Schließlich ließ er sich 1941 in dem abgelegenen, kleinen Städtchen Petropolis in Brasilien nieder.

Auf dem amerikanischen Kontinent wollte und konnte Zweig sich nicht eingewöhnen. Ende 1941 schrieb er aus Petropolis an ehemalige Freunde: »Was fehlt, sind Bücher und Freunde [...] niemand für das wirkliche Gespräch wie Werfel, Broch, Beer-Hofmann in New York« – alles Österreicher – »ich habe immer Angst, die eigene Sprache zu verlieren [...] ich finde die Identität mit meinem Ich nicht mehr, nirgends hingehörig, nomadisch und dabei unfrei [...] ich lebe seit Jahren mit Koffern und Paketen. An ein Zurück ist doch auf lange nicht zu denken und es wäre auch kein richtiges Zuhause mehr.«

Am 22. Februar 1942 nahmen sich Stefan Zweig und seine Frau das Leben, sie konnten das Heimweh und das Gefühl fast völliger Isolation nicht mehr ertragen.

In der ›Schachnovelle‹, die ein Jahr vor Zweigs Selbstmord 1941 erschien, ist sein seelisches Befinden in den letzten Lebensjahren spürbar, wenn auch zunächst handfeste Begebenheiten die Aufmerksamkeit auf sich lenken.

Der Leser wird durch den Ich-Erzähler der Novelle mit der phänomenalen Karriere eines ungebildeten und ungehobelten jungen Mannes namens Mirko Czentovic bekanntgemacht, der vom stumpfen Burschen rasch zu einem der weltbesten Schachspieler aufsteigt.

Freilich wird er zur bloßen »Schachmaschine«, zu einem einseitigen, nur auf das Schachspiel festgelegten Profi, der bald merkt, daß sich mit seiner Plazierung in der Weltrangliste viel Geld verdienen läßt.

Die eigentliche »unerhörte Begebenheit« der Novelle ist das Zusammentreffen dieses Meisters mit einem Schachspieler ganz anderer Herkunft und Veranlagung auf einem Dampfer, der Anfang der vierziger Jahre von New York nach Südamerika fährt und wohl nicht wenige Menschen mit ungewöhnlichen Schicksalen an Bord hat. Beide Schachvirtuosen stammen aus Europa: der eine aus einer rückständigen Balkan-Region; der andere, Dr. B., aus den vornehmsten Kreisen des alten Österreich. Dr. B. hatte, wie wir seiner in die Novelle eingelagerten Erzählung entnehmen können, seine Fähigkeiten einer Notlage zu verdanken.

Er war 1938, noch in den Stunden der Besetzung Österreichs durch die Truppen Hitler-Deutschlands, von der SS verhaftet worden, weil von ihm, dem Vermögensberater namhafter Klöster und eines Zweiges der kaiserlichen Familie, anzunehmen war, daß er von Vermögenstransferierungen Kenntnis hatte. Dr. B. wurde verhört und dazu monatelang in einem Hotelzimmer in völliger Isolation gehalten. Das monotone Gefangenendasein und die Abgeschlossenheit bereiteten ihm psychische Qualen. »Es gab nichts zu tun, nichts zu hören, nichts zu sehen, überall und ununterbrochen war um einen das Nichts, die völlige raumlose und zeitlose Leere« (S. 57).

Doch eines Tages konnte er im Vorraum des Verhörzimmers aus der Tasche eines Militärmantels ein Buch entwenden, in dem berühmte Schachpartien aufgezeichnet sind.

Das zunächst enttäuschende, schwer verständliche Buch bot ihm die Möglichkeit, seinen Geist in der Öde der Isolation zu schulen. Er spielte die Partien auf einem schachbrettartigen Laken und dann im Kopf nach. Vor allem lernte er es, aus Angaben über die Felder und die Positionen der Figuren die nächsten Züge vorauszuberechnen.

Was ihn zunächst anregte und sein Konzentrationsvermögen, auch bei Verhören, steigerte, ernüchterte ihn bald: Nach etwa drei Monaten kannte er alle 150 Partien auswendig; das einsame Durchspielen der bekannten Partien wurde zu einer täglichen, öden Routine. Er faßte einen Entschluß:

> [...] ich mußte mir statt der alten Partien neue erfinden. Ich mußte versuchen, mit mir selbst oder vielmehr gegen mich selbst zu spielen. [...] Ein solches Doppeldenken setzt eigentlich eine vollkommene Spaltung des Bewußtseins voraus, ein beliebiges Auf- und Abblendenkönnen der Gehirnfunktion wie bei einem mechanischen Apparat [...]. Nun, um mich kurz zu fassen, diese Unmöglichkeit, diese Absurdität habe ich in meiner Verzweiflung monatelang versucht. [...] Ich war durch meine fürchterliche Situation gezwungen, diese Spaltung in ein IchSchwarz und

ein IchWeiß zumindest zu versuchen, um nicht erdrückt zu werden von dem grauenhaften Nichts um mich.

(S. 77f.)

Dieses Spiel gegen sich selbst wurde zur Besessenheit und endete in einer Nervenkrise, die von einem völligen physischen Zusammenbruch begleitet war. Ein hilfreicher Arzt konnte seine Entlassung aus der Haft erreichen.

Im Exil in Amerika reist Dr. B. zufällig auf dem Dampfer, auf dem sich auch Weltmeister Czentovic befindet. Einem selbstgefälligen Spieler und Millionär gelingt es, Czentovic gegen Bezahlung für eine Simultanpartie gegen eine Gruppe von Schachliebhabern unter den Fahrgästen zu gewinnen.

Dr. B. ist eigentlich nur Zuschauer, aber er warnt einen der Spieler im entscheidenden Moment vor einem schweren Fehler, der den Verlust der Partie für die gegen Czentovic spielende Gruppe bedeutet hätte. So aber ringt dieser Spieler Czentovic ein Remis ab. Die anderen mußten Dr. B. für einen hervorragenden Spieler halten.

Nach dem Ratschlag ist Dr. B. rasch verschwunden. Der Erzähler der Novelle spürt ihn aber an Deck auf, und Dr. B. schildert ihm – und dem Leser – seine qualvolle Haft und die Umstände, die ihn zum Schachspiel brachten.

Später erklärt sich Dr. B. bereit, allein gegen Czentovic zu spielen. Daß sein Gegner sich vor jedem Zug sehr viel Zeit läßt, macht Dr. B. nervös, es hält ihn nicht mehr auf dem Stuhl.

Mit einem Ruck stand er plötzlich auf und begann im Rauchzimmer auf und ab zu gehen, erst langsam, dann schneller und immer schneller. [...] mir fiel auf, daß seine Schritte trotz aller Heftigkeit dieses Auf und Ab immer nur die gleiche Spanne Raum ausmaßen; es war, als ob er jedesmal mitten im leeren Zimmer an eine unsichtbare Schranke stieße, die ihn nötigte umzukehren. Und schaudernd erkannte ich, es reproduzierte unbewußt dieses Auf und Ab das Ausmaß seiner einstmaligen Zelle; genau so mußte er in den Monaten des Eingesperrtseins auf und ab gerannt sein wie ein eingesperrtes Tier im Käfig [...].

(S. 101)

Aber Dr. B. gelingt es, Czentovic zum Aufgeben zu zwingen. Trotz seines Vorsatzes, nur eine Partie zu spielen, stimmt Dr. B. einer Revanche zu. Beim zweiten Spiel allerdings, das er in zunehmender Erregung spielt, unterläuft ihm ein ganz unverständlicher Fehler. Er, der eben noch höchste Meisterschaft bewiesen hat, beurteilt die Figurenkonstellation auf dem Brett so laienhaft falsch, als kenne er die einfachsten Schachregeln nicht. Als ihm das bewußt gemacht wird, bricht er das Spiel ab.

Die betretenen Zuschauer begreifen nicht, welchem außergewöhnlichen Geschehen sie gerade beigewohnt haben. Czentovic begnügt sich triumphierend mit dem anmaßenden Kompliment, sein Partner sei »für einen Dilettanten [...] eigentlich ungewöhnlich begabt« (S. 110).

Dr. B. ist, wie der Verfasser Stefan Zweig, ein Opfer der Diktatur. Das einsame Leiden unter den Zeitläuften und -umständen zeigt nachhaltig seine Wirkung; bei Dr. B. ist es die konkrete Erfahrung der psychischen Gewalt. Mit dem Spielen einer einzigen Partie gegen einen echten Gegner wollte Dr. B. eigentlich nur »feststellen, ob das in der Zelle damals noch Schachspiel oder schon Wahnsinn gewesen« sei (S. 95). Die Antwort ist klar. Das Spiel gegen den derben, menschenverachtenden Czentovic, der ihn bewußt zunehmend lange auf jeden Zug warten läßt, hätte beinahe seinen Wahn wieder aufleben lassen, in den er sich in seiner Zelle hatte treiben lassen. Dr. B. wird nie wieder sein wie früher.

Stefan Zweig war zu seiner Zeit international einer der meistgelesenen Schriftsteller. Sein großes Erzählgeschick wird in der ›Schachnovelle‹ immer wieder spürbar und erreicht einen Höhepunkt, als Dr. B. schildert, wie er, der Gestapo-Häftling, zu dem Schachbuch kam:

> [...] trotz alledem war die Qual dieses Wartens und Stehens zugleich eine Wohltat, eine Lust, weil dieser Raum immerhin ein anderes Zimmer war als das meine, etwas größer und mit zwei Fenstern statt einem, und ohne das Bett und ohne die Waschschüssel und ohne den bestimmten Riß am Fensterbrett, den ich millionenmal betrachtet. Die Tür war anders gestrichen, ein anderer Sessel stand an der Wand und links ein Registerschrank mit Akten sowie eine Garderobe mit Aufhängern, an denen drei oder vier nasse Militärmäntel, die Mäntel meiner Folterknechte, hingen. Ich hatte also etwas Neues, etwas anderes zu betrachten, endlich einmal etwas anderes mit meinen ausgehungerten Augen, und sie krallten sich gierig an jede Einzelheit. Ich beobachtete an diesen Mänteln jede Falte, ich bemerkte zum Beispiel einen Tropfen, der von einem der nassen Kragen niederhing, und so lächerlich es für Sie klingen mag, ich wartete mit einer unsinnigen Erregung, ob dieser Tropfen endlich abrinnen wollte, die Falte entlang, oder ob er noch gegen die Schwerkraft sich wehren und langer haften bleiben würde – ja, ich starrte und starrte minutenlang atemlos auf diesen Tropfen, als hinge mein Leben daran. Dann, als er endlich niedergerollt war, zählte ich wieder die Knöpfe auf den Mänteln nach, acht an dem einen Rock, acht an dem andern, zehn an dem dritten, dann wieder verglich ich die Aufschläge; alle diese lächerlichen, unwichtigen Kleinigkeiten betasteten, umspielten, umgriffen meine verhungerten Augen mit einer Gier, die ich nicht zu beschreiben vermag. Und plötzlich blieb mein Blick starr an etwas haften. Ich hatte entdeckt, daß an einem der Mäntel die Seitentasche etwas aufgebauscht war. Ich trat

näher heran und glaubte an der rechteckigen Form der Ausbuchtung zu erkennen, was diese etwas geschwellte Tasche in sich barg: ein Buch! Mir begannen die Knie zu zittern: ein BUCH! Vier Monate lang hatte ich kein Buch in der Hand gehabt, und schon die bloße Vorstellung eines Buches, in dem man aneinandergereihte Worte sehen konnte, Zeilen, Seiten und Blätter, eines Buches, aus dem man andere, neue, fremde, ablenkende Gedanken lesen, verfolgen, sich ins Hirn nehmen könnte, hatte etwas Berauschendes und gleichzeitig Betäubendes. Hypnotisiert starrten meine Augen auf die kleine Wölbung, die jenes Buch innerhalb der Tasche formte, sie glühten diese eine unscheinbare Stelle an, als ob sie ein Loch in den Mantel brennen wollten. Schließlich konnte ich meine Gier nicht verhalten; unwillkürlich schob ich mich näher heran. Schon der Gedanke, ein Buch durch den Stoff mit den Händen wenigstens antasten zu können, machte mir die Nerven in den Fingern bis zu den Nägeln glühen. Fast ohne es zu wissen, drückte ich mich immer näher heran. Glücklicherweise achtete der Wärter nicht auf mein gewiß sonderbares Gehaben; vielleicht auch schien es ihm nur natürlich, daß ein Mensch nach zwei Stunden aufrechten Stehens sich ein wenig an die Wand lehnen wollte. Schließlich stand ich schon ganz nahe bei dem Mantel, und mit Absicht hatte ich die Hände hinter mich auf den Rücken gelegt, damit sie unauffällig den Mantel berühren könnten. Ich tastete den Stoff an und fühlte tatsächlich durch den Stoff etwas Rechteckiges, etwas, das biegsam war und leise knisterte – ein Buch! Ein Buch! Und wie ein Schuß durchzuckte mich der Gedanke: stiehl dir das Buch! Vielleicht gelingt es, und du kannst dir's in der Zelle verstecken und dann lesen, lesen, lesen, endlich wieder einmal lesen! Der Gedanke, kaum in mich gedrungen, wirkte wie ein starkes Gift; mit einemmal begannen mir die Ohren zu brausen und das Herz zu hämmern, meine Hände wurden eiskalt und gehorchten nicht mehr. Aber nach der ersten Betäubung drängte ich mich leise und listig noch näher an den Mantel, ich drückte, immer dabei den Wächter fixierend, mit den hinter dem Rücken versteckten Händen das Buch von unten aus der Tasche höher und höher. Und dann: ein Griff, ein leichter, vorsichtiger Zug, und plötzlich hatte ich das kleine, nicht sehr umfangreiche Buch in der Hand. Jetzt erst erschrak ich vor meiner Tat. Aber ich konnte nicht mehr zurück. Jedoch wohin damit? Ich schob den Band hinter meinem Rücken unter die Hose an die Stelle, wo sie der Gürtel hielt, und von dort allmählich hinüber an die Hüfte, damit ich es beim Gehen mit der Hand militärisch an der Hosennaht festhalten könnte. Nun galt es die erste Probe. Ich trat von der Garderobe weg, einen Schritt, zwei Schritte, drei Schritte. Es ging. Es war möglich, das Buch im Gehen festzuhalten, wenn ich nur die Hand fest an den Gürtel preßte.

(S. 66–69)

Der große Erzähler Stefan Zweig kann in seiner geschmeidigen Sprache vielerlei zum Ausdruck bringen, ohne daß er dieses Können zur Schau stellen muß.

1. Affirmative Lyrik

Die spezifisch nationalsozialistische Lyrik besteht aus Marschliedern und aus Gedichten auf den Führer. Künstlerischen Wert haben die wenigsten dieser Gebilde; Marschlieder sind um der propagandistischen Wirkung willen geschrieben worden und waren in dieser Hinsicht außerordentlich erfolgreich, so daß es sich lohnt, die angewandten Mittel zu untersuchen. Die Führergedichte verraten oft eine blinde, schwärmerische Verehrung, ja eine Vergöttlichung, die sie als Kunstgebilde schablonenhaft verschwommen machen. Als spezifisch kann man diese beiden Gruppen bezeichnen, weil sie zwar historische Vorbilder hatten, aber kaum jemals zuvor so häufig und durchschlagend auftraten. Ein weiterer umfangreicher Komplex sind die vaterländischen Gesänge. Dabei sind die Nazidichter die Nachzügler einer Art von Lyrik, die das neunzehnte Jahrhundert durchzieht und in der Aufbruchsstimmung zu Beginn des Ersten Weltkriegs einen Höhepunkt erlebt.

1.1 Vaterländische Gesänge

Als August Heinrich Hoffmann von Fallersleben am 26. August 1841 auf Helgoland sein Deutschlandlied verfaßte, konnte er nicht ahnen, was aus dem Text werden würde. Sein »Deutschland, Deutschland über alles« entsprang dem Wunsch nach einem einheitlichen, demokratischen Vaterland, das alle Deutschen zwischen Maas und Memel, Etsch und Belt umfassen sollte, aber in seiner Vorstellungswelt bezog sich das »über alles« allein auf die Zerrissenheit des Vaterlandes, das 38 souveräne Staaten umfaßte. Noch dem Reichspräsidenten Friedrich Ebert von der SPD, der 1922 das Lied zur Nationalhymne machte, lag Chauvinismus fern. Erst der aggressive Ton, mit dem die Nationalsozialisten den zweideutigen Wortlaut ausnützten, um ethnische Grenzen nach ihren Vorstellungen zu fordern, machte aus dem nationalromantischen Text ein imperialistisches Kampflied.

Der Ausbruch des Ersten Weltkriegs rief eine Welle von vaterländischen Liedern hervor, die aus dem Empfinden heraus entstanden, daß Deutschland unverschuldet überfallen werde. Einen hohen Grad von Popularität bis weit in die Zeit des Dritten Reiches hinein gewann das Gedicht ›Deutscher Schwur‹ von Rudolf Alexander Schröder.

Heilig Vaterland
  In Gefahren,
Deine Söhne stehn,
  Dich zu wahren.
Von Gefahr umringt,
Heilig Vaterland,
Schau, von Waffen blinkt
  Jede Hand.
[...]
Bei den Sternen steht,
  Was wir schwören;
Der die Sterne lenkt,
  Wird uns hören:
Eh der Fremde dir
Deine Kronen raubt,
Deutschland, fallen wir
  Haupt bei Haupt.

Heilig Vaterland,
  Heb zur Stunde
Kühn dein Angesicht
  In die Runde.
Sieh uns all entbrannt,
Sohn bei Söhnen stehn:
Du sollst bleiben, Land!
  Wir vergehn.

Rudolf Alexander Schröder (vgl. auch S. 228 ff.) ist unter anderem der Verfasser von protestantischen Kirchenliedern; er stand dem Nationalsozialismus fern, was nicht verhinderte, daß sein ›Deutscher Schwur‹ zum festen Bestandteil der Erziehung zu vaterländischer Gesinnung wurde. Die Musik dazu fußt auf einer Melodie in der ersten Symphonie des Juden (!) Gustav Mahler, was verschwiegen wurde. In dem Text sind mit der Erhöhung des Vaterlands zu einer religiösen, »heiligen« Wesenheit und in der Betonung der Todesbereitschaft für diesen erhabenen Wert zwei Grundthemen angeschlagen, die sich im nationalsozialistischen »Schrifttum« ständig wiederholen. Gedichte dieses Tenors wurden in die Schullesebücher aufgenommen und der Hitlerjugend für pathetische Feierstunden eingebleut. Dazu je ein Beispiel aus dem ›Deutschen Lesebuch für Volksschulen‹, Band IV, München 1941, von den beiden »Starlyrikern« der Partei.

Will Vesper
Mahnung

Nun schweige ein jeder von seinem Leid
und noch so großer Not!
Sind wir nicht alle zum Opfer bereit
und zu dem Tod?

Eines steht groß in den Himmel gebrannt:
Alles darf untergehn!
Deutschland, unser Kinder- und Vaterland,
Deutschland muß bestehn!

Heinrich Anacker

Auf dich kommt's an!
In deinen Händen liegt
des Vaterlandes gut und bös Geschick!
Auf dich kommt's an –
so schwer wie niemals wiegt
dein Tun in diesem hohen Augenblick!

Auf dich kommt's an,
du Bauer hinterm Pfluge,
du Arbeitsmann, der die Maschine lenkt!
Auf dich kommt's an,
der kühn im Geistesfluge
des Weltalls letzte Wunder überdenkt!

Auf dich kommt's an –
dein Opfer baut die Stufen
aus Nacht und Eis empor zum ewigen Licht!
Auf dich kommt's an –
die teuren Toten rufen;
Horst Wessel sieht dich an: Tu deine Pflicht!

Bei Heine würden wir die letzte Zeile als ironische Zerstörung der romantischen Illusion verstehen; Anacker meint sie ganz und gar ernst. Sie gehört zu den eklatantesten Beispielen der religiösen Überhöhung der »Blutzeugen«. Das ist bereits angedeutet in der Formel »empor zum ewigen Licht«, und dann blicken Horst Wessel (vgl. auch S. 41 ff.) und seinesgleichen mahnend auf die Volksgenossen wie die Heiligen der Kirche. In Anackers Gedicht zeigt sich ein propagandistisch geschulter und sprachlich gewandter Autor, der, indem er die Berufe des Bauern, des Arbeiters und des Gelehrten zusammenfaßt und das »Auf dich kommt's an« refrainartig wiederholt, eine starke Wirkung auf aufnahmebereite Menschen ausüben konnte. Es war besonders die Jugend, die man so gewinnen wollte und auch gewann.

Die vaterländischen Gedichte stehen, wie gezeigt wurde, in einer langen Tradition; anders ist es mit den spezifisch nationalsozialistischen Marschliedern. Zwar gibt es Kriegslieder seit urdenklichen Zeiten (so soll Tyrtaios die Spartaner im Zweiten Messenischen Krieg erfolgreich angefeuert haben), doch das Besondere der nazistischen Marschlieder liegt darin, daß sie außer bei Ostlandfahrten im Zuge des Landnahme-Ideologems kaum Ziele nennen, die sie erreichen wollen. Schon im Horst-Wessel-Lied (›Die Fahne hoch …‹, 1926) werden »die Reihen fest geschlossen«, und die »SA marschiert in ruhig festem Schritt«. Wohin sie – unter Trommelklang – jeweils marschiert, bleibt offen. Einmal »schreitet« der Führer »hart der Sonne zu« (Herbert Böhme), meistens bleibt es beim Marsch an sich. Dabei spielt der Trommelklang eine beträchtliche Rolle. Der gleichmäßig dumpfe Ton verstärkt noch das Gefühl, einer unter vielen zu sein, die alle gleichen Sinnes sind.

So Reih um Reihe – Schritt um Schritt –
Kolonnen stampfen gleichen Tritt.
Wir ahnen's groß, wir beten's schon:
Dies ist der Pulsschlag der Nation –
(Herybert Menzel)

Ja, braun an braun Kolonnen ziehn,
Ihr Marschtritt hämmert sich schon ein,
Es kann nicht einer mehr entfliehn,
Ganz Deutschland bald zieht hinterdrein!
(Herybert Menzel)

Magie der Viererreihe,
Wenn vorn die Trommel dröhnt.
(Heinrich Anacker)

Die Welt gehört den Führenden, sie gehn der Sonne Lauf,
Und wir sind die Marschierenden, und keiner hält uns auf.
(Herybert Menzel)

Singend wollen wir marschieren in die neue Zeit.
Adolf Hitler soll uns führen, wir sind stets bereit. …
Wir, wir, wir marschieren geradeaus.
(Will Decker)

Solch aufputschende gemeinsame Lieder sind wirksame Mittel der Massenbeeinflussung. Man macht sich das Miteinander zunutze, wie es zum Beispiel auch im evangelischen Gemeindegesang entsteht. Durch das geordnete Marschieren in Viererreihen geht die Individualität des einzelnen in das Gemeinschaftsgefühl ein, erst recht durch die Inszenierung großer Massenveranstaltungen wie des Fackelzugs durch das Brandenburger Tor am 30. Januar 1933 oder der Reichsparteitage in Nürnberg. Es wurde ein starkes Gefühl der Zugehörigkeit zum Ganzen erweckt, zum Wir-Erlebnis, zur Gefolgschaftstreue.

Alles, was sich in dieser »Dichtungsart« ausdrückt, hat Bertolt Brecht in seinem ›Kälbermarsch‹ von 1934 bitter-ironisch aufgespießt. Er parodiert das Horst-Wessel-Lied, trifft gleichzeitig die ganze Gattung des Marschlieds und die Menschen, die sich blind und gehorsam in der Masse bewegen. Bei ihm hat der Marsch ein Ziel: das Schlachthaus.

Hinter der Trommel her
Trotten die Kälber
Das Fell für die Trommel
Liefern sie selber.
Der Schlächter ruft: Die Augen fest geschlossen,
Das Kalb marschiert in ruhig festem Tritt
Die Kälber, deren Blut im Schlachthof schon geflossen,
Marschiern im Geist in seinen Reihen mit.
[...]

1.3 Führergedichte

Herrscherlob gibt es so lange wie kriegerische Gesänge; was die Führergedichte außergewöhnlich macht, ist, daß sie Hitler nicht nur loben, sondern ihn auch zum gottgleichen germanischen Heroen erheben oder ihn mit einer »messianischen Aura« (Albrecht Schöne) umgeben. Wie dies in einem vermeintlich aufgeklärten Jahrhundert geschehen konnte, ohne daß sich ein allgemeines Gelächter erhob, gehört zu den Rätseln der deutschen (oder auch der Massen-)Seele. In Preisgedichten wetteiferten nicht nur Parteiliteraten unter sich, sondern auch andere vaterländisch Gesinnte. Der fünfzigste Geburtstag Hitlers am 20. April 1939 brachte den Höhepunkt der Elogen. Allerdings waren sie nicht alle freiwillig. Die ›Neue Rundschau‹ zum Beispiel wurde durch die Androhung eines Publikationsverbots gezwungen, im Mai ein Gedicht nachzureichen, weil sie es versäumt hatte, die Aprilnummer mit einem zu schmücken (vgl. S. 53 ff.). Der Österreicher Josef Weinheber bedurfte eines solchen Anstoßes nicht:

Treue

Es war seit je der Deutschen Brauch
die Treue bis zum letzten Hauch.
So schwören wir in großer Not
die alte Treue bis zum Tod!
Wem schwören wir? Dem starken Mann,
dem Führer schwören wir voran,
alsdann dem Blut, dem Land, dem Reich,
ist keine Treu der unsern gleich.
Ist keine Treu der *seinen* gleich,
so fügte sich, so strahlt das Reich.
In fernen Sagen sei's gesagt,
was Treu um Treu getan, gewagt.

Dieses Führergedicht ist berüchtigt, weil es von einem »der bedeutendsten österr. Lyriker des 20. Jh.« stammt, einem Dichter »von hoher Formkunst und Sprachkultur wie gedankl. Tiefe« (so in Gero von Wilpert, ›Lexikon der Weltliteratur‹). Weinheber hat zu spät gemerkt, worauf er sich da eingelassen hatte, und nahm sich am Kriegsende das Leben. Das Gedicht erinnert in der Diktion und im Versmaß an Landsknechtslieder; ein besonderes Charakteristikum ist die häufige Wiederholung des Wortes Treue, eines Signalworts des Mythos vom heroischen Germanentum. Heine, Tucholsky, Wolfgang Borchert beispielsweise haben das Wiederholen bis zum Überdruß dazu verwendet, den Geist, der hinter solchen Signalwörtern steht, zu parodieren oder zu entlarven; so entlarvt sich Weinheber selbst, ohne es zu merken.

Wie weit man sich in die Führeridolatrie versteigen kann, zeigt das kunstfertige, formgetreue Sonett des Sudetendeutschen Bruno Brendel (aus der Sammlung ›Heim ins Reich‹, 1939).

12. September 1938
Der Führer spricht ...

Als seine Stimme durch den Äther schwang,
geschah's, daß unsre Herzen stille standen
und daß um uns die grauen Schatten schwanden
und daß ein Engel auf uns niedersprang

und über unsern Schmerz die ausgespannten
und starken Flügel hielt und daß der Klang,
der aus des Führers heißer Seele drang,
Altäre schuf, auf denen wir entbrannten

wie Heilige, in denen wunderbare,
inbrünstige Gebete sich vereinten.
Und als zu unsern Füßen all die Jahre,

in denen wir vor Leid zu sterben meinten,
erstanden, fand die jubelnde Fanfare
der Rettung neu Geborene, die weinten.

Eine solche Vergottung des »Führers« hat Bertolt Brecht 1933 in seinem Hitler-Choral ›Nun danket alle Gott ...‹ parodiert (vgl. S. 234ff.). Das Kirchenlied von Martin Rinckart vom Jahre 1630 spielte in der vaterländischen Geschichtsschreibung als der »Choral von Leuthen« eine bedeutende Rolle: Die siegreichen Preußen sollen ihn nach der Schlacht von Leuthen (1756) angestimmt haben. Brecht hat also listig den Personenkult um Friedrich den Großen in seine Parodie einbezogen.

2. Lyrik von »Daheimgebliebenen«

2.1 Naturmagische Lyrik

Naturmagische Lyrik entstand nicht erst nach 1933; vielmehr wurde dieser Art der Poesie bereits die erste Gedichtsammlung Hans Carossas von 1910 zugeschrieben. Die Unterschiede zur vorhergehenden Naturlyrik liegen zuerst in dem sozusagen objektiven Blick des lyrischen Ich, das seine Gefühle und Empfindungen nicht mit in das Gedicht einbringt, während konventionell die Natur mit den Empfindungen des Betrachters korrespondiert. Schon Annette von Droste-Hülshoff hatte zwar das lyrische Ich ganz aus ihren Gedichten herausgenommen und die Natur als eine eigene Welt gestaltet, und die Realisten taten es ihr gleich. Jetzt wird aber die Natur nicht bloß abgebildet, sondern man sucht die ihr innewohnenden heilenden Kräfte aufzuspüren, diese eigene Welt zu überhöhen, indem man der Natur magische Fähigkeiten zuspricht, die aus ihr selbst stammen, die also der Betrachter nicht »romantisch« in sie hineinversetzt. Man umschreibt diese Fähigkeiten zwar auch metaphorisch etwa mit Götternamen (»Pan«) oder vermenschlicht sie (»Raubritter«), läßt aber immer deutlich erkennen, daß solche Kennzeichnungen der Natur angehören, nicht dem individuellen Erlebnis eines fühlenden Herzens. Loerkes Lyrik hat einen heidnisch-antikisierenden Zug, und die Vorliebe für die Gestalten der griechischen und nordischen Mythologie vor allem Wilhelm

Lehmanns stammt daher, daß sich in ihnen eine archaische Naturnähe ausdrückt, eine Ahnung von kosmischer Einheit. Deshalb spricht Loerke vom »grünen Gott«, und Lehmann, sein Freund und Bewunderer, gibt einem Lyrikband den Titel ›Der Grüne Gott‹ (1942). Auch die Eigenbewegung der Vorgänge oder Naturzeichen wie Vögel, Wolken, Fische, das Fließen des Wassers lassen das Gleichnis, den Bezug auf den Menschen, nicht zu. Die Natur sendet magische Zeichen aus, die keine anthropologische Entsprechung haben. Georg Britting drückt das in dem Gedicht ›Krähenschrift‹ so aus:

> Die Krähen schreiben ihre Hieroglyphen
> In den Abendhimmel, in den bleichen:
> Wunderliche, schnörkelhafte Zeichen,
> Tun geheimnisvoll mit ihren schiefen
> Schwarzen Flügen.
>
> Was sie schreiben, ob es uns betrifft?
> Wer es deuten könnte, wär ein weiser Mann.
> Ach, der Anblick nur muß uns genügen!
>
> Hilflos sind wir vor der schwarzen Schrift
> An der bleichen Himmelswand,
> Wie ein Kind, das noch nicht lesen kann,
> Und das Blatt verkehrt hält in der Hand.

Es besteht eine Analogie zwischen Naturform und magischen Zeichen, eine Doppelgesichtigkeit der Erscheinungen, die gegenständlich da sind und doch auch etwas Darüberstehendes, Unerklärliches bedeuten, also zugleich konkret und rätselhaft sind.

Einzelne Dichter unter dem Begriff »Naturmagische Lyrik« zu bündeln ist mindestens aus zwei Gründen sehr fragwürdig: Erstens treten schon in den wenigen im folgenden dargebotenen Beispielen stärkste Differenzen auf – man denke nur an den Gegensatz zwischen den Agnostikern Loerke und Lehmann und der Religiosität Elisabeth Langgässers –; zweitens unterstreicht man mit dem Wort Magie eine Tendenz, Gedichte danach zu deuten, wie sie auf den Menschen wirken. Das nähert diese Gedichte der Erlebnislyrik an, so daß man sich schwertut, ihre Eigenart von konventioneller Symbolik und Metaphorik zu unterscheiden.

Nach 1945 geriet die naturmagische Lyrik in ein schiefes Licht, weil ihren Vertretern vorgeworfen wurde, sie hätten sich in die heile Welt der Natur zurückgezogen, um sich den politischen Gegebenheiten nicht stellen zu müssen. Bertolt Brecht hat das bereits in dem 1939 entstandenen Gedicht ›Schlechte Zeit für Lyrik‹ ausgedrückt:

In mir streiten sich
Die Begeisterung über den blühenden Apfelbaum
Und das Entsetzen über die Reden des Anstreichers.
Aber nur das zweite
Drängt mich zum Schreibtisch.

Und noch präziser in den berühmten drei Zeilen aus ›An die Nachgeborenen‹ (1939):

Was sind das für Zeiten, wo
Ein Gespräch über Bäume fast ein Verbrechen ist
Weil es ein Schweigen über so viele Untaten einschließt!

Naturgedichte wurden weithin in peinliche Nähe zur Blut-und-Boden-Literatur gerückt und als typische Beispiele für die bürgerlich-konservativen, industrie- und fortschrittsfeindlichen Tendenzen der Gestrigen abgekanzelt. Solcher Eskapismus ist tatsächlich offensichtlich; er ist ein strukturelles Kennzeichen dieser Dichtungsart, das sich längst vor 1933 bemerkbar macht und sich nicht auf die Lyrik beschränkt. Ernst Wiechert war demselben Vorwurf ausgesetzt (vgl. S. 170). In der zivilisationsfeindlichen Tendenz sind die Naturmagischen den Völkischen tatsächlich entfernt verwandt.

Oskar Loerke

Oskar Loerke (1884–1941) hatte sich in den zwanziger Jahren den Ruf des Hauptvertreters der naturmagischen Lyrik erworben, obwohl seine Palette deutlich mehr Farben aufweist. Die beiden nach 1933 veröffentlichten Gedichtbände ›Der Silberdistelwald‹ (1934) und ›Der Wald der Welt‹ (1936) scheinen den Titeln nach dieser Tradition zuzugehören; sie enthalten Texte, in denen erneut das Ungeheuere der Welt beschworen wird, von dem der Mensch ein Teil ist. Loerke schreibt dazu in seinem in der ›Neuen Rundschau‹ von 1936, S. 1255 ff., erschienenen Essay ›Meine sieben Gedichtbücher‹: »Mein Glaube ist: die Welt weiß ihren Grundgedanken, sonst wäre sie nicht, und eben darum weiß ihn keiner der in ihr Eingebürgerten.« Das Schlüsselwort für seine naturmagische Sicht ist der »grüne Gott« (»kühler und weniger bestimmt gesagt: [die] Natur«). Es ist kein pantheistisches Alleinheitsgefühl, denn die Natur sendet keine Botschaft, ist da als der »unaufhörliche Kreislauf, der nicht Schonung, Klage und Anklage kennt«. In dem an Wilhelm Lehmann gerichteten Geleitgedicht zum ersten Teil der Sammlung ›Der Silberdistelwald‹ präzisiert Loerke: »Wo war der Gott? Sein grünes Vlies / War Unterwelt, war Paradies.« In nüchternen Worten bedeutet diese Aussage, daß die Natur wertneutral ist, daß sie das Böse und das Gute unterschiedslos bereithält. Aber in der Betrachtung der Natur und in der »Kommunion« mit ihr, im Aufgehen in ihr, liegt Heilendes, Behütendes.

Mit dem Herannahen des Nationalsozialismus fließen zunehmend kulturpessimistische Äußerungen in Loerkes Werk ein. Schon 1932 hatte er von den Nationalsozialisten als den »Totengräbern Deutschlands« gesprochen, und danach wandte er sich, durch die Zeitläufte tief verstört, mehrfach kaum versteckt gegen den Nationalsozialismus, so zum Beispiel in dem oben erwähnten Aufsatz von 1936 mit dem Satz: »Der böse Unterstrom ist inzwischen zu einem klaren Fluß der tagtäglich in unserer Mitte existenten Unterwelt geworden.« Wer zwischen den Zeilen lesen konnte, fand ähnlich resignierende, depressive Worte auch in den Gedichten, und einmal, im Band ›Silberdistelwald‹, richtete Loerke ganz offen eine Anklage gegen die Gewaltherrschaft:

Genesungsheim

Was schlug man diesen zum Krüppel?
Er dachte hinter der Stirn:
Da öffnete ihm der Knüppel
Den Schädel, und Hirn war nur Hirn.

Warum haben Jauchehumpen
Dort jenen die Augen verbrannt?
Sie haben einen Lumpen
Einen Lumpen genannt.

Warum schweigt dieser im Knebel?
Weil sein Gewissen schrie!
Wes Kopf sprang zum Reiche der Nebel?
Dessen Gurgel vor Ekel spie!

Loerke war von Anfang an gegen das neue Regime eingestellt und hatte unter ihm zu leiden. Als dritten Sekretär der Abteilung für Dichtung in der Preußischen Akademie der Künste setzte man ihn im März 1933 ab und nahm ihm damit einen Teil seiner Existenzgrundlage. Seine Stelle als Lektor im Hause des jüdischen Verlegers Samuel Fischer war extrem gefährdet. Nur die Übernahme des Fischer Verlags durch Peter Suhrkamp rettete ihn, doch reichte sein dürftiges Gehalt nicht weit. »Preisgegeben mit den Freunden, wie die Vögel im harten Winter [...]«, heißt es im Dezember 1935 in seinen Tagebüchern, und: »Man lebt eben hin wie die Amsel im Schnee.« Damit wendet Loerke ein Motiv seiner Lyrik auf die Lebenssituation an: die Vögel als Symbol der gefahrvollen Ungebundenheit und des unbewußten Überlebenswillens. Er sah seinen Tod voraus und bat seine Freunde in einer Tagebuchnotiz, daran zu denken, daß er nicht an einer bestimmten Krankheit gestorben sei, sondern aus Gram über die Verhältnisse, unter denen die Literatur im Dritten Reich litt.

Das Titelgedicht des Zyklus von 1934 hat den resignativen, melancholischen Ton, der Loerkes Lebenssituation entspricht. Es ist zu Pfingsten 1933 entstanden, in der Zeit tiefer Verstörung Loerkes. Er sucht sie zu bewältigen, indem er sich von der feindlichen Welt zurückzieht und das beruhigende Sich-Versenken in die Natur beschwört.

Der Silberdistelwald

Mein Haus, es steht nun mitten
Im Silberdistelwald.
Pan ist vorbeigeschritten.
Was stritt, hat ausgestritten
In seiner Nachtgestalt.

Die bleichen Disteln starren
Im Schwarz, ein wilder Putz.
Verborgne Wurzeln knarren:
Wenn wir Pans Schlaf verscharren,
Nimmt niemand uns in Schutz.

Vielleicht, daß eine Blüte
Zu tiefer Kommunion
Ihm nachfiel und verglühte:
Mein Vater du, ich hüte,
Ich hüte dich, mein Sohn.

Der Ort liegt waldinmitten,
Von stillstem Licht gefleckt.
Mein Herz – nichts kam geritten,
Kein Einhorn kam geschritten –
Mein Herz nur schlug erweckt.

Der Silberdistelwald ist nach Loerke der »weite Sternenhimmel über der Ebene meiner Kindheit« (Nachwort zum ›Silberdistelwald‹, gerichtet an Wilhelm Lehmann, Silvester 1933); Silberdisteln strecken ihre Stacheln aber auch gegen das feindliche Außen. So ist in der konkret gesehenen Pflanze (vgl. die zweite Strophe) zugleich ein Symbol für die schützende Natur enthalten. Dieser Doppelbezug ist gestaltbildend bei Loerke. In der Umkehrung ist Pan nicht bloß der griechische Gott der Mittagsstunde, sondern steht für die Natur selbst, die, so scheint Loerke sagen zu wollen, in der Welt draußen nichts gilt, ja bedroht ist. Hier redet der Dichter pauschal von »wir« und »uns«. In der dritten Strophe kehrt er zum Ich zurück und feiert dessen Einssein mit der Natur in »tiefer Kommunion« und die Korrespondenz zwischen dem, wofür Pan steht (»Vater«), und dem »Sohn«, dem naturmagisch Verbundenen. Das Gedicht klingt aus mit einer Bekräftigung der Eingangsstrophe: An diesem Ort sind Streit und Aufregung verflogen.

Wenn man von den biographischen Hintergründen weiß, dann erkennt man die über das naturmagische Sujet hinausgehende Aussage. Auch der letzte Gedichtzyklus, ›Der Wald der Welt‹, drückt bereits im Titel die Schutzfunktion der Natur gegenüber den Zeitläuften aus, ihr Wesen »unverbrochenen Rechts«, ihre Ferne von Gut und Böse und ihre Unwandelbarkeit im jahreszeitlichen Ablauf.

Um noch einmal auf den Begriff »Silberdistelwald« zurückzukommen: Ohne Loerkes Hinweis würde wohl niemand auf die Deutung kommen, die der Dichter seinem metaphorischen Ausdruck unterlegt. Diese hermetische – nur dem Eingeweihten verständliche – Bildlichkeit ist für Loerke und andere typisch. Sie fördert das Mißverstehen, die Fehlinterpretation, öffnet zugleich individuelle Erkenntnisräume, die, wenn sie nicht beliebig sind, die Gedichte reicher machen.

Wilhelm Lehmann

Wilhelm Lehmann (1882–1968) verbrachte fast sein ganzes Leben an der Küste, in Wandsbek bei Hamburg und vor allem in Eckernförde an der Ostsee, wo er am Gymnasium moderne Sprachen unterrichtete. Die Landschaft Schleswig-Holsteins ist in seinen Gedichten gegenwärtig, auch wenn er überregionale, oft ausgefallene Pflanzen- und Tiernamen verwendet. Die Moderne, Technik, Wirtschaft, Politik, gar das Engagement, haben so gut wie keinen Platz in seinem Werk.

Wilhelm Lehmann bevölkert seine Gedichte wie Loerke mit mythologischen Figuren aus der Antike, und er führt Gestalten aus dem mittelalterlichen Sagenkreis ein. Oskar Loerke ist sein Vorbild, und er war mit ihm befreundet. Dessen »grüner Gott« entsprach so stark seiner Welt- und Natursicht, daß er nach Loerkes Tod einem eigenen Lyrikband den Titel ›Der grüne Gott‹ gab (1942). Lehmanns Lyrik besitzt, da sie nie über das Diesseitige hinausstrebt, einen heidnisch-antikisierenden Zug. Karl Krolow, der von ihm beeinflußt war, nannte ihn einmal »Der[n] alte[n] Magier der Bildgenauigkeit, Merlin aus Schleswig«.

Höhe der Winde

Vor dem Stoß des Windes flüchtet
Wurzelstock der Anemone,
Unter Dornenhecke duftet
Erdenkälte nach Zitrone.

Siebt der Wind die Hänflingsschwärme
Durch die Telegraphendrähte,
Sind die Worte, die sie lallen,
Von Merlin mir zugewehte.

Auf der reingefegten Höhe,
Wo die Winde sich versammeln,
Ist die Welt das Abgetane,

Kehrt sie als ein Vogelstammeln,
Werden wir uns zwiegesprächig
Wie Merlin und Viviane.

Das Sonett ›Höhe der Winde‹ enthält die zwei Grundkomponenten der Lehmannschen Lyrik: Der Dichter setzt sich mit dem Wesen der Natur auseinander, indem er zu erahnen sucht, was seine akustischen und visuellen Eindrücke im Naturganzen eigentlich aussagen, und er fügt den Mythos (auch Gestalten der Weltliteratur) ein als die Elemente des Menschlichen, die sich in Natur aufgelöst haben. Das zweite bezeugt den hohen Stellenwert, den die Kunst in seinem Weltbild hat. Auch die Telegraphendrähte, also ein Zivilisationsprodukt, sind in dem schönen Bild von dem Vogelschwarm integriert, erst recht, wenn ihr geheimnisvolles Summen als die Stimme Merlins gedeutet wird. Merlin, der große Magier der Artussage, hat die Fee Viviane, die »Dame vom See«, seine Zauberkünste gelehrt, so daß sie ihm schließlich überlegen ist. Sie lebt auf dem Grunde eines Sees, also sinnbildlich aufgegangen in der Natur. Das Zwiegespräch dieser mythischen Wesen ist für den rationalen Menschen so wenig verständlich wie die Sprache der Winde und der Vögel.

Lehmanns Haltung gegenüber den Zeitereignissen ist wohl am deutlichsten dem Gedicht ›Signale‹ abzulesen, das er um 1940 verfaßte und 1942 in der Sammlung ›Der grüne Gott‹ veröffentlichte. Es beginnt:

Seewärts hör ich Signale tuten:
Sie schießen die Torpedos ein.
Auf fernen Meeren, nah dem Ohre,
Gesprengter Leiber letztes Schrein.

Diese Vision des Krieges (ausgelöst, so heißt es, durch einen Spaziergang nahe der Wehrtechnischen Versuchsanstalt Eckernförde) kehrt nach zwei Strophen, die das davon unberührte Eigenleben der Natur abbilden, wieder; sie wiederholt sich zwar, wird aber jetzt in Frageform gekleidet:

Hör ich noch die Signale rufen?
Sie wurden Klang von Roncevalles:
Woran die Herzen einst zersprangen,
Schwebt echoleicht als Hörnerschall.

Roncevalles, wo Roland, der Paladin Karls des Großen, zu spät in sein Horn blies, um Hilfe herbeizuholen, so daß er mit der Nachhut des Heeres fiel, relativiert die Kriegsphantasie der ersten Strophe. Es ist wie ein »sanftes Gesetz« des Weltlaufs, daß die großen, schrecklichen Ereignisse unerheblich werden und vergehen. »Nach dem rauschenden Aufruhr furchtbarer Ereignisse kräuselt sich die Luft wieder zum Gleichmut«, heißt es in einem späteren Vortrag.

»Mich feit der süße Augenblick«, geht es weiter im Gedicht, und »Huflattich blüht, es springt der Hase«, oder »Die Wolken bauen Pyrenäen«. Und wieder, jetzt als Zweifel formuliert, in den Schlußversen:

Ob draußen noch Signale tuten?
Schießt man noch die Torpedos ein?
Schreckt noch das Ohr auf fernen Meeren
Zerfetzter Leiber Todesschrein?

Tief innen übte sich inzwischen
Gesang, der Thebens Mauer baute.
Fang an mit zwiegespaltnem Laute:
Und »heile, heile, heile!« tönt es,
Kuckuck! Kein Fluch der Erde höhnt es.

Granaten und Schrapnells verzischen.

Nach einer griechischen Sage haben die Zwillingssöhne des Zeus und der Antiope namens Amphion und Zethos die kyklopischen Stadtmauern des siebentorigen Theben aufgetürmt, indem zunächst Zethos seine Körperkraft einsetzte, doch die großen Steinblöcke sich bei den Klängen von Amphions Lyraspiel von selbst zusammenfügten. Die symbolische Bedeutung im Rahmen des Gedichts ist eindeutig: Der Dichter baut sich mittels der Lyrik, des »Gesangs«, der die Lyra begleitet, eine Mauer, die ihn von den rauhen Zeitläuften abschirmt. Das ist sozusagen Lehmanns »Silberdistelwald«. Dieses offensichtliche Augenschließen vor dem Hier und Jetzt, das in »heile, heile, heile!« den Lyriker nicht gerade auf der Höhe seines Könnens zeigt, ist ein durchgehender Zug seiner Dichtung. Es hat nicht unmittelbar etwas mit der Machtübernahme und dem Zweiten Weltkrieg zu tun, beruht vielmehr auf der Zivilisationsfeindlichkeit des Mystikers, für den die Welt, selbst im Inferno des Krieges, heil ist – und zwar als Naturwelt. Folgerichtig schreibt er in ›Nach der zweiten Sintflut‹ (1949): »Wo Bomber stürzte, rostet Eisen, / Vergeßlich hüllt das Gras den Platz.« Das lyrische Ich wünscht, ein Teil dieser alles ausgleichenden Kraft zu sein und im Tier- und Pflanzenwesen aufzugehen. Das aber kann es erst eigentlich im Tod. So kehren Formulierungen wieder wie am Ende von ›Fliehender Sommer‹ (1942):

Pappel, du, in Weisheit grau,
Diene ich dir erst zur Speise,
Fall ich ein in eure Weise,
Kuckuck, Elster, weiße Frau.

Georg Britting

Brittings Lyrik ist von der bayerischen Landschaft geprägt. Dabei ist er weniger rätselhaft als die Norddeutschen Loerke und Lehmann, vielmehr fest zupackend und lebensvoll, anschaulich und farbig. Die Gemeinsamkeit liegt darin, daß auch er die Natur als Eigenwesen auffaßt, als eine Welt für sich, die der Dichter als Phänomen betrachtet und schildert, ohne aus ihr Lehren zu ziehen.

Raubritter

Zwischen Kraut und grünen Stangen
Jungen Schilfes steht der Hecht,
Mit Unholdsaugen im Kopf, dem langen,
Der Herr der Fische und Wasserschlangen,
Mit Kiefern, gewaltig wie Eisenzangen,
Gestachelt die Flossen: Raubtiergeschlecht.

Unbeweglich, uralt, aus Metall,
Grünspanig von tausend Jahren.
Ein Steinwurf! Wasserspritzen und Schwall:
Er ist blitzend davongefahren.

Butterblume, Sumpfdotterblume, feurig, gelblich rot,
Schaukelt auf den Wasserringen wie ein Seeräuberboot.

Elisabeth Langgässer

Elisabeth Langgässer (1899–1950) wurde 1936 als Halbjüdin mit Berufsverbot belegt, entging aber der Verfolgung, weil sie mit einem

»Arier« verheiratet war. Ihr Werk ist durch ihre tiefe Frömmigkeit bestimmt, die sich in ihrer Lyrik darin ausdrückt, daß sie die Natur mit ihrem Werden und Vergehen wie die in sie eingebundenen Menschen als erlösungsbedürftig, als in einem fortwährenden Kampf zwischen Satan und Gott befindlich sieht. Im Titelgedicht des Zyklus ›Der Laubmann und die Rose‹ von 1947, dessen Texte aus der Zeit des Dritten Reiches stammen, ist dieses Weltbild im erlösungsbedürftigen »Laubmann« symbolisiert:

Wer bin ich? Hat meinen Leib das Gewitter
aus Espenblättern zusammengerauscht?
Der Elfe harkt meines Mantels Geflitter
mir unter die Füße. Ich wanke schütter,
indessen mein Herze, noch grasgrün und bitter,
einem hohlen Sausewind lauscht.

In sieben Strophen schildert der »Laubmann« sich selbst als Person gewordene Zusammenschau der vegetativen Welt. Die Dichterin bezieht in sie auch Mythos, Sage und Märchen ein; hier ist es »der Elfe«, in späteren Strophen die in eine Nachtigall verzauberte Jorinde. Die Rose ist das Gegensymbol in allen Gedichten des Zyklus und steht für die Heilserfahrung. So auch im folgenden Beispiel:

Rose im Oktober

Die Hacke schweigt.
Am Waldrand steigt
mit hellem Ton
ein Sagenroß
aus Avalon.
Was ist's? Der Herbst verschoß
in seinem Kupferschloß
die sanfte Munition.

Die Eichel fällt
und fallend, schellt
entzwei am Grund
(o leichte Schlacht!)
in Pfeifchen und
Granate, nun gib acht,
wie Tag sich trennt und Nacht,
Frucht, Schale, Hauch und Mund.

Es knallt, es pocht,
und brausend, kocht
ein fernes Tal
der Beere Sud

und Mark zumal,
wie es ein Kessel tut,
wenn Windes Liebeswut
entfaltet sein Fanal.

Die Flamme singt.
Es überspringt
ihr zarter Laut
und zeugt sich fort.
Die Luft, wie aufgerauht,
gibt Echo ihm und baut
vielblättrig Wort um Wort.

Tief im Azur
– Kondwiramur
und Gral zugleich –
trägt, Rot in Blau,
nicht Geist, noch Fleisch,
die Rose ihren Bau
hoch über Feld und Au
ein in das Ätherreich.

›Rose im Oktober‹ erinnert an expressionistische Staccatogedichte, die das gedanklich Verbindende zwischen den Stichworten auslassen und dem Leser die Assoziationen überlassen. Es sind mehrere Motivreihen erkennbar: die heidnische Komponente der Artussage mit dem keltischen Zauberreich Avalon; eine Reihe kriegerischer Begriffe, die durch Adjektive (sanft, leicht) auf den Laut fallender Früchte herabgemildert werden; eine Fülle von Geräuschverben. Die herbstliche Laubfärbung erscheint als »Kupferschloß«, die aufschlagenden Eicheln klingen wie Pferdegetrappel, sie »schellen entzwei« in ihre zwei Teile, das »Pfeifchen« und die »Granate« – zwei volkstümliche Benennungen; es folgt das verwirrende »Kochen« der Beeren – wohl ausgelöst durch das Flimmern der Luft in den letzten warmen Sonnenstrahlen. Dies alles ist ein herbstliches Zu-Ende-Gehen; es wird abgelöst von der christlichen Komponente der Gralssage im heilbringenden Gral und einer Aufwärtsbewegung in das »Ätherreich«. Die frühen Griechen stellten sich den Äther als die obere Himmelsluft vor, die wegen ihrer Helligkeit mit dem Feuer gleichgesetzt wurde und der Sitz der Götter war. Später galt er als der feinste, alles durchdringende Stoff. Beides verschmolz Hölderlin in ›An den Äther‹ und setzte so ein Signal für die Poetisierung des Wortes. Elisabeth Langgässer fügt es, so könnte man die zwei letzten Strophen interpretieren, im antiken Sinn in ihre Heilsvorstellung ein.

Das Ganze fließt zusammen zu einem kunstfertigen herbstlichen Naturbild, dessen Hintersinn im einzelnen nicht immer zu erschlüsseln, als Gesamtaussage aber bei Kenntnis der Grundvoraussetzungen erfaßbar ist. Das entspricht dem Dichtungsverständnis Elisabeth Langgässers, die sagt, Kunst weise den Unberufenen ab und blende ihn, sie sei »ihrem Wesen nach aristokratisch, nach Einsamkeit tendierend und in sich verschlossen«. Sie überlastet ihre Gedichte oft gedanklich, bleut aber nicht verbissen Glaubenshaltungen ein. ›Rose im Oktober‹ versteckt die zugrundeliegende religiöse Thematik geradezu mit seiner Farbenpracht, seinem Metaphernreichtum und seiner Rätselhaftigkeit.

1947 veröffentlichte Elisabeth Langgässer die Kurzgeschichte ›Saisonbeginn‹, die in ihrer parabelhaften – und doch durchsichtigen – Darstellung unübertroffen ist. Drei Männer stellen mit großer Sorgfalt an der Straße zu ihrem Dorf ein Schild auf. Erst im letzten Satz erfährt der Leser, was darauf steht: »In diesem Kurort sind Juden unerwünscht«. Das spiegelt eine der Komponenten der unsäglichen Judenverfolgung: die kühle Sachlichkeit, mit der über Menschenglück und Menschenschicksal entschieden wird.

In ihren späten Romanen ›Das unauslöschliche Siegel‹ (1946) und ›Märkische Argonautenfahrt‹ (1950) betont die Autorin verstärkt ihre mystische Glaubenserfahrung. ›Das unauslöschliche Siegel‹ entstand trotz des Schreibverbots während der Jahre 1936 bis 1945, »ein großes Ding – äußerlich, aber auch innerlich«, wie sie an ihren Verleger schrieb. Es ist die Geschichte der Gottfindung des getauften Juden Lazarus Belfontaine, nachdem er durch die Hölle der Versuchungen, der Verführung und der Ketzerei geschritten ist.

Das Werk Elisabeth Langgässers läßt sich als Bindeglied zwischen der naturmagischen und der religiösen Dichtung verstehen, die im folgenden dargestellt wird.

2.2 Religiöse Lyrik

Glaubenshaltungen vertreten – das hieß in den zwölf Jahren, in denen Deutschland seinen »Verderbern« (R. A. Schröder) ausgeliefert war, oftmals: den christlichen Glauben bekennen oder auf seinen Rückhalt bauen, in der Versuchung und im Verhör, in Isolation, Beschimpfung und Verruf standhaft darauf zu beharren, daß Gott als Schöpfer und Lenker des Weltalls und Christus, der Erlöser, der selbst menschliches Leid erfahren hat, einem Menschen näherstehen, ihm mehr sein und bedeuten können als selbsternannte Machthaber, die ihrerseits Unterwerfung und Gehorsam fordern.

Viele Nationalsozialisten dachten und handelten bewußt unchristlich. In ihrer Überheblichkeit maßten sie sich allein an, das nationale

Geschick zu lenken und zu gestalten, vergotteten Rasse und Blut, urteilten willkürlich über Leben und Tod, waren schnell bei der Hand, wenn es um Vernichtung eines Gegners ging.

Hier werden Texte von drei religiösen Lyrikern vorgestellt, die unter verschiedenen Umständen auf unterschiedliche Weise standhielten. Gedichte dieser Schriftsteller waren auch damals bekannt. Sie wurden in hektographierter Form unter der Hand verbreitet oder auf privaten Lesungen vorgetragen.

In der religiösen Sprache war eine verdeckte Kritik an den Verhältnissen möglich.

Werner Bergengruen

Daß Werner Bergengruen (vgl. auch S. 116ff.) 1936 zum Katholizismus übertrat, ist seiner Dichtung kaum anzumerken. Trotzdem wurde ihm dieser persönliche Schritt übelgenommen, er wurde 1937 aus der Reichskulturkammer ausgeschlossen und mußte für jede Veröffentlichung eine Sondergenehmigung der Kontrollstellen einholen. Er wurde in kleinlicher Weise schikaniert; so wurde überwacht, ob an den Fenstern in gehöriger Weise geflaggt war und welche Spenden seine Familie an nationalen Feiertagen entrichtete.

Die existentiellen Nöte, unter denen ein vom Regime nicht begünstigter »Volksgenosse« zu leiden hatte, beschreibt Bergengruen 1941 in dem Gedicht ›Der Herbst des schlimmen Jahres‹.

Bereits im Herbst kündigt sich ein harter Winter an: Die Ernte ist in vielen Gegenden mißraten. Die Pflanzen wuchern aus, Ungeziefer macht sich breit. Öfter als bisher ist ein plötzlicher Tod zu vermelden. Das Land scheint sich verändert zu haben.

[...]

Böden und Keller sind leer gleich hohlen Hungergedärmen,
Salz nur und Essig stehen dir reich zu Gebot.
Sparsames Reisigfeuer wird keinen Frierenden wärmen,
und vor dem Messer zerbröckelt das düstergemischte Brot.

Dünn sind die Sohlen, der Mantel, der Rock sind verschlissen,
und schon rüstet der Wind sich gellend im Ost.
Der Wind wird keine Barmherzigkeit wissen,
nur Feuchte und Frost.

[...]

Aber hinter der weißen, der tödlich starren Umwallung
sollt ihr verwandelt erfahren, was matt sonst und satt ihr erfuhrt:
in der Entblößtheit, der Armut, dem Eise, der Stallung
flammend des Gottes Geburt.

Bergengruen nahm Zeichen kommenden Unheils wahr, aber er schrieb darüber in abgerückter Form, in »vierzeilig geordneten Strophen«. Er drohte nicht, er war vielmehr ein gesuchter Tröster. Auch im Gedicht ›Der Herbst des schlimmen Jahres‹ folgt am Schluß eine tröstliche Vorausschau: An Weihnachten werden die Heimgesuchten die Geburt Christi neu erleben. Man mag in solchem Trost auch ein gewisses Maß an Flucht ins letztlich gewisse Heil erkennen. Wodurch er sich dazu berechtigt sah, findet sich in dem Gedicht ›Die heile Welt‹ (1950), einem der bekanntesten Gedichte Werner Bergengruens:

Wisse, wenn in Schmerzensstunden
dir das Blut vom Herzen spritzt:
Niemand kann die Welt verwunden,
nur die Schale wird geritzt.

Tief im innersten der Ringe
ruht ihr Kern getrost und heil.
Und mit jedem Schöpfungsdinge
hast du immer an ihm teil.

Ewig eine strenge Güte
wirket unverbrüchlich fort.
Ewig wechselt Frucht und Blüte,
Vogelzug nach Süd und Nord.

Felsen wachsen, Ströme gleiten,
und der Tau fällt unverletzt.
Und dir ist von Ewigkeiten
Rast und Wanderbahn gesetzt.

Neue Wolken glühn im Fernen,
neue Gipfel stehn gehäuft,
bis von nie erblickten Sternen
dir die süße Labung träuft.

Anorganisches und Lebewesen – Pflanzen, Tiere und Menschen – sind Schöpfungen und Geschöpfe Gottes; ER hat ihnen Gesetzlichkeiten und regelmäßige Abläufe aufgeprägt.

Selbst vom Menschen empfundene Phasen des Leidens und der Qual können, gemessen am Ewigen, nur von kurzer Dauer sein.

In dem Gedicht wird keine Frage gestellt, alles Gesagte entspringt einer tiefen, in der ersten Strophe zusammengefaßten Überzeugung (»Niemand kann die Welt verwunden, / nur die Schale wird geritzt«), die dem Adressaten zu dessen Trost »in Schmerzensstunden« vermittelt werden soll (»Wisse, [...]«). In den folgenden drei Strophen geben gleichförmige Aussagesätze Beispiele für die auf »ewig« abgestellte Ordnung.

Neu ist die Einbeziehung einer Zukunftsperspektive in der letzten Strophe. Jenseits des Vertrauten, der bekannten natürlichen Ordnungen auf der Erde, sind dem Menschen noch weitere Räume zur Erschließung vorbehalten. »Neue Wolken«, »neue Gipfel«, »nie erblikkte Sterne« gehören zu neuen Landschaften in einem noch unerschlossenen Raum.

Ein deutlich anklagendes Gedicht Bergengruens, ›Die letzte Epiphanie‹, steht in Eugen Kogons Buch ›Der SS-Staat‹ am Anfang des Kapitels ›Das deutsche Volk und die Konzentrationslager‹.

Ich hatte dies Land in mein Herz genommen.
Ich habe ihm Boten um Boten gesandt.
In vielen Gestalten bin ich gekommen.
Ihr aber habt mich in keiner erkannt.

Ich klopfte bei Nacht, ein bleicher Hebräer,
ein Flüchtling, gejagt, mit zerrissenen Schuh'n.
Ihr riefet dem Schergen, ihr winktet dem Späher
und meintet noch, Gott einen Dienst zu tun.

Ich kam als zitternde, geistgeschwächte
Greisin mit stummem Angstgeschrei.
Ihr aber spracht vom Zukunftsgeschlechte,
und nur meine Asche gabt ihr frei.

Verwaister Knabe auf östlichen Flächen,
ich fiel euch zu Füßen und flehte um Brot.
Ihr aber scheutet ein künftiges Rächen,
ihr zucktet die Achseln und gabt mir den Tod.

Ich kam als Gefangner, als Tagelöhner,
verschleppt und verkauft, von der Peitsche zerfetzt.
Ihr wandtet den Blick von dem struppigen Fröner.
Nun komm ich als Richter. Erkennt ihr mich jetzt?

Bergengruen läßt den Herrn unter den Menschen erscheinen (Epiphanie) und als »Ich« des Gedichtes richtend auftreten. Mit »Ihr« klagt er alle damaligen Führenden und Mitläufer in »dies[em] Land« an. Alle, die in den Juden, den Gebrechlichen, den Menschen im Osten Europas, den Kriegsgefangenen und Tagelöhnern Gott nicht erkannten, sie nicht als Menschen sahen und behandelten. Alle, die andere an die Behörden verrieten, mit den Achseln zuckten oder wegschauten, wenn Menschenhaufen, eskortiert von Polizei und Uniformierten, durch die Straßen getrieben wurden, mochten es Fremdarbeiter oder deportierte Juden sein.

In dem Gedicht fordert Bergengruen seine Landsleute auf, angesichts des Ungeheuerlichen in sich zu gehen und sich zu dem Getanen und Unterlassenen zu bekennen.

Bergengruen, der sonst vorsichtig war und nicht so deutlich wurde, hat sich in ›Die letzte Epiphanie‹ selbst überwunden. Er hatte stets seine Freude an den Dingen und Seltsamkeiten dieser Welt, kannte sie gut und ging oft von ihnen aus. Der Weg zu einem überzeitlichen Lob des Ganzen war dann meist gar nicht so weit.

Werner Bergengruen war Optimist, seine eskapistische Haltung und die Nähe zu einer gefälligen, schlagwortartigen Dichtung ist nicht zu übersehen. Das unterscheidet ihn von anderen religiösen Dichtern.

Reinhold Schneider

Reinhold Schneider (vgl. auch S. 113 ff.) dachte in Kulturräumen und in Kulturträgern, Völkern und Persönlichkeiten, die Geschichte gemacht hatten: »In Völkern, ihrem Zusammenstoß, ihrem Gegen- und Füreinander und den in ihnen waltenden Ämtern habe ich mein Leben, meine geistigen Kämpfe ausgetragen; das ist die formende Kraft.«

Vor allem mit den von Gott verliehenen Ämtern beschäftigte sich Schneider. Diese Arbeit hatte selbstverständlich eine christlich-religiöse Dimension. Nach einer intensiven Bekehrungserfahrung wandte sich Schneider von bloßer Konfessionszugehörigkeit wieder ernsthaft dem Christentum zu; aus dem Historiker und Schriftsteller wurde ein bekennender katholischer Dichter. Schneider suchte eine über persönliche Nöte hinausreichende Sicherheit und eine Bewährung im Glauben.

Er ahnte, daß ihm in den Jahren der nationalsozialistischen Herrschaft ein hartes Ringen um ein ihm gemäßes Werk bevorstand. »Jetzt war die Zeit, da sich das Heil verbirgt«, heißt es in Schneiders wohl bekanntestem Sonett ›Allein den Betern kann es noch gelingen‹.

Daß Schneider sich dem Hitlerregime nicht unterwerfen und ihm nicht dienen wollte, zeigte sich, als er im Juli 1937 anläßlich einer flüchtigen Führervisite in der Region das Gedicht ›Der Getriebene‹ schrieb, in dem er den Diktator entlarvt.

Er kommt auf heißen Rädern hergeflogen,
Vom Wahn gepeinigt und vom Wahn gefeit,
Indes ihn aufgeregtes Volk umschreit,
Aus dem er gierig seine Kraft gesogen.

Und niemand kennt ihn, der die trüben Wogen,
Die alle füllen, trinkt und widerspeit:
So steht er schwankend als der Fürst der Zeit,
Betrügend heut und morgen selbst betrogen.

Um seine Stirne fliehn Dämonenschwärme
Und treiben ihn, die selbst er angetrieben,
In seines Schicksals Abgrund ohne Halt.

Nur seine irre Seele ist im Lärme
Und Flitter seiner Allmacht arm geblieben
Und birgt verzweifelt ihre Ungestalt.

Hitler wird als wahnhaft und von Dämonen getrieben dargestellt. Das »aufgeregte Volk« ist demgegenüber blind; keiner von denen, die ihm die Macht gegeben haben, erkennt seine ungestalte, »irre Seele«.

Das Sonett zeigt in Formulierungen wie »um seine Stirne fliehn Dämonenschwärme« Anklänge an den Expressionismus.

Schneider war überzeugter Monarchist, hatte einflußreiche Freunde und wurde zur literarischen Elite gezählt. Man ließ ihn zunächst gewähren.

In den Kriegsjahren wurde es für ihn immer schwieriger, seine Manuskripte bei Verlegern unterzubringen.

Eine Sammlung von Aufsätzen und Sonetten erschien illegal in Krakau und war besonders unter gleichgesinnten Soldaten geschätzt und weit verbreitet. In seinem Lebensbericht ›Verhüllter Tag‹ (1954) erinnert sich Schneider an das Mißtrauen der Behörden. »Der wohlbekannte Gestapomann stand in der Tür [der Druckerei]: wegen des Krakauer Bandes hatte Bormann eine Klage eingereicht.«

1943 entsteht das Sonett ›Das Opfer‹:

Nun stirbt das Volk; es sterben hin die Reinen,
Die ohne Schuld am tiefen Fall der Welt;
Wenn nicht ein Licht aus reinen Herzen fällt,
Wird bald kein Licht mehr auf der Erde scheinen.

Die Nacht stürmt fort, und lauter wird das Weinen
Um all der Toten unbeschütztes Zelt
Und all die Schwermut, die kein Trost erhellt,
Und kühne Geister, die sich nie vereinen.

Doch wo ist Hoffnung, wenn im Opfer nicht
Der Unbefleckten, die mit heiligem Mut
In unsrer Sünde Todesnacht gegangen?

Um ihre Gräber dunkelt das Gericht,
Es klagt uns an, es fordert uns ihr Blut,
Bis ihre Bitten uns dereinst empfangen.

Auch in diesem Sonett macht Schneider Gebrauch von einer Finsternis- und Lichtmetaphorik, die für seine Dichtung bezeichnend ist. Deutschland ist zu einem Land des Verbrechens und der Klage geworden und ist es weiterhin: »Die Nacht stürmt fort.« Widerstand kommt offenbar nicht zustande, da »Schwermut« vorherrscht und die »kühne[n] Geister« vereinzelt bleiben. Das Gericht für »uns«, die Mörder und Mitläufer, steht bevor. Doch die »Unbefleckten«, die soviel Grund zur Rache hätten, werden den Anklägern »ihre Bitten« entgegenhalten, gewissermaßen von dem überreich auf sie fallenden Licht abgeben, Schuldige entsühnen. Reinhold Schneider schrieb Sonette, eine Gedichtform mit fester und klarer Struktur. Geistliches und Weltliches, Religiöses und Zeitgenössisches verschmelzen in seiner Dichtung. Dadurch konnte er in der poetischen Welt neue Sprachfiguren bilden. Die Märtyrer des Christentums und »die Reinen« unter der Tyrannei der Nationalsozialisten rückten nahe zusammen und wurden aufeinander bezogen; üble Verhörmethoden etwa wurden erst teuflisch genannt, dann den Untaten Satans gleichgesetzt; das zu erwartende Gericht über die Deutschen, zu einer Art Jüngstem Gericht gemacht, wurde fast ein Topos dieser Lyrik.

Reinhold Schneiders schriftstellerisches Wirken, die ihm eigene Fähigkeit zu schauen und zu schreiben, brachte ihm nach 1945 zahlreiche Preise und Ehrungen ein.

Rudolf Alexander Schröder

Rudolf Alexander Schröder (1878–1962, vgl. auch S. 206) befaßte sich mit der großen Dichtung der Antike, den Werken Shakespeares und der klassischen französischen Literatur; seine Sprachkunst ließ ihn zu einem hervorragenden Übersetzer werden. »Kunst und Dichtung«, schrieb Schröder 1940 im Nachwort zu seinen Gedichten, »gehören zu den unabweislichen Bedürfnissen der menschlichen Physis und Psyche, man kann sie ebensowenig abstellen wie das Atemholen«. Schröder führte ein konservatives Leben, er wollte kein »Neutöner oder Verhänger neuer Tafeln« sein, er wollte als »Fortsetzer«, ja als »Wiederholer« angesehen werden. Das galt über Dichtung und Kunst hinaus.

Im Ersten Weltkrieg war ihm der Dienst für Vaterland und Heimat selbstverständliches Gebot. Was er erlebte, veränderte ihn beträchtlich. Kurz nach seiner Rückkehr aus dem Krieg wurde er der angenehmen Seiten seines großbürgerlichen Lebens, das ihn nicht genügend forderte, überdrüssig. Der evangelische Christ begann wieder in der Bibel zu lesen und war betroffen von dem darin berichteten Geschehen. So bereitete sich ein persönliches Rückkehrerlebnis vor, eine Herausforderung, die ihn auf sich selbst zurückwarf, und die sich, seiner Dichtung nach zu schließen, über einen längeren Zeitraum hinzog. In dem Band ›Mitte des Lebens‹ (1930) hat Schröder von dem neuen, anderen Leben Zeugnis abgelegt. In der Zeit der nationalsozialistischen Herrschaft in Deutschland wollte Schröder mit den neuen Herren nichts zu tun haben; er, der Dichter von internationalem Ruf und von nationalem Ansehen, zog sich zurück und wurde kaum behelligt.

Nur selten brachte er seine Ablehnung des Regimes so deutlich zum Ausdruck wie in dem Gedicht ›Gebet‹ aus dem Jahr 1937.

> [...]
> Sie reden allerorten
> Und wähnen, daß es fleckt [vorangeht];
> Doch wird von all den Worten
> Die Wahrheit zugedeckt.
> [...]

Wie ein Gebet schließt dann auch das Gedicht:

> Was hilft mir Menschenlehre,
> Die Zorn und Zweifel schafft?
> O ewig Wort, gewähre
> Mir Kraft aus deiner Kraft!

In der Ausgabe von 1952 konnte der Autor voller Stolz das Nachwort zu seinen ›Weltlichen Gedichten‹ unverändert erscheinen lassen. Schröder hatte sich nichts vorzuwerfen.

Schwieriger ist es, Schröders Haltung aus dem poetischen Werk zu erschließen.

Die meisten der zwischen 1933 und 1945 entstandenen ›Weltlichen Gedichte‹, in den ›Gesammelten Werken‹ als ›Die Balladen‹ zusammengefaßt, haben Abschied, Aufbruch und Wandern zum Motiv.

Schröder, älter geworden, ein Fünfziger jetzt und in einer neuen, für ihn ungewohnten Zeit lebend, sagt »den Anderen« ade. Er läßt sie in dem ihnen vertrauten Leben zurück und wird selbst ein Wanderer. In diese Zeit fällt das Gedicht ›Fahr wohl!‹:

> Fahr wohl die Stätte,
> Das Haus, das Bette,
> Ich will kein Lager, kein Dach, kein Zelt.
> Wär eins nicht oben
> Mir aufgehoben,
> Welt wär mir hüben und drüben vergällt.
>
> Mögt einen zanken,
> Und einem danken,
> Mit Liebe lügen und drohn mit Haß;
> Wie sich's verschoben,

Ob drunt, ob droben:
Laß! Gleicher Teig bringt den gleichen Praß.

Mit plumpen Händen
Den Kehricht wenden
Und dann frohlocken, als wär's nun rein:
Wer darf, mag's proben,
Wer's kann, mag loben.
Mein, soll ich Sudler mit Sudlern sein?

Ihr prunkt mit Schande,
Ihr baut im Sande
Den Saal, die Halle, das Haus, das Dach.
Kam Wind gestoben?
Kam Sturm geschnoben?
Schwach war das Wehen, das euch zerbrach.

Wer will da weilen,
Will mit euch teilen
Das dumpfe Lager, das wanke Zelt?
Mein Teil ist oben;
Ich laß euch toben:
Welt hab und halte, wem Welt gefällt.

Mit ›Fahr wohl‹ wendet sich das lyrische Ich ab von der Welt »drunt« und den Menschen, den »Sudlern«.

Schröder formuliert Selbsterfahrenes gern in einer Redensart, wie hier »Gleicher Teig bringt den gleichen Praß«. »Praß« ist ein lokales, veraltetes Wort für etwas wertlos Gewordenes.

Der »Wandersmann« stellt fest und vertritt seinen Standpunkt, er ist kein Richter.

Er beschreibt seinen Widerwillen gegenüber den Menschen, mahnt sie aber nicht, sondern setzt sich in seinem Ausrichten auf das überweltliche »oben« von ihnen ab: »Mein Teil ist oben; / Ich laß euch toben«.

Ein wichtiges Kapitel in Schröders lyrischem Werk sind die ›Geistlichen Gedichte‹; sie sind Teil einer sehr ernst genommenen Aufgabe, Dienst für die Gemeinde.

Morgen- und Abendlieder gehören zum Traditionsbestand solcher Lyrik, den Schröder in den dreißiger Jahren um seinen Zyklus ›Morgen und Abend‹ vermehrt hat, der auch den folgenden ›Morgensegen‹ enthält:

Gebt Urlaub euren Schmerzen,
Legt hinter euch die Not
Und haltet Haupt und Herzen
Hinein ins Morgenrot.
Seid länger nicht zu Dienst

Dem, der uns lang und bange
Genarrt mit falschem Zwange,
Gespenstern und Gespinst.

Blickt her: noch quillt der Bronne,
Der kein Verlechzen kennt,
Weil wiederum die Sonne
Im alten Bogen rennt.
Nachts traten vor den Plan
Geharnischt blanke Wächter.
Die wehrten dem Verächter:
Er hat uns nichts getan.

Nun gilt's! Die Tage längen,
Die Nacht schleicht hinter sich.
Da hilft kein dreistes Drängen,
Kein Pochen und kein Schlich.
Der Morgen ist erwacht:
Geduld darf Freude schauen,
Darf freudig dem vertrauen,
Der ihn ans Licht gebracht.

Von Gottes Bergen funkelt
Der Glanz hinab ins Tal;
Und wo der Wald gedunkelt,
Wird's golden überall.
Wem Finsternis gefiel,
Der sieht ihr Werk vergangen;
Ein Tag hat angefangen:
Die Gnade kennt kein Ziel.

Hier wird in religiöser Sprache ein Bekenntnis abgelegt. Das Gedicht schlägt einen in seinen Bann – und wirkt zugleich altmodisch. »Gebt Urlaub euren Schmerzen«, »noch quillt der Bronne, / Der kein Verlechzen kennt« sind Beispiele für eine altertümliche Schreibweise; man kann aber die Bedeutung aus dem Gesamtsinn erschließen.

Der Kampf mit dem Satan, dem »Verächter«, der die Menschen mit »Gespenstern und Gespinst« ängstigt, wird von den Engeln (»Geharnischt blanke Wächter«) weitergeführt wie seit unerdenklichen Zeiten.

Die nachtliebenden Menschen, denen »Finsternis gefiel«, sind nicht voll vertrauenswürdig, »dreistes Drängen« und »Schlich[e]« gehören zu ihren Praktiken, sie sind nicht auf guten Wegen.

Mit dem Morgen haben die Träume, hier eher noch verwirrendes Satanswerk, noch nicht Mittel einer natürlichen, gesunden Lebensbewältigung, ihre Macht eingebüßt.

Die letzte Strophe beginnt fast eichendorffisch-weltfromm. Natur und Farben sind göttlichen Ursprungs, und auch der Mensch »Darf freudig dem vertrauen, / Der ihn ans Licht gebracht«.

Rudolf Alexander Schröder war als Dichter von der abendländischen Tradition geprägt: »Das Gefühl des Eingegliedertseins in einen jahrtausendalten Zusammenhang hat [...] die Ausgangspunkte meiner dichterischen Arbeit bestimmt.«

2.3 Albrecht Haushofer

Albrecht Haushofer (1903–1945) war seit 1940 Professor für politische Geographie in Berlin. Schon früh betätigte er sich als Dramatiker und schrieb Römerstücke, von denen zwei an deutschen Provinzbühnen aufgeführt wurden.

Seine Karriere verlief normal, bis er sich nach 1933 auf ein gefährliches Doppelspiel einließ. Er nahm Beziehungen zu Rudolf Heß, Hitlers Stellvertreter, auf, wurde Mitarbeiter in einem Beraterstab des Auswärtigen Amtes – und schloß sich zugleich einer Widerstandsgruppe an.

Haushofer wurde nach dem Englandflug von Rudolf Heß 1941 vorübergehend inhaftiert und nach Stauffenbergs gescheitertem Attentat auf Hitler am 20. 7. 1944 als Mitglied der Widerstandsbewegung verhaftet. Im Gefängnis an der Lehrter Straße im Berliner Stadtteil Moabit entstanden die berühmten 79 ›Moabiter Sonette‹, die 1946 erschienen.

In den letzten Tagen des Kampfes um Berlin wurde Haushofer von einem SS-Kommando erschossen. In seinen Händen hielt der Tote die mit den ›Moabiter Sonetten‹ beschriebenen Blätter.

Olympisches Fest

Mit einem Dom von hochgestrahltem Licht
begannen sie das letzte ihrer Feste.
Der Hochmut freute sich der stolzen Geste:
Man sah vor lauter Glanz die Sterne nicht.

Gelöst von aller Tage bunten Sorgen
bestaunte man der Jugend Marsch und Spiel,
bewunderte der Griechenfackel Ziel,
im Leuchten dieses Kuppelscheins geborgen.

Mich täuschte dieser helle Zauber nicht.
Ich sah die Kräfte, die so milde schienen,
dem grauenhaftesten der Kriege dienen.

Ich kannte wie die Maske, das Gesicht.
Die sich zum Spielen Schar um Schar gereiht:
die ganze Jugend ist dem Tod geweiht.

Die Olympischen Spiele 1936 in Berlin waren von den Machthabern als ein riesiges Propaganda-Spektakel inszeniert. Im 25. der ›Moabiter Sonette‹ faßt die Wortverbindung »helle[r] Zauber« die Illusion zusammen, die die Spiele verbreiteten. »Maske« und »Gesicht« treten auseinander. Das großartige Schauspiel vor der Weltöffentlichkeit ist die Maske der Nationalsozialisten. Das Gesicht dahinter aber verrät deren wahre Absichten: den Eroberungskrieg.

Das lyrische Ich erkennt beides – im Gegensatz zu den Zuschauern und den Athleten, die bereits »dem Tod geweiht« sind.

Dieses Ende wird in dem Sonett ›Verhängnis‹ beschworen.

Im Westen steigt Gewitter aus den Meeren,
vom Osten überzieht ein Steppenbrand
mit ungeheuren Flammen alles Land,
und keine Macht ist da, den Sturm zu wehren.

Verschwendet sind in frevlem Übermut
die Kräfte, die beharren und bewahren.
Nun rächt sich das entwurzelnde Verfahren,
das viel zu reich und rasch vergoßne Blut.

So schließt nun ab in jäh zerborstnem Stein,
in zuckendem Gefild, zerstampfter Saat,
so endet jetzt im Untergang die Tat. –

Nur Schutt und Asche werden Zeugen sein,
nur Schutt und Asche, wo in tausend Jahren
gezeugte Bilder höchsten Daseins waren …

Längst stehen sich die friedlichen Athleten der Spiele als Feinde im Kriegskampf gegenüber; das Ende ist nah.

Das Kriegsgeschehen wird in Naturmetaphern ausgedrückt: Die Invasion im Westen ist dem »Gewitter aus den Meeren« gleichgesetzt, die Angriffe der Sowjetarmeen im Osten einem »Steppenbrand«; beide sind in dem Wort »Sturm« vereint. Nationalsozialisten und Wehrmacht suchten lange den schnellen Erfolg, »Blitzkriege« wurden geführt, »Blitzsiege« errungen. Dafür war man bereit, einen hohen Blutzoll zu entrichten; kampfstarke Einheiten und begeisterte Soldaten wurden unbedacht »verheizt«, Mahnungen, zu »beharren« und zu »bewahren«, wurden als Miesmacherei und Feigheit abgetan.

Das Schlüsselwort des ersten Terzetts ist »Stein«. Die Bauten des Nationalsozialismus sollten von Dauer sein; Siege und Heldentaten sollten auf Stein eingemeißelt der Nachwelt überliefert werden. Die Denkmäler hielten nicht stand.

Das Tosen der Luftangriffe und Schlachten traf das Land. Der Erdboden hob sich unter den Einschlägen der Bomben und Granaten (»in zuckendem Gefild«), was aus Stein gebaut war, zerbarst. Dabei gingen auch Zeugnisse alter Kultur, Bau- und Kunstwerke (»Bilder höchsten Daseins«) zugrunde.

»Nur Schutt und Asche« wird nicht von ungefähr wiederholt, anderes bleibt nicht.

»So schließt nun ab«, das kann das Übrigbleiben in einem Trümmerfeld, das Abrechnen mit falschen Selbstwert-Illusionen oder den bevorstehenden Tod bedeuten.

3. Exillyrik

3.1 Lyrik des Widerspruchs

Bertolt Brecht

Bertolt Brecht (1898–1956) lebte von 1933 bis 1939 auf der dänischen Insel Fünen im Exil, später in den USA, und kehrte nach dem Krieg nach Europa zurück – zunächst in die Schweiz, 1949 schließlich nach Ost-Berlin. Zur Zeit des Dritten Reichs waren wegen der schwierigen Bühnensituation in den Exilländern weniger Brechts dramatische Werke als vielmehr seine literaturtheoretischen Aufsätze und seine Lyrik bekannt. Bert Brecht nimmt auch in seiner Lyrik den Kampf gegen das NS-Regime auf. Noch 1933 schrieb er die sechs ›Hitler-Choräle‹, die 1934 in der Sammlung ›Lieder.Gedichte.Chöre‹ erschienen. Einige von ihnen wurden 1934 in der Exilzeitschrift ›Neue Deutsche Blätter‹ in Prag veröffentlicht. Eine Probe mag zeigen, wie Brecht den satirischen Angriff führt:

I
(Melodie: Nun danket alle Gott!)

1
Nun danket alle Gott
Der uns den Hitler sandte
Der aufräumt mit dem Schutt

Im ganzen deutschen Lande.
Aus ist der alte Trott!
Er streicht das Haus neu an.
Drum danket alle Gott
Daß wir den Hitler han!

2

Das Haus war gar zu alt
Mit Sprüngen und mit Rissen.
Wir hätten wirklich bald
Ein neues bauen müssen.
Das Haus war übel dran
Wir dachten schon, es fällt!
Der Hitler streicht's uns an
So daß es wieder hält.

3

Der Hunger, der ist groß
Kein Brot ist in der Lade.
Wir gingen nackt und bloß
Als uns der Hitler nahte.
Wärn wir jetzt noch so matt
Und hungrig ohne Maß
Er machte tausend satt
Mit einem Büschel Gras.

4

Was arm ist, das bleibt arm,
Das Brot gehört den Reichen.
Es ist zum Gotterbarm
Da braucht's ein groß Anstreichen!
Sonst fällt der arme Mann
Nur weil er Hunger hat
Uns noch den reichen an
Und frißt sich einmal satt.

5

Doch wenn der Hitler kommt
Der ist uns ein Anstreicher!
Bleibt jeder, was ihm frommt
Als Armer oder Reicher!
Er macht, daß Klassen sind
Jedoch kein Klassenhaß.
Er macht, daß Regen rinnt
Doch wird ihm keiner naß.

6

Er macht die Gurken süß
Und macht den Zucker sauer

Er macht aus einem Riß
Uns eine neue Mauer!
Er streicht den Dreck und Schutt
Uns überall neu an.
Drum danket alle Gott
Daß wir den Hitler han.

In verklärenden Führergedichten wurde Hitler in Deutschland als der gottgesandte Retter des Vaterlands gepriesen. Brecht bezieht sich darauf, indem er zu den Melodien bekannter Kirchenlieder einen neuen Text dichtet, aus dem zumindest Teile der Öffentlichkeit bekannt und geläufig werden sollten. Scheinbar verkündet auch Brecht Hitlers Lob. Er spielt auf die frühen Versuche des deutschen Diktators als Kunstmaler an, macht ihn aber zum Handwerker und nennt ihn wie in diesem ›Hitler-Choral‹ auch in anderen Texten immer wieder »den Anstreicher«. Das Deutschland der frühen dreißiger Jahre wurde des öfteren mit einem Haus verglichen, das in vielerlei Hinsicht baufällig und reparaturbedürftig ist. Am besten hätte man ein neues errichtet, aber »der Anstreicher« erprobt seine Kunst der Renovierung. Spätestens Ende der zweiten Strophe (»Der Hitler streicht's uns an / So daß es wieder hält«) soll der Leser aufmerksam werden: Ein Anstrich überdeckt das Vorhandene immer nur, bei einem baufälligen Haus kann er Haltbarkeit nur vortäuschen; die Zeile »So daß es wieder hält« ist vollkommen unlogisch.

Illusorisch ist es auch, durch »ein groß Anstreichen« (4. Strophe) – das Deklarieren der Volksgemeinschaft durch die Nationalsozialisten – die Unterschiede zwischen arm und reich vergessen zu machen.

Seine Bewunderer trauten Hitler wahre Wundertaten zu. Auch dies ironisiert Brecht schon allein in der Wahl der aufgeführten Wundertaten des »Anstreichers«. Dieser macht das Unmögliche möglich: »Er macht die Gurken süß / Und macht den Zucker sauer«. Die inhaltliche Paradoxie und damit die Ironie gegen den »Anstreicher« wird am deutlichsten in den Zeilen »Er macht aus einem Riß / Uns eine neue Mauer!«

Damit rückt auch das scheinbar preisende »Drum danket alle Gott / Daß wir den Hitler han« in ein ironisch-satirisches Licht.

Seine Lyrik des Widerspruchs setzte Brecht mit den ›Deutschen Satiren‹ fort, von denen einige über den »Deutschen Freiheitssender«, der im republikanischen Spanien etabliert war, in den Äther geschickt wurden.

Als Material dienten Brecht Schlagzeilen und Meldungen aus der deutschen Presse, die er in reimlosen, rhythmischen Versen neu kombinierte. Die ›Deutschen Satiren‹ entstanden hauptsächlich um 1937 und wurden Teil der Sammlung ›Svendborger Gedichte‹ (1939). In den Satiren billigt und bewundert der Autor scheinbar die Maßnahmen der nationalsozialistischen Regierung, er rechtfertigt und verteidigt sie vordergründig; in Wirklichkeit geht es ihm darum, ihre Schwächen offenzulegen. Wie er dabei vorgeht, läßt sich an dem Gedicht ›Verbot der Theaterkritik‹ verfolgen.

Als der Propagandaminister
Die Kritik des Volkes an der Regierung verbieten wollte, verbot er
Die Theaterkritik. Das Regime
Liebt das Theater sehr. Seine Leistungen
Liegen hauptsächlich auf theatralischem Gebiet.
Der virtuosen Handhabung des Scheinwerfers
Verdankt es nicht weniger als der
Virtuosen Handhabung des Gummiknüppels.
Seine Galavorstellungen
Werden im Radio über das ganze Reich verbreitet.
In drei Kolossalfilmen
Von denen der letzte achttausend Meter lang ist
Hat der Hauptdarsteller den Führer gespielt.
Um den Sinn für Theater im Volk zu stärken
Wurde der Besuch der Vorstellungen zwangsmäßig organisiert.
Alljährlich am Ersten Mai
Wenn der erste Schauspieler des Reiches
Einen einstmaligen Arbeiter spielt
Werden die Zuschauer für das Zuschauen sogar bezahlt: zwei Mark
Pro Person. Keine Kosten werden gescheut für die Festspiele
Die unter dem Titel REICHSPARTEITAG in der Nähe Bayreuths stattfinden.
Der Kanzler selber
Tritt hier als reiner Tor auf und singt
Zweimal am Tage die berühmte Arie
NIE SOLLST DU MICH BEFRAGEN.
Es ist klar, daß so kostspielige Veranstaltungen
Vor jeder Kritik geschützt werden müssen.
Wo käme man hin
Wenn jeder kritisieren konnte
Daß der Reichsjugendführer Baldur zu stark geschminkt ist
Oder daß der Propagandaminister einen so falschen Ton hat, daß
Man ihm nichts mehr glaubt, nicht einmal
Seinen Klumpfuß? Überhaupt muß bei all dem Theater
Unbedingt verboten werden, daß Kritik laut wird, ja, es darf
Nicht einmal gesagt werden, was gespielt wird
Wer die Vorstellung finanziert und
Wer die Hauptrolle spielt.

Goebbels hatte die Theaterkritik tatsächlich 1936 offiziell verboten. Bei »Theaterkritik« denkt man zuerst an Rezensenten und regelmäßige, kenntnisreiche Theatergänger, einen kleinen Kreis von Besuchern also.

Doch sehr früh in Brechts Gedicht ist der satirische Einfall zu erkennen: Was die Nationalsozialisten in Deutschland veranstalten, ist Theater, beruht auf Unwahrheit und Täuschung, ist berechnend angelegt. So ist der Satz über das Regime zu verstehen: »Seine Leistungen / Liegen hauptsächlich auf theatralischem Gebiet«. Mit Scheinwerfern holen sie heran, heben hervor und »beleuchten«, was der eigenen Sache dienen kann. So ist die »Handhabung des Scheinwerfers« gleichermaßen Machtmittel wie die »Handhabung des Gummiknüppels«. Bewußt setzt Brecht vor beide Tätigkeiten das gleiche Adjektiv: virtuos.

»Das Regime« hat sich der neuen Medien seiner Zeit, des Rundfunks und des Films, bemächtigt, die große Auftritte rasch überallhin verbreiten.

Es scheut keine Mühen und Kosten, wenn es gilt, Eindruck zu machen: So bewegt der »erste Schauspieler des Reiches«, den Brecht sonst gerne den »Anstreicher« nennt, sicher viele Menschen, wenn er am Tag der Arbeit den »einstmaligen Arbeiter spielt«. Bei den vorbereiteten Darbietungen Fragen zu stellen, ist allerdings nicht erlaubt. Da gilt vielmehr der bekannte Satz aus Richard Wagners ›Lohengrin‹: »Nie sollst du mich befragen ...«.

Und ein künstlerisches Ereignis großen Stils wie die Bayreuther Wagner-Festspiele und eine mehrtägige Großveranstaltung wie der Nürnberger Reichsparteitag haben sicher nicht nur gemein, daß sie in räumlicher Nähe zueinander stattfinden. Hier unterstellt Brecht, daß die Nationalsozialisten von Bayreuth den Pomp der Präsentation gelernt haben.

Im Anschluß an diese Partie geht Brecht zum persönlichen Angriff auf zwei Nazigrößen über: die zu dick aufgetragene Schminke des eitlen Baldur von Schirach und der unglaubwürdige Tonfall Joseph Goebbels' entlarven das schlechte Theater.

Und noch etwas weiß Bert Brecht: Im Theater erliegt das Publikum leicht der Gefahr, zwischen trügerischem Spiel und Alltagswirklichkeit nicht mehr unterscheiden zu können, es läßt sich leicht blenden, vergißt, nach dem Stück selbst und seiner Finanzierung zu fragen.

Brecht hat ihm, dem Publikum des nationalsozialistischen »Theaters«, seit langem gesagt, »was gespielt wird«: Die Nationalsozialisten bereiten einen Krieg vor, das Volk wird darunter leiden!

Er weiß wohl, daß im Volksmund über NS-Veranstaltungen und -Aktionen immer öfter zu hören war: »So ein Theater!« Meist wurde dies nur als spontanes Zeugnis eines augenblicklichen Unmuts geäußert, für Brecht war es ein bezeichnendes Merkmal des mit »frisierten« Fakten und Zahlen hochstapelnden Nationalsozialismus. Er lieferte in seiner ironischen Satire selbst noch einige Argumente, die zum Nachdenken veranlassen sollten.

In den näheren Umkreis der ›Deutschen Satiren‹ gehört der ebenfalls in der Sammlung ›Svendborger Gedichte‹ (1939) veröffentlichte Text ›Der Dienstzug‹.

1

Auf ausdrücklichen Befehl des Führers
Erhielt der Salonzug, der für den Nürnberger Parteitag gebaut wurde
Den schlichten Namen DIENSTZUG. Das bedeutet, daß
Die in ihm fahren, indem sie fahren, dem deutschen Volk
Einen Dienst erweisen.

2

Der Dienstzug
Ist ein Meisterstück der Wagenbaukunst. Die Zuggäste
Haben eigene Appartements. Durch breite Fenster
Sehen sie die deutschen Bauern auf den Feldern schuften.
Sollten sie in Schweiß geraten bei diesem Anblick
Können sie in gekachelten Kabinetten
Expreßbäder nehmen.
Vermittels eines raffinierten Beleuchtungssystems können sie
Sitzend, stehend und liegend nachts die Zeitungen lesen
Mit den großen Berichten über die Segnungen
Des Regimes. Die einzelnen Appartements
Sind durch Telefonleitungen miteinander verbunden
Wie die Tische in gewissen Tanzpalästen, wo die Herren
Telefonisch die Damen an den Nachbartischen nach dem Preis fragen
können.
Ohne sich von den Betten zu erheben, können die Gäste
Das Radio anstellen mit den großen Berichten
Über die Nachteile anderer Regimes. Sie bekommen ihre Dinners
Auf Wunsch im Appartement serviert und verrichten ihre Notdurft
In eigenen Klosetts, die mit Marmor ausgelegt sind.
Sie scheißen
Auf Deutschland.

Indem der Autor in vorgeblich naiver Bewunderung ausführlich schildert, wie prunkvoll der Zug ausgestattet ist, macht er unterschwellig darauf aufmerksam, daß Hitler hinter dem schlichten Namen »Dienstzug« einen byzantinischen Luxus versteckt, der zu der spartanischen Lebensführung nicht paßt, die er sich propagandistisch zugute hält. Er fährt ja selbst mit dem Zug, der ihm und den anderen »Zuggästen«, seinen Gefolgsleuten, alle Bequemlichkeiten bietet.

Brecht gibt vor, die Telefonverbindungen innerhalb des Zugs zur anschaulicheren Beschreibung mit den Tischtelefonen »in gewissen Tanzpalästen« zu vergleichen. Damit überträgt er die Tanzpalastatmosphäre auch auf den Zug, charakterisiert die Reisenden unmerklich als – politisch – frivol, denn hier dient das Telefonsystem der dienstlichen Kommunikation.

In einer Reihe scheinbar unschuldiger Bemerkungen leuchtet der satirische Hintergrund auf, wohl besonders in der absurden Vorstellung, die Parteibonzen könnten ins Schwitzen geraten beim Anblick der schuftenden Bevölkerung, wie auch in den Radioberichten, die von den Mißständen im eigenen Land ablenken, indem sie auf die »Nachteile anderer Regimes« hinweisen. ›Der Dienstzug‹ endet mit einer drastischen Pointe, die auf Doppeldeutigkeit beruht: Die Reisenden erleichtern sich leiblich, zugleich ist ihnen Deutschland völlig gleichgültig, sie genießen ja eigenes Wohlergehen.

Walter Mehring

Walter Mehring (1896–1981) war schon in den zwanziger Jahren bekannt. Er hatte 1920 das linksradikale ›Politische Cabaret‹ in Berlin gegründet und war aktiv in der Berliner Dada-Gruppe beteiligt. In nationalen Kreisen sah man in ihm ein übles Produkt der neuen Asphalt-Unkultur.

Mehring verfaßte Chansons für Kabaretts und war 1933 Mitarbeiter der von Carl von Ossietzky geleiteten ›Weltbühne‹.

Nach dem Reichstagsbrand Ende Februar 1933 versuchte man Mehring durch Verhaftung auszuschalten. Er wurde in letzter Minute von einem Angehörigen des Auswärtigen Amtes gewarnt und flüchtete zunächst nach Österreich.

Mit der Sammlung ›Und Euch zum Trotz‹, in der seine nach der Flucht geschriebenen Texte 1934 erschienen, wollte er »die guten Lieder eines bösen Spotts« verbreitet wissen.

Der einleitende Text ›Der Emigrantenchoral‹ mahnt die Emigranten, nicht in Heimwehgefühlen und Lethargie zu verharren und sich selbst zu bedauern, sondern ihr Exildasein anzunehmen und sich aufzuraffen. Der Schluß dieses Textes lautet:

> Die ganze Heimat und
> das bißchen Vaterland
> Die trägt der Emigrant
> Von Mensch zu Mensch – landauf
> landab
> Und wenn sein Lebensvisum abläuft
> mit ins Grab.

Der folgende Text aus der Sammlung ›Und Euch zum Trotz‹ soll als Beispiel für Mehrings polemische Schreibweise, seinen »bösen Spott«, dienen:

Von der Kröte, die groß wie ein Ochs sein wollte

Als von Sümpfen noch prangte GERMANIA,
eine Ochsenkröte einen Auerochs sah –
gleich ihr von Wotans Auge besonnt ...
Begann die Kröte mit wildem Wehen
sich aufzunorden und aufzublähen –
besah sich im Sumpfe:
»Bin ich nicht ebenso blond?«
»Nein!« grollte der Sumpf.
»Du bist rassisch verpatzt!« –
Drauf die Kröte in ihrem ochsensüchtgen
Wahn wollte zur Ur-Kröte sich ertüchtgen –
Übt Stechschritt, Kniebeuge, Sturmlauf –
bis sie platzt!

Moral:
Es gibt da noch mehr von solchem Gesocks!
Doch: nicht jedes Hornvieh ist schon ein Ochs!
Nicht jede Unke schon eine Norne!
Nicht jedes Wasserstoffsuper-Demi-Sex
eine rein-ar'sche Schöne –
von hinten wie vorne ...
Item: Poeten zerplatzen vor Größenwahnwitz-Komplex –
– Proleten fordern stets höhere Löhne!
Selbst Hebräer und Neger, total verschandelt,
begehr'n, daß man sie wie Menschen behandelt!

Merke: Jean de la Fontaine:
»Hélas! on voit que de tout temps
Les petits ont pâti des sottises des grands!«

Die Tierfabel hatte in der europäischen Literatur Tradition. Sie erlaubte es, die Kritik an den Mächtigen am Beispiel des Verhaltens von Fabeltieren indirekt zum Ausdruck zu bringen. Wie die Berufung auf den Fabeldichter La Fontaine erkennen läßt, wollte Mehring die Tierfabel wieder beleben und sie, aktualisiert, für den Kampf gegen die Herrschaft der Nationalsozialisten dienstbar machen.

Die Ochsenkröte möchte dem Auerochsen, auch Ur genannt, gleichen und versucht daher, »sich aufzunorden und aufzublähen«. Doch es nutzt nichts, sie muß sich sagen lassen, daß sie »rassisch verpatzt« sei. Daraufhin versucht sie auf anderem Wege dem Ideal des »Ur« näherzukommen: Nun möchte sie eine »Ur-Kröte« werden. Allerdings bekommt ihr der militärische Drill nicht, mag er auch noch so zeitgemäß und geschätzt sein: Sie zerplatzt bei der körperlichen Anstrengung.

Der hier bereits deutliche Spott gegen den »Wahn«, unbedingt dem nationalsozialistischen Vorbild der »nordischen Herrenrasse«, des Ur-Germanen, zu entsprechen, wird in der »Moral« noch gesteigert. Selbst die Unterstützung von Friseur und Chemie verhelfen nicht dazu, »rein-ar'sch« zu sein – natürlich ist die Anspielung auf das Hinterteil nicht zufällig.

Ironisch empört setzt Mehring wie einen Vergleich das Begehren von »Hebräer[n] und Neger[n]«, »wie Menschen behandelt« zu werden, an den Schluß seines Textes und entlarvt damit die Unmenschlichkeit der nationalsozialistischen Ideale.

Das satirische Verfahren ist in der ›Umschöpfung‹, ebenfalls in der Sammlung ›Und Euch zum Trotz‹ 1934 erschienen, nicht schwer zu erkennen:

Und eines Tages warn sie so weit
Da waren sie: Über alles
Und bis zur Übermenschlichkeit
Total befreit – wie niemals seit
Der Schmach des Sündenfalles!
(Im Anfang schuf Gott den Himmel und die Erde ...)

Kein Himmel mehr – nur Flugabwehr
Neinsager deckt die Erde
Da war nichts mehr – kein Feind, kein Ehr!
Doch sie marschierten drüber her
Mit dräuender Gebärde.
(Da sprach Gott: die Erde lasse junges Grün sprossen ...)

Da pflanzten sie um jedes Gras
Ein Drahtverhau zur Warnung!
Setzten den Frühling unter Gas
Krochen in Deckung, suchten todblaß
In grünenden Wäldern nach Tarnung.
(Da machte Gott die beiden großen Leuchten ...)

Da ward nicht Tag, nicht Nacht geschont.
Sie richteten Kanonen.
Sie ballten die Fäuste gegen den Mond
Und brüllten: Wir sind zu sterben gewohnt
Wir sechsundsechzig Millionen!
(Da segnete sie Gott und sprach: Seid fruchtbar und mehret euch ...)

Sie mehrten sich, ohn' Liebe und
ohn' heimliches Begehren.
Sie paarten sich je nach Befund

Es heirateten »Erbgesund«
Und »Tauglich-zum-Gebären«.
(Und Gott schuf den Menschen nach seinem Bilde ...)

Da maßen sie erst mal das Bild
Nach Farben, Nasen, Schädeln
Die Abel wurden abgekillt
Die Kaine wurden umgedrillt
Den Adam zu veredeln.
(Und Gott sah, daß alles, was er gemacht hatte, sehr gut sei ...)

Da bauten sie, daß ihr Walhall
Den Himmel überrage –
Kündigten Gott den Sündenfall,
Boten ihm einen Frieden im All
Zunächst bis zum jüngsten Tage.
(So wurden vollendet der Himmel und die Erde ...)

Die Welterschaffung, wie sie in der Bibel dargestellt wird, bildet gewissermaßen die Folie, vor der sich der anmaßend-hektische Vorgang der »Umschöpfung« durch die Nationalsozialisten abspielt. Am Ende jeder Strophe erscheint in Klammern die biblische Entsprechung der Welterschaffung durch Gott. Er nimmt sich Zeit, erschafft in Ruhe und Gelassenheit Himmel und Erde, Sonne und Mond sowie grüne Wälder und Wiesen; er will den Menschen die Liebe schenken und ist abschließend mit allem Geschaffenen zufrieden. Im Vergleich dazu erscheint der einseitige und begrenzte Horizont der Nationalsozialisten besonders kraß. Sie sind befangen in ihrem militärischen und kriegerischen Tun: Geschützrohre verdunkeln den Himmel, das Gras wird eingezäunt, und die Wälder werden zweckorientiert nur als Möglichkeit der Deckung und Tarnung gesehen. Die Fortpflanzung betreibt man nach den befohlenen Zuchtwahlvorschriften.

Zum Stolz des nationalsozialistischen »Übermenschen« paßt auch kein Sündenbewußtsein. Der Sündenfall wird als »Schmach« empfunden und wie ein Vertrag gekündigt. Die hochmütige Selbstherrlichkeit der Nationalsozialisten äußert sich ironisch darin, daß sie Gott »einen Frieden im All / Zunächst bis zum jüngsten Tage« anbieten, daß sie also davon ausgehen, ihr Reich bestehe »zunächst« bis zu diesem Tag, möglicherweise also auch darüber hinaus.

Walter Mehring, der »Judenjunge«, wie er sich selbst gern nannte, schrieb seine besten Gedichte im Kampf gegen die Hitler-Tyrannei. Unvergeßlich wurde das ›Mirakel des heiligen Bürokratius‹. Es führt vor, wogegen die Emigranten – keineswegs nebenbei – zu kämpfen hatten. Das Visum war ein lebensnotwendiges Papier! Und so beginnt das ›Mirakel des heiligen Bürokratius‹:

Halb tot geschunden – der halbe Mann
Dem teuren Vaterland entrann

Ich grüße Dich, Fremde – sei Heimat mir!
– Zeigt Euren Paß – zeigt Euer Papier!

Man nahm mir Paß Weib Kind und Gut
Seht mich doch an! Hier rinnt mein Blut ...

Mehring konnte seine großen Erfolge mit der Sammlung ›Und Euch zum Trotz‹ nicht wiederholen. Bereits während eines vierjährigen Aufenthalts in Wien, wo er gelegentlich Korrespondentenberichte für die Exilzeitschrift ›Neues Tagebuch‹ schrieb, litt er unter der wachsenden Isolation. Seine Gedichte aus dieser Zeit sind schon nicht mehr satirisch kämpfend, sondern vom Leid des Emigrantendaseins geprägt.

Mehring lernte das Emigrantenleben von seiner schlechtesten Seite kennen: Flucht aus Österreich (1938), Schweiz, Paris, erneute Flucht im Auto durch Frankreich (1940), Verhaftung, Internierungslager, Flucht nach Marseille. Er verbrachte einige Jahre in den USA, litt Not. 1953 kehrte Walter Mehring nach Europa zurück, wurde kaum beachtet. In einem freundlichen Grußwort zu seinem 60. Geburtstag verglich ihn Friedrich Dürrenmatt mit Odysseus: »Odysseus hat entweder heimzukommen oder umzukommen«, schrieb er, »beides ist für den Ruhm gleich dankbar. Mehring ist nur davongekommen.«

3.2 Heimweh und Resignation

Bertolt Brecht

Den aggressiven, teils noch optimistischen satirischen Gedichten der Exilschriftsteller stehen hoffnungsarme gegenüber. Vor allem die vertriebenen und geflohenen jüdischen Lyrikerinnen und Lyriker sahen sich in der gottverlassenen Lage Hiobs, ohne an die biblische Verheißung glauben zu können. Auch Bertolt Brecht hat im dänischen Exil auf der Insel Fünen, wo er von 1933 bis 1939 in dem Haus Skovsbostrand Nr. 8 in Svendborg lebte, mit ›Frühling 1938‹ einen ahnungsvollen Text verfaßt, dem man schwindendes Vertrauen in die regulierende Macht des Schicksals ablesen kann. Persönlich befand er sich zu der Zeit in einer Krise, weil es ihm unmöglich war, von seinen Stücken zu leben. Zudem sah er den Nationalsozialismus an Durchsetzungskraft gewinnen und war verstört von den stalinistischen Prozessen. Das Gedicht ist dreiteilig und von Brecht auch getrennt zur Veröffentlichung vorgesehen gewesen, und zwar unter den Titeln ›Schneesturm‹, ›In den Weiden am Sund‹ und ›Der Totenvogel‹.

Frühling 1938

I

Heute. Ostersonntag früh
Ging ein plötzlicher Schneesturm über die Insel.
Zwischen den grünenden Hecken lag Schnee. Mein junger Sohn
Holte mich zu einem Aprikosenbäumchen an der Hausmauer
Von einem Vers weg, in dem ich auf diejenigen mit dem Finger deutete
Die einen Krieg vorbereiteten, der
Den Kontinent, diese Insel, mein Volk, meine Familie und mich
Vertilgen mag. Schweigend
Legten wir einen Sack
Über den frierenden Baum.

II

Über dem Sund hängt Regengewölke, aber den Garten
Vergoldet noch die Sonne. Die Birnbäume
Haben grüne Blätter und noch keine Blüten, die Kirschbäume hingegen
Blüten und noch keine Blätter. Die weißen Dolden
Scheinen aus dürren Ästen zu sprießen.
Über das gekräuselte Sundwasser
Läuft ein kleines Boot mit geflicktem Segel.
In das Gezwitscher der Stare
Mischt sich der ferne Donner
Der manövrierenden Schiffsgeschütze
Des Dritten Reiches.

III

In den Weiden am Sund
Ruft in diesen Frühjahrsnächten oft das Käuzlein.
Nach dem Aberglauben der Bauern
Setzt das Käuzlein die Menschen davon in Kenntnis
Daß sie nicht lang leben. Mich
Der ich weiß, daß ich die Wahrheit gesagt habe
Über die Herrschenden, braucht der Totenvogel davon
Nicht erst in Kenntnis zu setzen.

Bei aller Voraussicht und bei allem Zweifel an der Zukunft drücken die Zeilen die Entschlossenheit aus, sich der Bedrohung trotz der schieren Aussichtslosigkeit zu stellen. Im Darstellen der Frühlingserscheinungen steckt der Gedanke, daß das Leben weitergeht – sonst wäre es nicht sinnvoll, einen frierenden Baum zu schützen oder in den Blüten die kommende Frucht zu ahnen oder wahrzunehmen, daß der Fischer sein Segel geflickt hat. In diesen Partien stecken Denkbilder: Ausschnitte aus der Realität, die für den Überlegenden Bedeutung erhalten – gewissermaßen der Widerpart von Brechts Verfremdungstheorie: Das Vertraute wird nicht fremd, sondern leuchtet auf als Symbol für einen allgemeinen Erkenntnissatz, der hier lautet: Die Natur und die Menschen existieren gleichmütig weiter. Das Selbstverständliche spricht aus sich selbst die Wahrheit aus. Das ist das Gegenteil des Satzes »Nach mir die Sintflut«: Auch nach mir müssen Früchte reifen und Fischer zum Fang auslaufen.

Die Beständigkeit des Einfachen herauszustellen ist ein typisch brechtisches poetisches Mittel. Er verdankt es seinen Studien fernöstlicher Weisheit, die ihn taoistische Gelassenheit lehrten. – Im dritten Teil bricht dann allerdings der Pessimismus durch.

Das Gedicht entstand am 17. April 1938, dem Ostersonntag, und wurde – außer auf hektographierten Blättern – in allen drei Teilen erst 1949 in der Zeitschrift ›Sinn und Form‹ veröffentlicht. Auf Vorschlag Hanns Eislers, der es vertonte, strich Brecht aus Teil 3 »Über die Herrschenden«, »da [Eisler] das Gedicht so reiner erscheint. Ich selber bin da nicht sicher, ob nicht eine Reinheit entstünde, die anfechtbar wäre. Unter Umständen verlöre das Gedicht die historische Autarkie.« (›Arbeitsjournal‹, 26. Juli 1942).

Ein solches Aufbegehren ist brechtisch, nicht symptomatisch. Das Gegenteil, die hilflose Resignation, herrscht bei den Geflohenen und Vertriebenen vor.

Else Lasker-Schüler

Else Lasker-Schüler (vgl. Bd. 8, S. 421 ff.), die 1932 noch zusammen mit dem Dramatiker Richard Billinger den Kleistpreis erhalten hatte, floh 1933 in die Schweiz und konnte 1939 von einem Jerusalembesuch wegen des Kriegsausbruchs, und weil ihr die Kantonspolizei Zürich keine endgültige Aufenthaltsbewilligung erteilte, nicht zurück. So blieb sie. Sie starb im Januar 1945 in der Stadt.

Die Verscheuchte

Es ist der Tag im Nebel völlig eingehüllt,
Entseelt begegnen alle Welten sich –
Kaum hingezeichnet wie auf einem Schattenbild.

Wie lange war kein Herz zu meinem mild ...
Die Welt erkaltete, der Mensch verblich.
– Komm bete mit mir – denn Gott tröstet mich.

Wo weilt der Odem, der aus meinem Leben wich?
Ich streife heimatlos zusammen mit dem Wild
Durch bleiche Zeiten träumend – ja ich liebte dich .....

Wo soll ich hin, wenn kalt der Nordsturm brüllt?
Die scheuen Tiere aus der Landschaft wagen sich
Und ich vor deine Tür, ein Bündel Wegerich.

Bald haben Tränen alle Himmel weggespült,
An deren Kelchen Dichter ihren Durst gestillt –
Auch du und ich.

Es gibt wenige Gedichtüberschriften, die derart bewegend die verzweifelte Lebenssituation eines Menschen ausdrücken. Darin tönt die Hilflosigkeit einer zarten Seele mit, die nicht gewaltsam »vertrieben« zu werden braucht, weil schon die erste lässige Handbewegung oder leise Drohgebärde genügt, um sie aus dem Weg zu schaffen. Else Lasker-Schüler hat ihre Heimat verloren und ist dieser existentiellen Prüfung wehrlos leidend ausgeliefert; sie hat darunter unendlich gelitten und sich mit den neuen Daseinsbedingungen nicht abfinden können. Aus der lebensvollen, sprühenden, in Exzessen der Phantasie schwelgenden Frau ist ein ängstliches Wesen geworden, das sich mit einem verscheuchten Tier und mit Unkraut vergleicht, mit »Wegerich«; in diesem Wort steckt auch der Hintersinn einer ruhelosen Randexistenz. Der Wortschatz des Gedichts ist weit entfernt von der Farbenpracht ihrer früheren Texte. Die Welt erscheint grau, verschattet, entseelt. Was Else Lasker-Schüler an Exotik und Farbigkeit verloren hat, hat sie an Leidensintensität gewonnen, so wie sie sich immer den großen Gefühlen hingegeben hat.

Das Titelgedicht der letzten Sammlung, die zu ihren Lebzeiten erschien, ›Mein blaues Klavier‹ (1943), knüpft stärker an die unwirklichen Welten ihrer früheren Lyrik an. Es entstand 1937 oder kurz zuvor, denn in den in diesem Jahr niedergeschriebenen ›Tagebuchzeilen aus Zürich‹ zitiert Else Lasker-Schüler eine Version des Gedichts aus dem Gedächtnis. Zuvor hatte sie die Absonderlichkeit eines »blauen« Klaviers erklärt: »Ich sitze wieder in meinem Kinderzimmer, es hat nicht gealtert [...] Ich besitze alle meine Spielsachen von früher noch, auch mein blaues Puppenklavier.«

Mein blaues Klavier

Ich habe zu Hause ein blaues Klavier
Und kenne doch keine Note.

Es steht im Dunkel der Kellertür,
Seitdem die Welt verrohte.

Es spielen Sternenhände vier
– die Mondfrau sang im Boote –
Nun tanzen die Ratten im Geklirr.

Zerbrochen ist die Klaviatür ....
Ich beweine die blaue Tote.

Ach liebe Engel öffnet mir
– ich aß vom bitteren Brote –
Mir lebend schon die Himmelstür –
Auch wider dem Verbote.

Man hat davon gesprochen, daß sich die Dichterin zwischen mehreren Realitätsebenen bewege. In ›Mein blaues Klavier‹ sind sie mit Händen zu fassen. Sie versetzt sich einerseits in die Kindheit zurück und in den verstörenden Augenblick des Erwachsenwerdens, in dem sie aus den Kinderträumen erwacht, in dem die jugendlichen Phantasmen verfliegen, das Spielzeug in der Rumpelkammer landet: die Welt »verroht«. Andererseits erlebt sie im Bilde dieser Erinnerung die Zeiten der Ausgrenzung und Verfolgung, ihre gegenwärtige verzweifelte Lage, in der nicht die Träume platzen, sondern die verrohte Wirklichkeit die phantastische Welt ihrer Dichtung zu zerschmettern droht. Hier steht das blaue Klavier vielleicht für die Poesie; blau erinnert an die blaue Blume und an das Himmelsblau, das die Dichterin gerne beschwört. Die rätselhafte Mittelstrophe hat einen biographischen Hintergrund: Mondfrau nannte sie auch in anderen Gedichten ihre frühverstorbene Mutter, und die »Sternenhände« können auf das gemeinsame Spielen von Mutter und Kind hindeuten.

Die Mittelstrophe enthält – bei einem Gedicht, das durchweg mit zwei Reimen auskommt – eine Dissonanz: »Geklirr« ist ein kurzer, scharfer Reim statt der weichen Entsprechungen »Klavier« oder »vier«. Warum die Dichterin hier den Wohllaut unterbricht, ist offensichtlich.

Bemerkenswert ist der Ausdruck »zu Hause«; denn Else Lasker-Schüler war heimwehkrank wie kaum eine andere, obwohl sie sich immer in exotische Landschaften versetzt und in orientalische Prinzen verwandelt hatte. »Ich bin in Theben (Ägypten) geboren, wenn ich auch in Elberfeld zur Welt kam«, hatte sie sich in der Lyrikanthologie ›Menschheitsdämmerung‹ von 1920 vorgestellt.

Die abschließende Strophe ist ein letzter Seufzer der Dichterin, die sich ausgelaugt fühlt und auf dieser Welt keine Bleibe hat. Hier klingt das Hiob-Motiv an, das wiederholt zum Thema der jüdischen Emigranten wurde.

Karl Wolfskehl

Karl Wolfskehl (1869–1948), ein Freund und Mitarbeiter Stefan Georges, floh im Februar 1933 über die Schweiz nach Italien und 1938 nach Neuseeland, »Erdballs letztem Inselriff«. Den Prüfungen, denen er sich ausgesetzt sah – er war nicht nur heimatlos und verarmt, sondern verlor auch das Augenlicht –, gab er den Namen des alttestamentlichen Hiob.

Hiob ist in der Bibel ein reicher und gottesfürchtiger Mann aus dem Lande Uz, von dem Satan behauptet, er sei nur als Besitzender fromm. Gott läßt dem Widersacher freie Hand, das zu beweisen. Der Teufel geht ans Werk. Hiob verliert nacheinander die Herden, die Knechte, seine sieben Söhne und drei Töchter, wird vom Aussatz befallen, bleibt aber in all den Prüfungen gefaßt: »Der Herr hat's gegeben, der Herr hat's genommen; der Name des Herrn sei gelobt!« Die Schreckensbotschaften, die Hiob erhält, und die Klagereden in seinem Elend, wie sie das Alte Testament wiedergibt, sind sprichwörtlich. Gott belohnt am Ende seine Standhaftigkeit: Er wird wieder reich und Vater vieler Kinder.

Eine zweite Gestalt, die immer wieder in der Exillyrik auftaucht, ist Ahasver, der verdammt ist, ewig umherzuirren und nie zu sterben, weil er Christus auf seinem Leidensweg eine Rast an seiner Schwelle versagt hat. Immer da, wo von Ruhelosigkeit und Getriebensein, von Weiterwandern-Müssen die Rede ist, steht Ahasver im Hintergrund, wie auch in Wolfskehls ›Weh Hiob‹.

Weh Hiob weh! noch bist du nicht am letzten,
Am einsamst letzten Fels, noch grünt ein Rand
Von Heim und Gestern. Doch sie, die dich hetzten,
Jagen dich weiter an die Schwarze Wand.

Wer steht und droht und brüllt, weß Geiferlüsten
Bist du verfalln, wen hast du so erbost,
Daß er dich stoße noch von fernsten Küsten,
Von jedem Fleck, den du zur Rast erlost?

Als ob des ganzen Stamms uralte Sünde
In dir verbüße bis zum kleinsten Deut,
Bis alles abgetragen, bis die Gründe
Der Schuld ganz ausgejätet sind – dann erst wird Heut!

Das tragische Element dieser Wanderung in das Elend der Verbannung ist das Unvermögen, einem gnädigen Gott zu vertrauen. Wolfskehl wandte sich im Exil wieder dem alttestamentarischen jüdischen Glauben zu. Die Frage an Hiob, »wen hast du so erbost«, zielt auf die Schuldgefühle, die das Alte Testament durchziehen, und auf einen strengen Jahwe, der die Nationalsozialisten als geifernde Verfolger aussendet. Die letzte Strophe läßt entfernt ein Ende des Leids erahnen, doch ist es in hoffnungslos weite Ferne gerückt.

Nelly Sachs

Nelly Sachs (1891–1970) wurde 1940 als Jüdin in ein Arbeitslager eingewiesen. Die Rettung verdankte sie der Dichterin Selma Lagerlöf und einem Bruder des schwedischen Königs, die ihre Freilassung und die Ausweisung nach Schweden erwirkten. Ihr Erleben und das Wissen um Auschwitz und den Holocaust blieben bestimmend für ihre gesamte Lyrik. Diese grundsätzliche Gestimmtheit wurde verstärkt durch die Lektüre mystischer Schriften besonders der osteuropäischen jüdischen Glaubensrichtung des Chassidismus, der auch Franz Kafka beeinflußt hatte. Das klingt nach etwa in dem Gedicht ›Chor der Geretteten‹ aus der Sammlung ›In den Wohnungen des Todes‹ von 1947, das sie »Meinen toten Schwestern und Brüdern« widmet. Der Beginn lautet:

> Wir Geretteten,
> Aus deren hohlem Gebein der Tod schon seine Flöten schnitt,
> An deren Sehnen der Tod schon seinen Bogen strich –
> Unsere Leiber klagen noch nach
> Mit ihrer verstümmelten Musik.
> Wir Geretteten,
> Immer noch hängen die Schlingen für unsere Hälse gedreht
> Vor uns in der blauen Luft –
> Immer noch füllen sich die Stundenuhren mit unserem tropfenden Blut.
> Wir Geretteten,
> Immer noch essen an uns die Würmer der Angst.
> [...]

Bei einem Gestapoverhör erlitt Nelly Sachs eine Kehlkopflähmung. »Fünf Tage lebte ich ohne Sprache unter einem Hexenprozeß. Meine Stimme war zu den Fischen geflohen, ohne sich um die übrigen Glieder zu kümmern, die im Salz des Schreckens standen [...].« Diese fürchterliche Erfahrung fand ihren Niederschlag in dem Gedicht ›Hiob‹ aus einem Zyklus über Gestalten des Alten Testaments, erschienen 1949 in der Sammlung ›Sternverdunkelung‹. Dieser Titel bezieht sich auf die Brandwolken, die aus den Verbrennungsöfen aufsteigen.

O du Windrose der Qualen!
Von Urzeitstürmen
in immer andere Richtungen der Unwetter gerissen;
noch dein Süden heißt Einsamkeit.
Wo du stehst, ist der Nabel der Schmerzen.

Deine Augen sind tief in deinen Schädel gesunken
wie Höhlentauben in der Nacht
die der Jäger blind herausholt.
Deine Stimme ist stumm geworden,
denn sie hat zuviel *Warum* gefragt.

Zu den Würmern und Fischen ist deine Stimme eingegangen.
Hiob, du hast alle Nachtwachen durchweint
aber einmal wird das Sternbild deines Blutes
alle aufgehenden Sonnen erbleichen lassen.

Die Heimsuchungen Hiobs sind – wie schon in Karl Wolfskehls ›Weh Hiob‹ – nicht auf das Materielle oder das Umfeld gerichtet, sondern sind ihm auf den Leib geschrieben. Sein pures Sein ist aufs höchste gefährdet. Wieder, wie in ›Weh Hiob‹, leuchtet am Ende das Heil auf, aber auch hier als eine entfernte, von der Person gelöste abstrakte Verheißung.

Nelly Sachs erhielt 1966 zusammen mit dem hebräischen Autor Schmu'el Josef Agnon den Nobelpreis.

Mascha Kaléko

Mascha Kaléko (1907–1975), Tochter eines Russen und einer Österreicherin, kam als Kind im Ersten Weltkrieg nach Deutschland und war eine bekannte Figur der Berliner Bohème der späten zwanziger Jahre. Ihr ›Lyrisches Stenogrammheft‹ von 1933 flog auf die Scheiterhaufen der nationalsozialistischen Studentenschaft. 1938 emigrierte sie in die Vereinigten Staaten. Ihr Gedicht ›Enkel Hiobs‹ behält den Duktus von Wolfskehls ›Weh Hiob‹ bei, doch entwickelt sie ihre Klage aus den Glücksmomenten beim Zug des Moses aus Ägypten ins Gelobte Land, als Jahwe seine Hand schützend über das jüdische Volk hielt.

Wie tief entbrannte über uns der Zorn!
Wo blieb die Feuersäule, die uns führte,
Dein Wunderfels, der, da man ihn berührte,
Uns Wasser gab, sich wandelte zum Born.

Wo bleibt die Stimme, da der Dornbusch flammt?
Nicht Land, nur Blut, wohin wir auch enteilen,

Wo bleibt der Stab, für uns das Meer zu teilen.
Sind wir auf Ewigkeit zum Irr'n verdammt?

Ist uns die letzte Arche schon zerschellt,
Gibt's kein Entfliehen mehr aus solcher Hölle,
Kein Ohr, das vor gewaltgem Schreie gelle,
Ist keine Liebe mehr auf dieser Welt?

Mit Tränen säten wir das erste Korn,
Und sieh, der Halm ist leer, den wir geschnitten.
Was willst du, Herr, noch über Hiob schütten?
– Gar tief entbrannte über uns dein Zorn.

Die Stärke Mascha Kalékos war der feuilletonistische Schreibstil eines Heinrich Heine oder Erich Kästner. Sie war mit Kästner befreundet und nannte ihn ihren Lehrmeister. Schon kurz nach ihrer Ankunft in New York 1938 schrieb sie das folgende Gedicht, das in seiner scheinbaren Leichtfüßigkeit und Berliner Schnoddrigkeit die Bitternis und das Heimweh der abertausend Vertriebenen anrührend ausspricht wie kaum ein anderes.

Sozusagen ein Mailied

Manchmal, mitten in jenen Nächten,
Die ein jeglicher von uns kennt,
Wartend auf den Schlaf des Gerechten,
Wie man ihn seltsamerweise nennt,
Denke ich an den Rhein und die Elbe,
Und kleiner, aber meiner, die Spree.
Und immer wieder ist es das selbe:
Das Denken tut verteufelt weh.

Manchmal, mitten im freien Manhattan,
Unterwegs auf der Jagd nach dem Glück,
Hör ich auf einmal das Rasseln von Ketten.
Und das bringt mich wieder auf Preussen zurück.
Ob dort die Vögel zu singen wagen?
Gibts das noch: Werder im Blütenschnee ...
Wie mag die Havel das alles ertragen,
Und was sagt der alte Grunewaldsee?

Manchmal, angesichts neuer Bekanntschaft
Mit üppiger Flora, – glad to see –
Sehnt sichs in mir nach magerer Landschaft,
Sandiger Kiefer, weiss nicht wie.
Was wissen Primeln und Geranien
Von Rassenkunde und Medizin ...
Ob Ecke Uhland die Kastanien
Wohl blühn?

Yvan Goll

Auch Yvan Goll (1891–1950) verfaßte einen Hiob-Zyklus, der aus der zwiefachen Heimsuchung, der Judenverfolgung und dem Wissen um seine tödliche Krankheit, die Leukämie, entstand. Dieser Hiob ist erstarrt, erduldet widerstandslos die Schläge des Schicksals. Der Dichter, eigentlich Isaac Lang, Sohn eines Elsässers und einer Lothringerin, sprach in der Familie französisch, im Gymnasium in Metz deutsch. In der Gedichtsammlung ›Menschheitsdämmerung‹ von 1920 hatte er von sich geschrieben: »Yvan Goll hat keine Heimat: durch Schicksal Jude, durch Zufall in Frankreich geboren, durch ein Stempelpapier als Deutscher bezeichnet.«

Yvan Goll lebte seit 1919 in Paris. Er dichtete zwischen 1930 und 1945 vorwiegend auf französisch und übersetzte selbst einen Teil seiner Gedichte ins Deutsche; weitere übertrug seine Frau Claire. 1939 fand das Ehepaar Asyl in den Vereinigten Staaten; Ende 1944 kehrte es in das befreite Paris zurück. Vorher schon (1942) wurde Yvan Goll über seine Leukämie informiert. Er starb 1950 im Amerikanischen Hospital in Neuilly bei Paris.

Yvan Goll gilt als der führende, wenn nicht der einzige wirklich surrealistisch schreibende Dichter deutscher Sprache. Surrealismus bedeutet, daß der Verfasser die Bilder, die er benutzt, nicht um der Konkretisierung eines bestimmten Begriffs, einer eindeutigen Vorstellung willen verwendet, sondern freischwebend in einem Bereich jenseits des rationalen Zugriffs, in dem Unterbewußtes, Halluzinationen und Traumerfahrungen die Wahl des Ausdrucks diktieren.

So wird im Gedicht ›Die Aschenhütte‹ (1950) die Düsternis der Zeitläufte in absurden Wortprägungen vergegenwärtigt wie dem Titelausdruck »Aschenhütte« oder in »Kegel des Mondes«, »Straße des Vergessens«, »Nesselbach«, »Ölfisch«, »Bett aus geschnitztem Schnee«.

Wir hatten kein Haus wie die andern an sicherem Berghang
Wir mußten immer weiterwandern
Im Schnee der weder Salz noch Zucker war
An runden Kegeln des Mondes entlang

Du riefst nach deinen Schutzvögeln
Die hoch im Äther zu den Gräbern Afrikas flogen
Die Straße des Vergessens machte große Schleifen
Und keine blasse Blume sann am Weg

Gen Mitternacht fand sich eine Aschenhütte
Man hörte das lachende Bellen der Wölfe
Mit Fackeln hielt ich sie fern
Und fing im Nesselbach einen Ölfisch

Der uns lange erwärmte
Breit war das Bett aus geschnitztem Schnee

Und da geschah das Wunder:
Dein goldener Leib erstrahlte als nächtliche Sonne

In all dem Elend des Weges ins Ungewisse geschieht das Wunder einer Liebeserfahrung. Was in den ersten drei Strophen vorausgeht, ist eine surrealistische Bilderwelt in der Malweise Salvador Dalís, nur ist Golls Welt viel düsterer und kälter. Es tauchen bevorzugte Metaphern Golls auf: die ewige Wanderung Ahasvers, das harte Weiß des Mondes und die Asche als das Symbol der Trauer. Das Gedicht ist bei aller Fremdartigkeit der einzelnen Bilder außerordentlich geschlossen in der Darstellung einer niedergedrückten, ja zum Äußersten gefährdeten Existenz, die nur vorübergehend eine dürftige Bleibe findet. Um so wirkungsvoller ist dann der Schluß – wenn er auch nur ein Augenblick des Vergessens in einem Zeitenmeer des Elends ist. Der Surrealismus zeigt hier seine Grenzen; denn wir erleben das Werk als eine klar erkennbare Aussage über den Lebensweg eines Unbehausten und eine persönliche Erfahrung des Dichters.

Das Gedicht ist in der Sammlung ›Traumkraut‹ enthalten, die Claire Goll aus dem Nachlaß herausgab. Sie berichtet, Yvan hätte in den zwei Monaten vor seinem Tod Zettel, Briefumschläge und was er sonst an Unbeschriebenem in die Hände bekam, mit Versen bedeckt, von denen viele ausdrücklich an sie gerichtet waren. ›Die Aschenhütte‹ ist eines seiner letzten Gedichte überhaupt.

Lied der Unbesiegten

Schwarze Milch des Elends
Wir trinken dich
Auf dem Weg ins Schlachthaus
Milch der Finsternis

Man gibt uns Brot
Weh! Es ist aus Staub
Unser Schrei steigt rot
Aus dem Schlachthof auf

In unsrem Höllenwein
Aus der Reben Glut
Aus Schädeln und Bein
Gärt Luzifers Blut

Aus den Augen wächst Klee
Den Mond zu beweinen
Und der Ahnen Armee
Wacht unter den Steinen

Uhu der Dunkelheit
Wird den Racheruf schrein
Wölfe werden die Söhne sein
Reißende Grausamkeit

Schwarze Milch des Elends
Wir trinken dich
Auf dem Weg ins Schlachthaus
Milch der Finsternis

Auch dies Gedicht ist angefüllt mit surrealistischen Metaphern, deren Grundtenor die Düsternis und das Entsetzen ist. Rot steht für den Schmerz und die Verzweiflung; es ist nicht nur Farbe, sondern auch Schrei und Qual. Der Mond taucht in den Gedichten wiederholt auf, immer mit der Assoziation des kalten, harten Lichts. Ganz dieser Gestaltungsebene gehören Ausdrücke wie »Aus den Augen wächst Klee« an. Goll verwendet in dem Gedicht das eindrucksvolle paradoxe Bild von der »schwarzen Milch« (ein Oxymoron, d. h. ein Begriff, der aus zwei sich widersprechenden Teilen besteht), das später durch Paul Celans ›Todesfuge‹ von 1956 geradezu sprichwörtlich geworden ist. In Celans Werk kehrt die Stimme Yvan Golls mehrfach wieder, im Gebrauch des hebräischen Symbolworts Asche (vgl. ›Die Aschenhütte‹) und der Genitiv-Metapher (»Uhu der Dunkelheit«).

Das ›Lied der Unbesiegten‹ verfaßte Yvan Goll wohl zeitgleich auf französisch und deutsch; die deutsche Fassung trägt den Vermerk: »New York, 14. 11. 1942«.

1. Die Bühnensituation 1933–1945

In Deutschland erreichte das Drama, ebenso wie das Theater, 1933–1945 kein hohes Niveau. Die Nationalsozialisten schrieben dem Theater als Medium der Propaganda eine große Bedeutung zu. Das Bühnenwesen wurde stark subventioniert und durch die »Reichstheaterkammer« kontrolliert. Die deutschen Bühnen hielten sich an ein Repertoire durchschnittlicher Stücke und mußten einen völkisch-national einwandfreien Spielplan vorweisen.

›Schlageter‹ von Hanns Johst wurde bei seiner Uraufführung zu Hitlers Geburtstag 1933 zu einem Theaterereignis stilisiert, mit dem sich Führung und Nation voll identifizieren sollten. In Albert Schlageter, dem Widerstandskämpfer gegen die Besatzer im »Ruhrkampf« 1923, fand man einen nationalen Helden und Märtyrer.

In diesem Klima gab es für die weiterhin in Deutschland lebenden nichtfaschistischen Dramatiker wesentlich weniger Spielraum für verdeckte Regimekritik als z. B. für die Romanautoren. Die einzige Möglichkeit bestand in der Neufassung klassischer Themen, die auch zur Aufführung gelangen konnten.

Gerhart Hauptmann, der durch seine naturalistischen Stücke international bekannt war, nahm die von Goethe geschaffene Tradition auf und näherte sich der Klassizität an. Seine ›Atriden-Tetralogie‹, deren letzter Teil ›Iphigenie in Delphi‹ 1941 in Berlin uraufgeführt wurde, verband eine düstere Vergangenheit mit einer düsteren Gegenwart.

Die deutschen Stückeschreiber im Exil hatten kaum Möglichkeiten, ihre Bühnenwerke aufzuführen. Lediglich die Schweizer Theater hielten sich für die politischen Exildramen offen. Die wichtigste professionelle Bühne, an die sich emigrierte deutsche Dramatiker wenden konnten, war das Zürcher Schauspielhaus. Hier wurden u. a. Werke von Ferdinand Bruckner, Carl Zuckmayer und Georg Kaiser uraufgeführt. Vor allem gelangte ein Großteil der bedeutenden Exilstücke Bertolt Brechts zur Erstaufführung: ›Mutter Courage und ihre Kinder‹ (1941), ›Der gute Mensch von Sezuan‹ (1943), ›Leben des Galilei‹ (1943) und noch nach dem Krieg ›Herr Puntila und sein Knecht Matti‹ (1948).

Bert Brecht leistete in Praxis und Theorie einen wichtigen Beitrag zum deutschen Theater der dreißiger und vierziger Jahre. Hier werden drei seiner Stücke vorgestellt, die einen besonders antifaschistischen Akzent tragen.

Franz Werfels ›Jacobowsky und der Oberst‹ wurde in der deutschen Fassung 1944 im Stadttheater Basel uraufgeführt. Die »Komödie einer Tragödie« ist das Gegenteil eines Klagestücks über das Schicksal des jüdischen Volkes.

2. Das nationalsozialistische Schauspiel

2.1 Das Thingspiel

Unter Thingspielen versteht man kultische Großveranstaltungen, in denen die nationalsozialistische Ideologie insbesondere das Volkstum und den nordischen Tatmenschen feierte. Sie fanden bevorzugt in der freien Natur statt, zum Teil auf eigens an Berghängen errichteten, antiken Theatern nachgeahmten »Thingstätten« (mit Rasen- statt der Marmorstufen). Solche Plätze dienten im germanischen Altertum für Volksversammlungen und Gerichtstage. Daran knüpfte man an, indem man zu heidnischen Feiern wie der Sonnenwende oder an nationalen Gedenktagen zu Großveranstaltungen, sogenannten »nationalen Gottesdiensten«, aufmarschierte.

Die Nationalsozialisten nahmen die Thingspiele als ihre ureigene dramatische Gestaltungsform in Anspruch. Sie bauten aber erprobte Elemente wie die Chorpartien der antiken Tragödie und den evangelischen Gemeindegesang ein; die Form ist bereits vorgezeichnet in Feiern der Jugendbewegung und der Arbeitervereine. Daran anknüpfend hat Bertolt Brecht in seinen sozialistischen Lehrstücken, besonders in der ›Maßnahme‹ (1930), zahlreiche Züge des Thingspiels vorweggenommen: die statischen Redner und Sänger, das Chorlied (mit den einhämmernden Schlagzeilen, hier aus der kommunistischen Lehre), den Sprechchor und die Pantomime, das Handlungsgerüst einer Sitzung des Parteigerichts.

Von Dramen kann man bei diesen Texten nur bedingt sprechen. Es sind im wörtlichen Sinn Schau-Spiele. Die Feiern waren aufgebaut auf das Rezitieren von vaterländischen Gedichten, auf Sprechchöre und Chorgesang. Es fehlte der dramatische Dialog; an seine Stelle trat der Vortrag wechselnder Redner. Im Orchester herrschten die martialischen Instrumente Posaune, Trompete, Trommel vor. Die Rhetorik war das zentrale Element der Darbietung. Sie sollte durch Eindringlichkeit und Aufpeitschen der Emotionen ein erhebendes Gemeinschaftserlebnis im Sinne des Nationalsozialismus erzeugen. In der Verlagsanzeige für eine Kantate zur Feier der Wintersonnenwende heißt es: »Bei größter Schlichtheit und Einfachheit des Ausdrucks ist das Werk von einem starken Gefühl der Gemeinsamkeit getragen und verlangt diese Haltung im gleichen Maße von den Darstellenden und Hörenden.« An den germanischen Thing erinnert, daß das Thema des »Spiels« häufig ein Gerichtstag war.

Die Bücherverbrennung von 1933 (vgl. S. 35 ff.) bietet ein Beispiel für den einhämmernden theatralischen Aufbau solcher Feiern: in dem pathetischen Wiederholen gleicher Wortgruppen, gleichartiger Antithetik (»Gegen ... für ...«), gleicher Satzformen, hier neunmal nacheinander, mit einer überhöht veränderten Formel in der Schlußpartie: »Ich übergebe der Flamme ...« wird zu »Verschlinge, Flamme ...«. Die Bücherverbrennungen waren als Femegericht über die »vaterlandslosen Zivilisationsliteraten« angelegt.

Die Thingspiele hatten ein kurzes Leben; schon vor Ausbruch des Krieges kümmerten sie dahin, denn das verbissene Einhämmern nationaler und völkischer Thesen, das unbewegliche rhetorische Herunterleiern allbekannter Parolen, das auf längere Sicht lächerlich wirkende Bemühen von Sprechchören um immer die gleichen Worthülsen ermüdeten. Die breite Masse empfand die Thingspiele bald als überflüssiges, lästiges Brimborium, als eine Spielwiese der Hundertprozentigen. (Auch Brecht kam übrigens schnell von seinen Lehrstücken ab; doch sein »episches Theater« bewahrt Elemente davon.)

2.2 Ideologisches Einhämmern

Hanns Johst
Schlageter

Hanns Johst (1890–1978) war ein Dichter des Expressionismus. Er meinte den »Neuen Menschen«, der aus den reinigenden Schlachten des Ersten Weltkriegs hervorgehen sollte, im Nationalsozialisten zu finden. Nach 1933 stieg er steil auf zum Präsidenten der Deutschen Akademie der Künste und der Reichsschrifttumskammer. Als sein wichtigstes ideologiekonformes Drama gilt ›Schlageter‹ (1933), dem er die Widmung voranstellte: »Für Adolf Hitler. In liebender Verehrung und unwandelbarer Treue.«

Das Drama handelt von dem Weltkriegs- und Freikorps-Offizier Albert Leo Schlageter, der 1923 während des »Ruhrkampfs« Bahngleise und Brücken sprengte, um die französischen und belgischen Besatzungstruppen zu behindern. Ein französisches Kriegsgericht verurteilte ihn zum Tode. Schon bei seinem Begräbnis wurde Schlageter zum vaterländischen Heroen hochstilisiert, zu einem Nationalhelden wie Armin der Cherusker. Im Drama verklärt ihn Johst zum »erste[n] Soldat[en] des Dritten Reiches«.

Der Handlungsablauf ist verhältnismäßig platt, da wirkliche Gegenspieler fehlen. Im ersten Akt wird der anfangs noch zögernde, dann auf die vaterländische Linie einschwenkende Schlageter eingeführt, dann werden seine Gesinnungsgenossen vorgestellt; der zweite Akt enthält eine bissige Charakterisierung sozialistischer Parteigrößen des Weimarer Systems. Es folgt unvermittelt ein Akt, in dem Schlageter, nunmehr der Befehlsgeber, mit seinen Kameraden Attentate plant; der vierte Akt schließlich spielt, nach der Verurteilung Schlageters, im Hause der Eltern eines Mitverschworenen. Dabei finden sich Menschen jeglicher politischer Couleur – einschließlich des vorher karikierten sozialistischen Regierungspräsidenten Schneider – einig im Entsetzen über die Härte der Urteilssprüche des Kriegsgerichts. Die vorletzte Szene des Dramas endet mit einer seherischen Anwandlung eines Generals (»Exzellenz«) und Alexandras, der Freundin Schlageters. Darauf folgt das theatralische Tableau der Erschießung des Helden.

ALEXANDRA: Sie hoffen und horchen in die Nacht hinaus ...?

EXZELLENZ: Ja! ... und ich höre neue Kolonnen ... Marschschritt ... Aufbruch ... Deutschland erwacht!!

ALEXANDRA: Ich höre nur die Clairons ... das Lastauto, das Schlageter zur Schädelstätte schleppt ... die Salve ... die Salve ... und ich lache ... lache ... lache ...

(Schreit gellend wie im Wahnsinn auf, wirft ihre Fäuste, die den Daumen halten, über den Kopf. Jähe Dunkelheit überfällt die Szene.)

(Vorhang)

Sechste Szene

(Sofort gellen von fernher Clairons auf, und man vernimmt das Dröhnen der Motore von Lastautos. Das letzte Bild schließt sich wie eine Vision der Szene an. Der Lärm der Motore schwillt an. Die Clairons sind ganz dicht in ihrem atemlosen Triumph. Sobald sich der Vorhang hebt, Totenstille.

Schlageter, Rücken zum Publikum, steht steil, Hände auf den Rücken mit einem Seil gebunden, dessen Ende zur Erde schleppt, als ob er die ganze Erde trüge.

Dämmerlicht. Nur Schlageter steht im Lichtkegel der Scheinwerfer des Lastautos, dessen Motor jetzt leise im Leerlauf zittert. Ein französischer Sergeant schlagt ihm mit dem Gewehrkolben in die Kniekehlen, so daß er in die Knie bricht.)

SERGEANT: ... à genoux! ... à genoux! ...

(Im Hintergrund riegelt den Horziont, wie schwarzes Mauerwerk, ein französisches Peloton ab, das zur Exekution bereit steht.

Links von Schlageter, im Dunkel, sein Geistlicher und sein Anwalt.)

SCHLAGETER *(wendet sein Gesicht nach links.):* Deutschland!

Ein letztes Wort! Ein Wunsch! Befehl!!
Deutschland!!!
Erwache! Entflamme!!
Entbrenne! Brenn ungeheuer!!
(Nach dem Hintergrund, befehlend.)
Und ihr ... Gebt Feuer!!

STIMME DES FRANZÖSISCHEN KOMMANDANTEN: A mon commandement – feu!

(Vorher werden die Scheinwerfer langsam eingezogen, so daß die Feuergarbe der Salve wie greller Blitz durch Schlageters Herz in das Dunkel des Zuschauerraumes fetzt.

Alles Licht erlöscht jäh. Vorhang stürzt herab.

Die Motore donnern, die Clairons gellen Triumph. Einen Augenblick lang, dann jähe und unbedingte Stille ... Totenstille.

Licht im Zuschauerraum.)

Ende

(IV, 5; IV, 6)

Mit dem »Deutschland erwacht!!« nimmt der General, mit »Deutschland!!! Erwache!« Schlageter einen Kampfruf der SA vorweg. Der Ausruf »Deutschland« durchzieht den gesamten Dramentext, ausgefüllt mit all dem nationalen Pathos, der sich seit der Deutschtümelei des Turnvaters Jahn, der Abfassung des Deutschlandlieds und der Reichsgründung in dem Wort angesammelt hatte. Mit »Deutschland!« verabschieden sich die Saboteure, wenn sie zur Tat aufbrechen, und »Deutschland« ist das abschließende Wort, wenn die Argumente ausgehen.

Besonders den letzten Sätzen des Dramas ist abzulesen, daß Hanns Johst Expressionist war. Daher kommen das Stammeln, das sich in den zahlreichen Drei-Punkte-Einschüben zeigt, und besonders Formulierungen wie »Schreit gellend«, »wirft ihre Fäuste«; Clairons »gellen auf«, Schlageter »steht steil«, er ruft: »Erwache! Entflamme!! Entbrenne! Brenn ungeheuer!!« Die Feuergarbe »fetzt« »wie greller Blitz durch Schlageters Herz«. Die Nationalsozialisten lehnten den Expressionismus als dekadent und kulturbolschewistisch ab, doch ein Element davon schnitzten sie zu ihrem propagandistischen Hausgebrauch zurecht: den lauten, »gellenden« Ausruf, in dem sie eine ideologische These in einem nicht vielsagenden, sondern in ihrem Sinne eindeutigen, bedeutungsvollen, gefühlhaft aufgeladenen Wort oder einer knappen, lakonischen Wortgruppe zusammenfassen konnten: »Blut und Boden«, »Scholle«, »Ein Volk steht auf«, »Deutschland erwache!« Natürlich ist dieser Stil nicht allein nazispezifisch; er liegt im Trend der Zeit. Auch andere stützten ihre Propaganda auf solche sprachlichen Krücken (»Klassenfeind«; in der DDR »Aufbau«).

Ein besonders auffälliges Strukturmerkmal ist in Johsts Drama die verschworene Frontsoldaten-Gemeinschaft. Im »Ruhrkampf« wiederholt sich das Befehlsgefüge des Ersten Weltkriegs. Es herrscht Disziplin. Allerdings haben sich die Ränge verschoben: Der Rittmeister von Übernitz und der Freiherr von Redwitz ordnen sich dem führenden Kopf, dem ehemaligen Leutnant Leo Schlageter, ganz selbstverständlich unter. Johst dient hier ebenso der Pflege der feldgrauen Kumpanei wie dem Buhlen der Nationalsozialisten um den Adel (mit der Signalwirkung: der Adel macht gemeinsame Front mit Bürgerlichen und Arbeitern um des Vaterlandes willen). Die Kameraderie geht vom General bis hinunter zu Peter Fischer, dem Burschen Schlageters. Als Peter verhaftet wird, sagt er verächtlich zum Polizeiwachtmeister:

PETER: [...] Das Schießen können Sie nicht vertragen, was? So dumm waren Sie nicht, daß Sie sich im Weltkriege daran gewöhnt hätten ...

WACHTMEISTER: Reden Sie keinen Unsinn, Mann ... Soviel Schneid wie Sie habe ich noch immer! Ich war Stoßtruppführer. Eisernes Erster!! Genügt das?

PETER *(schaut ihn groß und lange an.)*: ... Das genügt, Herr Kamerad ... Armes Deutschland!

(IV, 4)

Vom »Kameraden« läßt sich Peter bereitwillig verhaften; da ist von Widerstand nicht mehr die Rede. Der hohe Stellenwert des Soldaten drückt sich besonders intensiv in den Sätzen des Mitverschwörers Friedrich Thiemann aus:

> Wir waren draußen – Gottverdammich! – nicht auf Anstellung, sondern auf Stellung! Wir waren Freie und Willige, und wir waren gar nicht so saublöd, wie uns heute die Zivilisationsliteraten machen möchten! Und wer damals, die ganze, hübsche Zeit über, Soldat war, der ist es heute noch! Der ist es heute erst recht!!
>
> *(I, 1)*

Mit den »Zivilisationsliteraten« zielt Johst auf Autoren wie Arnold Zweig oder Erich Maria Remarque und deren Romane aus den späten zwanziger Jahren: ›Der Streit um den Sergeanten Grischa‹ (1927), ›Im

Westen nichts Neues‹ (1929). Wichtig ist die Betonung des freien Willens, mit dem die Soldaten am Krieg – und an den Sabotageakten – teilnahmen: Der Hinweis auf die Begeisterung und den Kampfes- und Opferwillen, die 1914 vorherrschten, ist ein Hauptthema nationalsozialistischer Propagandaschlachten. Bei diesem Tenor versteht es sich, daß der General keinerlei Gewissensskrupel hat, kein Mitleid mit den Soldaten empfindet, die er in den Tod geschickt hat:

> Singend oder geduckt zogen sie vorüber ... Uniform an Uniform ... gepreßt in Reih und Glied ... hinein in die Vernichtung ... Und ich habe jeden Mann, jeden einzelnen Mann der Schlacht anvertraut!
> Ich habe soundso viel tausend Soldaten ... soundso viel Männer des deutschen Lebenswillens als General zu verantworten gehabt, und ich lasse mir diese Verantwortung nicht in Frage stellen!
> Ich bin ein alter Mann. Ich bin bereit, vor die Schranken zu treten. Jeder Tropfen Blut wurde nach bestem Wissen und Gewissen eingesetzt und geopfert!
> Ein verlorener Krieg ist kein Grund, seinem Glauben abzuschwören! Er ist nur Grund, den Sieg tiefer, fanatischer und frömmer zu beschwören!!
>
> *(IV, 1)*

In solchen Worten spürt man – bereits 1933 – die latente Kriegsbereitschaft des Nationalsozialismus ebenso wie das Hofieren der Generalität und die kaum noch unterschwellige Einwirkung auf die »Wehrfreudigkeit« der Deutschen.

Auch die Kultur- und Geistfeindlichkeit kommt zu Wort:

FRIEDRICH THIEMANN: [...] Nein, zehn Schritte vom Leibe mit dem ganzen Weltanschauungssalat ... Hier wird scharf geschossen! Wenn ich Kultur höre, ... entsichere ich meinen Browning! [...] Oder kannst du im Ernst irgend etwas nennen, was ohne Blut und ohne klare Fronten hier auf dieser Erde geworden wäre?

(I, 1)

Und ebenso ein Werben um den Sozialismus: Der alte Sozialdemokrat und Gewerkschafter Schneider, jetzt Regierungspräsident, diskutiert mit seinem nationalistischen Sohn August:

SCHNEIDER: [...] unser Klassenkampf, unsere Streiks ... unsere ganze Arbeiterorganisation, das war wohl kein Erlebnis, was ...? Der Sozialismus, die Internationale, das waren wohl Phantasien ...?

AUGUST: Die waren notwendig, aber sie *waren* [...]

SCHNEIDER: So ... und die Zukunft hat also deine Volksgemeinschaft? [...]

AUGUST: [...] Wir sehen das Leben nicht in Arbeitszeiten zerhackt und mit Preistafeln versehen, sondern wir glauben an das Dasein als ein Ganzes. Wir wollen alle nicht mehr in erster Linie verdienen, sondern: dienen. Der einzelne ein Blutkörperchen in der Blutbahn seines Volkes.

(II, 8)

Das ist nichts anderes als ein Bemühen, die Sozialdemokraten in die nationale Einheitsfront zu locken.

Die Berliner Aufführung des Dramas ›Schlageter‹ endete 1933 mit dem Deutschlandlied und dem Horst-Wessel-Lied, also in einem nationalen Akt, der auf die kommende militaristische Entwicklung vorausweist.

3. Das klassische Drama fern der Ideologien

Gerhart Hauptmann
Atriden-Tetralogie

Atreus, der Stammvater des Geschlechts der Atriden, hatte nach der frühgriechischen Sage im Kampf um die Herrschaft in Argos die Söhne seines Bruders Thyestes umgebracht. Wegen dieser Bluttat wurde sein Geschlecht von den Göttern mit dem Fluch belegt, daß es fortfahren müßte, in der eigenen Familie zu wüten. Der Höhe- und Endpunkt dieses Verhängnisses ist nach dem Mythos und in der auf ihm fußenden antiken Dramatik das Schicksal Agamemnons, seiner Gattin Klytämnestra und der Kinder Iphigenie, Elektra und Orest(es). Deren Schicksal läuft in vier Phasen ab. Sie werden hier nach den Dramen des Euripides dargestellt, der an einer entscheidenden Stelle vom Mythos und vom Werk des Aischylos abweicht.

1. Agamemnon, von den Griechen als Oberbefehlshaber im Krieg gegen Troja gewählt, liegt mit dem Heer in Aulis fest, weil widrige Winde die Ausfahrt verhindern. Nur wenn er der zürnenden Göttin Artemis die Tochter Iphigenie als Menschenopfer darbringt, kann der Angriff auf Troja beginnen. Agamemnon opfert die Tochter. Im Mythos und bei Aischylos stirbt sie tatsächlich; doch bei Euripides schiebt Artemis unbemerkt eine Hirschkuh unter und entführt Iphigenie nach Tauris (Krim). Dort soll ihr die Königstochter als Priesterin dienen.

2. Empört über die Opferung Iphigenies ermordet Klytämnestra ihren Gatten, als er zehn Jahre später von Troja zurückkehrt.

3. Elektra treibt ihren Bruder Orest dazu, den Tod des Vaters zu rächen. Der Sohn erschlägt die Mutter Klytämnestra mit dem Beil, mit dem sie Agamemnon umgebracht hat.

4. Nach dem Muttermord wird Orest von den Rachegöttinnen, den Erinnyen, umgetrieben. Der delphische Apoll weissagt, daß er erlöst würde, wenn er das Bild der Artemis, seiner Zwillingsschwester, aus Tauris nach Delphi bringe. Orest und sein Freund Pylades

unternehmen den Raubzug und führen nicht nur das Bildnis der Göttin, sondern auch die Priesterin Iphigenie nach Griechenland zurück. Orest ist von den Erinnyen befreit; der Atridenfluch hat ein Ende.

Das Atridenschicksal ist in vielerlei Form auf die Bühne gebracht worden; aus der Antike ist jedoch kein Werk erhalten, das alle vier Phasen des Atridenschicksals behandelt; spätere Autoren haben sich jeweils mit Teilbereichen begnügt. Das einzige Werk, das den Gesamtkomplex umfaßt, ist der vierteilige Dramenzyklus von Gerhart Hauptmann, die ›Atriden-Tetralogie‹.

Hauptmann war zuerst und vornehmlich am Iphigenienthema interessiert. Euripides hatte um 412 v. Chr. eine ›Iphigenie im Taurerland‹ verfaßt. Hier rauben die Griechen das Götterbild und die Priesterin mit Waffengewalt. Auf diesem Drama fußt Goethes ›Iphigenie auf Tauris‹ (1787) mit seiner humanen Lösung (vgl. Bd. 3, S. 156ff.). Beide Dramen enden mit dem Abzug aus Tauris. Die Ankunft in Delphi ist kein Vorgang, der bevorzugt zu dramatischen Entwürfen anregt. Trotzdem hat Goethe nach einer Notiz in den während seiner Italienreise geschriebenen Tagebüchern daran gedacht, den Stoff zu dramatisieren:

> Heute früh hatt ich das Glück von Cento herüberfahrend zwischen Schlaf und Wachen den Plan zur Iphigenie auf Delphos rein zu finden. Es giebt einen fünften Ackt und eine Wiedererkennung dergleichen nicht viel sollen aufzuweisen seyn.

Aus dieser Notiz von 1786 machte Goethe, als er 1815 seine ›Italienische Reise‹ redigierte, einen ausführlicheren Plan, der unter »Bologna, den 19. Oktober [1786], abends« verzeichnet ist.

> Elektra, in gewisser Hoffnung, daß Orest das Bild der Taurischen Diana nach Delphi bringen werde, erscheint in dem Tempel des Apoll und widmet die grausame Axt, die so viel Unheil in Pelops' Hause angerichtet, als schließliches Sühnopfer dem Gotte. Zu ihr tritt, leider, einer der Griechen und erzählt, wie er Orest und Pylades nach Tauris begleitet, die beiden Freunde zum Tode führen sehen und sich glücklich gerettet. Die leidenschaftliche Elektra kennt sich selbst nicht und weiß nicht, ob sie gegen Götter oder Menschen ihre Wut richten soll.
> Indessen sind Iphigenie, Orest und Pylades gleichfalls zu Delphi angekommen. Iphigeniens heilige Ruhe kontrastiert gar merkwürdig mit Elektrens irdischer Leidenschaft, als die beiden Gestalten wechselseitig unerkannt zusammentreffen. Der entflohene Grieche erblickt Iphigenien, erkennt die Priesterin, welche die Freunde geopfert, und entdeckt es Elektren. Diese ist im Begriff, mit demselbigen Beil, welches sie dem Altar wieder entreißt, Iphigenien zu ermorden, als eine glückliche Wendung dieses letzte schreckliche Übel von den Geschwistern abwendet.

Gerhart Hauptmann las Goethes Eintrag 1940, als er sich intensiv mit der Antike befaßte. Es reizte ihn, der sich in seinen späteren Jahren gern an Goethe maß, das Thema aufzugreifen. Innerhalb weniger Monate schrieb er ›Iphigenie in Delphi‹, den letzten Teil der Tetralogie, nieder. Er hielt sich zwar an Goethes knappen Entwurf, doch sein Werk entspringt einem ganz anderen Antiken-Verständnis: Er greift den Atridenstoff an seinen Ursprüngen auf, tief in der archaischen Mythenwelt, in der die Menschen noch Anteil am Überirdischen hatten und in der Ekstase, in der Entrückung, im Wahnsinn eng mit dem Überirdischen verknüpft waren. Sophokles und Euripides hatten die Welt der Mythen bereits als antiquarisch aufgefaßt, als einen Komplex vergangener Geschichten, die man wohl exemplarisch verwenden konnte, aber nicht ernst nehmen mußte als höhere Wahrheit. Gerhart Hauptmann will sie ernst nehmen. Daß die Götter, Geister und Dämonen unmittelbar in das Leben eingreifen, wird sichtbar und »glaub«würdig im Wahnsinn des von Furien gehetzten Orest und im Schicksal Iphigenies: Eine zur Priesterin geweihte Frau ist dem Leben wirklich entfremdet. Diese Überirdischen haben wenig gemeinsam mit den vermenschlichten Wesen des Olymp. Kennzeichnend dafür ist, daß Iphigenie in Hauptmanns Tragödie Artemis immer bei ihrem Beinamen Hekate nennt, der von einer vorgriechischen, vorderasiatischen chthonischen Gottheit der Nacht und des Todes herrührt. Deren fratzenhafte Inkarnation in Tauris wird so geschildert:

> Dort herrscht sie blutig, heißt's, als Hekate
> mit Schlangenhaaren, Hunds- und Löwenkopf,
> verstört der Menschen Sinn! Stygische Hunde
> winseln um sie, die, was man opfert ihr,
> wütend zerreißen, Tier und Mensch, auch Griechen,
> die eine fürchterliche Priesterin
> am Altar darbringt!
>
> *(I, 2)*

In Goethes Tagebuchnotiz taucht der Begriff »Wiedererkennung« (griech. = Anagnorisis) auf. Das ist ein dramentechnischer Begriff, der in der antiken Dichtung eine wesentliche Rolle spielt. Euripides hatte in seinem Drama ›Iphigenie im Taurerland‹ die Wiedererkennung zwischen Orest und Iphigenie kunstvoll auf Zufälle aufgebaut. Hauptmann fand sich offensichtlich neben dem archaischen Ansatz ganz besonders durch das Motiv der Anagnorisis herausgefordert. Wenn es dabei in der Regel darum ging, sich wiederzufinden, so macht Hauptmann daraus ein abgestuftes Nicht-erkannt-werden-Wollen. Der wahnsinnige Orest hat sein Ich verdrängt; Elektra verbirgt es; Iphigenie hat sich zu einem anderen Ich verwandelt. Diese drei Haltungen, und wie sie durchschaut und überwunden werden, sind tragende Elemente des Dramas.

Inhalt der Tragödie ›Iphigenie in Delphi‹: Im ersten Akt wird die klare, rituell geordnete und selbstgewisse Welt der delphischen Priesterschaft dem verzweifelten Lebensgefühl der Geschwister Elektra und Orest gegenübergestellt. Die beiden sind außer sich, so sehr, daß die verstörte Elektra, ärmlich gekleidet und vermummt, ihre Identität verbirgt, Orest aber, ungeschlacht, verwahrlost, mit wüstem, schneeweißem Haarwuchs, als der Steuermann Theron auftritt. Er hat nicht mehr als eine vage Erinnerung an sein wahres Sein. Die Geschwister sprechen miteinander und sehen Gemeinsamkeiten ihrer Schicksale, so daß sie sich sogar mit Bruder und Schwester anreden, aber sie erkennen sich nicht.

ELEKTRA: [...] So viel erfahre, Traum: ich trage Blutschuld.
THERON (Orestes): Auch ich! So sind wir denn durch Blut verwandt.
ELEKTRA: Doch meine Schuld, mein Bruder, übertrifft die deine.
THERON (Orestes): Und zudem bin ich entsühnt.
[...]
ELEKTRA: Mein Bruder,
des Schuld die meine, nicht die seine, ist
zweimal entsühnt: zu Delphi und Athen;
landflüchtig trotzdem irrt er auf der Erde.
THERON (Orestes): Ist dies dein Traum nun, oder ist's der meine?
Wie aber heißt der Gottbetrogene denn?
ELEKTRA: Es ist der Tantalidensproß Orest.
THERON (Orestes): Orest? Orest? Wo hört ich diesen Namen?

(I, 5)

Das Zwiegespräch endet in einer Katastrophe:

THERON (Orestes): Wahnsinnige, wenn du Elektra bist,
so nimm es für gewiß: [...]
Orest, dein Bruder, wisse, lebt nicht mehr.
Er ist verblutet unterm Mordstrahl der
Barbarenpriesterin und Pylades,
sein Freund, nach ihm, wie er.
ELEKTRA: Du lügst!
THERON (Orestes): Und das warum?
ELEKTRA: Um dich zu rächen
dafür, daß ich als Wegwurf dich erkannt.
THERON (Orestes): Wenn Fürst Orest mir nun den Auftrag gab,
Mykene, Tiryns, Argos zu besuchen,
um dort den Seinigen zu berichten, daß
er im verfluchten Leben nicht mehr weilt?
ELEKTRA: Du lügst! Du lügst!

THERON (Orestes) *(schäumend, stampft mit den Füßen):*
Orest ist tot, ist tot!
Verflucht, wer seinem Grab sich naht! Verflucht,
wer widerspricht! Wer auch nur seinen Namen
noch nennt: er sei verdammt, er sei verflucht!

(I, 6)

Der Dialog bewegt sich in einer Sphäre der Entrücktheit, der Ahnung und des Traumes, gratscharf am Erkennen vorbei. Das wird besonders deutlich in den Schlußsätzen Orests, in denen er Elektra die Nachricht von seinem eigenen Tod nicht mehr mitteilt, sondern in blinder Wut einhämmert, so als zweifelte eine innere Stimme an dem, was er verkündet.

Im zweiten Akt wird das Bildnis der Artemis in feierlicher Prozession in den Apoll-Tempel gebracht. Die Bühnenanweisung von II,5 enthält die Sätze: »[...] Von [...] Priesterinnen getragen, erscheint eine Bahre, auf der das alte Holzbild der Artemis steht. Dieser Bahre folgt, in Purpur gekleidet, die hoheitsvolle Gestalt der Oberpriesterin. Sie überragt die anderen an Größe und bewahrt ein unbewegliches, archaisches Lächeln.«

Plötzlich ertönt ein Schrei, und Elektra stellt sich, das Doppelbeil der Atridenmorde in der Faust, der vermeintlichen Mörderin ihres Bruders entgegen. Fast käme es zum nächsten Verwandtenmord, doch Pylades, der gerade rechtzeitig hinzukommt, entreißt ihr die Waffe. Das Bild wird in den Tempel getragen. Es ist der Augenblick, in dem der Bann von Orest abfällt, da nun der Auftrag Apolls erfüllt ist. Elektra und Orest erkennen sich, der treue Pylades steht an ihrer Seite. Dies wäre das Ende des Atridenfluchs, wenn sich Iphigenie zu den Geschwistern gesellen würde. Hauptmann führt seinen archaischen Ansatz jedoch konsequent fort. Es gelingt weder Orest noch Elektra, die Schwester Iphigenie in die Familie zurückzuführen. Orest bedrängt sie: Sie habe in Tauris zu ihm gesagt: »Ich kenne dich«; er spricht von Agamemnon, der seine Tochter geopfert habe, und schließlich fragt er, ob sie den Namen Iphigenie kenne. Da zieht die Oberpriesterin einen Schleier über das Gesicht. Wieder, wie zuvor bei ihren Geschwistern, ist die Anagnorisis ausgeblieben, aber in Rede und Antwort ganz nahe. Iphigenie will sich ebensowenig offenbaren wie zuvor Orest. Bei ihm war es der erinnyengetriebene Wahnsinn, der ein Zu-sich-Kommen verhinderte; bei Iphigenie dagegen ist es die Entrücktheit in die Sphäre der Priesterschaft; sie hält willentlich am Nicht-Erkennen fest. Mit der Geste der Verschleierung des Hauptes deutet sie am Ende doch an, daß ihr der Name Iphigenie zusteht. Orest gegenüber ist es ihr einziges Zugeständnis.

Im dritten Akt erfolgt im Dialog zwischen Elektra und der Oberpriesterin die letzte, die zentrale Wiedererkennungsszene. Elektra spricht die Oberpriesterin an und fragt: »Kennst du mich?« Sie antwortet: »Erlaß mir diese Antwort, Fragerin.« Sie behält diese Abwehrhaltung bei, bis Elektra von der Jugendzeit spricht. Da tritt ihr lebendig vor Augen, wie sie mit der kleinen Schwester gespielt hat, während gleichzeitig Agamemnon von Klytämnestra die Tochter forderte, um sie der Göttin zu opfern. So hat sie die Mutter vor Augen:

Oberpriesterin: [...] Sie trat aus des Palastes Tür heraus
damals und riß mich heiß in ihre Arme,
als wollte sie mich nie mehr von sich tun.
Und dennoch tat sie's.
Elektra: Starr und starrer wird
mein Blick vor diesem Wunder; denn du bist
in Wahrheit Iphigenie.
Iphigenie: Ich bin's.

(III, 5)

Jetzt ist es nicht mehr die »Oberpriesterin«, die da spricht: »Ich bin's«, sondern die Schwester wird beim Namen genannt: »Iphigenie«. Die beiden Schwestern fallen sich in die Arme – für einen Augenblick des selbstvergessenen Wiederfindens. Doch dann geschieht, was sich schon lange angekündigt hat, in Sätzen wie dem des Priesters Pyrkon, der gesagt hatte: »Ja mancher glaubt, sie sei die Göttin selbst« oder auch in der Regieanweisung: »Sie überragt die anderen an Größe«. In ihren eigenen Worten war es immer wieder angeklungen: »Genug: ich starb ins Göttliche hinein / und mag im Sterblichen nicht wieder leben« und: »So, Göttin, Mutter, führe mich zurück / in des Barbarenlandes fremde Wildnis / und kann es nicht sein, sonst, wohin du willst: / nur fort von Menschen, Jahrmarktstreiben, Freuden, [...] nur fort / in fernste Felsenklüfte, Wüstenein / und unauffindbar tiefe Einsamkeit!!«

Für einen Augenblick nur wird aus der Oberpriesterin wieder die arglose, fröhliche Iphigenie. Dann ist sie endgültig Hekate, der düsteren Göttin der Nacht und des Todes, verfallen, die sie in der delphischen Artemis nicht wiedererkennen kann. Während Orest im Tempel feierlich entsühnt wird, stürzt sie sich in die Phädriadenschlucht, den Ort, wo religiöse Frevler zu Tode kommen.

Gerhart Hauptmann entfernte sich in der Tragödie ›Iphigenie in Delphi‹ so stark von der Auffassung, nach der die Atridensage zwischen Aischylos, Euripides und Goethe in Einzeldramen entworfen wurde, daß er sich entschloß, die Entwicklung vom Iphigenienopfer über den Gatten- zum Muttermord nachzugestalten, damit sich schlüssig ergab, wie aus der düsteren archaischen Weltvorstellung der älteren Generation das neue Hellas des Lichtgottes Apoll emporwuchs. So entstanden zwischen Herbst 1940 und Frühjahr 1943 in mühevoller Arbeit (neun Fassungen!) ›Iphigenie in Aulis‹, 1942 innerhalb eines Monats ›Agamemnons Tod‹ und 1944 in ähnlich kurzer Zeit ›Elektra‹.

Den vier Tragödien des Zyklus ist der mörderische Grundton der archaischen Götterwelt gemeinsam, der auf die Menschen ausstrahlt und ihre Handlungen bestimmt. So wie Agamemnon nicht er selbst ist, als er vermeintlich seine eigene Tochter tötet, sondern von den Blutbeschlüssen der Schicksalsmächte getrieben wird, gegen die Widerstand nicht fruchtet, so finden die folgenden Morde im Geschlecht der Atriden in einer Atmosphäre mythischen Rausches statt. Die Menschen, Klytämnestra, Orest, Elektra, leiden unter dem schicksalhaften Muß des Hinschlachtens ebenso wie Agamemnon zuvor, und vor den Morden gibt es Szenen, in denen sie die Zuneigung zu denen ausdrücken, die sie hinterher grausam umbringen.

Das Sich-nicht-wehren-Können, das Eintauchen in einen Rausch von Mord und Blut, sind Parallelerscheinungen zu einer Gegenwart, der die Vernunft abhanden gekommen ist. Die Oberpriesterin mordet die Griechen, weil sie Griechen sind; der Oberpriester Kalchas setzt alle demagogischen Mittel ein, um den Raubzug gegen Troja in Gang zu bringen.

4. Das Exil-Drama

4.1 Antinazistisches Kampftheater

Bertolt Brecht
Furcht und Elend des Dritten Reiches

Im Rahmen einer Literaturgeschichte der dreißiger Jahre hat der Name Bertolt Brecht zu erscheinen, der doch zugleich, was das deutsche Theater angeht, im 20. Jahrhundert eine Sonderstellung einnimmt. Brecht experimentierte in jener Zeit mit der von ihm »episches Theater« genannten Bühnenform, die sich auch als geeignet erwies für ein antifaschistisches Theater.

Bertolt Brecht war 1928 als Autor der ›Dreigroschenoper‹, zusammen mit deren Komponist Kurt Weill, bekannt geworden. Das Stück wurde in den folgenden Jahren bis 1933 auf vielen deutschen Bühnen aufgeführt. Das Theaterpublikum kannte den Haifisch-Song und andere Lieder und Moritaten, wenige nahmen aber den tieferen Sinn wahr: die Gleichsetzung der Räuber und Banditen auf der Bühne mit dem wohlhabenden Bürgertum.

Brecht ging am 28. Februar 1933, zusammen mit seiner Frau, der Schauspielerin Helene Weigel, ins Exil. Wie viele Emigranten hielt er sich zunächst in Prag, Wien und Zürich auf, ehe er durch Vermittlung auf der dänischen Insel Fünen eine Bleibe fand. Dort entstand zwischen 1935 und 1938 eine Szenenfolge – sie erhielt schließlich den endgültigen Titel ›Furcht und Elend des Dritten Reiches‹ –, mit der Brecht zeigen wollte, wie es nach der nationalsozialistischen Machtergreifung um Deutschland und um die Deutschen stand. ›Furcht und Elend des Dritten Reiches‹ hat keine durchgehende Handlung. Brecht wertete »Augenzeugenberichte und Zeitungsnotizen« aus und verarbeitete sie in der endgültigen Fassung zu 24 eigenständigen, für das damalige Deutschland typischen Situationen, die er zu einer Art Bestandsaufnahme der psychischen Verfassung der Deutschen unter Hitler aneinanderreihte. So ist der von Paul Dessau vertonte Prolog auch ›Die deutsche Heerschau‹ überschrieben:

Als wir im fünften Jahre hörten, jener,
Der von sich sagt, Gott habe ihn gesandt
Sei jetzt fertig zu seinem Krieg, geschmiedet
Sei Tank, Geschütz und Schlachtschiff, und es stünden
In seinen Hangars Flugzeuge von solcher Anzahl,
Daß sie, erhebend sich auf seinen Wink
Den Himmel verdunkeln würden, da beschlossen wir
Uns umzusehn, was für ein Volk, bestehend aus was für Menschen
In welchem Zustand, mit was für Gedanken
Er unter seine Fahne rufen wird. Wir hielten Heerschau.

Dort kommen sie herunter:
Ein bleicher, kunterbunter
Haufe. Und hoch voran
Ein Kreuz auf blutroten Flaggen,
Das hat einen großen Haken
Für den armen Mann.

Und die, die nicht marschieren
Kriechen auf allen vieren
In seinen großen Krieg.
Man hört nicht Stöhnen noch Klagen
Man hört nicht Murren noch Fragen
Vor lauter Militärmusik.
[...]

Die einzelnen Szenen haben jeweils einen Titel und einen strophischen Vorspruch aus holprig gereimten Versen, die in volksnaher Sprache sagen, wofür diese Szene steht, sie vorab sarkastisch interpretieren. Die Szene mit dem Titel ›Das Kreidekreuz‹ etwa handelt von einem SA-Mann, der mit seinem Verhalten gegenüber Andersdenkenden prahlt. Der Vorspruch lautet:

Es kommen die SA-Leute.
Sie spüren wie eine Meute
Hinter ihren Brüdern her.
Sie legen sie den fetten Bonzen zu Füßen
Und heben die Hände und grüßen.
Die Hände sind blutig und leer.

In sechs der 24 Szenen werden Vertreter der bürgerlichen Intelligenz auf die Probe gestellt – keiner besteht sie.

Ein Amtsrichter macht sich einer schlimmen Rechtsbeugung schuldig, statt die ihm aufgetragene Wahrheitsfindung zu leisten. Mediziner bezeichnen die Mißhandlungen, die einem KZ-Häftling zugefügt wurden, zynisch als »Berufskrankheit«. Physiker wagen es nicht mehr, sich auf den Juden Einstein zu berufen. Ein »Studierter« denkt bei der Reise seiner jüdischen Frau in eine ungewisse Zukunft nur an sich und eigene erwünschte Annehmlichkeiten; auch ehemalige Freunde verstecken sich hinter fadenscheinigen Ausreden. Ein Gymnasiallehrer überlegt feige im voraus, wie er sich rechtfertigen kann, wenn sein Sohn ihn bei der Hitlerjugend denunziert. Ein verängstigter Pfarrer, der zu einem Sterbenden gerufen wird, will Gott nicht bekennen, weil der Sohn des Todkranken in SA-Uniform anwesend ist.

Bei allen Genannten führt das Gefühl der Angst und Unsicherheit immer wieder zu geradezu absurdem Verhalten.

Als Beispiel wird hier die Szene »Rechtsfindung« genauer betrachtet.

Der Amtsrichter erkundigt sich bei einem Kriminalbeamten über die Hintergründe eines unangenehmen Falles, der ihm übertragen worden ist. Angeklagt sind einige SA-Männer, die dem jüdischen Mitinhaber eines Juweliergeschäfts eine Kopfverletzung beigebracht und Schmuckstücke entwendet haben sollen. Dahinter steckt wohl der Hausbesitzer, ein Herr mit guten Verbindungen zur SS, der wahrscheinlich in seinem Haus nicht viel Wert auf ein Geschäft legt, dessen verschuldeter arischer Inhaber einen Juden als Mitbesitzer duldet.

Der Kriminalbeamte, der nur zögernd Auskunft gibt, betont immer wieder, daß der Richter, ebenso wie er selbst, an seine Familie zu denken hätte.

Der Fall wird so zurechtgebogen: Der Jude und ein zum Schneeräumen eingestellter Arbeitsloser hätten die SA-Männer beschimpft und die SA beleidigt, die Männer hätten dementsprechend reagiert.

Das Dienstmädchen des Richters, das ihm sein vergessenes Frühstück ins Amt bringt, vertritt die »Stimme des Volkes«, das wenigstens vom Gericht noch Unparteilichkeit und Gerechtigkeit erhofft.

Das Dienstmädchen: Kaum, daß ich durchgekommen bin. Das ganze Justizgebäude ist voll von SA, weil der Prozeß ist. Aber heute kriegen sie's, wie,

Herr Amtsrichter? Beim Fleischer haben die Leut auch gesagt: gut, daß es noch eine Gerechtigkeit gibt! Einfach einen Geschäftsmann niederschlagen! In dem Sturm sind die Hälfte frühere Kriminelle, das weiß das ganze Stadtviertel. Wenn wir nicht unsere Justiz hätten, täten die ja noch die Domkirchen fortschleppen. Sie haben's wegen die Ringe gemacht, der eine, der Häberle, hat eine Braut, wo auf den Strich gegangen ist bis vor einem halben Jahr. Und den Arbeitslosen Wagner, wo den Steckschuß im Hals hat, haben sie auch überfalln beim Schneeschaufeln, alle haben's gesehn. Ganz offen machen sie's und terrorisieren das Viertel, und die, wo was sagen, passen sie ab und schlagen sie, daß sie liegenbleiben.

DER AMTSRICHTER: Schon gut, Marie. Gehen Sie jetzt nur!

DAS DIENSTMÄDCHEN: Ich hab's gesagt beim Fleischer: der Herr Amtsrichter wird ihnen schon heimleuchten, hab ich recht? Die Anständigen haben Sie da ganz auf Ihrer Seite, das ist einmal eine Tatsache, Herr Amtsrichter. Nur essens das Frühstück nicht zu hastig hinein, das könnt Ihnen schaden.

Die danach auftretenden Vorgesetzten des Amtsrichters sind mit Ratschlägen äußerst vorsichtig; der Landgerichtsrat und »Freund« kommt dem Kollegen in seiner schwierigen Lage nicht zu Hilfe.

Längst geht es nicht mehr um die Wahrheitsfindung, der Richter ist nur darauf bedacht, den Hals aus der Schlinge zu ziehen. Er wird bei der »Tatsachenverdrehung« mitwirken.

Wenn, wie Helene Weigel mitteilt, während der Vorstellung auch »viel gelacht« wurde, so hatte es Brecht mit dem Schluß der Szene wohl darauf angelegt.

[...] *Der Gerichtsdiener tritt ein. Der Lärm auf den Gängen wird stark hörbar.*

DER GERICHTSDIENER: Häberle, Schünt, Gaunitzer, Herr Amtsrichter.

DER AMTSRICHTER *(sucht seine Akten zusammen):* Sofort.

DER GERICHTSDIENER: Den Herrn Landgerichtspräsidenten habe ich am Pressetisch untergebracht. Er war ganz zufrieden. Aber der Herr Erste Staatsanwalt hat sich geweigert, auf dem Zeugenstand Platz zu nehmen. Er wollte wohl an den Richtertisch. Aber da hätten Sie ja die Verhandlung von der Anklagebank aus führen müssen, Herr Amtsrichter!

Die veränderte Plazierung erhält ihre bittere Komik dadurch, daß sie eine Wahrheit offenbart: Der Richter müßte tatsächlich wegen Amtsmißbrauchs auf der Anklagebank sitzen.

Nach der Uraufführung von sieben Szenen des Stücks 1938 in Paris wurde ›Furcht und Elend des Dritten Reiches‹ 1945 unter dem Titel ›The Private Life of the Master Race‹ in Berkeley, Kalifornien, fast vollständig aufgeführt.

Die Amerikaner hatten Verständnisschwierigkeiten. Der Regisseur Berthold Viertel, österreichischer Emigrant, erklärte den Titel einleuchtend so: »Die Szenenfolge [...] schildert nicht etwa das private

Leben der Menschen im Dritten Reich – sondern, im Gegenteil, [...] daß unter der Herrschaft des Nationalsozialismus ein Privatleben gar nicht möglich war; [...] überall schleicht sich der Verrat ein, überall hin reicht der Terror« (Werner Hecht: Brecht Chronik 1898–1956. Frankfurt am Main 1997, S. 755). Interesse fand die Aufführung in Berkeley eigentlich nur bei Studenten.

Der aufhaltsame Aufstieg des Arturo Ui

Schon 1934 war Brecht eine chronikartige Geschichte mit dem Titel ›Leben und Taten des Giacomo Ui aus Padua‹ zur Bearbeitung empfohlen worden. Brecht trug den Stoff lange mit sich herum. Schließlich schrieb er 1941 im finnischen Exil – er hatte Dänemark nach dem Einmarsch der deutschen Truppen verlassen, und auch ein Bleiben in Schweden schien nicht mehr sicher genug – ein Parabelstück, in dem er aus der Tyrannengeschichte nur den ungewöhnlichen Namen »Ui« verwendete: ›Der aufhaltsame Aufstieg des Arturo Ui‹.

Bei Volksfesten und auf Jahrmärkten fanden früher, meist in Buden, kurze Theateraufführungen statt, die mit derben Texten und Späßen aufwarteten. Man sah sowohl Sensationen wie rührselige Stücke. Ein Ansager pries die Darbietung verlockend an und stellte in einem Prolog dem Publikum die Figuren vor. Auch Brechts politisches Bühnenwerk ›Der aufhaltsame Aufstieg des Arturo Ui‹ wird zu einem derartigen Rummelplatz-Stück verfremdet, indem ein Ansager vorweg die Bühne betritt und in seinem Prolog eine »große historische Gangsterschau« ankündigt:

DER ANSAGER:
Verehrtes Publikum, wir bringen heute –
Ruhe dort hinten, Leute!
Und nehmen Sie den Hut ab, junge Frau! –
Die große historische Gangsterschau!
Enthaltend zum allererstenmal
Die Wahrheit über den großen Dockshilfeskandal.
Ferner bringen wir Ihnen zur Kenntnis
Dogsboroughs Testament und Geständnis.
Den Aufstieg des Arturo Ui während der Baisse!
Sensationen im berüchtigten Speicherbrandprozeß!
Den Dullfeetmord! Die Justiz im Koma!
Gangster unter sich: die Abschlachtung des Ernesto Roma!
Zum Schluß das illuminierte Schlußtableau:
Gangster erobern die Stadt Cicero! [...]

Die Sensationen dieser Gangsterschau (Dockshilfeskandal, Speicherbrandprozeß, Dullfeetmord, Abschlachtung des Ernesto Roma, die

Eroberung der Stadt Cicero) bestehen in verschlüsselter Form aus den geschichtlichen Ereignissen zwischen 1930 und 1938, in denen sich der scheinbar unaufhaltsame Aufstieg Adolf Hitlers vollzog: dem sogenannten Osthilfeskandal (Hindenburg erhielt aus dem Topf der »Osthilfe« das Gut Neudeck als Geschenk), dem Reichstagsbrandprozeß, der Ermordung des autoritären, christlich-sozialen österreichischen Bundeskanzlers Dollfuß, dem Mord am SA-Stabschef Ernst Röhm auf Weisung Hitlers (»Röhmputsch«) und der Annexion Österreichs. Schon mit dem Titel seines satirisch-parodistischen Stückes, das erst 1958 in Stuttgart uraufgeführt wurde, stellt Brecht indirekt die Frage, ob der Aufstieg Hitlers vom mittellosen und mittelmäßigen Politiker zu einem der mächtigsten Männer Europas aufzuhalten gewesen wäre.

Zur Verfremdung des zugrunde gelegten politischen Stoffes verlegt Brecht die Ereignisse in die Stadtrepublik Chicago. Die Republik steckt in einer schweren wirtschaftlichen und politischen Krise; es herrschen chaotische Verhältnisse. Die Stadt Chicago steht auch für den Kapitalismus. Der Gangster Arturo Ui (Hitler) »ergreift die Macht«, indem er Dogsborough (Hindenburg) vom Dockbezirk droht und durch ihn schließlich Machtbefugnisse vom Karfioltrust erhält, mit denen er sich zum Herrn über die Grünzeughändler erhebt. Uis treuer Gefolgsmann Ernesto Roma (Röhm), den er später ermorden läßt, begleitet ihn zu seinem Gespräch mit Dogsborough und dessen Sohn.

ROMA: Bleib lieber stehn, Sohn! Schau
  Im Flur, mag sein, sind ein paar Jungens, die
  Dich mißverstehen könnten.
DOGSBOROUGH: So. Gewalt.
ROMA: Oh, nicht Gewalt! Nur etwas Nachdruck, Freund.
  Stille.
UI: Herr Dogsborough. Ich weiß, Sie kennen mich nicht.
  Oder nur vom Hörensagen, was schlimmer ist.
  Herr Dogsborough, Sie sehen vor sich einen
  Verkannten Mann. Sein Bild geschwärzt von Neid
  Sein Wollen entstellt von Niedertracht. Als ich
  Vor nunmehr vierzehn Jahren als Sohn der Bronx und
  Einfacher Arbeitsloser in dieser Stadt
  Meine Laufbahn anfing, die, ich kann es sagen
  Nicht ganz erfolglos war, hatt' ich um mich nur
  Sieben brave Jungens, mittellos, jedoch
  Entschlossen wie ich, ihr Fleisch herauszuschneiden
  Aus jeder Kuh, die unser Herrgott schuf
  Nun, jetzt sind's dreißig, und es werden mehr sein.
  Sie werden fragen: Was will Ui von mir?
  Ich will nicht viel. Ich will nur eines: nicht

Verkannt sein! Nicht als Glücksjäger, Abenteurer
Oder was weiß ich betrachtet werden.
Räuspern.
Zumindest nicht von einer Polizei
Die ich stets schätzte. Drum steh ich vor Ihnen
Und bitt Sie – und ich bitt nicht gern –, für mich
Ein Wörtlein einzulegen, wenn es not tut
Bei der Polizei.

DOGSBOROUGH *ungläubig:* Sie meinen, für Sie bürgen?

UI: Wenn's not tut. Das hängt davon ab, ob wir
Im guten auskommen mit den Grünzeughändlern.

DOGSBOROUGH: Was haben Sie im Grünzeughandel zu schaffen?

UI: Ich komm dazu. Ich bin entschlossen, ihn
Zu schützen. Gegen jeden Übergriff.
Wenn's sein muß, mit Gewalt.

DOGSBOROUGH: Soviel ich weiß
Ist er bis jetzt von keiner Seit bedroht.

UI: Bis jetzt vielleicht. Ich sehe aber weiter
Und frag: wie lang? Wie lang in solcher Stadt
Mit einer Polizei, faul und korrupt
Wird der Gemüsehändler sein Gemüse
In Ruh verkaufen können? Wird ihm nicht
Vielleicht schon morgen früh sein kleiner Laden
Von ruchloser Hand zerstört, die Kass' geraubt sein?
Wird er nicht lieber heut schon gegen kleines Entgelt
Kräftigen Schutz genießen wollen?

DOGSBOROUGH: Ich
Denk eher: nein.

UI: Das würd bedeuten, daß er
Nicht weiß, was für ihn gut ist. Das ist möglich.
Der kleine Grünzeughändler, fleißig, aber
Beschränkt, oft ehrlich, aber selten weitblickend
Braucht starke Führung. Leider kennt er nicht
Verantwortung dem Trust gegenüber, dem
Er alles verdankt. Auch hier, Herr Dogsborough
Setzt meine Aufgab ein. Denn auch der Trust
Muß heut geschützt sein. Weg mit faulen Zahlern!
Zahl oder schließ den Laden! Mögen einige
Schwache zugrund gehn! Das ist Naturgesetz!
Kurz, der Karfioltrust braucht mich.

DOGSBOROUGH: Was geht mich
Der Karfioltrust an? Sie sind mit Ihrem
Merkwürdigen Plan an falscher Stelle, Mann.

Dogsborough gibt sich zunächst abweisend und kühl, und Ui täuscht Demut nur vor. In Wirklichkeit ist die Lage so, daß er dreiste Forderungen wie die Erpressung von Schutzgeldern an den Alten richten kann und verhüllte Terrordrohungen anbringt.

Brecht läßt, das klassische Versmaß des deutschen Dramas parodierend, seine Figuren in ungeschmeidigen Jamben sprechen. In dieser Szene parodiert Brecht zusätzlich die Reden Adolf Hitlers: Wie es für diese typisch war, ruft auch Ui sein erstes Auftreten und die Anfänge der »Bewegung« aus einem ganz kleinen Kern in Erinnerung, und daß er es vom armen Schlucker zum Mann mit großem Einfluß schaffte.

Uis rüde Methoden schlagen ein. Er gewinnt schließlich die Massen und plant, seine Macht von der Stadt Chicago (Deutschland) auf die Stadt Cicero (Österreich) auszudehnen. Einen Konkurrenten, Dullfeet (Dollfuß), hat er bereits ausgestochen. In der letzten Szene behauptet Ui in einer Rede vor den Bewohnern von Chicago und Cicero, Dogsborough habe ihn zu seinem Erben erklärt. Er erwartet jubelnde Zustimmung ohne Wenn und Aber:

GIVOLA: Es spricht: Arturo Ui.
Ui tritt vor das Mikrophon.
UI: Chicagoer und Ciceroer! Freunde!
Mitbürger! Als der alte Dogsborough
Ein ehrlicher Mann, Gott hab ihn selig, mich
Vor einem Jahr ersuchte, Tränen im Aug
Chicagos Grünzeughandel zu beschützen
War ich, obgleich gerührt, doch etwas skeptisch
Ob ich dies freudige Vertraun rechtfertigen könnt.
Nun, Dogsborough ist tot. Sein Testament
Liegt jedermann zur Einsicht vor. Er nennt
In schlichten Worten mich seinen Sohn. Und dankt
Mir tiefbewegt für alles, was ich getan hab
Seit diesem Tag, wo ich seinem Rufe folgte.
Der Handel mit Grünzeug, sei es nun Karfiol
Sei's Schnittlauch, Zwiebeln oder was weiß ich, ist
Heut in Chicago ausgiebig beschützt.
Ich darf wohl sagen: durch entschlossenes Handeln
Von meiner Seite.
[...]
War ich nicht abgeneigt, auch Cicero
In meinen Schutz zu nehmen. Nur eine Bedingung
Stellt ich sofort: Es muß auf Wunsch der Laden-
Besitzer sein! Durch freiwilligen Entschluß
Muß ich gerufen werden. Meinen Leuten
Schärfte ich ein: Kein Zwang auf Cicero!
Die Stadt hat völlige Freiheit, mich zu wählen!
Ich will kein mürrisches »Schön!«, kein knirschendes »Bitte!«.
Halbherziges Zustimmen ist mir widerlich.
Was ich verlange, ist ein freudiges »Ja!«
Ciceroischer Männer, knapp und ausdrucksvoll.
Und weil ich das will und, was ich will, ganz will
Stell ich die Frage auch an euch noch einmal

Leute aus Chicago, da ihr mich besser kennt
Und, wie ich annehmen darf, auch wirklich schätzt.
Wer ist für mich? Und wie ich nebenbei
Erwähnen will: Wer da nicht für mich ist
Ist gegen mich und wird für diese Haltung
Die Folgen selbst sich zuzuschreiben haben.
Jetzt könnt ihr wählen!

Leben des Galilei

Bereits in den ersten Jahren seines Exils in Dänemark beschäftigt Bertolt Brecht der Galilei-Stoff. Im November 1938 war nach drei Wochen »ein Stück über Galilei« fertig, es wurde ›Die Erde bewegt sich‹ genannt. Auch der endgültige Titel ›Leben des Galilei‹ erscheint schon zu dieser frühen Zeit auf einem hektographierten Bündel Blätter.

Nach dem Abwurf der Atombombe auf Hiroshima überarbeitete Brecht das ›Leben des Galilei‹ 1945 bis 1947 in seinem Exil in den USA und stellte nun heraus, daß ein Wissenschaftler für die Ergebnisse seiner Arbeit verantwortlich ist.

Die letzte Fassung des Stücks, in der diese Verantwortung des Wissenschaftlers noch deutlicher herausgearbeitet ist, entstand während der Probenarbeit zu Brechts Inszenierung des ›Galilei‹ in Ost-Berlin, die 1957 in seinem Theater am Schiffbauerdamm uraufgeführt wurde.

Die erste Fassung von 1938, von der auch die folgenden Fassungen in Handlung und Struktur bestimmt worden sind, umfaßt 15 Szenen. Zu Beginn des Stücks ist Galilei bereits 46 Jahre alt und ein Gelehrter von internationalem Ruf. Der Autor zeigt einen fülligen und genußfreudigen Galilei bei der Morgenwäsche und beim Frühstück. Eigentlich aber lernt man ihn als geschickten, anschaulich lehrenden Pädagogen kennen; z. B. macht er mit Hilfe eines Stuhls und einer Waschschüssel Andrea, dem Sohn seiner Wirtin, die Bewegungen der Himmelskörper verständlich. Galilei ist Professor an der Universität Padua in der Republik Venedig, die sich durch Geistesfreiheit auszeichnet. Aber der Kurator der Universität sucht Galilei auf, um eine erbetene Gehaltserhöhung abzuschlagen. Sein Rat ist von lebenspraktischer Nüchternheit: Galilei solle doch mit der Herstellung von Instrumenten und Apparaten Geld verdienen, die im täglichen Leben von Nutzen sind. Der Gelehrte befolgt diesen Rat. Als er von der Erfindung des Fernrohrs in Holland erfährt, fällt es ihm nicht schwer, das Gerät nachzubauen, da er die Prinzipien kennt.

Galilei entdeckt die Jupitermonde. Diese Entdeckung stützt die

»Hypothese« des Kopernikus, daß die Erde sich um die Sonne dreht. Obwohl Galilei vor den Nachstellungen der Inquisition gewarnt wird, geht er nach Florenz, das vom päpstlichen Rom abhängig ist, und will dem Großherzog und einigen ausgewählten Professoren am Fernrohr seine Entdeckungen vorführen. Nur so sei die Wahrheit zu erforschen, nicht durch Dispute über den antiken Philosophen Aristoteles, der immer noch als Autorität gilt und an dessen geozentrischem Weltbild die Kirche festhält. Im Vatikan zu Rom werden unter kompetenten und interessierten Kirchenleuten die Thesen Galileis lebhaft diskutiert, vor allem aber will man den der Ketzerei verdächtigten Forscher aushorchen.

Vom »kleinen Mönch«, einem strebsamen und ehrlichen Klosterbruder und Studenten mit einem starken Hang zur Wissenschaft, erfährt Galilei, daß eine hohe Instanz in Glaubensfragen, das Collegium Romanum, seine Ergebnisse anerkannt habe, bekommt allerdings auch zu hören, daß er mit seiner Lehre die einfachen Leute verwirre: Wo ist im neuen Weltbild Gott, unter dessen strengem Auge sie ihr hartes Leben geführt haben?

Aus den bloß theoretischen Annahmen zu theologischen, philosophischen und physikalischen Problemen, über die man sich mit Kirchenoberen unterhalten hat, sind Behauptungen geworden, denen jetzt mit Schärfe begegnet wird. Galilei hatte noch seinen Schülern uneingeschüchtert bekannt: »Wer die Wahrheit nicht weiß, ist bloß ein Dummkopf; wer sie weiß und sie Lüge nennt, der ist ein Verbrecher.«

Nach einer langen Pause nimmt Galilei seine Forschungen wieder auf und wird daraufhin von der Inquisition unter Androhung von Folter dazu aufgefordert, seine Lehre zu widerrufen. Dazu war er offenbar schnell bereit, weshalb seine enttäuschten Schüler ihn tadeln und schmähen (11. Bild).

Die entscheidende und später am stärksten veränderte 14. Szene zeigt den kranken und alten Galilei in einem Landhaus im Gewahrsam der Inquisition. Der zu einem jungen Mann herangewachsene Andrea fragt nach ihm; er sieht den Widerruf des Meisters jetzt in anderem Licht: »Einige Ihrer früheren Freunde bestanden darauf, Sie hätten widerrufen der Dienste wegen, die Sie der Physik, am Leben bleibend, noch erweisen zu können hofften.«

Galilei bezeichnet es als »Rückfall«, daß er ein neues Manuskript gekritzelt hat, seitenweise. Die Notizen liegen auf dem Tisch, und Galilei weiß, daß Andrea sie mitnehmen und darin lesen wird. Der Alte warnt bereits: »Nimm dich in acht, wenn du durch Deutschland fährst und die Wahrheit unter dem Rock trägst!«

Nach der Züricher Uraufführung der ersten Fassung des ›Galilei‹ 1943 hat man bei dieser Stelle an die »Finsternis« im faschistischen

Deutschland gedacht und auf die Doppeldeutigkeit des Stücks verwiesen. Der Widerruf Galileis erschien als subversive Möglichkeit, die Wahrheit zu verbreiten.

In der zweiten Fassung des ›Galilei‹ wird das Geschehen in der 14. Szene anders akzentuiert. Galileis Widerruf erscheint nicht mehr als List, sondern als Feigheit, als Versagen.

Immer noch besucht Andrea überraschend seinen ehemaligen Lehrer, und sie sprechen über die Vergangenheit. Andrea spricht nun die Sprache der modernen Wissenschaft und versucht Galileis Widerruf zu entschuldigen: Entscheidend sei einzig der »wissenschaftliche Beitrag«.

Galilei beurteilt sein Verhalten anders: Er widerrief aus Angst vor körperlichen Schmerzen, doch er hätte die Chance gehabt, den Wissenschaftlern aller Zeiten ein Zeichen zu hinterlassen. Das neue kosmische Weltbild hätte auf Erden mehr Folgen haben müssen! Galilei bekennt sich zu seinem Verrat an der Wissenschaft und an dem Menschen: »Und ich überlieferte mein Wissen den Machthabern, es zu gebrauchen, es nicht zu gebrauchen, es zu mißbrauchen, ganz, wie es ihren Zwecken diente.«

Brechts Stück erfährt durch Galileis Rede eine Gewichtsverlagerung. Eigentlich ist die »dritte« und letzte Strophe jetzt in der 14. Szene enthalten. Nach Brechts neuem Modell wäre es nun Sache der Wissenschaft und des Publikums, über diesen Stand der Dinge nachzudenken. Über Andrea, der die Schrift Galileis, die ›Discorsi‹, über eine Grenze bringt, besteht kein Anlaß zum Jubeln mehr.

Galilei spricht in Andrea den Spezialisten an, wenn er sagt, daß »euer Jubelschrei über irgendeine neue Errungenschaft von einem universalen Entsetzensschrei beantwortet werden könnte«.

In Brechts letztem Lebensjahrzehnt schrieb der Physiker und Atomwissenschaftler Teller: »Der Wissenschaftler ist für die Gesetze der Natur nicht verantwortlich. Seine Aufgabe ist es lediglich, herauszufinden, in welcher Weise diese Gesetze funktionieren. Die Aufgabe des Wissenschaftlers besteht darin, Wege zu suchen, diese Gesetze dem menschlichen Willen untertan zu machen« (Ernst Schumacher: ›Leben des Galilei‹ und andere Stücke. Berlin 1968, S. 255). Davor warnt Brechts Galilei-Figur.

Brecht erkannte an Galilei ein Problem des Wissenschaftlers, das den meisten Zeitgenossen erst Jahrzehnte später bewußt wurde.

Seine im Exil entstandenen Stücke wurden in den fünfziger und sechziger Jahren unter Brechts Schülern in Inszenierungen aufgeführt, die unvergessen sind. Sie brachten den Stil des epischen Theaters zu weiterer Entwicklung.

Brecht leistete einen Beitrag zum Weltruf seines und des deutschen Theaters im zwanzigsten Jahrhundert.

Franz Werfel
Jacobowsky und der Oberst

Ein thematisch ganz außergewöhnliches Drama ist Franz Werfels ›Jacobowsky und der Oberst‹, das den Untertitel ›Komödie einer Tragödie in drei Akten‹ führt. Werfel schrieb das Stück 1941/42 nach seiner mehrphasigen Flucht aus Europa. Seine eigenen Erlebnisse und die eines Emigranten mit dem Namen Jacobowicz bildeten die Ansätze für das Drama.

Inhalt: Als sich 1940 die deutschen Truppen Paris nähern, finden sich durch Zufall zwei Persönlichkeiten zu gemeinsamer Flucht zusammen, die unterschiedlicher kaum sein könnten. Der eine ist ein Oberst aus altem polnischem Adel, Tadeusz Boleslav Stjerbinsky, ein bedenkenloser Draufgänger und Frauenheld; er wird begleitet von seinem Burschen Szabuniewicz. Der andere ist ein Jude aus gutem Hause, der das Fliehen und Überleben bei bisher vier Länderwechseln gelernt hat.

JACOBOWSKY: In welchem Jahrhundert leben Sie, Colonel? Sie haben keine Ahnung von den Nazis, und Sie hassen sie nicht einmal …

OBERST STJERBINSKY: Ich bin Soldat. Ich hab gegen die Nazis an der Weichsel gekämpft, am Pruth, vor Warschau, an der Somme …

SZABUNIEWICZ *(dicht an Jacobowsky herantretend):* Der Herr weiß noch immer nicht, wer Oberst Stjerbinsky ist, der Herr! Der Oberst hat geritten die berühmten Attacken von Grodno und Goleczyno mit nacktem Säbel gegen Tanks. Der Oberst ist ausgebrochen aus dem Gefangenenlager in Königsberg und mitten durch Deutschland nach Frankreich gegangen. Den Oberst werden die polnischen Kinder in Schulbüchern lernen später …

OBERST STJERBINSKY *(abwinkend):* Laß das, Szabuniewicz! … Ich hab mich geschlagen, wie andre auch. Gut! Und was tun *Sie* gegen Hitler, Herr Jacobowsky, als davonlaufen, davonlaufen, davonlaufen?

[…]

JACOBOWSKY: […] Sie sind Pole und auch ich bin Pole, wiewohl ihr mich als dreijähriges Kind aus meiner Heimat vertrieben habt … Und als dann in Deutschland im Jahre dreiunddreißig diese Pest und dieses Leid über mich kam, da habt ihr Polen euch die Hände gerieben und gesagt: »Recht geschieht dem Jacobowsky!« Und als später dann in Österreich diese Pest und dieses Leid über mich kam, da habt ihr die Achseln gezuckt und gesagt: »Was gehts uns an?« Und nicht nur ihr habt gesagt, »Was gehts uns an?«, sondern alle andern habens auch gesagt. Engländer und Amerikaner und Franzosen und Russen! Und als dann in Prag diese Pest und dieses Leid ausbrach, da habt ihr noch immer geglaubt, es gehe euch nichts an und habt sogar die Gelegenheit benutzt, dem armen Tschechen in den Rücken zu fallen. Als es aber über euch selbst kam, dieses Leid und diese Pest, da waret ihr sehr unschuldig erstaunt und gar nicht vorbereitet und in siebzehn Tagen erledigt.

(II, 1)

Der Oberst will wichtige militärische Dokumente des polnischen Widerstands nach London bringen; dem Juden ist der Tod sicher, wenn er in die Hände der Nazis fällt. Stjerbinsky blickt verächtlich auf den Zivilisten und Juden herab; Jacobowsky schätzt seine Chancen, im pompösen Schatten Stjerbinskys durchzukommen, nicht sehr hoch ein, braucht ihn aber, weil er zwar ein Auto besitzt, es aber nicht zu fahren gelernt hat. Es ist keineswegs eine auf Zuneigung oder gegenseitiger Wertschätzung beruhende Zusammenarbeit. Der Oberst ist eine völlig lebensfremde Heldennatur. Er ist zu keinem hilfreichen Handgriff bereit, spielt den Herrn, der sich bedienen läßt. So wenig er die Feigheit kennt, so wenig hält er von Vorsicht, vom Umgehen eines Hindernisses, von Schlichen, die das Überleben sichern. In alledem ist dagegen Jacobowsky bewandert. Er ist es, der die Gesellschaft bis zur Küste bringt, trotz aller Knüppel, die ihm der Oberst in seiner Ahnungslosigkeit und seinem selbstsicheren Eigensinn zwischen die Beine wirft. Die Gesellschaft besteht inzwischen aus vier Personen, denn es ist Marianne hinzugekommen, eine Geliebte des Obersten, die er zum Entsetzen Jacobowskys gegen alle vernünftigen Routenpläne – sie wollen nach Bordeaux – kurz vor dem Eintreffen der Deutschen erst einmal aus dem Nordwesten Frankreichs herausgeholt hat.

Der Oberst merkt zuerst gar nicht, wie Jacobowsky zum Spiritus rector, zum eigentlichen Leiter der Gruppe wird, bildet sich ein, er schaffe, was Jacobowsky unauffällig und kompetent zustande bringt. Dieser findet Auswege, wo keine mehr zu sein schienen, organisiert Benzin für das Auto, wo weit und breit kein Tropfen aufzutreiben war, und rettet die Gruppe und sich, wo keine Rettung in Sicht war. Schließlich sitzen sie endgültig in der Falle. Eine deutsche Motorrad-Patrouille hält sie auf, die von einem als »Tourist« verkleideten Gestapobeamten begleitet wird. Dieser liest aus einem Fahndungsbuch polnische Namen vor, darunter den von Oberst Stjerbinsky, der vor ihm steht. Vor dem endgültigen Showdown überprüfen der Oberleutnant und der »Tourist« noch Szabuniewicz und Marianne.

TOURIST: [...] Beruf?
SZABUNIEWICZ: Wissenschaftlich, der Herr ... *(Der Tourist verwundert)* Hühneraugenoperateur, Masseur, Desinfektor, Exterminator und Aushilfsirrenwärter ...
OBERLEUTNANT: Irrenwärter?
SZABUNIEWICZ: Steht vermerkt alles ... *(Er bekommt seine Papiere zurück).*

OBERLEUTNANT: Gnädiges Fräulein oder gnädige Frau … *(Marianne nestelt aus ihrem Täschchen ein Dokument)* Madame Marianne Deloupe … Verehelichte Deloupe?

MARIANNE: Ich bin … Ich war verehelicht …

JACOBOWSKY *(der sich etwas zurückgezogen hatte, fällt schnell ein, auf den Obersten weisend):* Hier steht der verstorbene Gatte der Dame!

OBERLEUTNANT UND TOURIST: Was?!!

JACOBOWSKY *(plötzlich verwandelt, kühl, überlegen):* Verzeihung! Ich habe mich versprochen. Der verstorbene Gatte der Dame lebt bis zu einem gewissen Grade. Und doch, – die Dame ist eine Art Witwe, würde sie sonst mit einem Irrenwärter reisen?

OBERLEUTNANT: Der Herr da ist …

TOURIST: Ich möchte die Papiere dieses Herrn Deloupe sehn …

JACOBOWSKY *(immer kühner):* Papiere? Ja, wissen Sie nicht, was vorgegangen ist? Es stand in allen Zeitungen. Als Ihre Flieger die Irrenanstalt bei Nantes zum fünftenmal bombardierten, da brachen die Kranken aus, liefen durch die Straßen, rannten in die Felder. Viele brachten sich um. Nur ein Bruchteil konnte wieder eingefangen werden. Madame Deloupe gelang es, mit Hilfe dieses Fachmannes hier, ihren Gatten in der Nähe von Nantes aufzuspüren. Aber in welchem Zustand! Halb eingesunken im Moor …

TOURIST: Sagen Sie mal, wer redet eigentlich mit Ihnen, Sie rotes Jot?

MARIANNE *(nimmt schnell den Faden auf – von nun an alles in wildem Tempo):* Halb eingesunken im Moor! Ohne Kleider! Nur in seinem Anstaltspyjama. Wir mußten ihn beruhigen, stundenlang. Dann in der Stadt einen Anzug kaufen. Und welch eine Fahrt in dem Wagen dort … *(Schluchzt auf)* Ich hab es auf mich genommen, ihn im Sanatorium von Saint Jean-de-Luz selbst zu pflegen mit Hilfe von Herrn Szabuniewicz …

SZABUNIEWICZ: Kann ich bestätigen jedes Wort. Als Fachmann …

TOURIST: Na, guter Mann! Wie gehts allemal? Franzosen rühren wir nicht an … *(Er bewegt sich auf Stjerbinsky zu, der wirklich mit den Augen eines Wahnsinnigen Schritt um Schritt zurückweicht).*

(II, 2)

Die drei um den Oberst herum spielen die Begleiter eines Geisteskranken, während der Oberst selbst, obwohl unfähig zu schauspielern, durch seine mannhaft starre Heldenhaltung unbewußt die Fiktion seines Irreseins untermalt. Zu guter Letzt fährt die Patrouille weiter, nicht aber ohne daß Jacobowsky sich noch Benzin erbettelt, um den armen Verrückten sicher ins nächste Irrenhaus bringen zu können.

Eine Komödie geht gut aus, das weiß man. So unwahrscheinlich es ist, Jacobowsky und Stjerbinsky gelangen zuletzt doch nach England. Marianne und Szabuniewicz bleiben – unbehelligt – in Frankreich zurück und warten, bis ihr Oberst als Befreier zurückkehrt.

Man hat gesagt, daß nur jemand, der am eigenen Leib Todesangst, Flucht und glückliche Rettung erlebt hat, eine Komödie über die ungeheure Tragödie der Judenverfolgung hätte schreiben können (und dürfen). In der Tat bleibt einem das Lachen immer wieder im Halse stecken, so, wenn ein deutsches Jagdflugzeug die vier beschießt und der Oberst sagt, der Pilot tauge nichts, er hielte viel zu hoch, oder wenn bei demselben Obersten antisemitische Töne laut werden oder wenn der »Tourist« Jacobowsky als Juden erkennt und ihm trotzdem die Papiere zurückgibt mit der Bemerkung: »Sie entgehn uns nicht ...« An solchen Stellen steht die Katastrophe immer wieder unmittelbar bevor, wie überhaupt gute Komödien der Tragödie beängstigend nahekommen.

Die Qualität von Werfels Werk ist auch an der Charakterzeichnung ablesbar. So wandelt sich die kapriziöse, oberflächliche Marianne vom Spielzeug in eine Frau, die mutig ihre schützende Hand über den so geraden, vor Vaterlandsliebe und anerzogener adeliger Gesinnung lebensuntüchtigen Obersten hält, obwohl sie seine hohlen Worte und seine Selbstsucht zu durchschauen gelernt hat. Stjerbinsky kommt – besonders durch die Verrückten-Posse – zur Einsicht, welche Überheblichkeit und Menschenverachtung in seinem Verhalten gegenüber Jacobowsky gesteckt hat. So versieht er ihn am Ende mit dem höchsten Lob, dessen er fähig ist:

> Herr Jacobowsky hier hat während dieser Flucht niemals versagt. Er hat mir sogar durch seine findige Geistesart das Leben gerettet. [...] Ich betrachte Herrn Jacobowsky genau wie einen Kameraden, der neben mir im Kampf stand an der Somme ...
>
> *(III, 2)*

Jacobowsky selbst bleibt der skeptische, den einfachsten, wenn auch nicht den geradesten Weg suchende Wanderer. Er beurteilt die Lage nicht nach dem Anschein, sondern danach, wie er die beteiligten Menschen einschätzt, und er verwendet deren psychische Merkmale notfalls als Instrument, um seine Pläne durchzusetzen. Bemerkenswert ist seine Bereitschaft, klein beizugeben, wenn er nicht anders kann; aber noch im Aufgeben seiner Interessen setzt er neu an, um seine eigentlichen Ziele zu erreichen. Dabei kommentiert er sein Verhalten gleichzeitig spöttisch oder mit Galgenhumor und genießt sichtlich, was ihm gelingt. Daß bei alledem ein Schwert an einem seidenen Faden über seinem Haupt schwebt, muß man sich immer wieder bewußtmachen, so spielerisch ironisch wirkt er in dieser »Komödie einer Tragödie«.

Von dem komödiantischen Mittel der Übertreibung (Hyperbel) macht Werfel ausgiebig und vielseitig Gebrauch. Das beginnt schon bei den unaussprechlichen Namen Stjerbinsky und Szabuniewicz, geht über Marianne, die Symbolfigur für »La France«, bis zu: »Tourist«: »Jacobowsky. Das ist eindeutig. Jot wie Jude.« Jacobowsky kann den Anschein annehmen, eine Karikatur des sogenannten jüdischen Nationalcharakters zu sein: in seiner Anpassungsfähigkeit, seinem Vermögen, mit der Brieftasche zu zaubern, mit seiner »findige[n] Geistesart«, wie der Oberst formuliert. Ebensosehr ist dieser nichts anderes als der seit dem Polenaufstand von 1830 typisierte polnische Adelige und Szabuniewicz der Prototyp des Offiziersburschen. Er erinnert an Schwejk ebenso wie an Lessings Just (›Minna von Barnhelm‹) oder Wiecherts Bildermann (›Das einfache Leben‹). Trotz all dieser ironischen Typisierung bleiben die Figuren Persönlichkeiten mit Eigenwert. Die Handlung strotzt vor Unwahrscheinlichkeiten und vor Beinahekatastrophen. Dazu gehört die nachtwandlerische Sicherheit, mit der Stjerbinsky in jedes Bodenloch stolpert, um dank der Hilfe Jacobowskys unbeschadet wieder herauszukommen.

Anhang

Allegorie (griech. = bildlicher Ausdruck): Die Darstellung eines Begriffs oder einer gedanklichen Sequenz durch ein Bild oder eine Bildkombination, z. B. den Frühling durch eine Gruppe blumenstreuender Mädchen oder das Menschenleben als Fahrt eines Schiffes durch stürmische See.

Anagnorisis (griech. = Wiedererkennen): In antiken Tragödien und Komödien ist das plötzliche Wiedererkennen von Verwandten oder Freunden ein wesentliches dramatisches Element. Es spiegelt die Daseinsunsicherheit der antiken Welt wider, in der Familien auseinandergerissen und Menschen als Sklaven in alle Welt verkauft werden konnten.

Aristotelisches Theater: Im Gegensatz zum Begriff des epischen Theaters Bezeichnung für die herkömmliche Dramenform mit festumrissenen Charakteren und einer einheitlichen in Akte und Szenen untergliederten Handlung, wie sie Aristoteles in seiner Poetik beschrieben und gefordert hat.

Bewußtseinsstrom: Methode der modernen Romantechnik, die vielschichtigen Vorgänge in der Psyche eines Menschen darzustellen. Sie beruht auf der These der Psychoanalyse, daß das Bewußtsein des Menschen keine geradlinigen gedanklichen Abläufe kennt; vielmehr bilden Verstand, Gefühle, triebhafte Impulse, momentane Ablenkungen und Gedankensprünge einen unentwirrbaren, fortlaufenden Prozeß. Diesen »Bewußtseinsstrom« annäherungsweise abzubilden hat am konsequentesten James Joyce in seinem Roman ›Ulysses‹ versucht.

Camouflage (frz.): Tarnung, Maskierung, Täuschung, Verwirrspiel, bewußte Verrätselung; wird erst neuerdings im Zusammenhang mit der Zensur als literaturanalytischer Begriff verwendet.

Chanson (frz. ursprünglich allgemein = Lied): Ein – oft kritischer – Text, der in Kabaretts und Kleinkunstbühnen vorgetragen wird (»Brettl-Lied«).

Chassidismus: Im 18. Jh. entstandene religiöse Bewegung des osteuropäischen Judentums, die die strenge Gesetzesbefolgung durch das Gefühl in der Religion und die Offenbarung der Natur ergänzen oder ersetzen will.

chthonisch (griech. = erdgebunden): In der griechischen Mythologie Götter, die nicht mit der Sonne und den Sphären identifiziert werden, sondern mit dem Blühen, Reifen und Welken, mit den fruchtbaren, heilenden und zerstörenden Kräften der »Mutter« Erde; z. B. Demeter, Hekate.

Dokumentartheater: Dramenform des politischen Theaters, in der der Autor authentisches Material verwendet, um einen Vorfall auf die Bühne zu bringen, der tatsächlich stattgefunden hat. Seine Leistung ist die Auswahl und die szenische Zurichtung eines vorgegebenen Stoffes.

Dramaturg: Der Dramaturg ist verantwortlich für die Planung, Auswahl und Einrichtung eines Theaterspielplans.

Dritte Strophe: Begriff aus der Poetik Bertolt Brechts. Ein Beispiel ist das

Gedicht ›Ulm 1592‹ (auch unter dem Titel ›Der Schneider von Ulm‹). Die erste Strophe berichtet, wie der Schneider mitteilt, daß er fliegen könne. In der zweiten Strophe erfährt man, daß er bei seinem Flugversuch am Boden zerschellt ist. Dies veranlaßt den Bischof vorauszusagen, der Mensch werde nie fliegen können. Die Auflösung steht in der – fehlenden – dritten Strophe, die sich der heutige Leser selbst denken soll: Er weiß, daß der Mensch fliegen kann und erkennt die Voraussage des Mächtigen (des Bischofs) als falsch.

Duktus: Art des Schreibens, Grundrichtung des Stils.

Edda: Zwei Werke der altisländischen Literatur tragen diesen Namen: die ältere Prosa-Edda, ein Lehrbuch, und die jüngere Lieder-Edda, deren etwa 30 Götter- und Heldenlieder die Hauptquelle der nordischen Mythen sind.

Eloge: Lobrede, Lobschrift.

Epilog (griech. = Nachrede): Die durch einen Schauspieler an die Zuschauer gerichtete Nachrede zu einem Drama; auch bei Epen oder Romanen möglich.

Episches Theater: Von Bertolt Brecht entwickelte Theaterform, in der zwischen Theatergeschehen und Publikum auf der Bühne epische Elemente eingeschoben sind, die den Zuschauer zu kritischem Denken anregen sollen (z. B. der »Ansager« am Anfang von Brechts ›Der aufhaltsame Aufstieg des Arturo Ui‹). Solche epischen Elemente können sein: Erzählungen, Dokumentarisches, »Tafeln« mit Prosa-Text u. a.

Erzählperspektive: Man unterscheidet drei Erzählperspektiven: 1. Der Ich-Erzähler schreibt in der ersten Person und gibt wieder, was er persönlich empfindet, denkt, weiß, wahrnimmt und erfährt (Carossa: ›Geheimnisse des reifen Lebens‹). 2. Im personalen Erzähler versetzt sich der Autor in eine oder auch wechselnde Gestalten und berichtet in der dritten Person, aber auch nur, was im Wahrnehmungs- und Erfahrungsbereich des jeweils gewählten Mediums liegt (Seidel: ›Lennacker‹). 3. Der auktoriale Erzähler (von lat. auctor = Urheber; auch »allwissender« Erzähler) verfügt souverän über seine Geschichte, wechselt Schauplätze und Figurenkonstellationen, berichtet über Vorgänge, die an ganz entfernten Orten zur gleichen Zeit stattfinden, kennt die Gedanken der verschiedensten Figuren, auch die eines Sterbenden, deutet voraus, kommentiert sich selbst, spricht die Leser an und argumentiert mit ihnen über das, was er erfindet (Thomas Mann: Josephsroman).

Es ist zu bedenken, daß die genannten Begriffe literaturkundliche Arbeitsmittel sind, nicht aber poetologische Naturgesetze. Der personale Erzähler z. B. tritt selten so eindeutig auf, wie ihn die Wissenschaft isoliert hat.

Eskapismus: Wirklichkeitsflucht, Bemühen, durch Flucht in die Phantasie oder in Zerstreuungen einer unerfreulichen Wirklichkeit zu entgehen.

Essay (engl. = Versuch): Problemaufsatz, der im Gegensatz zur wissenschaftlichen Abhandlung Spielraum läßt für geistreiche Abschweifungen oder persönliche Anmerkungen in lockerem Stil.

Expressionismus: Richtung der europäischen Kunst und Literatur, deren Vertreter entgegen der konventionellen Wirklichkeitsgestaltung visionäre Wahrheiten und geistig-seelisches Erleben mit suggestiver Ausdruckskraft gestalten.

Fabel (lat. = Erzählung): »Stellvertretergeschichte«. Tiere, manchmal auch Gegenstände, handeln und sprechen wie Menschen. Die auftretenden Figuren zeigen meist typisch menschliche Verhaltensweisen.

Fürstenspiegel: Ursprünglich Schrift, in der anhand idealer Lebensbilder Grundsätze und Regeln meist für junge Fürsten oder Kronprinzen aufgestellt werden. Immer dann, wenn ein Autor den Herrschenden einen Spiegel vorhält, auf daß sie sich als Verantwortliche erkennen, kann man von einem Fürstenspiegel reden.

Futurismus: Hauptsächlich in Italien entsteht 1909 mit dem ›Manifesto futurista‹ von F.T. Marinetti die Bewegung als Anspruch, Leben und Kunst radikal neu zu gestalten. Die Futuristen schwören auf die Schönheit der Geschwindigkeit und der simultanen Bewegung.

Genitivmetapher: Metapher, die mittels der Genitivform aus sonst getrennt vorkommenden Bestandteilen ungewöhnliche Verbindungen herstellt: z. B. »Flügel der Hoffnung« oder »Uhu der Dunkelheit« (Yvan Goll).

Glosse (griech. = Zunge, Sprache): Ursprünglich erklärende Randbemerkung; im Feuilleton spöttischer bis bissiger Kommentar zu Zeiterscheinungen.

Gral (mhd., afrz. ursprünglich = Gefäß): In der mittelalterlichen Dichtung geheimnisvoller, wunderwirkender Gegenstand, etwa ein Stein oder eine Schale, die Christi Blut enthält.

Hermetisch, Hermetik: Ursprünglich religiöse Offenbarungen, die dem Gott Hermes Trismegistos zugeschrieben wurden. Diese spätantik-ägyptische Vorstellung vom Gott der Magie und der Alchimie führte zu der heutigen Bedeutung von Dunkelheit, Verschlüsselung der Aussage, Sprachmagie.

Idylle (griech. = Bildchen): In Gedichtform oder Prosa geschildertes friedfertiges, genügsames Leben schlichter, zufriedener Menschen.

Impressum(lat. imprimere = eindrücken): Druckvermerk in Büchern, Zeitungen und Zeitschriften; Angabe des Verlagsortes, des Ausgabejahrs, des Herausgebers, des Verlegers u. a.

Ironie (griech. = Verstellung): Ironie ist ein nicht offenes Denk- und Handlungsverfahren, das gern von Schriftstellern ästhetisch genutzt wird. Man sagt scheinbar ernsthaft oder lobend das Gegenteil von dem, was man meint, aber so, daß die wahre Aussageabsicht durchscheint und für den aufmerksamen Hörer oder Leser verständlich ist.

Kontrafaktur (lat. contra = gegen; factura = das Hergestellte): Zuerst die Verwandlung eines weltlichen Liedes in einen religiösen Text durch geänderte Wortwahl, wobei die Melodie beibehalten wurde. Heute grundsätzlich die Abänderung eines Textes, um ihn einer anderen Ideologie anzupassen. Politische Agitationsdichtung bedient sich vielfach der Kontrafaktur gängiger Lieder.

Kontrapunkt: In der Musik die Einführung von Gegenstimmen zu der führenden Hauptstimme oder -melodie. In der Literatur entsprechend der Aufbau einer Gegenhandlung bzw. einer Oppositionsfigur.

Leitmotiv: Der Begriff stammt aus der Musik und bezeichnet eine Melodie, die immer dann wiederholt wird, wenn z. B. eine bestimmte Gestalt auftritt oder das charakteristische Element eines Handlungsstrangs in Szene gesetzt wird (vgl. den Ausdruck »Erkennungsmelodie«). In der Literaturwissenschaft bezeichnet er Redewendungen, die eine Gestalt mit Vorliebe gebraucht, Verhaltensweisen, die typisch für sie sind, Gegenstände, die sie ständig mit sich führt usw. Auch handlungsbestimmende Elemente können leitmotivisch wiederholt werden.

Lyrisches Ich: Das sprechende und erlebende Ich des Gedichtes. Wenn ein Autor das Pronomen »Ich« in einem Gedicht verwendet, muß er damit nicht sich selbst meinen, er kann sich auch in eine andere Person hineinversetzen.

Metapher (griech. = Übertragung): Das meistgebrauchte Stilmittel der Dichtung. Man bezeichnet etwas mit einem farbigeren, bildhaften Ausdruck, bei dem das ursprünglich Gemeinte durchscheint, z. B. »Kupferschloß« für herbstliche Laubfärbung (Langgässer) oder »Aschenhütte« für eine notdürftige Unterkunft Flüchtiger (Yvan Goll).

Moritat (ursprünglich »Mordtat«): Gereimte Sensationsberichte, wie sie früher auf Jahrmärkten zu Drehorgelmusik vorgeführt wurden. Dabei stand der Moritatensänger auf einer Holzbank und deutete auf grob gezeichnete Bildtafeln, die die Handlung darstellten. Bertolt Brecht u. a. griffen diesen »Bänkelsang« wieder auf.

Novelle (ital. novella = Neues, Neuigkeit): Kürzere, straff gebaute Prosaerzählung, die ein ungewöhnliches, »neues« Ereignis zum Thema hat, nach Goethe eine »unerhörte Begebenheit«.

Oxymoron (griech. = das Scharfdumme): Ein Ausdruck, der zwei sich widersprechende Teile enthält: z. B. »schwarze Milch« bei Yvan Goll und Paul Celan.

Parabel (griech. = das Nebeneinandergestellte): Lehrhafte Erzählung, die ihren Gegenstand auf dem Weg der Analogie (Ähnlichkeit) in der Art eines Gleichnisses vermittelt.

Paradox, Paradoxie (griech. parádoxon = Unerwartetes): Etwas, was einen Widerspruch in sich enthält, z. B. bei Ernst Jünger die friedliche Jagd nach ungewöhnlichen Pflanzen während einer kriegerischen Aktion.

Parodie (griech. = Gegengesang): Die verspottende Nachahmung eines literarischen Werkes, die dessen Gestalt beibehält, doch den Inhalt übertreibt, verzerrt oder in ein unangemessenes Milieu überträgt.

Protagonist (griech. = erster Kämpfer): Ursprünglich der Hauptdarsteller eines Dramas; inzwischen (oft im Plural) die wichtigste Personn eines Dramas oder eines anderen literarischen Werkes.

Satire (lat. satira = Spottgedicht): Die Satire verspottet ernstgemeinte politische, künstlerische, literarische Anschauungen und Erscheinungen, indem sie deren negative – kleinliche, gefährliche oder bösartige – Seiten aufzeigt und ins Lächerliche zieht.

Sonett (ital. = kleiner Ton): Gedichtform bestehend aus vierzehn Zeilen, die in zwei vierzeilige und zwei dreizeilige Strophen (»Quartette« und »Terzette«) aufgeteilt sind. Im streng regelgerechten Sonett reimen beide Quartette gleich und umarmend (abba, abba), die Terzette ursprünglich alternierend (abwechselnd), ebenfalls mit nur zwei Reimen (cdc dcd).

Sujet (frz. = Subjekt): Das Thema, der Stoff, mit dem sich ein Text (oder ein Kunstwerk) befaßt.

Surrealismus (frz.): Richtung der modernen Kunst und Literatur. Werke des Surrealismus haben ein über das Reale hinausgehendes Gestaltungsprinzip und lassen sich nicht intellektuel-analytisch interpretieren. Sie sprechen das Unbewußte und Traumhafte aus.

Synonym (Plural: Synonyma; griech. = gleichnamig): Gleichbedeutende oder sinnverwandte Wörter wie »senden« und »schicken«; »Teufel«, »Beelzebub«, »Gottseibeiuns«.

Tableau (frz. = Bild, Gemälde): Als Tablean bezeichnet man Momente in einem Drama, in denen die Handlung gleichsam stillsteht und sich die Schauspieler zu einer dekorativen Gruppierung zusammenfinden, oft am Aktschluß oder am Ende des Stücks.

Tarnschrift: Text des Untergrunds, mit falschem, unverfänglichem Umschlag und Deckblatt versehen, unter einem gängigen, unverdächtigen Impressum, um an polizeilicher Überwachung vorbeigeschleust zu werden. Die Methode wurde 1933 vom antifaschistischen Untergrund angewendet. Brechts ›Schwierigkeiten beim Schreiben der Wahrheit‹ wurden z.B. unter dem Titel ›Praktischer Wegweiser für Erste Hilfe‹ verbreitet.

Tetralogie (griech. tetra = vier; griech. logos = Rede): Ein dramatisches oder erzählendes Großwerk, das aus vier zusammenhängenden Einzelwerken besteht.

Tenor [Ténor] (lat. = Faden): Der Grundton einer Aussage oder eines Textes; so ist die Wiedergabe des Leidens der Verfolgten der Tenor der Lyrik von Nelly Sachs.

Topos (griech. = Ort): Der »Gemeinplatz«, d.h. ein Motiv, ein bildhafter Ausdruck, eine dramatische Konstellation, die für eine bestimmte Zeit oder für eine literarische Richtung so charakteristisch sind, daß sie häufig wiederholt werden. Das Inseldasein ist ein Topos des Eskapismus; die Gottverlassenheit Hiobs ein Topos der jüdischen Exilliteratur.

Unerhörte Begebenheit: Von Goethe zuerst in seiner Novellentheorie verwandter Begriff zur Bezeichnung des Themas einer Novelle.

Unter dem Strich: Der Ausdruck weist auf den Kulturteil einer Zeitung hin. Das Feuilleton wurde früher oft im unteren Drittel der Seiten gedruckt und mit einem Querstrich vom Nachrichtenbereich abgetrennt.

Verfremdung: Der Begriff ist seit Bert Brecht eingeführt, zuerst als wesentlicher Bestandteil der Theorie des epischen Theaters, dann allgemein für das Verfahren, das als ironisches rhetorisches Mittel schon immer gebräuchlich war: »Einen Vorgang oder einen Charakter verfremden heißt zunächst einfach, dem Vorgang oder dem Charakter das Selbstverständliche, Bekannte, Einleuchtende zu nehmen und über ihn Staunen und Neugierde zu erzeugen.« (Bertolt Brecht) Der Zuschauer des epischen Theaters soll allgemein gültige und akzeptierte Wahrheiten als falsch, als absurd erkennen, er soll durch die Verfremdung einer vermeintlich gesicherten Konvention aufmerksam gemacht und zum Nachdenken aufgerufen werden.

Vexierspiel: Verwirrspiel (meist künstlerischer Art); wenn etwa in einer Strichzeichnung ein ergänzender Teil gefunden werden muß, damit das Ganze einen Sinn ergibt.

Wendepunkt: Stelle, an der das Geschehen eine unerwartete, entscheidende Wendung nimmt. Bei Stefan Andres: El Greco wird bewußt, daß der Großinquisitor »kein bösartiger Fanatiker«, sondern ein leidender Mensch ist, der sich seine Entscheidungen abringen muß.

Bibliographischer Hinweis

Bei den Zitaten wurde, wenn möglich, auf Seitenzitierung verzichtet, zugunsten von Kapitel- und Szenenangaben, die ein Auffinden der Textstellen in unterschiedlichen Textausgaben ermöglichen sollen. Im folgenden werden die Texte aufgeführt, aus denen mit Angabe von Seitenzahlen zitiert wurde.

Stefan Andres: El Greco malt den Großinquisitor. Stuttgart: Reclam 1994

Hans Carossa: Geheimnisse des reifen Lebens. Frankfurt am Main: Fischer 1958

Stefan Zweig: Schachnovelle. Frankfurt am Main: Fischer 1974

Personenverzeichnis